Gott und seine Kirche

Website: www.martingrahl.com
Fehmarn West, Alter Kämmererweg 1, 23769 Fehmarn, Germany

Gott und seine Kirche

Mecklenburgs Kirchenordnung von 1552

Martin Grahl

Fehmarn West 2024

Der mecklenburgischen Kirchenordnung von 1552 kommt eine besondere Bedeutung zu. Sie wurde nicht von ungefähr auch in anderen Ländern eingeführt. Melanchthon veröffentlichte zumindest ihren ersten Teil unter seinem Namen, auch wenn er dieses „Examen" nicht selbst verfasst hatte.

Das Gesetz des Fürsten von Mecklenburg hatte nicht nur einen einzigen Autor, sondern wurde redaktionell klug zusammengestellt und hatte in Mecklenburg Verfassungsrang. Es kündigte eine Konsistorialordnung, die Gründung von Lateinschulen und eine juristische Reform der Universität Rostock an, vor allem aber bestimmte sie die öffentliche Stellung der Kirche im Land. Das Kanonische Kirchenrecht hatte von Stund an keine Geltung mehr im Land und wurde auch nicht durch neues Kirchenrecht im alten Sinn ersetzt. Der Fürst war nur im säkularen Sinn „Bischof", im geistlichen Sinn waren nun die Ortspastoren Bischöfe und hatten keinen Bischof über sich. Die neu eingesetzten Superintendenten können im rechtlichen Sinn nicht als die Nachfolger mittelalterlicher Bischöfe angesehen werden.

Die Kirchenordnung ist ein hervorragendes rechtshistorisches und dogmengeschichtlich weit über Mecklenburg hinaus relevantes Dokument. In ihm wird als Rechtstext über das Verhältnis von Liturgie und öffentlichem Leben reflektiert. Es ist wertvoller Beitrag zur Frage, wie sich die Reformation für das Rechtsleben überhaupt auswirkte. Mit dieser fürstlichen Verordnung wurde Mecklenburg zur lutherischen Landeskirche.

Parallel zu diesem Buch erscheint vom gleichen Autor das Buch „Gott und das Recht - Johann Oldendorps Rostocker Schriften". Beide Bücher müssen im Zusammenhang gesehen werden. Die Rechtstheologie lutherischer Juristen wie Oldendorp war neben allen theologischen Überlegungen Voraussetzung für die Kirchenordnungen des 16. Jahrhunderts.

Martin Grahl, Kreta 2024

Teil I

Kommentar zur Kirchenordnung

Zur Entstehung der Kirchenordnung

Die aktuellste Beschreibung der historischen Vorgänge der Reformation liegt vor in einem Aufsatz von Eike Wolgast: „Gemeindereformation und Fürstenreformation in Mecklenburg“.[1] Meine Untersuchung bestätigt die allgemeine Einschätzung von Eike Wolgast, gerade die Kirchenordnung zeigt uns auf, wie sehr es sich in Mecklenburg in dieser Phase um das Handeln des Fürstenhauses handelte. Zur Kirchenordnung selbst jedoch schreibt Eike Wolgast: „Die Kirchenordnung wurde von Johann Riebling und dem Rostocker Theologieprofessor ausgearbeitet und von Melanchthon durchgesehen und ergänzt. Vor allem fügte Melanchthon einen umfangreichen Teil über die Lehrgrundlagen hinzu, das sogenannte

1 in: Heinrich Holze/Kristin Skottki (hg): Verknüpfungen des neuen Glaubens. Die Rostocker Reformationsgeschichte in ihren translokalen Bezügen; Academic Studies 56, Göttingen 2020, S. 199-221. Das folgende Zitat findet sich auf Seite 214.

Examen ordinandorum, und verschaffte der mecklenburgischen Kirchenordnung damit überregionale Autorität." Dieses Bild hat sich für mich im Laufe meiner Arbeit deutlich verschoben. Davon angesehen ist die Darstellung der Reformationsgeschichte Mecklenburgs durch Eike Wolgast die aktuellste und beste Zusammenfassung.

Nach wie vor ist grundlegend, was Heinrich Schnell in zwei aufeinander folgenden Aufsätzen Ende des 19. Jahrhunderts in den Jahrbüchern des Vereins für Mecklenburgische Geschichte und Altertumskunde zusammengetragen hat.[1] Das Ergebnis dieser Untersuchungen ist, dass man den Autor nicht kennt, aber einige Personen infrage kommen, die zumindest daran beteiligt waren. Doch zunächst seien die Herrschaftszuständigkeiten aufgeführt:

Als die Reformation in Mecklenburg an Einfluss gewann, stellte sich die politische Lage so dar, dass Herzog Heinrich V., der Friedfertige (1503-1552) in Schwerin residierte, in Güstrow Albrecht VII., der Schöne (1486-1547). Sie waren Brüder. Das Stiftsgut des Schweriner Bischofs, das ebenfalls einen Landesteil ausmachte, war ebenfalls in den Händen des fürstlichen Hauses. Gewählter Bischofsadministrator war Herzog Magnus III. von Mecklenburg (1509-1550), der 1516 nach dem Empfang der niederen Weihen als Kind gewählt worden war. Schon seine Erziehung verlief unter lutherischem Einfluss. Als er 1532 hätte von Rom bestätigt werden sollen, um die Bischofsweihe zu erhalten, war er, wissenschaftlich hoch gebildet, bereits Lutheraner. Es kam nicht zur Weihe, aber er

1 Heinrich Schnell, Die Mecklenburgischen Kirchenordnungen. Ein Beitrag zur Geschichte zur Entstehung unserer Landeskirche, in: Jahrbücher des Vereins für Mecklenburgische Geschichte und Altertumskunde, Band 63 (1898), S. 177-226 und Band 64 (1899). S. 1-77. Für die folgenden Anmerkungen Schnell I und Schnell II. Die einleitenden Worte von Emil Sehling in seinen Kirchenordnungen Band V zu unserer Kirchenordnung von 1913 fußen ebenfalls auf der Arbeit von Heinrich Schnell.

übernahm das Amt des Administrators des Hochstifts mit der Burg Warin.[1] 1543 heiratete er sogar Elisabeth von Dänemark (1524-1586). Er blieb dennoch Administrator und wurde nicht in seinem Amt abgelöst, eine Neuwahl durch das Domkapitel fand nicht statt. Elisabeth wurde dann in zweiter Ehe 1556 Ehefrau von Herzog Ulrich (1527-1603), der nach dem Tod von Herzog Magnus zum neuen Bischofsadministrator und dessen Nachfolger vom Domkapitel gewählt worden war. Er wurde dann außerdem regierender Herzog.

Als Mecklenburg in beiden Teilen 1549 evangelisch wurde, fand ein Generationswechsel statt. 1552 kam die Kirchenordnung in Geltung und wurde als Gesetz gedruckt. Damals regierte in Güstrow Johann Albrecht I. (1525-1576).

Bischofsadministrator und Nachfolger von Magnus III. war Herzog Ulrich. Verkündet hat die Kirchenordnung Herzog Johann Albrecht I., damals noch in Güstrow Regent. 1552 verstarb Herzog Heinrich V. der Friedfertige in Schwerin. 1555 wurde Herzog Ulrich zum Mitregenten seines Bruders Albrecht und übernahm die Teile Mecklenburgs, die zuvor Heinrich V. zugekommen waren. 1556 tauschten die Brüder ihre Landesteile, so dass von da an Johann Albrecht in Schwerin und Ulrich in Güstrow residierte. Letzterer blieb Bischofsadministrator bis zu seinem Tod, was bedeutete, dass er auch dem Stiftsgut um Warin herum vorstand.

Auf weltlicher Seite war 1549 beim Sternberger Landtag für die vereinten Landstände zweifellos Herzog Johann Albrecht I. der entscheidende Mann für die Einführung des lutherischen Glaubens. Die Mecklenburgische Kirchenordnung ist als die juristische Ausführung dieses Beschlusses anzusehen und betraf nicht „innerkirchliche“[2] Fragen, sondern ordnete die Verhältnisse im Land grundlegend. Kirche und Landschaft wurden als eines angesehen.

---

1 Der letzte namentlich bekannte Weihbischof von Schwerin war Dietrich Huls, dessen Spuren sich aber nach 1528 verlieren.

Heinrich Schnell verwies in seinen Ausführungen darauf, dass auch vor der Kirchenordnung schon das Herzogshaus als „advocati ecclesiae“ in weltlichen Belangen in der damals noch rechtlich Rom zugeordneten Kirche Mitspracherechte besaß und zum Beispiel an Reformprozessen bei Visitationen beteiligt war. Der Titel der Polizeiordnung von 1516 machte diesen Anspruch grundsätzlich deutlich: "Ordeninge Statuta unnd settunge dem gemenen nutthe thom besten". Bei Ohnmacht der kirchlichen Gewalt greife entsprechend die Fürsorge der weltlichen Hand, „denn der Fürst ist Gott verantwortlich, zu seinem Lobe dient die neue Ordnung“ von 1516. Damit folgte man einem diesbezüglichen Reichstagsabschied von Kaiser Maximilian von 1512, ging also keinen Sonderweg.[1]

Die Stellung beider Herzöge, Heinrich V. (Schwerin) und Albrecht VII. (Güstrow) zur Reformation bis zum Landtagsbeschluss von 1549 ist nicht eindeutig, muss jedoch hier auch nicht näher dargestellt werden. Jedenfalls breitete sich die Reformation aus, allen voran in den Hansestädten Rostock (1530) und Wismar, wo seit 1524 zumindest auch schon lutherisch gepredigt wurde. Gefürchtet waren dabei „Aufruhr“ und Uneinigkeit im Land. Eine große Rolle spielten auch die Parteiungen im Reich für das Verhalten der beiden Herzöge in Bezug auf die Reformation.

Eine treibende Person für die Reformation im herzoglichen Haus war zweifellos Bischof Magnus III., dessen wissenschaftliche Studien von Melanchthon gelobt wurden und der ab 1532 das Amt des Bischofsadministrators ausübte. Eine Weihe blieb aus. Dafür stand er in engem Verhältnis zu Wittenberg. Melanchthon hatte an ihn 1527 geschrieben: Non ignoratis vos divinitus in hoc fastigio rerum humanarum collocatos esse, ut conservetis religionem et civilem disciplinam. [Seien Sie sich darüber im Klaren, dass Sie von Gott in

---

2 Dieser Begriff gab in jenen Jahren keinen Sinn, wie die Ausführungen im Folgenden zeigen werden.

1 Schnell I S. 188.

dieses hohen Amt menschlicher Angelegenheiten eingesetzt wurden, um Religion und bürgerliche Disziplin zu wahren.] Auch erinnerte er ihn an Joh 10,34: „Steht nicht geschrieben in eurem Gesetz: ‚Ich habe gesagt: Ihr seid Götter'"?[1]

Als bischöflicher Administrator war Magnus Herr des Stiftsgutes, aber nicht in vollem mittelalterlichen Sinn Bischof seiner Diözese. Er hatte keine Weihegewalt. Diese Stellung, nach der die Priester die verlängerte Hand des Bischofs wären, wie die Liturgie der Bischofsweihe es aussagte, war und blieb von da an im strengen römischen Sinn vakant, weil Magnus nicht mit den höheren Weihen versehen worden war.[2] Er war zwar Bischof, aber dennoch kein „Geistlicher".

Als eine erste Kirchenordnung für das Land Mecklenburg kann die Brandenburger, bzw. Nürnberger Kirchenordnung gelten, die 1534 auch im Land verteilt wurde. Es folgte auch 1534 bereits eine erste Visitation gemäß dieser Ordnung, wenn auch nicht flächendeckend.[3]

Heinrich Schnell urteilt: „Es ist im Vorigen gesagt worden, dass eine Art von Kirchenregiment schon vor der Reformation in den Händen des Landesherrn war; dies ist jetzt näher zu bestimmen. Wird nämlich unter Kirchenregiment das innerkirchliche Amt der Kirchenregierung in rechter Weise verstanden, so hatten diese die Fürsten allerdings nicht; sie lag in der Hand des Bischofs und seiner

1 Schnell I, S. 195.

2 Zu Bischof Magnus gibt es die Traueransprache und ein Gedicht in: ORATIO DE ILLVSTRISS. ET OPTIMO PRINCIPE DVCE SAXONIAE ELECTORE IOHANNE ETC. RECITATA A DOCTORE IVRIS LAVRENTIO LINDEMAN, CVM GRADVS DECERNERETVR DOCTORI IOHANNI SCHVRSTAB NORIBERGENSI DIE VIII. DECEMBRIS.(ORATIO FVNEBRIS DE ... PRINCIPE ... D.MAGNO DVCE MEGALBVRGENSI,etc. SCRIPTA ET RECITATA AB ARNOLDO BVRENIO ...) (CHRISTVS LACRYMANS. ANDREAE FABRICII.) Oratio funebris de ... principe ... magno duce Megalburgensi, Wittenberg 1550. (Staatsbibliothek, Berlin)

3 Schnell I, S. 203f.

Beamten."[1] Zu ergänzen ist, dass auch mit der Kirchenordnung von 1552 das geistliche Bischofsamt nicht an den Fürsten fiel, wie die mittelalterlichen Weiheformulare die Priester zum verlängerten Amt des Bischofs erklärten. Ein geistliches Amt übernahm der Herzog nicht. Diese Aufgabe fiel auch den Superintendenten nicht zu. Heinrich Schnell ist zuzustimmen, wenn er schreibt: „Aber als die advocati ecclesiae hatten die Fürsten schon immer die Aufgabe, die religiöse Grundlage nicht antasten zu lassen, falschen Gottesdienst zu unterdrücken. Dem sich erweiternden Staatsbegriffe gemäß nahmen sie das ius reformationis nicht bloß als Notrecht, wenn sie gerufen waren, für sich in Anspruch, sondern dehnten es aus zur Pflicht und dadurch zum Recht, für die kirchliche Versorgung des Landes tätig zu werden, welche ja ein Hauptteil des gemeinen Bestens war."[2]

Die erste Visitation 1535 wurde im Herrschaftsbereich von Heinrich durchgeführt und war gegen Wiedertäufer und Zwinglianer gerichtet, ergriff also nicht Partei gegen oder für Lutheraner oder Papisten. Es sollten „untüchtige Prediger" aufgespürt und ersetzt und der „Gemeine Kasten" eingeführt werden, wo er noch nicht bestand. Auch sollten Schulen eingerichtet werden, „damit die Kinder in der heiligen Schrift und andern guten Künsten und Tugenden unterrichtet werden, besonders aber deutsche Psalmen und geistliche Gesänge zu Chor" singen können".[3] In Mecklenburg fiel diese Verordnung Heinrichs in eine Zeit, als es für die Schweriner Diözese[4] keinen im geistlichen Sinn verantwortlichen Bischof gab. Heinrichs Sohn Magnus III. war Administrator für das Stift, aber nicht päpstlich geweihter Bischof.

1 Schnell I, S. 204.
2 Schnell I, S. 204.
3 Schnell I, S. 205.
4 In das Staatsgebiet Mecklenburgs reichten auch Diözesangrenzen anderer Bischöfe hinein, und zwar von Ratzeburg, Cammin und Brandenburg.

Im Stiftsgut ließ Heinrich konsequenterweise auch nicht visitieren, auch nicht bei seinem Bruder in Mecklenburg-Güstrow. Eine weitere Einschränkung bildete auch die Ausnahme der Gemeinden, die zur Ratzeburger Diözese gehörten. Das Staatsinteresse Heinrichs verbot alles "auszuschütten aus neydigem gemüthe, das ungehorsam der obrigkeiten, widderwille, uneynigkeiten und auffruhr dienet" und gebietet allein zu lehren, "was zu fridt, eynigkeit, gehorsam und guther polizey dienet."[1]

Erster „Superintendent" nach dem Vorbild Sachsens wurde Johann Riebling aus Braunschweig. Dieses Amt ist vom Herzog eingesetzt. Er bekam auch entsprechend den herzoglichen Auftrag, eine Kirchenordnung auszuarbeiten.[2]

1536 mahnt Bischof Magnus an, dass man eine „gute Ordinantz in der Religion Sachen in diesem Land und Fürstenthumb" haben möge.[3] Das Fehlen solcher Ordnung bedeute, göttlichen Zorn und unvermeidlichen Schaden hervorzurufen. Für eine solche Ordnung bedürfe es der Zuarbeit von gelehrten Männern. Magnus bekam für seine öffentlichen Äußerungen den persönlichen Beifall von Luther und Melanchthon, quod impios abusus ex ecclesia tollere coepit [weil er begann, ungläubigen Missbrauch aus der Kirche zu entfernen].[4] In seinem Stiftsgebiet beförderte mithin Magnus ganz offen die Reformation, freilich auch gegen sein eigenes Domkapitel.

1540 schließlich wurde die erste Mecklenburgische Kirchenordnung gedruckt, die allerdings noch nicht überall galt, vor allem nicht im Güstrower Gebiet: „Kercken Or=deninghe | wo ydth van den Euangelischen Pre=dicanten | vnd Kercken deners mit den

1 Schnell I, S. 206.

2 Die von Heinrich Schnell auf S. 209f. erwähnten Vorgänge in Rostock 1530 und 1531 stellten sich wohl anders dar, als bei ihm dargestellt, aber das muss hier nicht erörtert werden. Festzuhalten ist, dass es sich bei dem Amt des Superintendenten um eine herzogliche, also weltliche Einrichtung handelte.

3 Schnell I, S. 212.

4 Schnell I, S. 213.

Ceremonien vnd Ga=des densten | jn deme For=stendome Megkeln=borch | geholden schal wer= den." Sie beruhte wesentlich auf der Nürnberger Ordnung. „In der Einleitung wird gesagt, dass die Kirchenordnung als Menschenwerk immer Anlass zum Missbrauch geben würde, gerade so wie das Gesetz Mosis den Israeliten zum Nachtheil gereicht habe."[1] Um es im Sinne von Johann Oldendorp zu sagen: Eine Kirchenordnung ist weder ius divinum noch ewiges Naturrecht, sondern veränderlich und muss billig ausgelegt werden.

Superintendent Riebling fand somit offenbar die Nürnberger Ordnung akzeptabel und sah keine Notwendigkeit, sie wirklich umzuschreiben oder gar eine neue, andere Ordnung zu verfassen. Vielleicht ist auch Heinrich Schnells Vermutung richtig, der dieses Zögern vor allem Herzog Heinrich zuschreibt. Die Finanzierung des Drucks der Kirchenordnung von 1540 lag bei ihm. Sie bildete die Grundlage für die Visitation 1541/42. Es gibt in der ganzen Geschichte um die Kirchenordnungen also stets einen engen und grundsätzlichen Zusammenhang zwischen Kirchenordnung und Visitation. Die Visitationen jener Zeit erfolgten jeweils auf Anordnung des Fürsten.

1545 erschien die Ordnung der Messe mit dem Titel „Ordeninge der Misse | wo de vann denn Kerckheren vnnde Seelsor=gern ym lande tho Meckeln=borch | jm Fürstendom Wen=den | Swerin Rostock vnnd Stargharde schal ge=holden wer=den". Sie hat kein Vorwort, führt keinen Verfasser an, aber trägt das fürstliche Wappen. Die Ordnung galt im Bereich von Heinrich V., für den Johann Riebling Superintendent war.

Heinrich Schnell ersieht aus dem Text, dass als Verfasser dieses niederdeutschen Textes jemand aus dem geistlichen Stand gewesen sein muss. Weiterhin muss es sich um eine autorisierte Person gehandelt haben. „Er kennt die Sitte des Landes". So deutet alles auf

1 Schnell I, S. 215.

Johann Riebling hin. Die Bemerkungen innerhalb der Messordnung weisen auf die 1541 erfolgte Visitation hin. „Die Commissare waren laut Visitationsprotocoll Riebling, Kückenbieter, der Secretair Leupold und der Rath Court Pentz, auch Parum von Dannenbarch. Wenn nicht auf Riebling allein, so ist die Urheberschaft auf Riebling und Kückenbieter zurückzuführen. Für letzteren spräche wohl, dass er seit 1534 in Schwerin, an der Schelfkirche gewaltig wirkte. Für Riebling spricht dagegen der Umstand, dass er der Generalsuperintendent des Landes war. Auch Ehyträus in seinem Bericht von der Kirchenordnung 1599 nennt Riebling, wenn es heißt: ‚Man soll verbleiben bei de Ordnung der Missen, so wenig Jahr zuvor Herr Riebling hatte drucken lassen'."[1]

Heinrich Schnell erwähnt in Bezug auf den bereits lutherisch gesinnten Nachfolger Heinrichs Johann Albrecht auch den gelehrten Dietrich von Maltzan und Kanzler Johann von Lucka,[2] beide juristisch gebildete Lutheraner am Hof des Herzogs. Am 20. Juni 1549 nun traten die Stände beider Landesteile im Beisein der beiden Superintendenten Riebling und Omeken, sowie Rostocker Professoren und viele Geistliche zusammen. Die regierenden Herzöge waren Heinrich V., Johann Albrecht I. und für das Bischofsstift Herzog Ulrich. Der Befehl zur Verfassung der Kirchenordnung erfolgte im Herbst 1551.[3]

Es gibt für die Geschichte der Abfassung einen prominenten Zeugen, den noch jungen Rostocker Professor David Chyträus. Er schreibt, dass im November Herzog Johann Albrecht seinen Onkel Herzog Heinrich aufgefordert habe, das Werk in Angriff nehmen zu lassen, „seinen Superintendenten, Ern Johann Riebling, mit einem gemeinen Schreiben, an D. Johannem Aurifabrum die zeit J. F. G. Pastorn zu S. Nicolaus in Rostock, und andere abgefertigt, und von

1 Schnell I, S. 224.
2 Schnell II, S. 3.
3 Schnell II, S. 6.

einer gewissen bestendigen Kirchenordnung zu berathschlagen, befohlen." Heinrich Schnell deutet diesen Satz: „Wem aber sollte Herzog Heinrich die Arbeit der K.=O. eher übertragen als seinem Superintendenten Riebling! Dieser soll sich mit Aurifaber in Verbindung setzen."

Johannes Aurifaber [Goldschmidt] (1517-1568) aus Breslau war 1550 nach Rostock gekommen, hatte in Wittenberg studiert und war wie Chyträus Professor an der Universität und Pastor an St. Nikolai in Rostock. Wer waren die „anderen"? Heinrich Schnell erwähnt Büren, einen Freund Melanchthons, sowie Superintendent Omeken aus Güstrow, zuvor Hofprediger bei Herzog Heinrich in Schwerin.[1]

Schnell zitiert weiter: "Es hatte aber derselbe Riebling ein besonder nebenschreiben von seinem herrn, hertzog Henrich, an D. Aurifabrum, das er nichts newes stellen, sondern bey der Ordnung der Missen, so wenig jar zuvor herr Riebling hette drucken lassen, verbleiben solte." Und weiter als einen Satz von Riebling: "Welche widerwertige furstliche Schreiben, als sie mir hernachmals von meinem Praeceptore und collega D. Aurifabro angezeiget, mich die zeit, als einen jungen gesellen, nicht unbillig etwas befremdet, aber nicht gedacht, das mir über 48 Jar, in meinem alter, ettlicher maßen dergleichen begegnen würde."[2] Es war also keineswegs klar, ob es zu einer Revision der schon bestehenden adaptierten Nürnberger Ordnung von 1540 und dem Text zur Messe von 1545 kommen, oder eine wirklich neue Ordnung entworfen werden sollte.

1552 verstarb Herzog Heinrich. Heinrich Schnell weist darauf hin, dass Riebling ein Schüler von Andreas Osiander (1496-1552) war. Chyträus wie Aurifaber, Simon Leupold (1517-1578)[3], Kanzler Lukanus und Superintendent Omeken waren dagegen Schüler von

1 Schnell II, S.7f.

2 Schnell II, S.9.

3 Simon Leupold hatte Philosophie studiert und war Pastor in Rostock und dann in Güstrow, wo er auch das Schulwesen reformierte.

Melanchthon, was insofern von Belang war, weil es damals zum Osiandrischen Streit gekommen war. Das allein konnte Riebling schon auf die Seite der Gegner der neuen Kirchenordnung treiben. In der Kirchenordnung wurde dann auch tatsächlich darauf Bezug genommen, insofern die Lehre von dem gerechtfertigten Sünder darin als zentrale dogmatische Lehre bezeichnet ist, also gegen Osiander Stellung genommen war.

Nach Heinrichs Tod am 6. Februar erfolgte nun der neuerliche Befehl zur Abfassung der Kirchenordnung, diesmal durch Herzog Johann Albrecht selbst.

Heinrich Schnell vermutet als Autoren die Theologen Aurifaber, Riebling, Omeken und evtl. einige weitere.[1] Aurifaber reist zum Druck nach Wittenberg, doch der Druck verzögert sich. Philipp Melanchthon sieht das Manuskript durch und schreibt am 30. Juni 1552 an Georg von Anhalt: „Liber Meekelburgensis nondum est finitus, sed pauca restant; mitto igitur medias paginas de ordinatione, ritu et de visitatione.“ [Das Buch von Mecklenburg ist noch nicht beendet, ein wenig steht noch aus; ich schicke also einige Seiten über die Ordination, den Gottesdienst und über die Visitation.] Am 18. Juli ist das Buch fertig, Melanchthon entschuldigt sich für die Verzögerung des Drucks, weil er wusste, dass das Buch zur geplanten Visitation fertig sein sollte. Chyträus schreibt, Melanchthon habe Artikel im Ersten Teil, dem Examen „formlicher und besser“ gestellt und auch „sonst hin vnd wider ettliche Stück" eingesetzt.[2]

Heinrich Schnell verglich die Aussagen zur Heilsgeschichte in der Kirchenordnung mit der lateinischen Disputation[3] von Aurifaber und kommt zum Schluss, dass zumindest die Vorrede der

1 Schnell II, S. 10.
2 Schnell II, S. 11.
3 In Corp. Ref. Bd. XII, S. 566 ff.

Kirchenordnung von ihm verfasst worden sei.[1] Man hat auch angenommen, dass das „Examen" älter sei als die gesamte Kirchenordnung, aber daran äußerte Heinrich Schnell gut begründete Zweifel. Allerdings wurden im 1. Teil, dem „Examen" der Kirchenordnung Abschnitte genutzt und wörtlich zitiert, die älter sind als die Kirchenordnung. Immer wieder fällt auch auf, dass bei den Bibelzitaten man sich nicht immer an Luthers Übersetzung von 1534/45 hielt, was dafür spricht, dass man den Text eher zusammensetzte, als in einem Guss neu verfasste. Dass Texte von Luther im liturgischen Teil verwendet wurden, liegt ebenso offen zutage. Verschiedene Theologen waren ja zudem aufgefordert, sich zu beteiligen. Heinrich Schnell kommt darum zu einem eher vorsichtigen Urteil: „Vielleicht ist also auch dem Aurifaber der ganze erste Teil übertragen gewesen."[2]

Bei den Gebeten sind einige wörtlich von dem Messbuch von 1545 übernommen worden. Insofern darf auch Johannes Riebling als Mitautor angesehen werden.[3] Man muss also eher von einer Redaktion als von einem einzigen Verfasser der Kirchenordnung ausgehen. Schnell hat auch auf den Zusammenhang mit der Visitation aufmerksam gemacht. Bei ihr waren schon vor der Reformation nicht nur Theologen beteiligt. Man hat zwischen verschiedenen Bereichen zu unterscheiden, dem Examen, der Liturgie, der Musik[4], den Schulfragen und - von Heinrich Schnell wenig bedacht - den juristischen Rahmen, die Bestimmung dessen, wie Kirche und Land, bzw. obrigkeitliches Recht sich zueinander verhalten. Ebenso wie Theologen müssen also Juristen Mecklenburgs und das Herrscherhaus selbst mit in die Überlegungen einbezogen

1 Schnell II, S. 12.
2 Schnell II, S. 15.
3 Schnell II, S. 18.
4 Dieser Anteil ist nicht sehr groß, aber auch hier wurde nicht einfach die Version von 1545 übernommen.

werden. Gezeichnet hat für das Herrscherhaus Johann Albrecht, der ebenso wie sein Bruder Herzog Ulrich studiert hatte. Sie verfügten zudem über juristische Berater, Kanzler. Die Städte hatten ihren Syndikus, außerdem gab es die Landesuniversität, die auch in der Kirchenordnung ihre Rolle spielt. Heinrich Schnell erinnerte an Arnold Burenius (1485-1566), der seit 1532 Professor in Rostock war und die Universität mit anderen neu gestaltete, in Wittenberg schon ab 1508 studiert hatte und Freund von Luther und Melanchthon war. Er sorgte für die Einführung des propädeutischen Unterrichts für die Universität und leitete eine Reform der Artistenfakultät in Rostock ein, war also wie berufen für den entsprechenden Teil zu den Schulen in der Kirchenordnung. Der gelehrte Adam Tratziger (1523-1584) wirkte von 1546-1553 an der Rostocker Universität. 1551 ernannte ihn der Rostocker Rat zu einem seiner Kommissare. In dieser Position verhandelte er mit Räten der Herzöge Johann Albrecht I. und Heinrich V. von Mecklenburg.

Es stellt sich somit weniger die Frage nach einem einzigen Autoren der Kirchenordnung, als vielmehr die Frage, wer zum einen die Redaktion innehatte, und zum anderen, auf wen vor allen Anderen Rücksicht zu nehmen war, bzw. auf wessen Rat man nicht verzichten wollte oder konnte. Johann Aurifaber ist für die Endredaktion am wahrscheinlichsten, schließlich brachte er das Manuskript auch nach Wittenberg. Rücksicht zu nehmen war darauf, dass sowohl die Städte als auch die beiden fürstlichen Zentren in Bezug auf die juristische Seite der Kirchenordnung zustimmen konnten. Für die Theologie war nach dem Tod Luthers 1546 Melanchthon die entscheidende Autorität, dessen Zustimmung man sich denn auch versicherte. In Bezug auf die Herzöge, die Hansestädte und die Universität sollte wohl nichts an den zuständigen Juristen vorbeigegangen sein.

Die weitere reiche Geschichte der Kirchenordnung und ihrer Revisionen sind nicht Thema dieser Arbeit. 1554 wurde sie ins

Plattdeutsche übertragen. Auch ist es der Erwähnung wert, dass sie weit verbreitet wurde und auch in anderen Ländern Geltung erlangte.

Zur Vorrede der Kirchenordnung

Als Autor und Gesetzgeber der Kirchenordnung spricht der Herzog von Mecklenburg und anderer Landen, denn „Mecklenburg“ im strengeren Sinn war nur ein Teil seines Fürstentums. Nur bei den liturgischen Passagen, die direkt von Martin Luther verfasst wurden, wird eine ausdrückliche persönliche Autorenschaft angeführt. Bei den Teilen, die von Justus Jonas, bzw. der (älteren) Sächsischen Kirchenordnung von 1539 genommen sind, wird dies beispielsweise nicht erwähnt. Es handelt sich nicht um ein Privatwerk, das nur in Gesetzesrang erhoben wurde.

Die Kirchenordnung ist Fürstenwort, wer auch immer ihm diese Texte im Einzelnen verfasst haben mag. Es handelt sich um eine Herzogliche Verfügung mit rechtlicher Geltung, es ist „Befehl“. Im Weiteren achte man darauf, welche juristische Ebene durch den jeweiligen Abschnitt geregelt wird und um welche Art von Gesetz es sich dabei handelt. Man muss beispielsweise deutliche Unterschiede sehen zwischen Universität, Landgemeinde oder ein erst zu bildendes Konsistorium.

Die Regierung stellt sich im Vorwort in denkbar weitesten historischen Kontext, er reicht vom Exodus aus Ägypten bis in die Ewigkeit. Es geht in der Präambel der Kirchenordnung um grundsätzliche Dinge. Sie ist mehr als nur ein Begleitschreiben oder Vorwort, wie wir es von gewöhnlichen Büchern kennen. Hier erlässt der Fürst eine Ordnung, die Staatsstrukturen neu formt. Wir haben es mit bewusstem geschichtlichen Handeln des Herzogs gemäß der Beschlusslage des Landtags zu tun, der der Reformation zugestimmt hatte. Man darf voraussetzen, dass der Landtag 1549 sich bei weitem nicht im Klaren war, welche konkreten juristischen Folgen der Beschluss zeitigen würde. Die Formulierung der Kirchenordnung war ein gewichtiger Schritt auf diesem für Mecklenburg neuem Weg. Auf Vorbilder konnte das Fürstenhaus nur teilweise zurückgreifen, die Kirchenordnung von 1535 reichte nicht hin.

Es handelt sich nicht um ein Gesetz über oder für die Kirche durch eine Instanz, die von außen her die Dinge regelte. „Kirche“ ist in diesem Gesetz wie „Christenheit“ eine Größe, die auch den weltlichen Arm, den Fürsten selbst umfasste. Gegenüber Landesgesetzen und -verordnungen mochte er wie darüber stehen, aber in Bezug auf „Kirche“ war er Teil des Rechtsbereiches. Das Wort Kirche wird unterschiedlich gebraucht. Einmal meint es das Fürstentum und die gesamte Landschaft mit allen Menschen darin, dann Kirche als Gruppe der Pastoren und den einzelnen Kirchen im Sinne der Pfarren, den Gemeinden oder als „Christlicher Versammlung“, den Gottesdiensten. Man hat jeweils auf den Kontext zu schauen, um zu verstehen, wovon gerade die Rede ist.

Schlüssel der Geschichtsauffassung ist wie bei mittelalterlichen Chroniken und den Magdeburger Zenturien, dem ersten großen lutherischen Geschichtswerk jener Zeit, das Wirken und die Offenbarung Gottes. Er ist der Herr der Geschichte, also auch der menschlichen Ordnung, dem dieses Gesetz zu dienen hat. Gottes

Wort wurde verstanden als treibende Kraft geschichtlicher Veränderungen, mit der Gott auf den Ungehorsam des Menschen reagiert, indem er das menschliche Bewusstsein anspricht und Erkenntnis erweckt und sich als gnädiger Gott erweist.

Die Reformation kreiste um den Begriff der Gnade. Hans Dombois spricht in seinem dreibändigen Werk zum Kirchenrecht vom „Recht der Gnade", das sich deutlich von unseren gängigen Rechtsvorstellungen unterscheidet. So ist, um ein Beispiel aus der Literatur herauszugreifen, nach Eric Voegelin Recht mit Ordnung gleichzusetzen, und zwar im Sinne gesetzter Regeln und Normen. Rechtsregeln sind grundsätzlich impersonal und Sache von allgemeinem Vertrag und Vereinbarung.[1] Nicht so das Gnadenrecht Gottes. Es ist strikt personal und steht im freien Willen Gottes.

Ein zentraler Begriff in unserer Kirchenordnung ist Gottes „Zorn". Er ist weniger als Gemütsbewegung Gottes anzusehen und bildetet das Gegenwort zur Gnade Gottes. Mit Zorn stellt sich der Herrschende dem Gegner gegenüber. Gott ist wegen seiner Güte auch zornig.

Rechtliches Miteinander der Menschen hat immer beide Dimensionen, Herrschaft und Vertrag. Als Rousseau vom Gesellschaftsvertrag als Grundsatz sprach, hob er eine Seite des Geschehens hervor, die dann im Unterschied zu seiner Zeit bestimmend werden sollte und damit dem Volk und dem Einzelnen als Vertragspartner den Weg zur Emanzipation frei machte. Im 16. Jahrhundert lagen die Dinge anders, die Dimension der Herrschaft dominierte. Dies bedeutet nicht, dass die Verhältnisse darum als ungerecht angesehen wurden. In Gnadenverhältnissen, in der

1 Eric Voegelin, Die Natur des Rechts, Berlin 2012 (1991).

Standesgesellschaft zu leben, wurde als gottgegebene Ordnung akzeptiert. Darüber herrschte weitgehend Konsens, auch in dieser Zeit des Umbruchs. Was heute als Willkür empfunden wird, galt damals als akzeptiertes Gnadenrecht. Der Fürst selbst sah sich selbst nicht seinen (eigenen) Verfügungen gegenüber verpflichtet, ohne dass er darum glaubte, willkürlich wie ein Tyrann zu herrschen oder außerhalb jeden Rechts zu stehen.

In dem „Vorwort", der Präambel, werden etliche Topoi und Formulierungen aus der Kirchenordnung schon zusammengefasst. Sie werde ich darum weiter unten kommentieren. Hier soll nur auf einige Punkte bereits aufmerksam gemacht werden. So ist vom „Lernen" in einem politischen Sinn die Rede. Die Menschen sollen um ihrer Seligkeit willen Erkenntnis gewinnen können, um sich auf die ewige, eschatologische Kirche hin bewegen zu können. Das ist nicht nur als eine theologische Aussage zu nehmen, sondern hatte konkrete Aetcirkung auf das, was wir heute Bildungspolitik nennen. Das Lernen, das wir seit der Zeit der Klassik einmütig Bildung nennen, nützt der Gerechtigkeit im Land ebenso wie der Erlangung von Seligkeit jedes Einzelnen. Der Fürst will, dass die Bildung zum Wohle aller zunehme. Die Kirchenordnung schreibt demnach auch nicht nur etwas vor, sie will verstanden und angenommen werden, sie zielt auf gesellschaftlichen Konsens. Sie unterscheidet sich darin grundsätzlich z.B. von Strafordnungen oder einfachen Befehlen.

Wie sah sich der Herzog als Fürst selbst in Gottes Ordnung? Auch darauf gibt die Kirchenordnung Antwort. Er vollzieht den Willen Gottes, der durch das Predigtamt gelehrt werde. Aufgabe der Landesregierung ist es, dem Willen Gottes zu gemeinem Nutzen als Herrscher nachzukommen. Alle Menschen durch die Predigt lehren zu lassen, der Sammlung der Kirche durch Gott zu dienen, dafür sieht sich der Fürst in der Pflicht. Dem diene dieses Gesetz, diese gefasste Ordnung. Alles in ihr kreist um die „Bekehrung" der Leute, ihre Besserung. Die Neugestaltung der Beichte stand entsprechend der für die Reformation zentralen Rechtfertigungslehre im Vordergrund aller Regelungen dieses Gesetzes. Gott wirkt durch seine Lehre, die den Menschen bessert und so allen nützt. Dem gemeine Nutzen ist zu dienen, das gilt in anderer Weise für den Fürsten als für die Pastoren. Beides aber ist notwendig und soll einander entsprechen.

Die Kirchenordnung ist auch zu verstehen als Selbstbestimmung des Fürsten. Er schreibt sich selbst den „Spiegel". Sie hat Verfassungsrang, denn sie ist ein zentrales Rechtsdokument, das nicht nur kirchliche Einzelfragen klärt. In ihr wird auch die Frage nach dem Sinn des Fürstentums beantwortet. Noch kann man nicht von einem Staat im modernen Sinn reden, sondern von einem Fürstentum, das sich in vielen Punkten davon unterschied. Der „Erste im Land" herrsche auch, wie Gott es wohl tut, nämlich mit Gnade und Zorn. Er handelt dabei als Gottes Diener als weltliches Haupt, indem er seine Untertanen liebe und zugleich mit aller Strenge für den gemeinen Nutzen sorge. Gott gibt (ewige) Gebote, der Fürst (veränderliche) Gesetze.

Niccolò Machiavelli hatte seinen „Il Principe [Der Fürst]" 1513 verfasst und damit in der Tradition der mittelalterlichen Fürstenspiegel eine politische Philosophie begründet. Hier philosophiert der Fürst selbst auf Christliche Weise darüber, wie ein Christlicher Staat geordnet sein muss. Dieser Text ist nicht nur Gesetz im Sinn einer praktischen Verordnung, er ist Programm.

Die Grundsätze von Gnade und Gesetz und ihr Verhältnis zueinander werden in der Kirchenordnung nicht ausgeführt, aber im Grundsatz bestimmt. Indem das Predigtamt genau beschrieben wird, ist zugleich deutlich gemacht, worin es sich vom weltlichen Regieren unterscheidet. Der Fürst predigt nicht selbst. Er reicht keine Sakramente dar und nimmt keine Beichte ab. Sein gnädiges oder strafendes Urteil ist innerweltlich. Er vergibt keine Sünde, auch wenn die Kirchenordnung herausstellt, dass Ungehorsam dem Fürsten als der Ordnung gegenüber Sünde sei. Er maßt sich auch nicht das Bischofsamt (im geistlichen Sinn) an, auch wenn man fortan vom fürstlichen Summepiskopat spricht. Der Fürst schützt die Kirchen. Er ist ihr Oberhaupt im Sinne der Feudalordnung, aber er vermisst sich nicht, in die Predigt hineinzureden. Er übt keine geistliche Macht aus. Die Formel lautet: Der Fürst schützt die Kirche, die Christenheit im Land gehorcht ihm, aber der wahre Herrscher aller ist Christus.[1]

Der Fürst verpflichtet sich und seine Nachfolger. Er erklärt sich schuldig, die Kirche im engeren Sinn mit ihren Bischöfen zu schützen und zu stützen und auch selbst auf Gottes Wort zu hören. Gottes Wort ist ihm jedoch nicht nur Rat, sondern Befehl, wobei die Prediger weder Ratende[2] noch Befehlende sind. Ihre Aufgabe besteht

---

1 Man ist geneigt zu sagen: Wahrer Herrscher ist Gott durch Christus, aber die Kirchenordnung macht da einen für uns seltsam klingenden Unterschied. Der auferstandene Mensch Christus und Gott sammeln einander eine Kirche. Christus ist als Auferstandener, als Mensch das Haupt der Erlösten, ihr Fürst und Heiland.

2 Zu raten ist eine politische Aufgabe, wie man an der entsprechenden Schrift von Johann Oldendorp ablesen konnte.

nur darin, dem „reinen Evangelium", also Gottes Befehl Ausdruck zu geben.

Der einzelne Fürst untersteht nicht nur dem Kaiser, dem gegenüber er auch bestimmte Freiheiten besitzt, sondern vor allem Gott, in höherem, vollkommenen Maß. Er ist in seiner Amtsführung direkt Gott gegenüber verpflichtet, übt also eine doppelt geliehene Souveränität aus und „protestierte" mit anderen Fürsten unter der Berufung auf Gottes Wort und Herrschaft auch gegen Mehrheiten und den Kaiser. Er erhält seine Souveränität durch Gott, regiert von Gottes Gnaden. Seine Überlegenheit bedeutet keine Unabhängigkeit von Gott, er versteht seine Herrschaft mithin nicht als absolut.

Die weltliche Seite der Ordnung und Herrschaft sieht sich nach dieser Kirchenordnung als Teil der aus dem Glauben resultierenden Guten Werke an.[1] Herrschaft ist nach dieser Kirchenordnung weniger ein Privileg, als vielmehr eine Pflicht gegenüber Gott, die aber nicht um des Verdienstes willen, sondern um der Menschen wegen möglichst gerecht ausgeübt werden soll.

Die in der Präambel beschworene Eintracht der Prediger und Christen im Land entsteht nicht durch kluge Verträge, sondern erwächst aus gemeinsamem Glauben, wurzelt in dem Einen Gott und seinem Gebot. Merkmal dieser Kirchenordnung ist, dass es sich hier nicht nur um einen Fürstenspiegel oder ein Utopia wie die von Thomas Morus (1516) handelt, sondern dass hier ein Fürstentum sich per Gesetz durch eine Aufgabe definiert. Dies geschieht nicht in Vollständigkeit, aber in Grundsätzlichkeit. Kein Einzelgesetz soll hinfort zu dieser Ordnung im Widerspruch stehen. Der Fürst

1 Sie sind darum jedoch entsprechend evangelischem Verständnis nach nicht verdienstlich, aber notwendig.

bekennt sich öffentlich, schwarz auf weiß zu Zielen seiner Amtsführung und legt sie im Grundsatz fest. Freilich fehlen entscheidende Punkte, wie zum Beispiel ein Verfassungsgericht, dass eine Verfassung erst zu einem Rechtstext im vollen Sinne werden lässt. Der Fürst erklärt sich gegenüber Gottes Wort schuldig. Das war an sich nichts Neues, sonder war durchaus mittelalterlich gedacht, wie die Präambel der Goldenen Bulle von 1356 zeigt. Aber nun wurde dies im reformatorischen Sinn festgeschrieben und entsprechend anders dargelegt. Der bedeutende Unterschied liegt darin, dass nun nicht nur die Herrschaft sich definierte, sondern auch das Volk als Christenheit im Fokus der Landesordnung zu stehen kam.

Alles kommt auf die Richtung, den letzten Zweck der Ordnung an. Es ist Aufgabe des Fürstentums, Gott nicht im Wege zu stehen, der will, dass allen Menschen geholfen werde – weltlich übersetzt: als den gemeinen Nutzen – und sie zur Erkenntnis der Wahrheit kommen, also zur Sammlung der ewigen Kirche gelangen, indem sie sich beständig „bekehren".

Der Inhalt der Kirchenordnung in fünf Teilen

Nicht zu finden ist in der Ordnung - entgegen der Erwartung, die man von einer evangelischen Kirchenordnung haben mag -, was wir eine Kirchengemeindeordnung nennen würden. Erinnert sei an die Feststellung von Karl Barth, dass in der Volkskirche Bürgergemeinde und Kirchengemeinde identisch seien. Die kommunale Selbstverwaltung war Mitte des 16. Jahrhunderts jedoch nicht einfach identisch mit der Zugehörigkeit zu einer Pfarre, bzw. Kirche. Die Parochie hatte nur teilweise eine direkte Entsprechung in der kommunalen Struktur. Das Bewusstsein, eine Kirchengemeinde zu sein, setzte voraus, sich ansonsten als eine säkulare Gemeinde zu begreifen. Das kann man nicht voraussetzen. Die Einheit von beidem ging tiefer, sie war nicht einmal gedanklich zu trennen. Niemand, von Juden oder Roma und Sinti abgesehen, sah sich nicht als Christ an.

Dies wird in der Kirchenordnung vorausgesetzt, aber als „Gemeinde" nicht weiter in den Blick genommen. So ist der Pastor zwar „Hirte seiner Weide", aber er ist nicht ihr Leiter im kybernetischen Sinn. Er definierte noch keine separat anzusehende soziologische Einheit.[1] Der Pastor ist ihr Prediger, Liturg, er lebt mit „den Leuten" vor Ort und ist für deren Gottesdienst verantwortlich.

„Kirche" war „Sammlung" im doppelten Sinn. Einmal ging es um den tatsächlich geschehenden Gottesdienst unter dem Wort Gottes durch Christus auf Erden im Heiligen Geist. Zum anderen war die himmlische Versammlung der Erlösten im Blick. Es ging bei CA VII, dem 7. Artikel der Confessio Augustana nicht um eine Versammlung im Sinne des späteren Versammlungsrechts, um eine soziologische Größe, wie es Vereine, damals Gilden oder Genossenschaften waren. Die im Gottesdienst geschehende „Bekehrung" war zudem nicht als Dauerzustand gedacht, schon gar nicht wie später im Pietismus eine einmalige Lebensentscheidung für Auserwählte. Glied Christi zu

1 Ein Kirchspiel war zum Beispiel auf Fehmarn zugleich säkulare Ordnung. Die Kirchspieltruhe mit allen Urkunden hatte ihren selbstverständlichen Platz in der Kirche. Auf den Dörfern dort gab es keine Ratsstuben oder Bürgermeister. In den Städten dominierten Zünfte, die mit Parochialgrenzen nichts zu tun hatten.

sein, wurde als etwas anderes gesehen, als einer eingetragenen Gemeinschaft anzugehören.

Die Liturgie der Kirchenordnung bezeichnet die Zuhörer auch als „Freunde“, was aber nicht gleichbedeutend mit Institutionen der Selbstverwaltung war, wie Genossenschaften und Gilden. Vorbilder für so etwas wie eine Kirchengemeinde unseres Verständnisses hätte es reichlich gegeben. Im Reformierten Bereich wurde sie denn auch entwickelt, nicht aber hier unter den Lutheranern, wo der Herzog „Zwinglianer“ als Gefahr für den gesellschaftlichen Frieden ebenso wie die Täufergruppierungen ansah. Er hatte dafür nicht nur theologische, sondern vor allem rechtliche Gründe. Es sollte keine Trennung durch verordnete Moralvorstellungen provoziert werden. Johann Oldendorp sprach in diesem Zusammenhang von „Secten“ und brachte derartige Vorstellungen in Verbindung mit mittelalterlichen Streitereien. In der Kirchenordnung fehlt jeder Ansatz für eine Kirchengemeindeordnung, selbst ein Parochialrecht wird an keiner Stelle thematisiert, nur in mittelalterlicher Weise vorausgesetzt. Es fehlt in ihr überhaupt jegliche Verfassung auch einer gemeinsamen Institution mit Namen „Kirche“, ob nun auf Dekanats- oder Landesebene.

Fünf unterschiedlich lange Teile hat die Kirchenordnung Mecklenburgs von 1552:

1. Lehre
2. Predigt- und Pfarramt, das Kirchengericht
3. Liturgie
4. Schule und Universität
5. Güter und Einkommen der Kirchen

Der erste Eindruck könnte sein, dass es sich hier doch um eine Art innerkirchliche Ordnung handelt, wie man eben in einer Herrschaft bestimmte Teilgebiete strukturieren und festlegen muss. Die Intention reicht weiter. Es geht stets um den ganzen Menschen, die ganze Gesellschaft, nicht um religiöse Besonderheit. Religion wurde nicht als Privatangelegenheit angesehen, wie es sich Friedrich II. von Preußen zurechtlegte.

Die Gottesdienste waren nicht nur öffentlich, die Kirche eine öffentliche Angelegenheit, sondern Kirche begründe eine bestimmte Art von Öffentlichkeit, in der Herrschaft, Ordnung und der Einzelne auf reformatorische Art definiert werden. Der Fürst versteht sein Regierungsamt als „Christliches" Amt, d.h. er handelt in Vollmacht. Es geht in allem, was geschehe um das, was Gottes Vorhaben ist. Auch der Begriff der Person wird in eigener Weise entsprechend vom Glauben her bestimmt.[1] Die Kirchenordnung nimmt alle Menschen des Landes in die Pflicht.

Der Fokus richtet sich auf das öffentliche Leben, die Welt, das „menschliche Geschlecht" in genereller Art und Weise. Die Zielrichtung der Kirchenordnung ist nicht nur die Erreichung ewigen Lebens für alle Einzelnen, sondern ebenso der konkrete gemeine Nutzen, der gesellschaftliche Friede und das Wohl, was entsteht, wenn man sich im Fürstentum an diese Ordnung hält, so die Intention des Gesetzes.

Die „Stücke" weisen im Zusammenhang eine klare und einfache Ordnung auf. Zunächst wird betrachtet, was und wie Gott mit seinem Wort das Heil „gepflanzt" hat, dann wird die Erhaltung und

1 In der Kirchenordnung ist einmal von „Kirchenpersonen" die Rede, gemeint waren Pastor und Küster, also mit Ämtern, Vollmacht versehenen Personen.

das Wachstum dieser Pflanzung betrachtet, indem der Predigtdienst zum Thema gemacht wird. Dazu gehört dann auch der Ritus, die „Ceremonie“ als dritter Schritt, die Liturgie. Es geht darum, wie in Predigt, Taufe, Abendmahl und Trauung das Evangelium Gottes wirksam wird. Daran schließt sich die Ausbildung der Prediger, aber auch aller an, die im Fürstentum für zunehmende und zu erhaltende Erkenntnis überhaupt verantwortlich sind. Bildung ist für die Ausbreitung von Gottes Wort vonnöten um des Heils willen, aber auch um Irrtum und Abweichen von Gottes Wort einzuschränken. Der Begriff „Bildung“ in seinem allgemeinen kulturellen und auch politischen Sinn war noch nicht gebräuchlich, aber die Kirchenordnung gehört in sein historisches Vorfeld, der Gedanke ist bereits ausgeprägt. Dabei spielte die in der Kirchenordnung programmatisch geforderte systematische Einrichtung der später „humanistischen Gymnasium“ genannten Schulen eine entscheidende Rolle.

Schließlich wird dann noch die Frage erörtert, wie die Finanzierung des gesamten Vorhabens zu regeln ist.

Die gute Wirksamkeit des Gotteswortes befördert das Wohl des Fürstentums, der Städte und „Landschaft“. Dies ist Grundbotschaft der Ordnung: Das Fürstentum definiert sich als ein „Christliches“, was als Adjektiv durchgehend mit Großbuchstaben am Anfang geschrieben wird. Dies ist so zu verstehen, dass Christus stets als handelnde Ursache des Wohles im Blick ist. Es geht um Gottes Wirken, er ist auf die Weise besonders „kräfftiglich“, wie es die Kirchenordnung einfordert. Der Unterschied im Adjektiv mit Großschreibung ist darin zu sehen, dass nicht die Dinge diese Eigenschaft haben, sondern es um vermittelte Handlung geht.

Besonders bei der Liturgie ist dies überdeutlich: Als Agierender ist zunächst Gott zu sehen, Priester[1] und die „Leute“ als Antwortende.

Bei dem Typ der protestantischen Kirchenordnung des 16. Jahrhunderts handelt es sich um eine neue Art von Gesetzestext. Sie hat im Einzelnen freilich Vorgänger und Quellen verschiedener Art, wie sie sich im Kanonischen Recht finden, aber dass Fürstentümer solche Gesetze erlassen, das war neu. Keine evangelische Herrschaft kam dann ohne ein entsprechendes grundlegendes Gesetz aus, denn die Lücke musste geschlossen werden, die durch den Wegfall des Kanonischen Rechts und des Papstes mit seiner Hierarchie entstand.

Teil 1 Von der Lehre: - Das Examen

Dass die Kirchenordnung in Bezug auf die Lehre mit dem dreifaltigen Gott und der Schöpfung beginnt, ist nicht nur durch das Glaubensbekenntnis und dem üblichen Aufbau von Dogmatiken bedingt. Sie möchte grundsätzlich sein und soll nicht als Willensäußerung des Fürsten missverstanden werden. Wie wir von natürlichen Bedingungen und gesellschaftlichen Gegebenheiten ausgehen, sah man als Ausgangspunkt aller Ordnung und Herrschaft Gott an.

1 Die Bezeichnungen Priester, Pfarrherr oder Pastor wechseln in der Ordnung zumeist ohne erkennbare Unterscheidungen, wenn nicht ein konkreter Kontext dies verlangt. Bisweilen ist auch allgemein von „Kirchenpersonen“ die Rede.

Jeder Friedensschluss wurde im Mittelalter im Namen des Dreieinigen Gottes geschlossen. Selbstverständlich verstand Herrschaft sich als eine Christliche und sah sich zum Papsttum, der Kirche als Hierarchie und Klerus. Dass die Reformation in ihren Ländern konsequent die Kirche mit ihren gottesdienstlichen Beamten von jeder weltlichen Herrschaft ausschloss, bedeutete auch in dieser Hinsicht einen radikalen Wechsel. So standen Herrschaft und das damit verbundene Recht von nun an nicht mehr einer „Kirche" gegenüber, aber dennoch Gott und seiner grundsätzlichen anderen Herrschaft. Das galt für sie auch gegenüber Rom und seinen Bischöfen, die nur noch als andere Fürsten angesehen wurden. Ihr mittelalterlicher Herrschaftsanspruch gegenüber der Welt war dahin. Ein ähnlicher Prozess zeichnete sich auch in der römisch gebliebenen Welt ab.

Das Ringen um Vorherrschaft in der Welt, der Investiturstreit beherrschte das Mittelalter, aber nun war mit der Reformation der Klerus als Kirche in ganzen Ländern abgeschafft worden, ohne dass darum Christentum und Gottesdienst passé gewesen wären. Es gab mit dieser Kirchenordnung in Mecklenburg weder Weihe noch Investitur im mittelalterlichen Sinn, nur noch eine Ordination, die von einem machtfreien Visitator geleitet wurde.[1] Allein Fähigkeit und Eignung zum Amt sollten entscheiden. Wer die Superintendenten einzusetzen hatte, darüber schweigt die Kirchenordnung. Von einem entsprechenden besonderen liturgischen Akt wissen wir nichts, was auch darauf hinweist, dass es

1 Das Thema der Sukzession wird in der Kirchenordnung nicht einmal gestreift. Stellt man die Frage aber, ist zu sagen, dass sie nicht unterbrochen wurde, weil die Handauflegung zur Ordination nach wie vor hinzu gehörte und jeder Pastor als Bischof seiner Herde angesehen wurde..

sich bei ihm um eine vor allem weltliche Aufgabe handelte, für die freilich nur Pastoren infrage kamen. Er gehörte zum Konvent der Pastoren, hatte aber nicht bischöfliche Funktion im mittelalterlichen Sinn, wonach gemäß der Weiheliturgie die Pfarrherren seinen verlängerten Arm darstellten und ihm zu Gehorsam verpflichtet gewesen wären. Der Unterschied zum Mittelalter bestand auch darin, dass die Visitatoren keine Güter ihr eigen nennen konnten. Die Ämter wurden eben grundsätzlich neu geordnet, die Gewalten anders geschieden.

Hier gibt nun der Fürst Prüfungsordnung für Ordinanden heraus, legitimiert das Examen. Dies diente der Einträchtigkeit im Glauben.

Der Anfang mit dem Blick auf die Schöpfung war nichts Überraschendes, aber zielt bereits auf die Rechtfertigungslehre. Sie wird nicht als unabhängig vom Rechtsdenken behandelt, sondern in direktem Zusammenhang. Die Begründung allen Rechts war eng mit dem Menschenverständnis verknüpft, das in bestimmter Interpretation der Paradiesgeschichte verwurzelt war. Dass niemand ohne Sünde ist, verlangt eine Ordnung, die dem Bösen wehrt.

Auch dies war im Grunde nicht neu, denn die Spannung von Kaiser und Kirche hatte immer mit den Fragen der Buße zu tun, wie nicht nur der Gang nach Canossa zeigt. Auch setzten die theologischen Summen mit dem Schöpfungshandeln Gottes und der Gotteslehre ein. Aber nun wurde die entsprechende reformatorische Lehre zu einem Landesgesetz, vom Kaiser nur bis auf Weiteres und widerwillig geduldet, vom Papst und weiten Teilen Europas abgelehnt. „Alle Menschen sind schuldig, Gliedmaß dieser wahrhaftigen Kirche zu sein.“ Dies hält der Fürst von Mecklenburg nun aller Welt entgegen und meint mit der wahrhaftigen Kirche die reformatorische Ekklesiologie.

Gilt die Lehre des Augsburgischen Bekenntnisses in Mecklenburg, ordnet sich das Fürstentum neu. Aus der Rechtfertigungslehre ergibt sich eine veränderte Bestimmung und Ordnung von Kirche und Welt.

Auch im Bauernkrieg mit seinen Thesen wurden Auffassungen von Recht und Ordnung biblisch begründet, nun aber handelte es sich nicht mehr um Aufruhr oder Ansichten von einzelnen Theologen, sondern um eine von der Obrigkeit erlassene Landesordnung. Sie hebt sich als geltendes Gesetz von der Lehre des Papstes ab und stellt den Papst in eine Reihe mit Muslimen, Juden und Heiden. Durch falsche, verkehrte Lehre versetzt man sich selbst in den Heidenstand, verlässt man die Kirche Christi, nicht etwa nur eine Konfession im Rahmen verschiedener Denkmöglichkeiten. Jeder Mensch ist Gott schuldig, seine Offenbarung in rechter Weise anzunehmen. Das ist keine Frage freier Weltanschauung. So lesen wir es nun in einer Landesverordnung des Fürsten an sein Volk.

„Kirche ist, wo reine christliche Lehre gepredigt wird." „Denn dort wirkt Gott." Kirche ist demnach ein Geschehen, Gottes Wirksamkeit. Das lese man als Auslegung von Artikel VII der CA. Nicht der Klerus ist die Kirche. Wo Gottes Wort durch Gottesdienst mit „rechter Anrufung" in den Menschen wirkt, geschieht Kirche. Das Fürstentum selbst ist Kirche, weil in ihm das Evangelium gepredigt wird und Gottesdienst in „rechter Weise" stattfindet. Die Kirchenordnung soll dafür sorgen, dass dies in „rechter Weise" geschehe. Dabei handelt es sich um Notwendigkeit, es ist „höchst nötig". Dies ist eine sich wiederholende Redewendung in der

Kirchenordnung. Das Gesetz ist keine willkürliche Idee, sondern gehorcht einer Notwendigkeit. Der Fürst handelt, weil Gott es so will und die Menschen es nötig haben.

Die rechte Lehre ist der Kirchenordnung nach in der Bibel mit ihren beiden Testamenten gefasst, den „Propheten und Aposteln", sowie den drei ökumenischen Symbolen (Glaubensbekenntnissen), mit denen dann 1580 die Konkordienformel begonnen wird. Diese „stimmen überein" mit dem Katechismus und den Schmalkaldischen Artikeln Luthers, sowie der Confessio Augustana. Die Ordnung spricht nicht von einer theologischen Summe oder zum Beispiel den Loci Communes von Melanchthon. Bekenntnisse und Katechismus sind maßgebend. Es handelt sich um einen anderen Sprachrahmen als den einer systematischen Theologie.[1] Es gilt, was einer dem anderen sagt, was er lehrt und nicht nur, was geschrieben steht. So ist auch hier der Lehrteil gedacht als lebendiges Verhör des zu Ordinierenden, nicht Abfrage und bloße Zustimmung. Es geht nicht nur um Thesen, sondern um Bekenntnis und Katechismus. Dogmen sind nicht mit Theologie gleichzusetzen. Die rechte Lehre steht nicht nur im Hintergrund pastoralen Handelns, sie ist nicht von der geschehenden Verkündigung zu trennen. Das Frage-Antwort-Schema ist mehr als eine Äußerlichkeit und hat ihren Sitz im Leben im Beichtgeschehen.

Die Stellvertretung der Geistlichen entfällt, also muss jeder Christenmensch selbst den Glauben verstehen. Ihn kann man nicht abhaken wie Wissensstoff, sondern es gilt. beständig in ihm zu wachsen und sich zu ihm zu bekennen. Das hat Aetcirkungen auf die Ordnung der Kirche. Die fortlaufende Notwendigkeit der Beichte

1 Die Lutherische Orthodoxie ist erst ein Kind des 17. Jahrhunderts.

wird mit Predigt und Lehren des Katechismus verbunden, sie sind ineinander verflochten. Glaube ist nicht nur Wissen oder Zustimmung, er ist lebendiges Bekennen.

Die neuen Bekenntnisse sind „dem Volk“ nützlich, um der Lehre der Propheten und Apostel mit Lebensführung entsprechen zu können. Das Examen gilt nicht nur den Predigern als Person, sondern ihm soll dann auch die Verkündigung im Volk entsprechen. Es soll die „nötigen Stücke“ ordentlich fassen. Das meint mehr, als sie nur intellektuell zu verstehen. Sie zu fassen, geschieht in der Liturgie, in einem realen Geschehen, in Anrufung, Annahme der Gnade und Besserung als Konsequenz. Das erwartet nun der Fürst von seinen Untertanen, erklärt es zur Pflicht, sieht es als Schuldigkeit an.

Dies alles lediglich als Werkzeug seiner Herrschaft zu deuten, ist nicht sachgemäß. Sicher sollte es eine gewichtige Folge sein, wenn diese Kirchenordnung sich durchsetzt, dass seine Untertanen mit dem Glauben verknüpft ihm auch gehorchen. Der neue Weg stützt zwar auch die Staatsräson, um einen späteren Begriff zu gebrauchen, aber hier dürfen wir die ehrliche Absicht sehen, dass es um das Wohl aller Menschen in den Landen des Fürsten ging.

Damit greift die Kirchenordnung weit zurück in die Kirchenväterzeit, vor allem Caeseropapismus und Investiturstreit. Die Obrigkeit möge die Kirche schützen, weil sie dem Frieden dient, Gott es so will und der Kirche als Versammlung der Gläubigen kein Herrschen zukommt.

In der Feudalordnung gab es das Äquivalent von Schutz und Gehorsam. Das wird hier nicht abgeschafft, sondern zunächst eher bestätigt und verstärkt. Aber nun wird darauf abgehoben, dass bei rechtem Glauben das Herrscher-Untertanen-Verhältnis auf der Grundlage beruhe: Dies ist unser gemeinsamer Glaube. Wir sind eine Kirche im Sinne der Christenheit, in der weltliche Ordnung herrschen muss, die Obrigkeit dafür Verantwortung trägt, dass nicht nur alle getauft sind, sondern Glaube verstärkt und gefördert wird. Ihr ist aufgetragen, für Frieden und Ordnung Sorge zu tragen. Grundlage dieses Friedens ist der gemeinsame Glaube. Dafür weiß sich der Landesfürst vor Gott verantwortlich. Zum evangelisch gepredigten Glauben gehört, dass die Untertanen ihm gehorsam sind, aber es gehört auch dazu, dass der Fürst alles dafür tut, wozu Gott ihn als Landesvater verpflichtet.

Der Fürst ist Autor der Kirchenordnung, nicht im Sinn eines Schriftstellers, sondern im Sinne des Verantwortlichen. Er bedurfte wohl der Theologen und anderer Ratgeber, die ihm Textvorlagen geliefert oder auch den gesamten Text redigiert haben mochten, aber Persönlichkeit und Ausbildung der Fürsten, die sich zu dem Schritt der Reformation entschlossen, spielten eine entscheidende Rolle, wie man gerade an Mecklenburg und der Herzogsfamilie sehen kann. 1549 hatte sich das Fürstentum auf dem Landtag zu Sternberg auf die Seite der Lutheraner geschlagen. Herzog Albrecht VII. verstarb 1547, Heinrich V. 1552. Drei Jahre nach dem Landtag und nach dem Tod Heinrichs V. wurde die Kirchenordnung Gesetz. Es handelt sich nicht um einen Text „der Kirche", den ein Kollegium der verfassten Kirche mit Oberkirchenräten oder eine Synode dem Herzog nur in den Mund gelegt hätten, weil sie es sich so wünschten. Man musste Herzog Johann Albrecht I. nicht zu diesem Schritt überreden. Er war im Gegenteil treibende Kraft bei dieser Veränderung.

Die Übersicht der Artikel

Hier ist zunächst danach zu fragen, warum dieser umfangreichste Teil in der Kirchenordnung überhaupt formuliert und abgedruckt wurde. Es hätte doch auch reichen können, auf die erwähnten Schriften der Artikel Luthers, seinen Katechismus und die Confessio Augustana zu verweisen, wie es vom Prinzip her auch unsere modernen Kirchenverfassungen handhaben und zu den praktische Fragen überzugehen. Zudem lag seit 1544 auch in deutscher Sprache die letzte Fassung von Melanchthons Loci Communes vor, von Justus Jonas übersetzt. Auch lag seit mehr als 20 Jahren die Apologie der CA durch Melanchthon vor, auf die ebenfalls nicht hingewiesen wurde. Auf all dies hätte die Kirchenordnung im Lehrteil verweisen können. Die Zwecksetzung des Ersten Teils der Kirchenordnung wird unter dem Inhaltsverzeichnis klar und einfach benannt: Sie dient als Muster für das Examen der zu Ordinierenden, bzw. neu hinzukommenden Prediger und sollte konsequenterweise den Rahmen bilden für die Verkündigung, den Predigtdienst und den Unterricht an den Schulen.[1] Für den Sprachenunterricht an den zu gründenden Lateinschulen wurden auch etliche Bücher angegeben, warum dann nicht hier die Loci Communes des Melanchthon?

Ein Grund ist darin zu finden, dass bereits die ersten Anzeichen von Streit innerhalb des lutherischen Lagers sich bemerkbar machten, die am Ende zur Verabschiedung des Konkordienbuches

1 Unser Begriff von evangelischem Religionsunterricht hätte den Menschen damals allerdings die Haare zu Berge stehen lassen, denn als eine „Religion“ unter anderen konnte und wollte man die Christliche Lehre nicht ansehen.

1580 führten.[1] Ein Vergleich der Artikel mit Melanchthons Loci in der deutschsprachigen Fassung von Justus Jonas zeigt, dass die Formulierung in den Artikeln zwar abwich, aber inhaltlich kein Dissens festzustellen ist. Auch darum wird Melanchthon gern diese Kirchenordnung weiter empfohlen haben, die kritisch durchzusehen ihm immerhin vom fürstlichen Haus Mecklenburgs anvertraut worden war.

Der Text gehört in die Reihe der Bekenntnisschriften der Reformationszeit, als Unterricht der Pastoren bezeichnet. Er ist ein Katechismus für die Prediger. Der Heidelberger Katechismus erschien 1563.[2]

Bis ins 20. Jahrhundert war es im Übrigen so, dass bei einem Wechsel eines Studenten oder Ordinierten in eine andere Landeskirche die Kandidaten einem gesonderten Examen, bzw. Kolloquium unterzogen wurden, wie es heutzutage nicht einmal dann geschieht, wenn ein ehemaliger katholische Priester zum lutherischen Pfarrer wird. Die Lehre der Landeskirchen war Ländersache, dennoch kam der Kirchenordnung nach alles auf Einträchtigkeit an, auch mit benachbarten lutherischen Kirchen. In unserer Kirchenordnung war das Misstrauen, bzw. die Furcht vor Uneinigekeit derart groß, dass bei dem Wechsel eines Pastors von

---

1 Die revidierte Kirchenordnung 1602 verwies auf das Konkordienbuch. Herzog Ulrich verwies in seiner Vorrede, dass er dieses eigenhändig unterzeichnet habe. Das Examen behielt man bei und ergänzte es nur an einigen Stellen.

2 Der Heidelberger Katechismus, von Zacharias Ursinus nach Auftrag durch Kurfürst Friedrich III. von der Pfalz erstellt, wurde ebenfalls vom Fürsten unterschrieben. Unser Examen aber war von vornherein Teil einer Landesverordnung, eines Landesgesetzes.

einem Konvent zum anderen[1] zunächst theologisches Einvernehmen hergestellt werden musste. Das Examen hatte der theologischen Eintracht unter den Predigern zu herrschen. Vielfalt galt in dieser Sache gerade nicht als Tugend.

Der Genfer Katechismus Calvins von 1537 und 1542 wählte wie später der Heidelberger Katechismus und allen zuvor Luthers Katechismus das Frage-Antwort-Schema. Dieses ist zum Teil auch in unserer Ordnung so, aber wie bei dem Großen Katechismus Luthers 1529 folgen nicht kurze Antworten, die zwangsläufig Definitionen gleichen, sondern es folgen Erörterungen. Das Examen ist somit kein bloßes Abfrageschema, sondern diente dem Einvernehmen.

Schon die drei Glaubensbekenntnisse, Symbole der Alten Kirche, waren Texte, die in besonderer Weise öffentlich waren. Kaiser beteiligten sich an ihrer Beschlussfassung, sie waren Rechtstexte. So steht es auch um die Confessio Augustana (1530) und die Schmalkaldischen Artikel Luthers (1537).

Hier handelt es sich also nicht nur um eine innerkirchliche Ordnung, sondern der Text wird zu einem Gesetz erhoben, das nicht etwa von einer Kirche als verfasster „Körperschaft öffentlichen Rechts“ oder der Römischen Hierarchie verkündet wurde. Wir haben

---

1 1552 gab es nur zwei Superintendenturen, jeweils einen pro Landesteilen, aber es ist auch die Rede von Städten und den nächstgelegenen Dörfern ringsum. Da auch von verschiedenen Synoden gesprochen wird, kann man gewisse Strukturen voraussetzen, vermutlich orientiert an den mittelalterlichen Archidiakonaten oder Dekanaten. Entsprechende Ämter gab es jedoch nicht. Die Pastoren der Städte wie Hamburg, Rostock oder Lüneburg waren um Länder übergreifende bemüht, wozu sie sich als „Synoden“ trafen, die aber keine festen Institutionen waren und auch nicht mit einer Kirchenregierung verwechselt werden dürfen.

es hier vielmehr mit einem Text zu tun, der in seinem ersten Teil im vollen Sinn ein Glaubenssymbol ist, das von der weltlichen Herrschaft als grundlegend für sein Land nicht nur akzeptiert und unterschrieben, sondern als Befehl herausgegeben wurde. Der Text galt juristisch - in der revidierten Fassung von 1602 nicht verbessert, sondern nur erweitert - bis 1918, auch wenn dies nicht immer allen bewusst war, wie die Neuausgabe von 1855 durch die Anregung Theodor Kliefoths zeigt. Damals unterzeichnete sie immerhin wiederum das fürstliche Haus unter dem Großherzog Friedrich Franz II., aber der Druck erfolgte mit der Formel „Gegeben durch Unseren Ober=Kirchenrath". 1552 war die Ordnung schlicht Ausführung des Landtagsbeschlusses von 1549. Auch damals waren dem Herzog wohl Texte dafür von Theologen und Juristen „gegeben" worden. Verwunderlich ist, dass bei den Überlegungen bis heute darüber, wer für diese Textfassung in erster Linie verantwortlich sei, zwei Personen völlig außer Acht blieben, und das waren die beiden Herzöge und bischöfliche Administratoren Magnus III. (1509-1550)[1] und sein Nachfolger im Amt Herzog Ulrich (1527-1603). Beide hatten die Universität besucht und waren sowohl theologisch als auch juristisch bestens ausgebildet. Als bischöfliche Administratoren konnte und wollte man sie sicher auch nicht in dieser wichtigen Sache übergehen. Auch Johann Albrecht I. selbst hatte in Frankfurt/Oder von 1541-1544 studiert und war danach

1 Magnus war zwar bereits 1552 verstorben, aber lebte noch 1549 und galt als einer der gebildetsten Fürsten seiner Zeit. Ich halte es für denkbar, dass er in seinen letzten Lebensmonaten oder auch schon vor dem entscheidenden Ereignis sich mit der Frage einer ja dann anstehenden Kirchenordnung für das Fürstentum, bzw. seiner Diözese beschäftigt hatte. 1542 und 1544 ließ er in seinem Land visitieren.

überzeugter Lutheraner. So gab es ausreichend lutherisch geprägte Kompetenz in der Herzogsfamilie. Johann Albrecht und Ulrich waren Mitte zwanzig, als die Kirchenordnung erschien. An den Universitäten waren sie als künftige Regenten der lutherischen Lehre nicht nur äußerlich begegnet, sie wurden von ihr geprägt. In welcher Weise veränderte dies ihre Auffassung von Herrschaft? Darauf gibt unsere Kirchenordnung Antworten.

Die Kirchenordnung zeichnet sich nicht durch eine besonders originelle Theologie aus, sie fasst in ihrem Lehrteil nur zusammen, was man dem Inhalt nach ausführlicher zum Beispiel in Melanchthons Loci Communes nachlesen kann.

Der Sinn der Artikel und ihre Anordnung erklären sich von ihrem Zweck her: In Einträchtigkeit soll dem kirchlichen Handeln, der Predigt und Seelsorge, den folgenden Teilen der Kirchenordnung eine feste dogmatische Grundlage gegeben werden. Das Ziel ist deutlich formuliert: „Dass die Leute eine klare und gründliche Summe der Christlichen Lehre bei sich selbst betrachten und gedenken können, die ihnen zur Bekehrung, zum Glauben, zu rechter Anrufung, zu Trost in aller Trübsal und zum Unterricht ihrer selbst zur Seligkeit nötig ist.“ Ein Volk von in diesem Sinn „Bekehrten“ sollte eine ausgewogene, ordentliche „Landschaft“ ergeben. Diesen Glauben in der Bevölkerung greifen zu lassen, entsprach dem Ziel eines guten Landesvaters. Die Kirchenordnung gibt unter Berufung auf Gottes Wort der fürstlichen Herrschaft eine Causa finalis und ist insofern als verfassungsrelevant zu werten.

Die Artikel

An den Anfang ist eine Übersicht der Artikel gestellt, die aber nicht völlig mit den Überschriften im Text dann übereinstimmt. Auch sind sie nicht durchnummeriert. Dennoch ist der innere logischen Aufbau zu erkennen:

A Von Gott
B Vom Menschen und der Sünde
C Von der Rechtfertigung
D Von den Guten Werken
E Von den Sakramenten
F Von der Kirche
G Vom Recht, der Ehe und der Obrigkeit

Diese Anordnung entspricht den Loci Communes von Melanchthon, die 1538 bereits in deutscher Fassung in der Übersetzung von Justus Jonas erschienen war und dann in verschiedenen Auflagen verändert neu erschien. Der Text in unserer Kirchenordnung beruht in Teilen wörtlich auf dieser Übersetzung. Sie übernimmt zum Beispiel das negative Bild vom Zimmermann und dem Schiff, das er erbaut hat und dann sich selbst überlässt aus den Loci von 1538 fol. XXIV wörtlich.[1] So verfährt Gott nicht mit

1 Von daher nimmt es nicht wunder, wenn Melanchthon dann später diesen ersten Teil als seinen eigenen Text als „Unterricht“ herausgab. Man könnte sich fragen, ob Melanchthon der Verfasser des Examens wäre, aber das erscheint mir sehr unwahrscheinlich, weil er dann die Übersetzung von Justus Jonas zitiert hätte. Eine näher liegende Vermutung wäre, dass Justus Jonas der Verfasser sei. Dagegen spricht aber die dezidierte Ablehnung des Leipziger

seiner Schöpfung.[1] Aber dann fährt die Kirchenordnung eigenständig deutend und nur sinngemäß fort. Eine weitere Quelle der Kirchenordnung ist - auch bis zu wörtlichen Übernahmen - die Sächsische Kirchenordnung von 1539, wofür u.a. auch Justus Jonas als einer von sechs namentlich genannten Theologen zeichnete.[2] Dort jedoch fehlt ein Examen völlig.

Schauen wir auf den Inhalt: Gott hat sich in Christus offenbart. Judentum und Islam erkennen dies nicht an, haben auf diese Weise zwar auch Teile der Offenbarung, aber tendieren zwangsläufig zur Abgötterei. Wir erkennen Gott nur, wie er sich selbst zu erkennen gibt, nicht von uns aus. Seine Eigenschaftslehre wird nicht der Philosophie entlehnt, sondern den beiden Testamenten wird mit dem Blickwinkel der Alten Kirche abgelesen, wer Gott ist. Der gute Gott stellt sich mit seinem Zorn gegen alle Sünde. Er ist ein Gott in drei ewigen Personen, der alle Kreatur aus dem Nichts erschaffen hat, alles entsprechend der bekannten Symbole. Der Begriff „Person" wird mit der Dichotomie des Menschen erklärt: So wie der Leib des Menschen durch die Seele zur Person wird, mag man es sich vorstellen, dass der Eine Gott in drei Personen ist. Diese Formulierung lässt sich schwer theologisch ausführen, aber sie besticht. Die Artikel sind nicht zum Aetcendiglernen durch die „Leute" bestimmt, aber es ist erklärtes Ziel, einfach und klar den Glauben verstehen zu können. Der ewige Sohn, des Vaters Ebenbild,

---

Interims in der Kirchenordnung.

1 Das negative Bild nimmt den späteren Deismus vorweg.

2 Kirchen ord= | | nung zum anfang | | für die Pfarher | | in Hertzog Hein | | richs zu Sachs= | | sen V. G. H. Für= | | stenthumb. | | , Dresden / Wittenberg 1539/1540.

hat menschliche Natur an sich genommen und Christus ist eine Person mit zwei Naturen. Man ist geneigt zu sagen, die Seele Christi ist Gott, der Leib Mensch, unvermischt und ungetrennt. Dies ist so nicht richtig, aber es leuchtet ein. Alle Leute sollen den Glauben auf einfache, aber rechte Weise verstehen lernen. Diesem Zweck dienen die Artikel.

Wesentlich für die Frage nach Gott ist die Notwendigkeit „rechter Anrufung", ein zentraler, oft wiederholter Begriff dieser Kirchenordnung. Auf ihn zielen die ersten Artikel. Man verfehlt die rechte Anrufung Gottes, wenn man das Wesen Gottes verkennt und den Willen Gottes missversteht. Der Kirchenordnung kommt es darauf an, dass der Dialog zwischen Gott und Mensch zustande kommt, das ist Aufgabe der Kirche. Ohne „rechte Anrufung" verfehlt die Kirche ihre Bestimmung.

Wie in weiser Vorausschau warnt die Ordnung vor dem kommenden Deismus, wonach Gott einem Uhrmacher gleiche, der die Schöpfung nun untätig sich selbst überlässt. Auch wird betont, dass die Trinität nicht so zu verstehen sei, dass Gottsohn und Heiliger Geist nicht an der Schöpfung beteiligt gewesen seien, Gott ist ja von Ewigkeit her einer in drei Personen. Der dreifaltige Gott herrscht von Ewigkeit zu Ewigkeit, war und ist tätig und lebendig. Dessen gewiss zu sein, gehört zur rechten Anrufung, denn was sollten wir den anrufen, der untätig über den Himmeln thronen würde, der Trost bliebe aus. Es gilt, daran festzuhalten, dass Gottes Wille frei und nicht für uns berechenbar ist. Die ersten Artikel sind mithin dem Gebet, der „rechten Anrufung" gewidmet.

Dem freien Willen Gottes steht der freie Wille des Menschen gegenüber, der sich jedoch von Adam und Eva an zunächst für den Ungehorsam entscheidet. Ein Bild für das damalige Verständnis von Glaubensgehorsam finden wir im Prozedere der Bischofswahl des späten Mittelalters. Vor die Frage gestellt, ob der erwählte Bischof die Wahl annehme, antworte er nicht ja noch nein, sondern schickt sich in die Wahl Gottes. Dieses Denken gehört in das Gnadenrecht. Sünde hat dagegen zur Folge, dass „das schöne Licht von Gott im Verstand und der Gehorsam im Herzen" erlischt, und damit auch das Leben. Dies ist wiederum im erwähnten Bild gedacht: Die Seele verliert ohne Glauben ihre Kraft, so hat auch das Leben, der Leib dies zu büßen. Wir haben es mit einer Trichotomie zu tun: Gottes Geist, die menschliche Seele und der Leib. Der Sünder ist nicht mehr „gottgefällig", sondern verfällt dem Zorn Gott, seiner Gegnerschaft. Der Mensch gerät in Verzweiflung, das Herz in „unordentliche Neigung". Gott ist nicht die Ursache der Sünde, „sondern der Teufel und des Menschen Wille". Sünde ist, was gegen Gottes Gesetz streitet und stürzt ihn so in Chaos und Verzweiflung. Sie lässt den Menschen aus Gottes Gnade fallen.

Gnade ist Gottes Zuwendung, aber hier im statischen Sinn gedacht. Der Heilige steht in Gnade, der Sünder verliert dieses Status. Vergebung und Bekehrung vermögen ihn wieder in den Status der Gnade zurück zu versetzen. Vorbild dieses Denkens ist die Geschichte vom Verlorenen Sohn. Der verlorene, aber nun bekehrte Sohn wird dem daheim gebliebenen Gerechten gleichgestellt. Es geht nicht mehr um Abrechnung von einzelnen Sünden, sondern um das Wiedergewinnen der Taufgnade.

Das in der Kirchenordnung immer wiederkehrende Wort „Strafe“ (Gottes oder durch Menschen) bedeutet nicht immer einen Vollzug, wie wir den Begriff vor allem verstehen. Im semantischen Vordergrund steht vielmehr das Urteil, ebenso wie bei dem Wort „Zorn“ Gottes nicht Emotion, sondern strikte Gegnerschaft im Vordergrund steht. Der Sünder setzt sich ins Unrecht, steht Gott entgegen.

Die Artikel bemühen sich, komplexe Sachverhalte auf einfache Grundsätze zurückzuführen, die von Zuhörern der Predigten angenommen und verstanden werden können.

Auf drei Wegen wird der Sünder durch Strafen zurückgeführt, der Beichte und dem Zustand der Gnade entgegen: Zum einen bekommt er den Zorn Gottes durch Unglück zu spüren, zum anderen lehren die Aetcirkungen der Sünde den verstockten Menschen, zum Dritten sehne er sich auf diese Weise nach der Gnade. Wie diese die uneingeschränkte Zuwendung bedeutet, ist Gottes Zorn als Ablehnung und Zusammenbruch von Ordnung zu erleben. Strafe ist somit weniger zu verstehen als eine Vergeltung, vielmehr als Rückführung in den Stand der Gnade.

Die Kirchenordnung kann man auch verstehen als Werk der Aufklärung im reformatorischen Sinn. Die „Leute“ mögen verstehen lernen, wie die Dinge zusammenhängen. „Wie bekomme ich einen gnädigen Gott?“ Aus der Sicht des Landesfürsten bedeutete dies: Mit diesem Wunsch und Willen im Herzen werden die Leute so gut wie möglich handeln wollen. Verhalten sich die Menschen gottgefällig, ist das nicht nur für sie selbst gut, sondern Gott wird auch von Strafen im Land absehen und höchstens Prüfungen zulassen, also schwere Situationen, die man jedoch durchstehen kann.

Die Herrscherfamilie im Land autorisierte diese Ordnung. Ein gutes Regiment sorge für Frieden und Ordnung, das ist sein Verfassungsauftrag.

Die Kirchenordnung unterscheidet drei Arten von Gesetzen schon im Alten Testament: leges moralis, ceremoniales et iudicales. Auf das 16. Jahrhundert und diese Kirchenordnung übertragen: Sie spricht vom moralischen und dem zeremonialen Gesetz, in Bezug auf Ehe und Schule dann auch vom bürgerlichen Gesetz, weil sich hier die Rechtsbereiche überschneiden. Der Kirchenordnung im Land steht das hier bereits „bürgerlich" genannte Recht gegenüber. Klar ist, dass sich letzteres dem höheren moralischen zu fügen hat. Das macht den Verfassungsrang der Kirchenordnung deutlich. Dem Wort Gottes hat sich jedes Gesetz und auch das Regieren unterzuordnen.[1]

Zugleich muss aber auch ein Unterschied deutlich gemacht werden: Bei einer Verfassung handelt es sich um einen Text, der sich in einzelnen veränderlichen Gesetzen entfaltet, in Bezug auf Gottes Wort aber geht es um eine personale Autorität, die für das Gute und das Recht selbst steht. Weil die Kirchenordnung auf diese höhere Autorität abhebt, der sich auch der Fürst unterwirft, kann man der Kirchenordnung Verfassungsrang zusprechen. Nichts möge im Fürstentum geschehen, was dem ewigen Recht Gottes widerstrebt. Dieses anzustreben, ist Aufgabe und Auftrag nicht nur des Fürsten selbst, sondern auch aller Gesetze. An erster Stelle stehen darum

---

1 Bei der Forschung über die Geschichte des Naturrechts wurde immer wieder gefragt, ob und wieweit das Naturrecht bereits als Ursache des gesetzten Rechts angesehen wurde, was man dann als bemerkenswerten Fortschritt wertete. Den Reformatoren stellte sich die Frage anders. Sie fragten nicht so sehr nach der Ursache oder Kausalzusammenhängen, sondern danach, was übergeordnet war und somit das Untere mit umfasste.

Schutz und Gewährung der Freiheit für die Verkündigung von Gottes Wort, der Herrschaft Christi, die im Liturgischen geschieht. Dies ist aber nicht zu verwechseln mit einem Primat einer irdischen, organisierten Kirche. Zu Beginn des Papsttums galt der Bischof von Rom als Stellvertreter Petri, dann wurde gelehrt, dass er der Vertreter Christi sei. Nun wurde niemand mehr auf evangelischer Seite von den Geistlichen als Vertreter Christi auf Erden oder der Apostel angesehen. Allerdings bezeichnete auch der Lutheraner Johann Oldendorp den Fürsten als Stellvertreter Christi, weil er sie als Haushalter von Recht und Ordnung ansah.

Grundzug der Kirchenordnung ist die Unmittelbarkeit aller Christen vor Gott, dies ist der juristische Sinn des Priestertums aller Gläubigen. Die Rechtfertigung des Sünders ist Rechtsakt zwischen Gott und Mensch. Aber auch allen geschriebenen oder formulierten veränderlichen Ordnungen der Menschen steht die lebendige Autorität Christi als Haupt der Christenheit gegenüber. Das gilt auch für diese Kirchenordnung, deren Aufgabe es ist, den Bezug menschlicher Ordnung zu diesem ewigen Recht Gottes klarzustellen.

Auch das Zeremonialgesetz ist veränderlich, muss also auch verfügt werden, während das göttliche moralische Gesetz unwandelbar ist und nur angenommen werden kann vermittels der anderen beiden Rechtsbereiche. Moral wird hier nicht im Sinne moderner Ethik verstanden, sondern im Sinn des Gnadenrechts. Sünde ist demnach weniger ein Vertragsbruch, sie wird vielmehr als Zerstörung von Ordnung, Vertrauensbruch und Ungehorsam angesehen. Weil aber Zeremonialgesetz und Bürgerliches Recht keine andere Aufgabe haben, als dem lex moralis zu dienen, mochte man auch diese Ebenen nicht im Muster eines Gesellschaftsvertrages sehen, sondern imitierte das Gnadenrecht Gottes auch im Hoheitsrecht von Fürst und Obrigkeit. Das theologische Examen der Mecklenburger Kirchenordnung gipfelt, bzw. endet wie Melanchthons Loci (in deutscher Übertragung) im Artikel über die Obrigkeit.

Mit diesen Vorstellungen folgte man den Vorstellungen von Johannes Oldendorp, der 23 Jahre zuvor in seinen Rostocker deutschsprachigen Schriften diese juristische Auffassung in Übereinstimmung zu Melanchthon dargestellt hatte. An diesem Kapitel ist die konkrete politische Bedeutung der Reformation abzulesen.

Um den Menschen wieder den Weg zurück in den Stand der Gnade zu weisen, hat Gott nicht aufgehört, ihn zu lehren. Die Lehre, wachsende Glaubenserkenntnis hat heilsgeschichtliche Relevanz, dient aber auch dem irdischen Wohl. Kirche in diesem allgemeinen Sinn ist eben so alt wie die Schöpfung und reicht zurück ins Paradies, setzt an mit den Verheißungen an Adam und Eva, dem „Protevangelium". Gott ist Erzieher des Menschengeschlechts. Objekt von Gottes Heilshandeln ist unser Gewissen.

Der Fürst hat Gott und dem Heil des Menschen mit einer möglichst gerechten (veränderlichen) Ordnung zu dienen. Es ist seine Pflicht und Schuldigkeit und nicht Anmaßung, auf diese Weise Gott und seinen Untertanen durch seine Amtsführung zu dienen.

Die Artikel machen im zweiten Schritt deutlich, worin der „rechte Gottesdienst" besteht, was sich hier jedoch nicht auf die Liturgie, die Zeremonie allein beschränkt, sondern die gesamte Lebensführung betrifft. Gott selbst hat seinen Willen, das moralische Gesetz den Menschen „erklärt und wiederholt". Darin besteht seine

Offenbarung. Den Begriff „Erklärung“ gebraucht die Kirchenordnung nicht im Sinn einer Begründung, sondern im Sinne einer Explikation in Beispielen.[1] So sind die Zehn Gebote auch nicht im einfachen Sinn identisch mit dem Willen Gottes, sondern dieser ist darin „gefasst“. Gottes Wort ist seine Tat, die von der „vernünftigen Kreatur“ verstanden, angenommen werden kann.

Es gibt einen klaren Zusammenhang zwischen der Überwindung von Sünde und der Wohlfahrt der Menschen und damit auch einen handfesten Grund der Regierung, die Christliche Lehre zu befördern und sich dafür verantwortlich zu wissen: Das Gute im Land möge sich durchsetzen. Dann geht es den Menschen miteinander gut und Gott braucht das Volk nicht strafen durch Unglück, Krieg oder Krankheit.

Dieser Komplex ist historisch auch darum nicht gering zu schätzen, weil hier in der Kirchenordnung der weltliche Arm ganz offen die Funktion übernimmt, die bislang die Kirche für sich in Anspruch genommen hat: Eine moralisch bestimmte Gestaltung der Gesellschaft, der Menschheit. Das Phänomen der evangelischen Kirchenordnungen - bei gleichzeitiger bewusster Trennung von weltlichem Handeln der Menschen untereinander und göttlichem Handeln in der Offenbarung – stellt sich dar als ein bewusster Schritt in Richtung Neuzeit und kommender Revolutionen. Der Staat sieht sich als verantwortlich an für das Wohl und die Gerechtigkeit unter

---

1 Mit Exempeln „bewies“ man etwas. Wir würden eher von „erweisen“ sprechen, weil „Beweise“ für uns mit den logischen Mustern wie Induktion und Deduktion verbunden sind.

den Menschen, er wird dafür in die Pflicht genommen. Man hat nach einer dem Wort Gottes gemäßen Ordnung zu trachten.[1]

Den Unterschied von Gesetz und Evangelium anzuerkennen, sieht die Kirchenordnung als eine der „Hauptlehren in der Kirche" an, sprich: der Christlichen Landschaft. Sie nicht zu beachten, stürzt in Verzweiflung. Daraus befreit der Gehorsam gegenüber Gott und auch dem Regiment gegenüber, weil er der Treue Raum gibt. Gehorsam ist aber etwas anderes als Vertragstreue.[2] Er ist Zustimmung zur Ordnung, und das liegt im Interesse der Regierenden. Wollte man dies nur in dem Sinn verstehen, dass die Kirche Herrschaftsinstrument der Obrigkeit sei, missdeutet man die Kirchenordnung von Grund auf. Der Fürst erklärt und verpflichtet sich vielmehr selbst zum Instrument des guten Willens Gottes. Sein eigenes Interesse ordne sich dem Willen Gottes, seinen Geboten und dem gemeinen Nutzen unter. Tut er dies, ergibt sich daraus die innere Berechtigung zur Herrschaft. Ablehnung jeglicher Tyrannei war common sense unter den humanistisch Gebildeten.

Die Sündlosigkeit Christi erklärt sich in diesem völligen Gehorsam, der nicht in moralischer Perfektion besteht.[3] Glaubensgehorsam

---

1 Bücher wie der Fürst von Machiavelli und der Sonnenstaat von Thomas Morus gehören in die erste Hälfte des 16. Jahrhunderts, man war sich der Fragestellung mithin bereits bewusst.

2 Nimmt die Kirchenordnung Bezug auf den Bund Gottes, ist nicht von Vertrag die Rede, sondern vom Eid Gottes, den Sünder nicht umkommen zu lassen, also gnädig zu sein. Nicht die (korrekten guten) Werke des Menschen sind entscheidend, sondern der Wille Gottes, den gefallenen Menschen nicht verloren zu geben.

3 Wir interpretieren Perfektion als Übereinstimmung mit einem System. In dieser Hinsicht ist moralische Vollkommenheit unmöglich. Im Neuen Testament wird die Liebe mit Vollkommenheit in Bezug gesetzt.

bedeutet, in der Gnade zu stehen. Und um in dieser Gnade zu wachsen, ist uns der Glaube gegeben. Setzt man den Begriff der Gnade als Grundstruktur an, ergeben die „Fünf Solas“ einfach und klar Sinn: Gehört allein Gott die Ehre, stehen wir dank Christus im Glauben durch die Lehre der Schrift in Gottes Gnade. Seligkeit erfüllt sich darin, sich gänzlich dem göttlichen Willen zu ergeben, über sich urteilen zu lassen und darauf zu verzichten, durch eigene Werke prunken zu wollen. Das strenge Gericht Gottes mache uns keine Höllenangst, sondern sei uns Verheißung und tröste uns.

Die wahrhafte Kirche als „Versammlung“ geschieht, wo auf Gottes Wort in Gesetz und Verheißung gehört und dieser Lehre gefolgt wird. Der Schlüssel, der die Tür zu diesem Weg eröffnet, ist Vergebung, „um Christi willen“. Letzteres wird beständig wiederholt: Gottes Wille ist unsere Seligkeit. Sie besteht darin, sich Gottes Willen anzugleichen, vor Gott gerecht zu werden. Das vermögen wir aber nicht durch uns selbst. In allem sind wir auf Gnade angewiesen. Der Gedanke, dass dies einem Selbstbewusstsein widersprechen würde, und darin unsere Freiheit begründet wäre, war den Reformatoren fremd. „Menschenwitz“ misstraute man. Freiheit war vor allem etwas, was einem wie ein Privileg verliehen wurde, nicht Selbstbehauptung.

In einigen Unterpunkten wird dann die Rechtfertigungslehre ausgeführt, mit pro und contra. Dieser Teil hat den größten Umfang in der „Christlichen Lehre“. Die Rechtfertigung ist Voraussetzung für die freiwilligen guten Werke ohne die Absicht, damit etwas für sich selbst erreichen zu wollen. Es geht um die für die Gesellschaft grundlegende Uneigennützigkeit, weit entfernt von späterem kapitalistischen Egoismus. Der Kirchenordnung schwebt kein

Fortschritt im Sinne eines Erfolges vor, sondern gesellschaftliche Ordnung, innerer Frieden.[1]

Um dies zu erreichen, nützen äußere Verpflichtungen nur zum Teil, umso mehr aber die Predigt, die eine weltliche Obrigkeit nicht erzwingen oder verordnen kann. Man könnte sagen und behaupten, dass auf diese Weise dem Volk ein Opium oder Arznei verabreicht würde, die den Herrschenden nützt, in dem die Untertanen aus Glauben heraus ihr Bestes geben und darüber hinaus auch noch den Regierenden Gehorsam aus Glaubensgründen zollen. Dieser Gedanke ist nicht von der Hand zu weisen, denn solch „christliches" Verhalten nützt dem Fürsten allemal. Solchem Denken wird jedoch in der Kirchenordnung nirgends Raum gegeben. Missbräuche liegen bei jeder Regelung nahe. Die Kirchenordnung, die sich von einem ganzen Konvolut an Missbräuchen der päpstlichen Kirche des Spätmittelalters abgehoben hatte, legte größten Wert darauf, dass es um gutes Miteinander gehe, also weder Aufruhr noch Tyrannei das Land beherrsche. Um des Rechtes und der Billigkeit willen sei es

1 Es geht also weder um die Weltsicht von Fortschritt, noch um das pessimistische Gegenüber der Dekadenz, der Geschichte als Abfall. Der immer wieder einbrechenden - teuflischen - Unordnung gilt es entgegen zu wirken. Ordnung wird nicht als perfekte Organisation verstanden, sondern als funktionierende personale Über- und Unterordnung, was als Füreinander gedeutet und verstanden wurde. Darum empfand man - mit Plato - die Demokratie als schwächste Form des Regiments. Eine solche Zuordnung der Menschen zueinander konnte man sich nicht recht denken. Demokratie wurde sich anarchisch vorgestellt. Die Berechtigung dieses Zweifels an der Demokratie ist uns vertraut, denn wir wissen, jede Demokratie taugt nur dann etwas, wenn sie sich nicht in Bürokratie oder Technokratie verliert, sondern - in Anlehnung von Prag 1968 formuliert - menschliches Antlitz trägt, von gegenseitiger persönlicher Verantwortung und gutem Willen aller für alle getragen wird. Ohne aufrichtige Geschwisterlichkeit taugen weder Gleichheit noch Freiheit.

„hochnötig", auf die Verkündigung des „reinen, unverfälschten Evangeliums" zu bauen.

„Kirche" gibt es der Kirchenordnung nach auf verschiedenen Ebenen:

Zum einen ist die gesamte Ständegesellschaft „Kirche", denn alle sind getauft und gehören einer Statusordnung an, die sich als christlich ansieht, d.h. als Zuhörer, als Lernende vom Evangelium.

Zum anderen ist „Kirche" die jeweils konkrete Versammlung unter dem Kreuz, das immer wieder stattfindende liturgische Ereignis in Predigt und Sakrament.

Zum Dritten ist „Kirche" die eschatologische Versammlung, die in der Offenbarung besungen wird, und dessen Abbild unsere Gottesdienste sind mit dem Agnus Dei und der Einträchtigkeit im Bekenntnis unseres Glaubens. Diese Kirche sammelt Gott für Jesus Christus. Das Haupt der Kirche ist somit ein Mensch, aber der Mensch zweier Naturen. Die Kirche hat nicht Gott zum Haupt, sondern Jesus Christus. Wir müssen da genau auf die Formulierung der Kirchenordnung hinschauen, denn darin sind wir heute in der Regel eher oberflächlich in der Betrachtung. Diese Unterscheidung erscheint uns unwichtig. Es ist an keiner Stelle der Kirchenordnung von Vergöttlichung des Menschen die Rede. Der Mensch soll nur seinem Urbild ähnlich werden und Ewigkeit geschenkt bekommen nach dem Vorbild des Ebenbildes Gottes, der vom Tod auferstanden ist. Das Haupt der erlösten Menschheit ist Jesus Christus. Nur in ihm und durch ihn sind wir mit Gott wie verflochten.

Was „Kirche" nach der Kirchenordnung definitiv nicht ist, wird ebenfalls deutlich: Weder sei sie als ein eigener Stand innerhalb der Standesgesellschaft anzusehen, schon gar nicht als eine Hierarchie, noch ist sie eine Organisation innerhalb des Fürstentums. Nach unserem heute üblichen Verständnis lässt sie genau das vermissen, was wir hier erwarten würden: ein vom Weltlichen oder Staatlichen gesondertes Kirchenrecht.

Wir finden in der Kirchenordnung keine Spur einer Presbyterialverfassung, noch die Erwähnung der Sukzession. Beide Themen wurden in der Ordnung schlicht übergangen und kommen nicht in der Argumentation vor.

Eine Ordnung, die nötig ist, um die ungestörte Verkündigung und Sakramentsverwaltung zu ermöglichen, ist weltliche Aufgabe. Diese Dimension des Rechts kann darum unbeschadet der Landesvater übernehmen. Er verleiht Freiheit, wie Herrscher im Spätmittelalter beständig Privilegien erteilten. Überhaupt zeigt auch diese Kirchenordnung deutlich an, wie sehr die Reformation noch dem mittelalterlichen Denken verhaftet war. Die Mecklenburgische Kirchenordnung ist ein Beispiel dafür, dass wir mit diesen Texten an einer Wende des Denkens und Handelns zur Neuzeit hin stehen.[1]

So war auch die Aufgabe des Bischofsadministrators, für den Ulrich noch die (niederen) Weihen besaß, auf weltliche, eben fürstliche Aufgaben beschränkt im Bereich der Herrschaft des Stiftlandes. Seine umstrittene (niedere) Weihe[2] war Voraussetzung für eine juristische Anerkennung des administrativen Rechtsanspruchs auf die weltliche Herrschaft in der Schweriner

1 Es handelt sich nicht um einen Bruch mit Stunde Null. Vieles hat sich vom Mittelalter her durchgetragen, nicht nur die Besitzverhältnisse der Pfarreien. Für eine Wende ist jedoch auch charakteristisch, dass nach gewisser Zeit viel vergessen und umgedeutet wird.

2 Der Bischof, der ihn geweiht hatte, war nicht von Rom bestätigt worden, dennoch war seine in Schweden erfolgte Weihe kirchenrechtlich gültig.

Diözese. Für die Nachfolge dann spielte dies keine Rolle mehr, auch dank der Kirchenordnung, die ein weltliches Bischofsamt nicht mehr kannte, aber juristische Geltung hatte.[1] In Bezug auf das kirchliche Amt kamen die niederen Weihen weder bei Magnus noch bei Ulrich zum Ziel. Beide wurden nicht einmal zu Pastoren oder Predigern, erreichten mittelalterlich gesprochen kein Presbyteriat, geschweige denn das geistliche Episkopat. Schon Magnus sah sich nicht verantwortlich für Visitationen in den beiden herzoglichen Landesteilen. Auch wenn vom Summepiskopat der Landesherren gesprochen wird, die Herzöge erhielten niemals eine „höhere Weihe" oder wurden zu Pastoren ordiniert.

Die Bezahlung der Superintendenten sollten zwar aus Klostergütern bestritten werden, aber unter fürstlicher Aufsicht und Verwaltung. Es handelte sich bis zum Beginn des 20. Jahrhunderts bei den Klostergütern um herzogliche „Domänen".

Die Landessuperintendenten verwalteten keine Klostergüter, wurden aber durch sie finanziert. Die Obrigkeit übernahm somit wesentlich die Verwaltungsaufgaben der Kirche. Schon der erste Superintendent von Mecklenburg-Schwerin Riebling wurde durch den Herzog eingesetzt. Seine Hauptaufgabe war, wie es seine Berufsbezeichnung sagt, die Visitation. Auch wenn es bei dieser Aufgabe um einen gemischten Auftrag ging, an denen Pastoren und Obrigkeit jeweils Anteil hatten, es handelte sich um einen herzoglichen Auftrag. Kirchenrecht im Sinne heutiger Kirchenverfassungen war im lutherischen Mecklenburg also von vornherein eine vor allem eine weltliche Angelegenheit, auch wenn

1 Bis zur Reformation hatte ein Europa im Kanonischen Recht immerhin einen für alle geltenden Rechtskorpus. Diese Rechtseinheit war nun zerfallen.

es um Schutz und Ordnung des Kerns der Kirche ging, den permanenten Gottesdienst und die rechte Verwaltung von Wort und Sakrament.[1] Kirchenrecht im Sinne des Gnadenrechts in Bezug auf das Haupt der Kirche, Christus, war liturgisches Recht. Dies wurde von außen her durch das weltliche Recht nur geschützt, äußerlich ermöglicht und befördert, zum Beispiel durch Bildung von der Schule bis hin zur Universität. Diese Ordnungskompetenz musste gerade wegen der als notwendig erkannten Trennung von geistlichem und weltlichem Recht dem Fürsten und der Obrigkeit zufallen. Auch die Ausbildung der Prediger sah man nicht wie gottesdienstliches Geschehen an, sondern sie diente nur der Vorbereitung für den Predigt- und Pfarrdienst.

Das Erfordernis der Einträchtigkeit im Glauben lag im Interesse der Einheitlichkeit im Fürstentum. Die Mecklenburgische Kirchenordnung setzt, so wie sie verfasst ist, einheitliches Bekenntnis voraus. Das ist auch insofern erwähnenswert, weil 1552 trotz des Landtagsbeschlusses keineswegs im ganzen Land schon Einträchtigkeit im Glauben herrschte. Prominentes Beispiel war Fürstin Anna von Brandenburg (1507-167) in Lübz, Mutter von Johann Albrecht I. und Ulrich III, die Rom treu blieb.

Über die Einträchtigkeit im Glauben wachte der Fürst, ohne in der Sache selbst einzugreifen. In Bezug auf Personen oder Einrichtungen sah das anders aus, so wurde das Kloster Doberan 1552 aufgelöst und Geistliche des Landes verwiesen. Hier zeigte sich eine neue Gewaltenteilung, die die alte ablöste. Der „Majestät Gottes“ allerdings selbst, d.h. in Lehrstreitigkeiten wollte der Fürst nicht

1 So gesehen wurde bei der erfolgten Trennung von Staat und Kirche letzterer eine weltliche Aufgabe übertragen.

hineinreden, nur darüber wachen, dass diese gehörig beachtet würde. So lässt es uns zumindest der Text glauben.

Die „Bekehrten“ sind es, die gute Werke bewusst und willentlich als Jünger, Schüler Jesu Christi vollbringen, in der Gnade Gottes stehen und sich ihre Sünden vergeben lassen können. Dabei ist nicht an das pietistische Verständnis des Wortes späterer Zeiten gedacht, die eine Gruppe von Menschen heraushebt aus Anderen, Unbekehrten. Bekehrung nach dem Text der Kirchenordnung ist gerade keine einmalige Angelegenheit. Man kann der Kirchenordnung nach sein Leben nicht nur einmal Jesus übergeben, sondern es handelt sich bei der Bekehrung hier um stete Sinneserneuerung durch Predigt, Beichte und Abendmahl. Der Startpunkt dazu ist die Kindestaufe, also gerade nicht eine eigene Entscheidung. Die Bekehrung ist unsere Überkleidung durch die Gnade Gottes, mithin nicht mein eigenes Werk. Der Glaubende begibt sich in den angebotenen Stand der Gnade. Die Heiligen sind nicht ohne Sünde, aber sie müssen darum nicht in Verzweiflung versinken.

Zur Taufe

Nicht die Taufliturgie wird hier bei der Artikelfrage den Pastoren nahegebracht, sondern ihre Deutung. Die Erklärung des Taufgeschehens ist jedoch nicht eine unpersönliche Definition, sachliche Feststellung, sondern geschieht in einer fiktiven Ansprache des Taufenden an den zu Taufenden, der als Neugeborener selbst es nicht verstehen kann. Das ist nicht so unsinnig, wie es uns erscheinen mag, denn das Geschehen der Taufe betrifft uns als Ansprache unser Leben lang. „Für und für" mögen die Getauften aus dem Gesagten Trost schöpfen. Im Sakrament der Taufe liegt der andauernde Gnadenbund Gottes mit den Menschen beschlossen. Der eigentlich Redende, Ansprechende ist der dreieinige Gott, durch Christus, durch den Taufenden, durch die Paten und Eltern. Der Name Gottes, die Dreieinigkeit, wird über dem Täufling angerufen. So sieht man erneut, dass die „rechte Anrufung" mehr ist als nur eine andere Bezeichnung des Gebets, sondern den Gnadenbezug meint, in dem der Christ sich sehen darf, ganz im Sinne des Aaronitischen Segens. Dort heißt es, dass mit jenen Worten der Name Gottes auf sein Volk gelegt werde. Dieser Segen hat sich dann auch in der neuen evangelischen Messliturgie als die maßgebliche Form des Segens behauptet.[1] Er entspricht dem reformatorischen Verständnis des Glaubens. Wir stehen unter dem Namen, der segnenden Hand Gottes. Wir befinden uns in derselben Situation wie der Verlorene Sohn und sein daheim gebliebener Bruder am Ende des Gleichnisses im Stand der Heiligung, „für und für". Diese schöne Sprachfigur ist leider aus unserem Sprachgebrauch gewichen. Sie spricht anders als nur ein „wieder und wieder", ein nochmals und nochmals. Sie besagt mehr als eine Wiederholung aus, wie Liebende einander nicht nur wieder und wieder oder im statischen Immer lieben, sondern für und für. Die Kirchenordnung gebraucht diese Wortformel oft. Sie drückt damit ihr Zeitverständnis der Kirche aus.

Gemäß diesem Standesverständnis der Taufe ist es selbstverständlich, dass jedes Neugeborene dazu gerufen werden

1 Seit der Reformation ist der Aaronitische Segen zum Schlusssegen der Messe geworden. Die Römische Kirche blieb bei anderen Segensformeln.

kann, wie auch ein Fürst bereits Fürst nach der Geburt war, jede und jeder in ihren Stand hineingeboren wurden. Durch die Taufe wurden wir von Anfang an in Christus „eingeleibt". Die Kindertaufe ist Trost aller Eltern, dass ihr Kind in Gottes Gnade steht, was auch immer ihm geschehen mag.[1]

Gegenüber den Wiedertäufern wird klar gemacht, dass der Heilige Geist für den Stand entscheidend ist, den Gott gibt, und nicht unser verstehender Glaube. Er wirkt in uns. Unser Glaube ist in erster Linie Gottes Wirksamkeit an uns, über die wir nicht verfügen können wie über unsere eigene Vernunft.

Vom Abendmahl

Das Abendmahl bestätigt diese Sicht der Dinge: Gott ist es, der in uns wirksam ist. Dafür ist dieses Zeichen eingesetzt. Gott hat uns in Christus eingeleibt, so dass wir mit ihm das ewige Leben erlangen. Unser Glaube wird gestärkt, nicht im Sinn größerer Überzeugung, sondern im Sinne eines zu mir gesprochenen Wortes, das in mir Wirkung zeigt. Die Verheißung ist Redeakt, - sie „ist eine Rede". Es geht nicht um etwas, was man als objektiven Fakt beschreiben kann, sondern das Wesentliche ist das Ereignis zwischen Gott und Mensch, wobei der Wirkende Gott ist. Standesdenken und Gnadenrecht sind nicht so statisch, wie es uns von außen her erscheinen mag. Es geht

1 Bedenkt man den Standescharakter dieser Sicht auf die Taufe, wird deutlich, dass man wenig Verständnis gegenüber den Wiedertäufern entgegenbrachte. Umgekehrt erscheinen in dieser Perspektive die Wiedertäufer als Vorboten eines veränderten Menschenbildes, wonach nicht so sehr der Stand als vielmehr das eigene Verhalten und Denken maßgebend wurden.

dabei durchaus um ein lebendiges Geschehen, es ist ein Handlungsrahmen.

Glaube ist den Worten der Kirchenordnung nach Erinnerung, Annahme des Wortes Gottes. Das Sakrament ist Sprechakt Gottes und die rechtliche Aufnahme des Menschen in den Gnadenstand. Das Bild vom Leib Christi wurde nicht in erster Linie verstanden als eine unsichtbare Anzahl von Menschen, sondern als erlösende Wirksamkeit Gottes. So ist nicht nur das Sakrament ohne das Wort sinnlos, sondern auch das Wort ohne Sakrament nur halb und wird missverständlich. Wie das Wort Gottes in Christus Fleisch geworden ist, leibt das Sakrament die Glaubenden ein. Es ist das Siegel dieses Rechtsaktes, nicht nur eine Sache, die man so oder anders ansehen kann. Glaube ist keine Weltanschauung oder religiöse Meinung, sondern Stehen in Gottes Gnade. Wenn Kirche heute sich daran erkennen will, was Meinungsumfragen aussagen, hat sie sich völlig verirrt.

Das Sakrament ist eine „Übung des Glaubens“. Wir werden der Güter Gottes durch das Sakrament teilhaftig. Im Hintergrund des Wortes „Üben“ stand das lateinische colere, der Kult. Wir verstehen dies Wort als eine Einübung oder Ausübung, damals verstand man dies - wie im Grimmschen Wörterbuch nachzulesen - als das Betreten eines Raumes, als vollwertiges Geschehen, nicht so sehr als Vorbereitung oder Anwendung: „Diese Übung des Glaubens soll im Brauch des Sakraments eines jeden geschehen“.

Hier setzt inhaltlich die Begründung der reformatorischen Ordnung an, dass niemand ungebeichtet zum Abendmahl komme. Dies erinnert nicht von ungefähr an den Sinn des alttestamentlichen Heiligkeitsgesetzes. Dort lag der Sinn der Opferhandlungen nicht so sehr in der Vergebung der Sünden an sich, sondern darin, Gott begegnen zu dürfen, denn tritt ein Sünder vor Gott, vergeht er. Hier verschiebt sich jedoch der Sinn. Die Beichte hat den Zweck, sich der Glaubenskonstellation bewusst zu werden, um in rechter Weise die Vergebung anzunehmen, die im Abendmahlsgenuss selbst geschieht. Der Empfang von Brot und Wein wurde als eigentliche Absolution verstanden. So bezog man die Beichte, die Martin Luther nicht als Sakrament zählen konnte, weil es trotz direkter Einsetzung durch Christus an einem Element fehlte in eines der beiden anerkannten Sakramente in direkter Weise ein. Die Absolution erteilt der Pastor nicht stellvertretend für Christus, sondern Gott selbst durch Christus mit den Worten des Priesters. Die Vollmacht der Vergebung lässt Gott allein den Täter, den Herrn des Geschehens bleiben, „um Christi willen". Kein Priester solle sich anmaßen, sich für den Vergebenden zu halten, nur weil er die Vollmacht besitzt, die entsprechenden Worte zu gebrauchen. Und schon gar nicht hat er die Vollmacht, einen „Gnadenschatz" zu verwalten und hier etwas davon vorzuenthalten, dort etwas zu gewähren und einen Handel daraus werden zu lassen.

Zur Messe

Zum einen soll der Glaubende fest daran glauben, dass nur Gott selbst es ist, der vergibt, zum anderen soll es nicht zur bloßen Gewohnheit werden, diese Gabe anzunehmen. So ist die Beichte dem Abendmahl direkt zugeordnet, beides dient der beständig notwendigen „Bekehrung". Außerhalb des Abendmahls handelt es sich nur um Brot und Wein, nicht um Leib und Blut des Herrn. Ohne Glauben ist das Abendmahl leer und bedeutungslos, bloßer Ritus. Der Glaube aber zielt auf das Stehen in Gottes Gnade, sichtbar im Empfang von Brot und Wein am Tisch des Herrn.

Erwartet wird in dieser Kirchenordnung ein überaus bewusstes Leben in höchster Verantwortung bei gleichzeitigem Bewusstsein, trotz Sündhaftigkeit völlig in der Gnade Gottes stehen zu dürfen und sich nichts auf eigenes frommes Tun einzubilden. Es kommt nicht auf das Bewundern der Hostie, des Abendmahls an. Teilnahme am Abendmahl ist kein frommes Werk. Gott redet, der Mensch hört, isst und trinkt. Das Sakrament ist kein Ding, keine Magie, verdient nichts, ist kein Glücksgarant. Am Umgang mit dem Sakrament unterscheiden sich die Lutheraner auf das Gründlichste von den „Päpstlichen", die ein Geschäft daraus machten...

Es ist notwendig, dass jeder Mensch, nicht nur ein ausgebildeter Theologe diese Dinge von Grund auf versteht. So wie dem Priester nichts vorbehalten ist, was ihn hervorhöbe, soll jeder Laie das Wesentliche des Glaubens verstehen. Schule, Predigt und Beichte haben dafür zu sorgen. Es ist nicht freie Bildung aller, die hier im Sinn ist, durch die jeder seine eigene Meinung entwickeln kann. Die Kirchenordnung hat nicht das Ideal eines „gebildeten" Menschen oder des Fortschritts von Erkenntnis und Wissenschaft. Es handelt sich aber um einen gesetzlich verordneten Entwurf einer Gesellschaft, in der sich „die Leute" um ihres Heiles willen Gott und damit dem Guten und Rechten stellen sollten. Der Fürst verpflichtet seine Untertanen moralisch und sorgt per Gesetz für die entsprechende Förderung dessen durch die Erhaltung des Gottesdienstes mit Wort und Sakrament. Das war nicht neu, aber nun sollte dies nun geschehen ohne die Mittlerschaft einer „Kirche“ als Rechtsinstanz. Die Kirche als Klerus hatte im Mittelalter aus einem nur ihm zugängliches Sonderwissen ihre Autorität abgeleitet. Es ging dabei nicht nur um höhere Sachkompetenz, sondern durch nicht jedem zugänglichen Geistbesitz vermittels Weihe. Man sollte der „Kirche“ nur glauben und sie für sich handeln lassen mit Fürbitten und Messelesen. Die „Kirche“ lenkte die Gewissen mit Bußspiegeln und Drohungen von Gottes Strafen. Indem sie eine rechtliche Kirche als Klerus aufrichteten, sperrten sie gewissermaßen „die Leute“ aus, ließen sie nicht mehr in den Chorraum, an den Hauptaltar herantreten. Doch in Fragen des Gewissens sollte es nun keine Stellvertretung mehr geben. In Bezug auf Gottes Gnade gibt es keinen Verdienstadel. Die „Kirche“ sollte weder mit weltlicher Machtposition noch durch die Bindung der Gewissen an der Stelle Christi herrschen.

Theologie gehört vor das Volk, nicht als Disput, sondern jede Person soll verstehen, wie Gott mit uns handelt. Entsprechend gewannen Predigt in Landessprache und Katechismus an Gewicht. Es ist nicht nur so, dass der Katechismus auch in der Beichte verwendet wurde, sondern der Sitz des Lebens vom Katechismus war die Beichte, er diente dem neuen Beichtverständnis.

Recht ist öffentlich. Auch Predigt ist öffentlich. Sie erheischt Konsens, allgemeine Geltung. Was aber gilt, wird als recht und billig anerkannt. Es liegt aller Gewohnheit und aller Gesetzgebung zugrunde. Dem juristischen Urteil, das nach Oldendorp billig in seiner konkreten Situation sein soll, entspricht der Glaube des Einzelnen und seinem Stand gegenüber Gott. Die Predigt bindet nicht die Gewissen, aber spricht in das Gewissen, lässt Gott hinein sprechen. Es geht um Gottes Wort, nicht im Sinn eines Buchautors, sondern im Sinn des jetzt durch sein Wort und Sakrament Handelnden.

Mit „öffentlich“ war nicht der Gedanke verbunden, dass Gottesdienste auch Menschen außerhalb der Kirche offen stünden. Das Wort in diesem Zusammenhang zeigte, dass die Chorschranken zwischen Klerus und Laien, dem Volk, sinnbildlich abgebrochen waren. Wie Gesetze öffentlich sind, gehört das Wort Gottes in die Öffentlichkeit, nicht hinter Klostermauern. Es reicht nicht, wenn theologische Experten alles schlüssig erklären und mit ihrer Lehr- oder Weiheautorität verteidigen und als Wahrheit hinstellen.

Hier deutet sich ein tiefer Zusammenhang mit der sich weit später entwickelnden Demokratie und demokratischen Gesellschaft an. Das Parlament setzt sich nicht aus Expertengruppen zusammen, sondern aus Volksvertretern. Der Einzelne wird in der Gesellschaft für sein Tun und Verhalten verantwortlich. Eine Gesellschaft von Gleichgültigen ist weder mündig, noch kann sie eine Demokratie tragen.

Die Kirchen sind nicht nur Orte für eine Öffentlichkeit, sondern sie schaffen, bringen Öffentlichkeit besonderer Art hervor. Hier wird allerdings nicht abgestimmt, sondern auf Gott gehört. Christliche Kirche bildet sich im Hören auf Gottes Wort und dem „eingeleibt“ werden in Christus. Die rechte Messe ist Wort und Sakrament. Aus dieser sich am Wort Gottes bildenden Öffentlichkeit kann sich der Gemeindegedanke entwickeln. Niemals aber darf sich diese Öffentlichkeit abschotten und abgrenzen. Sie selbst muss ebenfalls Trägerin von Offenheit sein: Ihr seid der Brief, den die Welt liest, schreibt Paulus.

Die Beichte

Das Thema der Beichte nimmt einen bedeutenden Teil in der Kirchenordnung ein, zweimal im Lehrteil, dann bei den Zeremonien: Die Reformation hatte theologisch die Rechtfertigungslehre als Zentrum. Liturgisch gesehen ist sie Beichtreform. Zugleich handelt es sich dabei um einen eminent juristischen Vorgang im tiefsten Sinn: Sünde wird vergeben, Schuld gegenüber Gott von ihm getilgt. Wir sind in unserem Denken gewohnt, dies als Bereich der Religion abzutun und für rechtlich irrelevant zu halten. Nehmen wir aber Gott als gegenwärtig und real und halten ihn nicht nur für eine Idee, müssen wir den Rechtscharakter anerkennen. Eine sich daraus ergebende Frage ist dann die nach dem Zusammenhang von „Gottes Reich“ und unserem Miteinander auf Erden. So sehr dies voneinander zu trennen ist, so ist es doch auch miteinander verflochten.[1] Um diese Verflechtung dreht sich alles, was wir als Kirche ansehen. Hier kommen die Dimensionen der Moral, des äußeren Rechts und des Glaubens zusammen. Gottes Wort und Gnade verändern, „bekehren“ uns fortwährend.

Glaube ist nach der Kirchenordnung kein religiöser Sonderbereich gemäß moderner Ansicht, man solle das alles halt auch mal mit seinem Gewissen oder Gott ausmachen. Zu lernen und anzunehmen, was gut vor Gott sei, betrifft den ganzen Menschen und die gesamte Gesellschaft. „Gott ist ein gerechter Gott“, und er will, dass wir alle

1 Es sei dafür an das Weltgerichtsgleichnis in Mt 25 erinnert. Der Herr sagt, er „sei“ der Bedürftige, usf. gewesen. Das sollten wir nicht nur verengt für die persönliche Verantwortung des Einzelnen ansehen. Die Themen Armut oder Rechtsprechung sind von eminent gesellschaftlicher Relevanz.

„bekehrt“ werden, also uns um Gerechtigkeit untereinander bemühen. Der Glaube wird hier als Grundlage auch äußerer Gerechtigkeit und Ordnung, also des gesellschaftlichen Friedens gesehen, für den sich der Fürst verantwortlich sah. Er klagte mit dieser Kirchenordnung lebendigen Glauben bei seinen „Leuten“, seinem Volk ein. Er befahl, die Pastoren ermahnten und trösteten, die Bürger gehorchten und sollten den Willen zum Guten haben, zu ihrem eigenen Besten. Umgekehrt gesehen: Verzweifelte Leute, irreführende Predigt und ein diesbezüglich unbesorgter Fürst würden das Chaos der Landschaft mit sich bringen. Zugleich ist es nicht die Aufgabe des Fürsten zu predigen, die Prediger sollen ihrerseits nicht die Gewissen binden oder weltliche Gewalt ausüben. Aufgabe des Fürsten aber ist es, die Umstände so zu regeln, dass eine rechte Ordnung im Land herrscht, ebenso, wie die Lehre von der Schuld „recht“ zu predigen sei, und zwar aus Gottes Mund, als „Wort Gottes“. Während Niccolò Machiavellis „Fürst“ von 1513 daran interessiert war, seine Macht zu erhalten und zu festigen, hat die Kirchenordnung den Nutzen aller im Blick, wie Jean Bodin 1576 dann sein opus magnum „Sechs Bücher über den Staat“ in diese Formel fasste.

Die Beichte ist nach der Kirchenordnung der Bund („Eid“) Gottes mit den immer wieder in Sünde fallenden Menschen. Seiner Gnade entspricht die „Bekehrung“, Abkehr von der Sünde, der „Gottes Zorn“ gilt. Die conversio (für griech. Metanoia) ersetzte die abrechenbare Buße. Die Sünden werden nicht gezählt, sondern die gegenseitige wohlwollende Hinwendung von Gott und Mensch zählt, die nur ohne trennende Schuld vorstellbar ist. Entsprechen die Handlungen und Lebensweise der Bürger den Geboten Gottes, herrscht Friede im Land. Wird die rechte Ordnung Gottes im Land nicht beachtet, sind auch Gott und Mensch von einander abgewendet, hat dies schlimme Folgen bis hin zu spürbaren „Strafen Gottes“. Darum wird die Frage besonders ausführlich behandelt, wie es kommen kann, dass Kirche (als Land) auch dann Leid erleben kann, wenn sie sich im Allgemeinen recht verhält. Das Handeln Gottes entzieht sich unserer Logik, sein Wirken lässt sich nicht ausrechnen. Der Schlüssel von allem aber bleibt die Güte Gottes. Gott will dem Menschen nichts Böses.

Die kleinste Zelle der Gesellschaft, die sich als Kirche versteht, ist der Einzelne mit seinem Nächsten. Die Kirchen-Ordnung schreibt darin dem Einzelnen kein bestimmtes moralisches Verhalten vor, legt kein Sündenregister an, predigt mit Ausnahme dieses Abschnittes nicht. Auch der Beichte hörende Pastor bekam kein anderes Sündenregister an die Hand als die Zehn Gebote, die zwar Luther in seinem Katechismus konkretisierte, der aber nur in begrenztem Sinn eine Art moralisches Gesetz daraus entfaltete.[1] Katechismus wie Kirchenordnung legen den Fokus darauf, dass der Einzelne gut und recht, billig - wie Oldendorp sich ausdrückte - handeln will. Sein moralischer Richter ist nicht der Beichte hörende Pastor, sondern Gott allein.

---

1 Für Johann Oldendorp bedeutete dies das Naturrecht, mittelalterlich gesprochen das ius aeternum, das auch Heiden in ihrem Herzen kennen.

Die Christliche Kirche

In der Kirche gibt es „Bürger und Gliedmaßen". Das zu „werden", „sind alle Menschen schuldig". Um guter Bürger der Kommune oder Gliedmaß am Leib Christi zu werden, verlangt es die Bekehrung zu Gott. Auch dieses Element der Argumentation verdient historische Beachtung: Bürger zu sein ist nicht einfach eine Gegebenheit, sondern Aufgabe und Berufung. Christ zu sein ist ein Amt, das von dem eines Staatsbürger nicht zu trennen ist. In ein Amt wird man berufen, es wird einem anvertraut, es ist ein Stand. Es geht nicht um eine Allianz von Fürst und Bischof, sondern darum, dass Glaube und Billigkeit nicht voneinander zu trennen sind. Jeder lebt unter diesen zwei Regimentern, dient darum aber nicht zwei Herren, die einander widersprächen. Dem Fürsten ist sein Regiment von Gott geboten.

Das Bürgerrecht steht einem Kirchen-Recht gegenüber wie die Welt dem Reich Gottes. In einer guten Ordnung kommt es zur Identität im Sinne einer Entsprechung. Das Kirchen-Recht in diesem Sinn ist kein weiteres Recht neben dem weltlichen. Es spricht vielmehr davon, dass wir als Christen unter Gottes Wort auch gute Weltenbürger sein sollen. Der gehorsame Christ ist auch ein gehorsamer, sich der weltlichen Ordnung einfügender Bürger. Der gute Bürger hört auf Gottes Wort. Bedingung für eine solche Ordnung ist, dass das Evangelium im Land „rein" gepredigt wird, wobei gleich hinzugefügt wird, dass es damit nicht eine „platonische Idee" im Sinn ist, also keine Abstraktion. Die Reinheit einer logisch sauberen Aussage ist etwas anderes als der Wille, nichts dem Wort Gottes anzuheften, was nicht von ihm gesprochen, sondern

Menschenwitz ist, wie sich Luther ausdrückte. Das Evangelium, bzw. Christliche Lehre reagiert auf die Offenbarung Gottes und ist nicht etwas wie „das Gute“, die Vernunft oder dergleichen.

Es kommt nicht darauf an, dass jeder Einzelne im Land dasselbe denkt in Bezug auf Gott, sondern dass Fürst und Untertanen sich in einer Ordnung verstehen und den Glauben an Gott teilen, wie er sich in Christus offenbart. Die Kirchenordnung fordert eine Öffentlichkeit, in der nicht nur das gleiche (bürgerliche) Gesetz gilt, sondern auch das gleiche Evangelium und der ihm entsprechende Glaube. Wer anderes glaubt, ist ausgeschlossen. Er fällt aus der Gemeinschaft. Die Kirchenordnung - wie schon ihr Name sagt - definiert weniger, was man zu glauben habe, als dass sie festlegt, wie geglaubt werden solle. Sie ordnet die Zeremonien und beschreibt die rechte Art und Weise zu glauben. Kirchenordnung ist nach dem Bild des Leibes Christi zu verstehen, also in der öffentlichen Anerkennung des Wortes Gottes. Sie besteht in der Verpflichtung zum Hören auf das reine Evangelium. Der Unterschied liegt auf der Hand: Dem Fürsten brauche ich nur äußerlich gehorchen, und niemand nimmt an der mangelnden Gesinnung Anstoß. Gott muss ich innerlich mit ganzer Seele Gehorchen, sonst ist es nichts. Gut aber ist es, wenn beides in Harmonie zueinander geschieht.

Es gibt dieser Ordnung nach eine tiefe Übereinstimmung von weltlicher und geistlicher Herrschaft, wobei letztere nicht mit einem Klerus zu identifizieren ist. Auch der Fürst versteht sich nach dieser Ordnung und als Glied am Leibe Christi mehr als Diener, denn als Beherrscher seiner Untertanen. Im geistlichen Bereich herrscht und wirkt Gott selbst und öffentlich[1] allein durch Wort und Sakrament, Predigt, Taufe und Abendmahl. Im weltlichen Bereich soll der Fürst die äußere Ordnung garantieren und bedarf dafür des Rückhalts gemeinsamen Glaubens. Das geistliche Recht bildet das Fundament für das weltliche, der Glaube verstärkt den Grund für allgemeine Wohlfahrt.

Dem scheint die Erfahrung jedoch zu widersprechen, denn es geht nicht so zu in der Welt, dass es den Frommen auch gut ergeht. Warum also ist die christliche Kirche unter das Kreuz gelegt, wo es ihr doch bei der Verkündigung und rechtem Glauben gut gehen sollte? Diesem Kapitel ist in der Kirchenordnung breite Erörterung eingeräumt, also liegt hier ein Angelpunkt.

Gott wird als Herr nicht nur seiner Gliedmaßen in Christus angesehen, sondern auch als Lenker und Regierender des Weltgeschehens. Wie konkret man dies sah, zeigt, dass in den Gesetzbüchern das grausame Gottesurteil noch bis weit in die Frühe Neuzeit hinein gegenwärtig war. Man nahm im Allgemeinen alles Schicksal als gottgegeben an, jedoch ohne darum Gott für Böses (im moralischen Sinn) als Ursache anzusehen. Wie sehr diese Fragen die Menschen im 16. Jahrhundert betrafen, zeigen die Debatten besonders mit der Reformierten Kirche um die Prädestination. Unsere Kirchenordnung meidet dieses dogmatische Thema[2] und setzt an seine Stelle die Frage, warum auch die Kirche, sprich Christenheit, Unheil erleiden muss, obgleich Sündenstrafen nicht zu

1 Gott wirkt nicht nur durch seine Kirche in der Welt, aber im Verborgenen. Öffentlich aber wirkt er durch seine Offenbarung, und der ist die predigende Kirche verpflichtet.

2 Die Frage der Erwählung und eines Planes Gottes wird im Examen nicht erörtert.

erwarten gewesen wären. Dieser Abschnitt der Kirchenordnung betont auf seine Weise die These, dass rechte Verkündigung des Wortes Gottes allgemeinen Nutzen, Wohlfahrt garantiert. Ausführlich wird die Frage erörtert, warum es im Land dennoch zu Plagen kommen kann, wozu nicht nur schlechte Ernten, sondern auch Krankheit und Kriege gezählt wurden. Eine definitive Antwort bleibt aus, die Frage bleibt offen. In der Folge entwickelte sich daraus im 18. Jahrhundert die Frage, ob Gott überhaupt Schuld trage am Unheil der Menschen, der Theodizeefrage.

Der Fürst gebe der Kirche eine „Herberge". Die Kirche erhebe sich nicht selbst als eigene Herrschaft neben der notwendigen weltlichen. Es gibt Gottes Herrschaft und von ihm autorisierte weltliche Herrschaft. Eine Kirche als Klerus dazwischen sollte es nicht mehr geben.

Gottes strafende Herrschaft wird im Folgenden beschrieben und es werden Denkmodelle angeboten, um das Leid zu erklären, das offenbar nicht nur von Menschenhand, sondern auch durch Gottes Wirken über uns zu kommen scheint. Einerseits gibt es Strafen Gottes, andererseits ergeht es auch Frommen bisweilen wie Hiob. Solches Leid diene dann der Prüfung und Erziehung durch Gott. Er hört jedoch auch auf unsere Bitten. Der Wille Gottes bleibt gerecht: Es bleibt gerecht sein Wille, was Gott tut, das ist wohlgetan. Dieses Lied von Samuel Rodigast von 1675 liegt in der Linie unseres Abschnitts: „Unser Elend kommt nicht ohne Rat Gottes, wie die blinde Vernunft der Heiden dichtet."

Der ganze Abschnitt wirkt wie ein predigthafter Einschub in der Kirchenordnung, ist eine Ausnahme im Schreibduktus. Er macht deutlich, dass wir es hier nicht mit einer Utopie zu tun haben, deren

Regeln es nur zu befolgen gälte, und alles wäre gut. Uns „hängt unsere Natur am Hals".

Vom Gebet

Das Verhältnis des Menschen zu Gott ist geprägt durch Gnade und Vergebung von einer Seite, von lernendem Glauben und Gehorsam, bzw. Sünde und Blindheit auf der anderen. Der Bund Gottes mit den Menschen ist reines Gnadenrecht. Von Gott ist nichts einzufordern, sondern nur etwas zu erbitten und ihm zu danken. Nach Johannes Oldendorp war die Zuwendung zu Gott, bzw. dem König Christus auch der Dreh- und Angelpunkt dafür, dass wir so recht und billig handeln, wie nur möglich.

Die „Anrufung" Gottes muss auf rechte Weise geschehen und hat Bitte und Dank zum Inhalt. Mit Gott unterhält man sich nicht wie mit seinesgleichen.

Im Gottesdienst stand oder kniete man. Die Bestuhlung der Kirchen erfolgte erst nach und nach in den kommenden Jahrhunderten. Selbst in den nun aufkommenden sogenannten „Hochstühlen" handelte es sich in der Regel zunächst um eingezäunte Plätze, in denen kein festes Sitzmobiliar eingebaut worden war. In Landkirchen auf Fehmarn sieht man noch den allmählichen Übergang. Auf sehr niedrigen Hockern konnten vor allem Frauen während der langen Predigt sitzen. Die Predigt nahm nun den zeitlichen Hauptteil der Messe ein. Das führte allmählich zur Bestuhlung der Kirchen. Dem Prediger gegenüber mochte es sich ziemen, sitzend zuzuhören, nicht aber Gott. Darum erhob man sich auch später zu bestimmten liturgischen Teilen, in denen man sich direkt Gott zuwandte. Dies gilt zu beachten, wenn man über die Haltung nachsinnt, die in der Kirchenordnung angesprochen ist: Der Beter steht vor Gott als Bittender und Dankender gleich einem Untertan vor seinem Herrn. Die Haltung des Beters ist Demut, und damit verträgt es sich nicht, in Prunk gekleidet, wie es der höhere spätmittelalterliche Klerus tat, sich hervorzuheben. Heiligkeit bedeutet, sich unter dem Kreuz zu versammeln, ohne sich auf irgendwelche Werke, Frömmigkeit oder Stellung etwas einzubilden. Schlichtheit war ein Gebot der Reformation, das betraf auch die Gebete.[1]

Zunächst wird bedacht, wer der Angerufene ist. Heilige werden nicht mehr angerufen, nicht nur weil sie verstorben waren, also nichts als Leichname sind, sondern auch, weil ihre Verehrung nicht in die reformatorische Auffassung des Gnadenrechts passt. Die „Heiligen" waren im besten Fall Begnadete, wenn auch vorbildhaft. Allein Gott ist die Ehre zu geben, ihm allein kommt Ubiquität zu, er allein ist immer und überall.

Die Hierarchie des Klerus und entsprechende Stufung des geistlichen Rechts wurde nicht mehr anerkannt. Danach gab es bei Gott die Engel, die in sich hierarchisch zu denken waren, dann die Heiligen mit ihrer Königin Maria, die Kirche mit Papst und Bischöfen bis hinab zur niedrigsten Weihe, dem Ostarier, und dann all dem gegenüber das Volk der Laien. Nun rückte alles Volk ins direkte Gegenüber zu Gott. Das Gnadenrecht Gottes, seinem Gericht

1 Man vergleiche dazu die gleichzeitigen weltlichen lateinischen Dichtungen, die sich durch – wie wir aufgrund späterer Texte sagen – barocke Pracht auszeichnen.

gegenüber sind alle Menschen gleich, so verschieden sie auch in der Welt sind. Vor Gott sind sie nicht nur wie vor einem Gesetz gleich, sondern wie Kinder vor ihrem Vater.

Auch den Fürstentum war Gnadenrecht wesenhaft, aber auch der regierende Fürst war nicht allmächtig. Er war Mensch und also auch Sünder. Obrigkeitsgehorsam war eine weltliche Angelegenheit, in Bezug auf liturgische Ämter sollte dies prinzipiell nicht gelten. Die entscheidende Bibelstelle war für diesen Paradigmenwechsel der Rangstreit der Jünger Mt 18,1ff.

Tritt man jemandem gegenüber, muss man wissen, mit wem man es zu tun hat. Voraussetzung der rechten Anrufung ist das Wissen um Gott als des ewigen dreieinigen „Wesens". Hier besagt der Ausdruck die eigentliche Natur Gottes, es ist noch nicht gebraucht im späteren Sinn des „höchsten Wesens", wo im Fokus das unaussprechlich Höchste als philosophische Idee stand. Es ist kein stufenweise Ontologie, die uns hier begegnet, der man zu glauben hat, sondern es geht um Gottes Namen in der Anrufung. Man wäre nicht auf die Idee gekommen, Gott im Gebet als „Wesen" anzurufen, wie man es dann in der Aufklärung tat.

Der entsprechende Abschnitt lehrt ein Gnadenrecht, das nur dann Sinn hat, wenn entsprechend gehandelt wird, also Gott auch tatsächlich angerufen wird. Der Vollzug des Gnadenrechts besteht auf Seiten des Menschen, der Untertanen Gottes, in „guten Werken", einschließlich Gebet, Danksagung und Bitte. Von Seiten Gottes haben wir sein Wort und Sakrament. Gott erhört und macht uns selig. Nur er ist „wahrhaft rein und keusch", d.h. unberührt von Begierden.

Als hervorstechendes Narrativ der Gotteserscheinung des Dreieinigen Gottes wurde die Taufe Jesu angesehen. Entsprechend beliebt war im 16. Jahrhundert in den Kirchen die Darstellung dieser Geschichte. Ziel des Gebetes ist wachsende Erkenntnis des Gnadenbundes, in dem wir stehen dürfen, nicht nur Erfüllung von Bitten. Als erste und höchste Gabe des Gnadenbundes ist Vergebung anzusehen, dann erst geht es um zeitliche Hilfe. So richte sich die Hoffnung in erster Linie auf die ewige Erlösung trotz zeitlicher Plagen oder Strafen, die man trotz festen Glaubens erfahren mag.

Rechtes Bitten lehrt Gehorsam und Bleiben in Gottes Gebot. Es wäre unrecht, den Allgütigen um etwas zu bitten, was nicht der Liebe entspricht. In diesem Sinn ist Gebet „hohe Weisheit" und lehrt die Menschen. Heinz Schürmann hat in seinem Büchlein „Das Gebet des Herrn" 1957 eindrücklich gezeigt, wie sehr dies gerade auf das Vaterunser zutrifft. Der Vollzug des Herrengebetes ist zugleich Glaubensbekenntnis und fasst in sich die ganze Botschaft des Evangeliums.

Dem Gnadenrecht entspricht die Erkenntnis eigener Bedürftigkeit. Wahrheit und Gerechtigkeit erwachsen aus Danksagung. Dem Wohltäter ist zu dienen. Wahrheit bedeutet in diesem Zusammenhang die Übereinstimmung von Gnadengeber und Bittendem, nicht sachlich, sondern persönlich. Gnade verliert ihren Charakter, wird sie aus dem Persönlichen ins Sachliche überführt. Darum verträgt sie weder Gesetz noch logische Definition.[1] Ausdruck der Erkenntnis dieser Wahrheit ist, die Gnade Gottes anzunehmen. Gerecht ist es, billig und heilsam, Gott zu danken, heißt es in der Präfation zum Abendmahl. Dankbar ist man nicht

1 Man kann sie freilich in Sätze fassen oder auch definieren. Aber diese Aussagen sind sämtlich uneigentlich. Gott ist zu keiner Gnade verpflichtet außer durch eigenen „Eid", also seiner freien Zusage und Verheißung.

nur, indem man Dank sagt, sondern indem man Gott mit ganzer Seele dient, ihn liebt. Dies ist Gerechtigkeit im Sinne des Gnadenrechts von Seiten der Begnadeten. Der im Feudalsystem lebte und damit zufrieden sein mochte, verstand dies intuitiv.[1]

Der Abschnitt in der Kirchenordnung zur Anrufung Gottes gehört zu ihrem Kern und ist weit mehr als nur äußerliche Ansage. Kirchenrecht ist Gnadenrecht, wie Hans Dombois im Hinblick auf die Reformation erkannte und ausführte. In der Confessio Augustana ist dies nicht unterschlagen, aber hier in der Kirchenordnung nimmt es zentralen Platz ein. Dem Gehorsam Gott gegenüber, der sich in der „rechten Anrufung" spiegelt, entsprach die Anerkennung einer weltlichen Autorität mit fürstlichen Namen. Dass die kirchlichen Majestäten fortfielen, gereichte dem weltlichen Magistrat nicht zum Nachteil. Papst und Bischöfe mochten den Fürsten Konkurrenz bedeutet haben, Gott nicht.

Es folgen beispielhafte Gebete, die zeigen, dass es hier nicht nur um einen lehrhaften Text geht, sondern um Leben im Gnadenrecht. Solche Gebete waren dafür bestimmt, wiederholt, den Betenden zur Gewohnheit zu werden. Sie sollten nicht nur intellektuell zustimmen, sondern dies Gnadenrecht im Gebet an sich vollziehen zu lassen. Wenn wir Gebet als Kirchenrecht im tieferen Sinn verstehen lernen, kommen wir der Intention der Kirchenordnung nahe.

Hier findet sich dann auch die Frage, ob man „gestorbene" Heilige anrufen solle. In der Frageformulierung liegt die Antwort

---

1 Die wir dieses System von Grund auf als ungerecht verurteilen, mögen uns dies nicht vorstellen, aber es gab keine revolutionäre Stimmung über Jahrhunderte.

beschlossen. Die Heiligen sind aus dem aktuell geltenden Kirchenrecht ausgeschlossen, eben weil sie tot sind.

Von den abgelegten Zeremonien

Für diese Texte lässt sich direkt auf Johannes Oldendorp zurückgreifen mit seiner pseudonymen Schrift zu den Missbräuchen der Kirche. Allein Gottes ausdrücklicher Wille begründet rechte „Zeremonien" der Kirche, den Ritus. Das Kapitel konnte in der Mecklenburgischen Kirchenordnung 1552 bereits kurz gehalten werden, denn inzwischen hatte sich der evangelische Gottesdienst weitgehend durchgesetzt. Die „abgelegten Zeremonien" wurden offenbar kaum vermisst, hier waren nicht viele Worte nötig.

Von Christlicher Freiheit

Freiheit definierte sich für die Kirchenordnung anders, als wir es in unserem Kulturkontext verstehen. Wir sehen ihren Fokus in Wahl- und Entscheidungsmöglichkeit, das spielte hier keine Rolle. Frei ist, wer in Gnade steht. Für das Spätmittelalter war kennzeichnend, dass alle möglichen Privilegien erteilt wurden. Stadtluft machte frei, weil man in ihr Bürgerrecht genießen konnte. Ein Privileg bedeutete im Unterschied zu zeitlich befristeten Konzessionen Dauerhaftigkeit.[1]

1 Das Wörterbuch Grimm zitiert zum Stichwort aus dem Rechtslexikon von Holtzendorff 2,281: „dafür sind aber auch unsere privilegien so deutlich, unsere freiheiten so sicher."

Die Vergebung verleiht himmlisches Bürgerrecht, der mit Taufe Berufene ist „Heiliger" im Sinne des Glaubensbekenntnisses, Mitbürger des Himmels. Knecht im negativen Sinn ist der Diener des Teufels, er ist unfrei, weil fremdbestimmt. Der Himmel aber führt uns zurück zu unserer paradiesischen Schöpfungsbestimmung. Insofern spielt auch Wahlfreiheit mit hinein, aber nicht in Beliebigkeit, sondern im Rahmen einer Ordnung. Die Reformation zersetzte Ordnung nicht, im Gegenteil. Der gemeine Nutzen steht im Vordergrund, ist vorrangiger Zweck. Mit ihm übereinzustimmen, entspricht der Schöpfung, Gottes Willen. Der Auflösung der Kirchen-Ordnung nach dem kanonischen Recht folgt eine Christenheits-Ordnung. Die „Christliche Kirche" des Glaubensbekenntnisses ist das durch Gottes Wort geprägte menschliche Geschlecht, nicht eine Konfession oder päpstliche Weltkirche.

Christliche Freiheit besteht darin, dass Christus in uns wirkt. Wir würden heute vielleicht sagen, Freiheit wäre, zu sich selbst zu kommen, aber das verkehrte die hier dargelegten Gedanken. Nicht ich bin mein Ziel, oder ein Bild von mir, das ich mir selbst entworfen habe. Im Leib Christi finde man Erfüllung.

Es gibt eine Geschichte dessen, wie der Wille des Menschen in den Jahrhunderten verschieden angesehen wurde. Immer stand die Frage im Hintergrund, wie frei der Wille denn überhaupt sein könne. Auch die marxistische Variante, die in der Freiheit die Einsicht in die Notwendigkeit zu sehen, läuft auf Zwang hinaus, weil er einer Idee gehorcht, einem Plan, Menschenwitz, wie man in der Reformationszeit gern sagte. Es ging der Reformation um die Freiheit des wieder in seine Rechte eingesetzten Sohnes, der verloren und tot war. Durch Vergebung bekomme ich einen gnädigen Gott, bin also wieder im Stand der Gnade angenommen. Die Begriffe Erbe und Freiheit sind ineinander verzahnt. In der Erbsünde sind wir unfrei. Stehen in der Gnade dagegen bedeutet Freiheit, Leben als Kinder Gottes. Auch Gerechtigkeit bedeutet in diesem Bild eher Wiedereinsetzung als Verteilgerechtigkeit. Der letzte Weinbergsarbeiter bekommt den selben Lohn, den einen Silberling, den Tageslohn, und es ist gut so. Freiheit im Gnadenrecht ist nicht gleichbedeutend mit der Freiheit rechnender Gerechtigkeit, wo jedem das Seine entsprechend von Werk und Verdienst in verschiedenem Maß zugeteilt wird. So wie gut gut ist und nicht zu steigern, ist Erlösung Erlösung ohne Unterschiede im Rang. Von einer Engelshierarchie und ihren Abbildern in der mittelalterlichen Kirche will die junge Lutherische Kirche nichts mehr wissen. Umgekehrt waren ihnen unsere Fortschrittsvorstellungen noch fremd. Vollendung von etwas lag für sie nicht in einer zu erreichenden Zukunft, sondern im Himmelreich, der Zeit ohne Zeit jenseits vom „Jüngsten Tag". Privileg und Stand waren Zustände und gewährten auf diese Weise Freiheit. Dementsprechend wurde Ordnung nicht als Zwang angesehen, bestimmte, von Menschen erdachte Vorschriften als Bedingung zu erfüllen, wie den „Unterschieden der Speise oder Tranks oder von Festtagen".

Entsprechend lag die Befreiung durch die Reformation hier nicht in einer sozialen Revolution, sondern im Ablegen von bestimmten Zwängen, von als nun unnötig und sogar schädlich angesehen Regeln und Ordnungen. Die Reformation betonte den Gehorsam gegenüber Ordnung und Obrigkeit, aber um des gemeinen Nutzens und Bestens willen. Der Schritt dahin, diese Ordnung entsprechend frei zu gestalten, wurde noch wenig vollzogen, aber er musste folgen. Die vorliegende Kirchenordnung darf dafür als ein erster Versuch in diese Richtung gewertet werden. Dass man sie in anderen Ländern dann kopierte und adaptierte, spricht dafür, dass sie einer Tendenz und einem grundlegenden neuen Bedürfnis entsprach.

Die drei Teile im Gesetz des Mose

Gottes allergnädigster Plan ist es, für Christus aus dem menschlichen Geschlecht eine Kirche zu sammeln und damit diese Menschen zu erretten, zu erlösen. Für diesen Heilsplan, die Heilsgeschichte, erwählte Gott sich zunächst ein Volk, das Volk Israel im Mittelpunkt der Erde nach mittelalterlicher Geographie. In die Mitte der Zeiten wurde Christus hineingeboren. Als Volk in der Zeit benötigte Israel wie jedes andere Volk sowohl eine rechtliche als auch eine religiöse Ordnung, aber als höheres Recht auch die lex moralis, die Zehn Gebote. Während die ersten beiden Ordnungen zeitlich waren, galten ihnen die Zehn Gebote als ewig, freilich „in der Erklärung durch die Propheten, Apostel", in erster Linie durch Christus, dem König der Seelen. Also nicht allein der Wortlaut ist es, sondern sein Geist, als Gottes geschehendes Wort. Das entspricht im Übrigen auch jüdischer Auslegung.

Nach der Auffassung der Kirchenordnung straft Gott den Bruch dieser lex moralis, die natürlich auch die beiden anderen Gesetzesarten durchzieht. Damit ist die Mecklenburgische Kirchenordnung nicht frei von einer antijüdischen Einstellung, wenn auch weit dezenter und zurückhaltender als zum Beispiel beim älteren Luther. Immerhin wurde das Aufenthaltsverbot für Juden in Mecklenburg nicht aufgehoben, obgleich die Gründe für die Aetceisung der Juden nach den Ereignissen in Sternberg durch die Reformation eigentlich obsolet sein sollten. Die Autoren der Kirchenordnungen sahen - freilich wie wohl die allermeisten Christen des 16. Jahrhunderts - die von Gott selbst gegebenen religiösen Ordnungen der Juden auch für sie selbst als nicht mehr geltend an. Nicht alles, was Gott sagt, gelte für alle und in Ewigkeit. Nach der Ansicht der Kirchenordnung liefen die Juden des 16. Jahrhunderts einem tragischen Phänomen hinterher, sie hielten sich noch verstockt an Ordnungen, die in den Augen der Christen als nicht mehr geltend von Gott selbst aufgegeben worden seien. Auf keinen Fall sollten die alttestamentlichen Ordnungen Gültigkeit für Christliche Völker haben.

Das jeweils geltende juristische Gesetz bindet, nicht aber die lex moralis. Sie bindet nicht, sondern befreit, denn sie begründet Ordnung. Niemand ist freier als Gott, denn er ist Inbegriff der Güte. Er ist „weise, gütig, wahrhaftig, gerecht, frei von Begierde (‚keusch') über das Maß hinaus".

Dementsprechend soll es nun auch keine lex cerimonialis geben, die die Menschen binden würde. Stattdessen seien wir an die Person Christi gebunden. So ist diese Kirchenordnung Zeremonialordnung in besonderer Weise. Christus komme als Person zur Wirkung und es werde seinem Wort kein Stein in den Weg gelegt. Die von ihm gebotenen Zeremonien von reinem Wort und Sakrament binden nicht, weil sie Freiheit ermöglichen und sie nicht hindern. Um den Unterschied zu verstehen, stelle man sich die mit Bildern, Zeichen und Nebenaltären völlig überladenen spätmittelalterlichen Kirchen vor und halte das Bild von Cranach vom predigenden Luther dagegen.[1]

Dass dies auch der ursprüngliche Sinn kirchlicher Zeremonien war, die sich nur in Missbrauch verkehrt hatten, erkennt die Kirchenordnung mit den Reformatoren durchaus an. Dass dies auch der Sinn der jüdischen Zermonialordnung gewesen sei, sieht sie nur insofern, dass das gesamte Alte Testament auf Christus als dem neuen und endgültigen Hohepriester fokussiert sei und der Tempel und damit auch das alte Heiligkeitsgesetz durch die Zerstörung durch die Römer obsolet erschienen. Die entsprechenden jüdischen Ordnungen waren von Gott für eine Zeit eingesetzt und sollten auf den kommenden Christus hinweisen. Die neueren römischen Zeremonialanweisungen aber entsprangen nach den Ansichten der Reformatoren nur den Ideen von Menschen und verdunkelten das Licht Christi. Sie sollten endlich „abgetan" werden.

Das Alte Testament mit seinen Geschichten ist aber ebenso wie das Neue Testament eine Lehrschrift für die Auslegung des Göttlichen Gesetzes, der lex moralis.[2] Wir dürfen sie darum nicht verwechseln mit einem moralischen Gesetz neuzeitlichen Verständnisses, das auf der Grundlage einer Ethik systematisiert werden kann.[3] Die „Zehn Gebote" meinen das ewige, unwandelbare Gesetz Gottes und sind

---

1 Predella des Cranachaltars in der Stadtkirche zu Wittenberg

2 Die auch bekannte Auslegung, wonach das Alte Testament Gesetz und das Neue Testament Evangelium sei, wird in der Kirchenordnung so nicht vertreten.

3 Moralische Regeln gleichen einem Gewohnheitsrecht. Auch ein Ethikrat oder zum Beispiel Festlegungen auf political correctness angelegte Rede gehören dazu, indem sie moralische Regeln festlegen. Dies ist nicht mit der grundlegenden lex moralis gemeint.

nicht Grundlage, Rohstoff unserer Ethik, sondern ihre „Summe". Richtmaß ist, was Gott „gefällig" ist. Was aber Gott gefällig ist, geschieht zu unserem und unseres Nächsten Heil.

Die Kirchenordnung kommt dann auch auf die Satisfaktionslehre zu sprechen. Sie differenziert dabei nicht so ausführlich, wie es Theologen in ihren Werken tun, sondern bleibt in ihrem einfachen Grundschema. Schriftbeleg ist Röm 5,20 nach der damals noch relativ neuen lateinischen Erasmusübersetzung aus dem Griechischen: Die Gnade ist mächtiger als die Sünde. Gott hat seinen Zorn auf sich selbst genommen in seinem Sohn. So sich der Glaubende Christus einleibt, hat er Anteil an dieser Gnade.[1] Auffällig ist dabei die Zeitformulierung: Der Zorn Gottes über uns „wird" auf seinen Sohn ausgegossen. Die Autoren verzichten darauf, über einen Gnadenschatz zu spekulieren.[2]

---

1 Man versuchte, in einem einfachen, leicht nachzuvollziehenden Bild zu bleiben. Werde ich mit meiner Sünde in Christus eingeleibt, gewinne ich auch Anteil an den Früchten seiner Sündlosigkeit. Christus zieht mit dem Sünder dessen Sünde auf sich und dem Sünder wird um Christi willen vergeben. Der absolut unschuldige Gerechte zieht aus Liebe unsere Sünde auf sich und erleidet den Kreuzestod für uns. Gott rechnet den Tod des Unschuldigen in seiner Liebe als Opfer „für viele" an, wie es die Einsetzungsworte des Abendmahls sagen. Er hätte dies ebenso wenig tun müssen, wie Christus sterben musste, damit Gott fähig würde, seinen eigenen Zorn zu besänftigen. Das Bild vom corpus Christi ist nicht eine Art organisatorisches Bild für eine Kirche, sondern mit ihm bekommen wir Anteil an der Auferstehung, so wir denn mit Taufe und Abendmahl in ihn „eingeleibt" sind. Grimm führt bei dem Wort „einleiben" (für incorporare) Martin Luther an: „durch das wort werden wir Christo eingeleibt, das alles was er hat unser ist." Entsprechend dem lateinischen Ursprung wurde das Wort auch für irdische Körperschaften gebraucht. In unserem Kontext sind aber die Einsetzungsworte des Abendmahls im Blick.

2 Im mittelalterlichen Bild des „Gnadenschatzes" wird die Gnade Gottes als eine Menge behandelt, die sich in Zeit in Einheiten auflösen und zuteilen lässt.

Auf der Linie dieser Satisfaktionsauffassung bewegen sich dann spätere lutherische Passionslieder, die dann jedoch bedenklich darauf abzielen, ein schlechtes, im Grunde untragbares Gewissen zu bewirken in dem Sinn, dass alle Missetaten Christus aktuell Schmerzen zufügten. Damit hat sich die Ausrichtung verkehrt. Der Fokus liegt nicht auf Gottes Gnade, sondern der Zorn Gottes richtet sich auf die Sünder, denen nichts anderes übrig bleibt, als sich in die Gnade zu flüchten. Auf diese Weise wird aus der Gnadenbotschaft in Zwang und Drohung, verlangt und bedingt möglichst bittere Reue.

Weltlich frei zu sein, bedeutet, frei von Strafe zu sein, sich in gutem, unbescholtenem Stand zu befinden. Gerechtigkeit im Sinn des Glaubens - also im Gnadenrecht - definiert sich entsprechend. Hier bedeutet Freiheit, gerechtfertigt zu sein. Gerechtigkeit im weltlichen Sinn, im irdischen Recht der Menschen untereinander, bedeutete Abwesenheit von Ungerechtigkeit, also ein der Person und den Gegebenheiten gemäßer Stand in einer Ordnung. Ein vor Gott gerechtfertigter Mensch wird sich hüten, auf Erden ungerecht zu sein, er wird gut im moralischen Sinn sein wollen. Handelte er unrecht oder unmoralisch, würde er seine Freiheit, seinen Stand in Gerechtigkeit vor Gott preisgeben. Es war in dieser Art zu denken und zu handeln leicht zu verstehen, wenn Paulus schreibt, wir würden mit der Gerechtigkeit Gottes, seiner Gnade „überkleidet". So sieht sich der Mensch gedrängt, auch entsprechend zu leben. Auch hier greift wieder ein Gleichnis, das des Schalksknechts Mt 18, 21-35. Die vom Herrn vergebene Schuld ist des göttlichen Gnadenrechts. Die Schulden der Anderen ihm gegenüber zielen auf das weltliche Recht. Verhalten wir uns wie der Schalksknecht, ziehen wir den Zorn Gottes auf uns.

Nach göttlichem Recht gelingt es uns nicht, von Sünde frei zu sein. Im weltlichen Recht dagegen vermag man den Gesetzen (äußerlich) einigermaßen zu genügen. Verstößt man gegen weltliches Ordnungsgesetz, kann man zur Rechenschaft gezogen werden und das Recht kann „wieder hergestellt werden", ob nun durch Strafe, Gnade oder Vergleich. In Bezug auf Gottes Gebot ist dies nicht möglich. So trifft uns Gottes Gericht im Glauben, in Wort, Beichte und Abendmahl, das über jedes Maß hinaus gnädig sein kann, aber nicht sein muss. Gott kennt auch den „Zorn". Sein Gericht kann auch jetzt, in der Zeit greifen, ob in Gnade oder Zorn, doch stets auf verborgene Weise. Kein Mensch, auch kein Bischof oder Papst sollte sich vermessen, darin im Namen Gottes richten zu wollen. Auch im weltlichen, zeitlichen Leben straft Gott. Er „zerbricht den sündigen Leib", um zu bezeugen, „dass ihm die Sünde nicht gefällig ist". Ordnung auf Erden kommt prinzipiell nicht ohne Strafen aus. Äußerem Unrecht entspricht äußere Strafe.

Schaut man in unserer Kirchenordnung nach den Aufgaben des Kirchengerichts und dem „Kleinen Bann", so lässt sich feststellen, dass es auch da stets um äußere Fragen und Ordnung geht. Das Konsistorium ist vom Herzog eingerichtet. Es hat nicht den Anspruch, zum Moralgericht im tieferen Sinn zu werden und über die Gewissen zu urteilen. Kirchenordnung und Konsistorium verstanden sich als weltliche Einrichtungen. Selbst wenn es um Zeremonien und Lehrexamen geht, wird damit äußerlich gehandelt, nicht im abwertenden Sinn, sondern um des Schutzes des wirklich Geistlichen, des Göttlichen Rechts willen.[1] Der etwas später

1 Das Mittelalter unterschied zwischen ius divinum, ius aeternum vel naturalis und den Gesetzen der Menschen, wozu auch Gewohnheiten und Moral

gemachte Unterschied von ius circa et in sacra wollte dem gerecht werden. Das ius circa sacra ist weltlich, und die Kirchenordnung geht über diesen Rahmen auch nicht hinaus. Sie befiehlt auch keine Gebete, sondern gibt nur Muster vor und regelt den Gottesdienst in seiner äußeren Gestalt. Sie wollte nicht Agende [das Auszuführende] sein, wie sich zuvor die Messordnung von 1545 verstand.

Vom Ehestand

Auch die Ehe wird vom Standesrecht her verstanden, nicht so sehr als Vertrag von Frau und Mann oder moralische Angelegenheit. Dies erscheint hier eher zweitrangig zu sein. Zweck der Ehe als Gottesordnung ist die Geburt von Kindern, „und um verbotene Vermischung zu verhüten". Die Ordnung der geschlechtlichen „Vermischung", der Sexualität ist die Ehe. Weil es sich dabei um eine Gottesordnung handelt, ist geschlechtliche Vermischung außerhalb der Ehe als Sünde anzusehen, wobei vor allem Prostitution, Ehebruch und Homosexualität im Blick sind.

Wir haben heute wenig Verständnis für diese Auffassungen, sollten aber darauf sehen, dass es sich hier in erster Linie um

---

gehörten. Vgl. dazu mein Buch zu Johann Oldendorp. Allein, dass der Fürst diese Ordnung gibt und nicht Geistliche es taten, sollte uns deutlich machen, dass es sich mit der Kirchenordnung um weltliches Recht handelt. Der Fürst sah sich nicht als Geistlicher an, dem es zugestanden hätte, Kirchenrecht entsprechend dem Kanonischen zu kreieren. Bei den Bekenntnissen unterzeichnete Obrigkeit bestenfalls. Hier aber handelt es sich um Rechtsetzung aus seinem Haus.

Eindämmung chaotischer und unverantwortlicher Praxis handelte, also um einen Schutz der Menschen, vornehmlich der Frauen. Sexualität wird zudem als Gottesgabe angesehen, sie ist an sich keine Sünde. Zu bedenken ist dabei ebenfalls, dass die Gesellschaft von Männern dominiert wurde, und somit Freizügigkeit in der Regel zu Lasten von Frauen und Kindern ging. „Welche Sekte den Ehestand schändet, die hat das Brandmal des Teufels." Zum erzwungenen Zölibat heißt es: „Diesen großen Schaden kann keine Kreatur begreifen", denn es hatte sich als Ursache „vieler Unzucht" erwiesen, das die „Herzen blind und unsinnig" werden ließ.

Sexualität bedarf wie alles menschliche Handeln auch einer Ordnung. Der Abschnitt ist von der Grundeinstellung getragen, die in Jesu Ausspruch deutlich wird, dass nicht der Mensch für den Sabbat, sondern der Sabbat für den Menschen gemacht ist. Keuschheit ist eine Gottesgabe. Der Begriff „Keuschheit" hat seinen Sinn mit der Zeit gewandelt. Im 16. Jahrhunderts war die Grundbedeutung ganz allgemein Verzicht auf unlautere Begierde.

Sexualität macht den Menschen nicht unrein. Das geschieht bei der Sexualität nur dann, wenn sie zum „Verderben des elenden Menschen" führt.

Aufmerken lässt uns in der Kirchenordnung die Überlegung, dass Gott wohl auch einen anderen Zweck zur Vermehrung hätte finden können. „Viel Geheimnisvolles und in hoher Weisheit ist in diesem Rat von der Erschaffung des Mannes und der Frau und von der Ordnung der Ehe begriffen." Als Zweck der Sexualität benennt die Kirchenordnung: „auf dass es eine herzliche, ordentliche Liebe geben möge" im Menschengeschlecht.

Wir sind weithin gewohnt, Geschichte von späteren Zeiten aus zu beurteilen und als Entwicklungsschritt anzusehen in die eine oder andere Richtung. Damit kommt der Abschnitt zur Ehe entweder als zu kleiner Fortschritt gegenüber spätmittelalterlicher Unmoral zu stehen oder als Bestätigung evangelikaler Ansichten von heute. Entsprechend kommen wir dann nicht um eine moralische Verurteilung der damaligen Praxis herum oder glorifizieren unschöne Zustände. Von einer selbstbestimmten freien Wahl der Ehepartner und einem ethisch verantwortbaren Umgang mit Sexualität, wie wir es heute sehen, war die Ordnung noch einige Jahrhunderte entfernt.

Nun war es mit der Reformation aber so wie mit anderen Ereignissen auch, dass schon ein halbes Jahrhundert nach den grundsätzlichen Veränderungen sich Systeme und Ordnungen einbürgerten, die auch von ursprünglichen Ansätzen abwichen, manches verstärkten, anderes beiseite schoben, in neuen Kontexten sich anders darstellten. So wichen auf anderem Terrain die Bedenken vor allem Luthers, eine theologische Summe überhaupt erstellen zu können und es kam zur „Lutherischen Orthodoxie", oder Fürsten gebärdeten sich in einem anderen Sinn „von Gottes Gnaden", als wir es hier in der Kirchenordnung noch lesen. Was wir hier für die Mecklenburgische Kirchenordnung herausstellen, galt bei weitem nicht für alle lutherischen Ordnungen. Auch bei der revidierten Fassung von 1602, bzw. 1650 gab es - wenn auch geringe - aber doch markante Veränderungen. So wurde zum Beispiel ein populärwissenschaftlicher Abschnitt über das Thema Unsterblichkeit der Seele eingefügt, aus dem schlichter christlicher Platonismus sprach, der aus guten Gründen 1552 so nicht eingefügt worden wäre.

Um so wichtiger ist es, jeweils den guten Willen aus den jeweiligen Texten heraus zu spüren, den wir den Autoren der Kirchenordnung gewiss unterstellen dürfen und an ihm das Werk messen. Wir dürfen ihr späteren „Missbrauch", wie man damals sagte nicht zur Last legen.

Als geistliches Verständnis der Ehe führt die Kirchenordnung die bekannte traditionelle Auslegung des Hohen Liedes an, nach der die Frau die menschliche Natur verkörpert, das Männliche aber den ewigen Sohn Gottes. Die Ehe sei somit als ein Lehrstück für den Glauben anzusehen. Wollte aber die Kirchenordnung damit eine Herrschaft des Mannes über die Frau betonen, hätte sie dies sagen können. Statt dessen ist die Rede davon, dass beide Ehepartner anständig und freundlich miteinander leben sollen und so auch Gottes Kirche sind, wie schon Adam und Eva, Zacharias und Anna. Hier zeigt sich wieder der so andere Kirchenbegriff als der uns vertraute. Kirche geschieht, wo Gottes Wille zu unserem Heil befolgt wird.

Ein Stand schützte und bewies Ordnung. Auch bei der Ehe musste beides zusammenkommen: Gottes Gebot und menschliche Ordnung. Gottes Gebot dient der Zielsetzung, und die besteht in Liebe, bzw. Frieden, gemeinem Nutzen und guter Ordnung. Innerhalb dessen kann sich das Leben frei entfalten.

Zudem sollte man im Blick behalten, dass die Ehe grundlegend war für das „Haus" im damaligen soziologischen Gefüge. Gottvater, Landesfürst und Hausvater sah man weitgehend parallel. Die Ehe gehörte auch in der Kirchenordnung gegen den Anschein zunächst nicht in ein Kirchenrecht in dem Sinn, dass die Pastoren oder eine verfasste Kirche Richterin in Ehesachen gewesen wäre. Die Pastoren schlossen die Ehen vor dem Altar, indem sie sagten: Was Gott zusammenschließt (im Präsens!), soll der Mensch nicht scheiden. Dafür müssen sie sich rechtlich lediglich gegen Ausschlussgründe abgrenzen. Das eigentliche Ehe- und Familienrecht betraf sie nicht, dafür sollte das damals noch zu bildende Konsistorium weltlich zuständig sein, zumindest was ihre Grenzen betraf. Gottes Gnadenrecht und weltliches Standes- und Vertragsrecht betreffen die gleichen Sachverhalte, sind aber auch wohl zu unterscheiden.

Von weltlicher Obrigkeit

Der Fürst verstand sich nach den Worten dieser Kirchenordnung mit seinem Summepiskopat nicht als Herr über der Kirche, von ihr abgehoben, sondern als Fürst innerhalb der Kirche. Kirche meint allerdings nicht in erster Linie eine Glaubensgemeinschaft, sondern Landschaft, das Fürstentum insgesamt. Sein Amt ist und bleibt dabei ein rein weltliches, es ist keine liturgisches Gemeindeamt. Er ist geradezu in Person Repräsentant der Weltlichkeit in ihrem besten Sinn.

Nicht Welt und Kirche stehen einander gegenüber, sondern zwei einander ergänzende Ämter, die weltliche Regierung und das Predigtamt. Beide tragen Sorge für „die Leute“. Die vielen Prediger aber herrschen nicht, sie dienen nur in aller Demut dem anderen Herren, Jesus Christus, und hören auf sein Wort in dem, was sie sagen. Sie „sagen nur, was sie gehört haben“ (Joh 16,13) und sind nichts für sich selbst. Von einer kirchlichen Obrigkeit im Sinne klerikaler Ordnung, bzw. Hierarchie ist keine Rede mehr. Auch ist der Pastor nicht als Gemeindeleiter angesehen. Entsprechend fehlt in der Kirchenordnung auch ein theologischer Gemeindebegriff, es ist schlicht von „den Leuten“ oder dem Volk[1] die Rede. Man dachte 1552 in Schwerin in Bezug auf das Kirchenverständnis nicht nur anders als in Rom, sondern auch anders als in Genf, Zürich, Münster oder dann später in den Niederlanden.

Hilfreich ist der Rückblick auf das spätmittelalterliche Bischofsamt. Es hatte zwei Seiten, die „administratio“ und die Bischofsweihe. Das waren zwei Ämter in einer Person. Für das erstere reichte die Wahl des Domkapitels aus, für das zweite bedurfte es der Bestätigung des Papstes und vor allem der Bischofsweihe. Gerade die Weihen mit ihrer Einheit von Liturgie und Recht zeigen an, wie selbstverständlich es war, Liturgie auch bis in die Beichte hinein mit dem Abendmahl als Rechtsakt anzusehen.

In der aktuellen Herzogsfamilie von Mecklenburg war diese Teilung besonders präsent. Die letzten beiden Bischöfe von Schwerin gehörten der Fürstenfamilie an und waren gewählt, aber die Anerkennung durch den Papst blieb aus, mit ihr auch die Bischofsweihe. Magnus wie Ulrich hatten zwar die Niederen Weihen erhalten, werden aber beide wohl nicht gepredigt und somit nicht nach lutherischem Verständnis sich als ordiniert angesehen haben. Die Administration des Bischofs wurde als sein weltliches Amt angesehen, und es bezog sich allein auf die Stiftslandschaft. Dabei blieb es nach dieser Kirchenordnung. Die weltliche, administrative

1 Die Kirchenordnung verwendet auch das Wort „Volk“, aber nicht in dem Sinn, wie wir dies Wort verwenden. Von einem Nationalbegriff war man im 16. Jahrhundert noch weit entfernt.

Seite der Kirche im Sinn von Landschaft und Fürstentum lag auch vor der Reformation in der Hand des Fürsten. Er visitierte zusammen mit dem Klerus die Kirchen vor Ort, als von der Reformation noch keine Rede war, darauf hat Heinrich Schnell hingewiesen. Stillschweigend verschoben sich im administrativen Bereich die Diözesengrenzen mit der Kirchenordnung. Nun waren die Landesgrenzen zugleich Diözesangrenzen. Ratzeburg, Cammin und Brandenburg hatten hier nichts mehr zu sagen. Die Landeskirche war entstanden, und dies meint nicht eine Kirche im Staat oder dem Staat gegenüber.

Für das geistliche Bischofsamt galt, dass die ihm untergeordneten Geistlichen als seine verlängerten Arme und untergeordnete Stimmen dienten. Die Priester waren unselbstständig in ihrem Tun und Auftrag. Der Bischof war der eigentliche Prediger und Geistliche seines Bistums gewesen, der sich an den verschiedenen Orten durch sie vertreten ließ, das geht aus den liturgischen Worten der unterschiedlichen Weihen hervor. Die mittelalterliche Kirche war eine Bischofskirche. Das blieb auch so, nur dass sich kein Bischof mehr vertreten lassen konnte und durfte, wir es also mit vielen „Bischöfen" zu tun haben. Die Seite des Bischofsamtes, wonach einer sich von vielen vertreten ließ und er ihr Herr war, wurde aufgehoben. Jeder Pfarrherr an seiner Kirche war im geistlichen Sinn zum Bischof verordnet. Sein „Herr" im geistlichen Sinn war allein Christus, das Haupt der Kirche. Darin unterschied er sich dann auch als ordinierter Prediger oder Bischof nicht von allen anderen Christen. Der Ortsbischof hatte keine Stellvertreter. Die Aufhebung aller geistlichen Herrschaft oder Bevormundung in der Kirche wurde konsequent durchgehalten.

Dem obrigkeitlichen Amt gegenüber stand allein das Predigtamt, für das weder Herrschaft noch Hierarchie mehr galten. Es mag auch nicht als Zufall angesehen werden, dass sich in Mecklenburg in der Folge die Begriffe Pfarrer und Priester mehr und mehr verloren und an ihrer Stelle sich als Amtsbezeichnung „Pastor", Hirte seiner Weide durchsetzte. Es verblieben freilich bei dem „Pfarrherren" noch geringe weltliche Befugnisse vor Ort, aber die bezogen sich nicht auf Menschen, auf Untertanen, sondern nur auf wirtschaftliche Belange. In der Kirchenordnung wird nirgends erwähnt, dass der Pastor Vorgesetzter oder gar Herr von Diakon oder Lehrer, und schon gar nicht der Gemeinde sei. So etwas verbot sich schon allein darum, weil es allerorten Obrigkeiten gab, die derartiges Ansinnen von Pastoren kaum toleriert hätten. Dem Predigtamt eignete keine „weltliche Macht und leiblicher Zwang". Dergleichen ist Amt der "weltlichen Obrigkeit", deren Ordnungswirken Gottes Willen entspreche. „Die sündige Natur ist wild und frevelhaft" und bedarf der Zähmung durch Obrigkeit und Ordnung. Gott selbst straft auch und ist selbst von allem Bösen frei. Ziel und Zweck aller weltlichen Ordnung und damit auch unserer Kirchenordnung ist die „Erhaltung des menschlichen Geschlechts". „Erhaltung" steht nach Grimm sowohl für conservatio wie für salus. Beidem haben Ordnung und Recht zu dienen, eben durch Obrigkeit und durch Predigt und Sakrament in unterschiedlichem, aber aufeinander bezogenen Sinn. Prediger wie Obrigkeit werden als Hirten angesehen, aber in tief unterschiedenem Sinn.

Das Konsistorium und das weiterhin existierende Kapitel der Diözese, dem Stiftsgut, hatten obrigkeitliche Funktionen zu erfüllen. Sie gehörten nicht zur „Kirche" im Predigtsinn, sondern waren weltliche Instanzen mit definierten Kompetenzen. Von einer „Allianz" von Kirche und Herzog kann für diese Kirchenordnung also noch keine Rede sein. Das setzte ein Haupt in der predigenden Kirche oder doch eine wie immer geartete repräsentative Organisation, einen also gänzlich anderen Kirchenbegriff voraus.

Die Superintendenten standen zwischen beiden Ämtern. Ihre Aufgaben werden in der Kirchenordnungen nur en passant erwähnt, sie berufen Konvente ein und melden Beschwerden weiter, achten auf die Einhaltung der Kirchenordnung in Bezug auf die Kirchen vor Ort und die Einträchtigkeit der Prediger untereinander. Sie sind nicht die Vorgesetzten der ihnen anvertrauten Prediger. Es gibt keinen gesonderten Abschnitt über ihr Amt, sieht man von den mehr praktischen Anweisungen in Bezug auf die Visitation ab.

Die Kirchenordnung verstand gesellschaftliche Ordnung im Muster von Obrigkeit und Untertan. Eine Gleichheit der Menschen im rechtlichen Sinn erschien als Anarchie, so dass sie „wie Wölfe durcheinander liefen".[1] Wir können diese offene Reflexion der Herrschaftsverhältnisse freilich als einen wichtigen Schritt dahin verstehen, dass man auch beginnen konnte, die Gesellschaft anders zu ordnen, wenn es gelänge, eine Ordnung zu bilden, in der Chaos und Anarchie genauso gut oder besser bekämpft würden. Allerdings gab es tiefes Misstrauen gegenüber aller selbst ausgedachten Ordnung. Missbrauch von Recht und Ordnung galt nicht als Argument gegen sie. Solange die Obrigkeit ihr Amt gut ausführte, sollte es auch im Land gut sein. Die Kirchenordnung beschreibt diese

1 Auch der „Krieg aller gegen alle" im Sinne von Thomas Hobbes (1588-1679) war keine Neuformulierung. Sie bezog sich auf die lang bekannte antike Redewendung homo hominis lupus von Titus Maccius Plautus.

Ämter und benennt ihre Aufgaben. Sie sieht sie als gottgegeben an und würde sich scheuen, da etwas Neues erfinden zu wollen. Missbrauch wurzele wesentlich in Personen. Dass es auch unrechte Ordnungen gibt, war offenbar nicht im Blick, die Ordnung wurde als Selbstwert angesehen. Tyrannei oder anarchistische Volksherrschaft sah man nicht als Ordnungen an, sondern als misslungene, aus dem Ruder geratene, missbräuchliche Herrschaftsformen.

Oberster „Erhalter, Hirte und Schutzherr" ist Gott. Ihm wurde direktes Eingreifen in das menschliche Geschehen nicht nur im Ausnahmefall zugetraut, sondern als gegeben vorausgesetzt. Er erhält auch die menschlichen Regierungen.

Die Kirchenordnung war zwar öffentlich und an alle gerichtet, aber die Adressaten waren neben den dem Fürsten untergeordneten Obrigkeiten in erster Linie die Pastoren des Landes, bzw. für diesen gesamten Teil vor allem die Superintendenten, deren Aufgabe es war, diese Examen abzuhalten und in ihren Kirchenbezirken darauf zu achten, dass man von diesen Auffassungen nicht abwich. Die reformatorischen Kirchenordnungen lassen sich auch als Anweisung für die Visitatoren verstehen, wobei im Blick zu behalten ist, dass diese Visitationen nicht nur den Superintendenten überlassen wurden, sondern auch die örtlichen Obrigkeiten einbezogen waren. Der Superintendent vertrat in dieser Hinsicht auch kraft dieser Kirchenordnung den Landesherren, durch ihn wurde das fürstliche Summepiskopat realisiert. Durch diese Vertretung mit einem Theologen und Pastor vermochte der Fürst auch in geistlichen Fragen für gute Ordnung sorgen, ohne selbst zum Theologen oder Oberpastor zu werden. Der Superintendent war im Übrigen bis in das 20. Jahrhundert immer an eine Ortsgemeinde gebunden, er war erster Prediger an einer Stadtkirche und hatte dort seinen Sitz.

Die Prediger sollten einträchtig die in der Kirchenordnung ausgeführte Lehre über die Obrigkeit verbreiten und sie den Leuten wiederholt einschärfen. Würden alle oder doch zumindest die Mehrheit im Volk - einschließlich der verschiedenen Obrigkeiten - diese Ansichten teilen, sollte es gut zugehen im Land. Grundlage der Ordnung war nicht der Eigenwille des Fürsten, sondern die äußere Ordnung sollte dem Wort Gottes entsprechen, die Amtsausführung in der Welt und auf der Kanzel als Gottes-Dienst angenommen werden. Die einfache Formel lautete: Seid in allen Ämtern demütig und fleißig im Gehorsam Gott gegenüber. Vorbild für Fürst und Pastoren waren König David und Prophet Ezechiel, sowie Josia, der Reformer des Alten Testaments, der die Tora wiedergefunden hatte und sie mit ihrem Monotheismus zur Richtschnur seiner Regierung machte.

Neben den Superintendenten und Pastoren waren vornehmliche Adressaten der Kirchenordnung Universität und Schulen, ebenso auch die verschiedenen Ebenen der Obrigkeit. Sie zeigte die Rechtsfolgen der Entscheidung an der Sagstorfer Brücke drei Jahre zuvor auf, durch die Mecklenburg protestantisch wurde. Es sollte nicht nur Einträchtigkeit der Pastoren untereinander herrschen, sondern auch in Bezug auf Bildung und Regierungsinstanzen. Die Kirchenordnung zielt auf breite Akzeptanz der Ordnung überhaupt.

Den Obrigkeiten wurde ins Stammbuch geschrieben: „Gott wird die Fürsten vor sein Gericht führen." Sie tragen das Schwert nicht eigener Zwecke wegen. Die Obrigkeit soll „beide Tafeln der Gebote handhaben", die Pastoren beide Tafeln lehren. Die Obrigkeit soll in

Bezug auf die erste Tafel die Gottesdienste schützen und ihr Regieren nach der zweiten Tafel ausrichten. Die Prediger üben den ersten Teil aus und schärfen den zweiten dem Volk ein als Gottes Gebot. Die Obrigkeit ist eine „Exekutive“. Legislative Macht sei letztlich Gottes Wort, nicht eine demokratische Abstimmung. Gott will nicht „unmittelbar“ regieren, sondern durch unsere Arbeit. Fürst und Landtag sind nicht frei in ihrer legislativen Tätigkeit, sondern sollen erkennen, was nottut und nützt. Dafür hören sie auf Gottes Wort, aber sie unterwerfen sich darum nicht den Predigern.

Ordnungen, bzw. Gesetze zu erlassen ist obrigkeitliche Aufgabe und Macht. Sie sollen den göttlichen Geboten „nicht widersprechen, sondern helfen, diese zu erhalten“. Sie werden der Formulierung nach also nicht von den Geboten abgeleitet, aber entsprechen ihnen möglichst. Hier kommt die Vernunft der Herrschenden ins Spiel, wie auch ausdrücklich die Nutzung des spätantiken Römischen Rechts als Leitfaden. Darin hat sie sich auch zu bescheiden.

Gegenüber absolutistischen Tendenzen verpflichtet die Kirchenordnung alle Obrigkeit, sich den göttlichen Geboten gegenüber „gleichförmig“ zu verhalten. In der Rede des Fürsten ist dies nicht nur Anweisung an örtliche Regierungen, sondern auch Selbstverpflichtung. Nach dieser Ordnung hat kein Fürst, auch nicht der Landesfürst, das Recht, sich über die Gebote Gottes hinwegzusetzen. Tötet oder nimmt er, dann nur, um Töten und Diebstahl zu strafen.[1]

---

1 Freilich ließ sich so ein Rechtsverstoß nicht ohne weiteres einklagen. Bei dem ein halbes Jahrhundert zuvor gebildeten Reichskammergericht ging es um Streitfälle der Obrigkeiten untereinander. Die Kirchenordnung bietet kein Widerstandsrecht. Man empfahl sich der Geduld. Es gab auch kein Verfassungsgericht auf Landesebene, so sehr unsere Kirchenordnung auch

Unter diesen Bedingungen kann den Untertanen weltlicher Gehorsam zugemutet werden. Der geteilten, schuldigen Herrschaft, als Exekutive und als Predigt gebührt Gehorsam, also der weltlichen Obrigkeit und Gott. Pastoren gebühre Respekt, aber ihm gegenüber ist man nicht Untertan. Auf ihn zu hören, diene dem Gehorsam gegen Gott. Das brachte es auch mit sich, dass die Pastoren sich weltlichem Handeln gegenüber persönlich weitgehend entziehen sollten. Sie bedurften für ihr Amt größtmögliche Unabhängigkeit von allen Herrschaftsstrukturen, sollten nicht deren Teil sein.

Das „göttliche Band“ guten Regierens und „willigen Gehorsams“ gelte nicht nur gerade mal jetzt in Mecklenburg, sondern hier spricht die Kirchenordnung von allgemeiner Geltung. Dieses Muster gelte aller Welt, wie Kant später meinte, Handeln wäre dann moralisch, wenn es auch überall sonst gut gelten könne.

Die alten Bischofsgrenzen sind aufgehoben. Bischöfliche Macht im mittelalterlichen Sinn ist nun kongruent mit den Landesgrenzen, denn im administrativen Sinn hat der Herzog diese Aufgabe übernommen. Die Landschaft verstand sich im Ganzen als Kirche.

Im geistlichen Sinn ist jeder Predigtstuhl autark. Der Bischof von Mecklenburg, solange dies Amt noch bestand, war ein weltliches Amt, das über die Stiftsländerei gebot. Dies war eine Seite seiner Funktion. Die andere betraf sein geistliches Wirken als eine Art Landespastor. Dieses wurde nun aufgehoben. Statt vielen Vertretern gab es nun viele „Hirten ihrer Weiden“ an den einzelnen Kirchen. Gedacht wurde im Übrigen von den Kirchen her, nicht von Parochialgrenzen. Letztere richteten sich nach den Kirchen.[1] Gefahr für die gute Ordnung gibt es von unten wie von oben gleichermaßen:

---

einer Landesverfassung inhaltlich nahekommt.

Tyrann oder Aufrührer nehmen sich das Schwert, das der Obrigkeit gegeben ist.

Mit dem Abschnitt zur Obrigkeit endet – wie die deutschsprachige Ausgabe von Melanchthons Loci communes - der Erste Teil der Kirchenordnung. Die „Christliche Weisheit" ist von uns Menschen nicht zu ergründen, was auch heißt, nicht zu kritisieren. Wir können in ihr nur wachsen. Als maßgebende Texte werden dazu neben den drei altkirchlichen Symbolen genannt Luthers Katechismus, die Confessio Augustana (1530) und die Schmalkaldischen Artikel Luthers (1537).[1] Zudem wird auf Einträchtigkeit anderen Ländern gegenüber verwiesen, namentlich Lübeck, Hamburg, Lüneburg und Sachsen.

---

1 Heute scheint es umgekehrt: Es wird nach Gebieten, katholisch „Pastoralbezirk", nun neuerdings als „Region" oder nach Gemeindegliederzahlen gerechnet, die dann Kirchen als Gebäude bespielen. Gottesdienste werden nach Bedarf oder Möglichkeit abgehalten.

1 Dies ist auch insofern bemerkenswert, als dass Herzog Heinrich V. sich seinerzeit nicht dem Schmalkaldischen Bund angeschlossen hatte, obgleich er die Reformation durchaus auch förderte. 1549 hatte er den Beschluss der Sagstorfer Brücke genehmigt, Anfang Februar 1552 war er verstorben. Die Kirchenordnung erschien also kurz nach seinem Tod.

Von der Erhaltung des Predigtamts

In diesem Abschnitt geht es zunächst um die Ordination. Dafür wurde die Ordinationsformel Luthers übernommen. Zunächst sind Unterschiede zum Römischen Ritus zu benennen, die vor allem darin zu suchen sind, was gegenüber Rom nun bewusst fehlen sollte. Schauen wir auf den Ritus der Priesterweihe, bzw. auf das, was nun durch die Kirchenordnung anders wurde, was die Ordination der Pastoren von der Priesterweihe unterschied[1]:

1. Der Pastor ist kein Mitarbeiter eines übergeordneten Bischofs mehr, ihm dienstbar. Das gilt auch dem Superintendenten gegenüber. Sein Gehorsam in weltlicher Hinsicht entspricht dem allgemeinen Gehorsamsgebot aller Untertanen. Jeder Pastor wird als Bischof im altkirchlichen Sinn angesehen, nicht nur in Bezug auf seine Gemeinde, sondern auch in Bezug auf die Kirche im Land und aller Welt. Darum entfällt der Dialog der mittelalterlichen Priesterweihe durch den Bischof: "Versprichst du mir und meinen Nachfolgern Ehrfurcht und Gehorsam?" Der Ordinand versprach dies im Mittelalter und begab sich damit in ein Untertanenverhältnis zu seinem Bischof.

Das Bistums ist im Sinn einer geistlichen Ebene aufgelöst worden. An seine Stelle treten nun eigenständige, aber aneinander gebundene Pfarrgemeinden. Das Fürstentum ist zur Diözese geworden, also vom Wort (des 16. Jahrhunderts) her ein Verwaltungsbezirk, keine

1 Ich folge hier der Priesterweihehandlung Roms, die bis 1970 galt. Die hier vorgebrachten Zitate sind der Einfachheit halber www.kathpedia.com entnommen. Für unseren Zweck brauchen wir nicht tiefer auf die Geschichte der Weihehandlungen eingehen.

Großgemeinde. Vom Rechtsdenken her bedeutete die Reformation nicht die Verschiebung der Grenzen von den drei anderen Bistümern Ratzeburg, Cammin und Brandenburg oder Einverleibung dieser Territorien unter den Bischofsstab von Schwerin. Jede Gemeinde war nun eigenes Bistum. Das Land betrachtete sich lediglich als Verwaltungsaufsicht für die Kirchen. Man nannte in Mecklenburg die Superintendenten nicht Bischöfe, denn das waren sie nicht. Der reformatorische Grundsatz galt konsequent, dass ein geistliches Amt stets Kirchengemeindebezogen zu sein hatte. Was für den mittelalterlichen Pfarrherren galt, der sich vor Ort nur vertreten ließ, galt auch für Bischöfe. Entweder sie lebten in ihrer Gottesdienstgemeinde, oder ihr Amt war nur Anmaßung. Der Superintendent war dann selbst auch Pfarrer seiner Gemeinde, und im anderen Amt nur Visitator der vielen Gemeinden, nicht ihr Gebieter.[1]

2. Von den fünf Amtsverpflichtungen eines Priesters - "Der Priester muss opfern, weihen, vorstehen, predigen und taufen." - sind zwei gestrichen. Das Abendmahl wird nun nicht mehr als Opfer angesehen, der Pastor „sprengelt“ nicht mehr, er weiht nichts und niemanden.[2] Bei seiner eigenen Ordination handelt es sich ebenfalls nicht um einen Weiheakt, dieses Wort wird in der Kirchenordnung sorgfältig vermieden. Hier wird keine heilige Kraft mitgeteilt, wie das Grimm'sche Wörterbuch die Bedeutung des deutschen Wortes

---

1 In der griechisch-orthodoxen Kirche muss auch der Bischof den Priester einer seiner Gemeinden zuvor fragen, ob er dort zum Beispiel predigen darf.

2 Dass man heute in der Kirchenverfassung der Nordkirche von „Pfarrsprengeln“ redet, gehört zu den Absurditäten, die entstehen, wenn man Worte meint beliebig definieren und gebrauchen zu können.

„Weihe" definiert. Ein Pastor wird nicht gemäß dem antiken Wort der Konsekration heilig gemacht, also vom Säkularen ausgeschieden, mit Magie versehen, in einen besonderen heiligen Bereich versetzt. Was „vorstehen" bedeutet, wird mit Texten aus Episteln bestimmt, ausdrücklich wird deutlich gemacht, dass es sich dabei nicht um Herrschaft handelt. Er geleitet höchstens, leitet aber die Gemeinde nicht, wie ein Chef ein Unternehmen. „Die Leute" sind nicht seine Untertanen. Es handelt sich auch nicht um „Kybernetik", wie Schleiermacher im 19. Jahrhundert Kirchenleitung definierte und an dessen Bild man sich heute gerne hält. Der Pastor steht der Gemeinde predigend und tröstend gegenüber.

3. Entsprechend ist auch von einer Opfergesinnung nicht die Rede. Wie der Priester im Abendmahl nichts opfert, opfert er auch nicht sich selbst, indem er der Welt sich entsagen würde.[1] Entsprechend fehlt auch die symbolische Opfergabe des zu Weihenden in Form von zwei Kerzen. Er übernimmt vielmehr in der Ordnung der Kirche eine bestimmte Aufgabe, übt ein Talent aus, das macht ihn keine Spur „heiliger". Es gibt für diesen Begriff keinen Komparativ mehr. Er ist kein Vertreter Christi, ebenso wenig, wie es ein Haupt der Kirche neben Christus gibt. Diese Vorstellung in Bezug auf den Papst war schon im Mittelalter als „monströs" kritisiert worden, die Kirche wurde als Monstrum mit zwei Köpfen karikiert. Es fehlen bei den Texten zur Ordination darum auch 1 Kor 12 und Röm 12. Auch der Vorbildcharakter des Pastors ist in schlichte Worte gefasst, und nicht mit solchen Worten, wie der (römische) Bischof sie bei der Priesterweihe gebraucht:

1 Eine seltsame Abwandlung dieses mittelalterlichen Opfergedankens stellte die pietistische Bekehrungsformel dar: „Ich übergebe mein Leben Jesus."

"Wenn ihr also das Geheimnis des Todes des Herrn feiert, so seid bedacht, in euren Gliedern alle Laster und bösen Begierlichkeiten zu töten. Eure Lehre sei eine geistliche Arznei für das Volk Gottes. Der Wohlgeruch eures Lebens sei eine Erquickung für die Kirche Christi." Arbeiter in der Ernte sind die Pastoren, mehr nicht.

4. Bei der Handauflegung ist von keinem heiligen Schweigen die Rede, im Gegenteil, sie ist mit Worten begleitet. Von einem Niederwerfen ist ebenfalls nichts gesagt. Der Ordinand kniet nur als Zeichen seiner Demut, wie es im Gottesdienst auch alle anderen hin und wieder tun. Die Handauflegung ist keine Verwandlung, Metamorphose, sondern schlichter Segen und mit Bitten verbunden. Die Allerheiligenlitanei fehlt ebenfalls in der Ordinationsordnung, denn hier wird niemand mehr in einen abgesonderten Bereich, den Heiligen oder dem Engelchor entsprechend aufgenommen. Es gibt in der Kirche keinen Raum mehr, der wie der Hohe Chor nur geweihten Personen zugänglich wäre. Die Ordination ist kein „Zeichen der besonderen Gleichförmigkeit mit dem Priester Jesus Christus".

5. Der Pastor bekommt nichts „Unveränderliches" verliehen, wie Papst Pius XI. formulierte: Der Priester werde das Prägemerkmal der Priesterweihe "selbst in den bedauerlichsten Verirrungen, in die er durch menschliche Schwäche fallen kann, nie aus seiner Seele tilgen können". Der Pastor muss wie jeder Christ beständig sich bekehren. Es gibt für ihn keine „bleibende Gnadenfülle", die einem Menschen im Unterschied zu anderen eigen wäre, außer der Taufe.

6. In der römischen Liturgie lautet die Weiheformel: "Wir bitten Dich, allmächtiger Vater, gib diesen Deinen Dienern die Würde des Priestertums. Erneuere in ihrem Innersten den Geist der Heiligkeit, damit sie das von Dir erhaltene Amt zweiten Ranges auf sich nehmen und durch ihren vorbildlichen Wandel christliche Zucht und Sitte nahe legen." Nach der lutherischen Ordination gibt es keine Ränge, weder innerhalb eines Klerus noch gegenüber Christus.

Die Frage der Würde liegt in der Gemeinde dem Amt gegenüber, nicht der Person, wie die Kirchenordnung diesen Unterschied in Bezug auf die Obrigkeit klarstellte. Nur indem der Pastor sein Amt recht ausführt, gebührt ihm Würde.

7. Es gibt keine liturgische Einkleidung. Auch werden die Finger nicht gesalbt, damit sie im Moment der Konsekration das Brot berühren dürfen. Auch die Salbung der Handinnenflächen entfällt, die so begründet wird: "Damit alles, was sie segnen, gesegnet sei, und was sie weihen, geweiht und geheiligt sei." Dass die Hände des Priesters stets "heilig und ehrwürdig" sein sollen, gilt nun als abwegig und wurde als Missbrauch empfunden, auch wenn des Pastors Hände nicht nur zum „Kühe- und Gänsehüten“ bestimmt sind.

8. Völlig abzulehnen ist diese Auffassung: "Empfange die Gewalt, Gott das Opfer darzubringen und die Heilige Messe zu zelebrieren für Lebende und Verstorbene. Im Namen des Herrn." Sakramentsverwaltung beschränkt sich auf die schlichte Ausführung von Taufe und Abendmahl. Es ist keine Opferdarbringung, und für Verstorbene wird schon gar kein Abendmahl gefeiert.

9. Joh 15, 15 bei der Ordination zu zitieren, missachtet das Priestertum aller Gläubigen, denn damit wird ein Unterschied gemacht zwischen Laien und Priestern, der den Leuten Entscheidendes abspricht: "Nun nenne ich euch nicht mehr Knechte, sondern meine Freunde, weil ihr erkannt habt, was ich in eurer Mitte vollbracht habe." Da ist von Christus kein Unterscheidungsmerkmal zwischen Klerus und Laien eingeführt worden. Alle sind wir zu Jüngern getauft. Es kann auch keine Rede davon sein, dass der Pastor mehr Glaubenserkenntnis habe als die Gemeinde.

Auch dieser bekannte Satz des Evangeliums gehört unserer Kirchenordnung nach nicht in die Ordination: "Empfange den Heiligen Geist: Denen du die Sünden nachlassen wirst, denen sind sie nachgelassen, und denen du sie behalten wirst, denen sind sie behalten." (Joh 20,22f.) Diese Verheißung gilt allen Christen. Die Ordination nach Luther und dieser Kirchenordnung ist Einsetzung in ein bestimmtes Amt, die jedoch keine besondere Gaben des Heiligen Geistes an eine Person zu verleihen hat.

Wir können an der Ordination sehen, auf welche Weise die Unterscheidung von Amt und Person für die Reformation grundlegend ist. Dies gilt auch für weltliche Obrigkeit. Für die Beurteilung der Ordination ist darauf zu achten, was bei ihr bewusst nicht mehr gesagt und getan wurde. Weil nun die Pastoren als Bischöfe angesehen werden, ist auch ein Blick auf die Römische Bischofsweihe hilfreich. Sie unterscheidet sich von der Priesterweihe in diesen Punkten:

1. Der Bischof wird einem Glaubensexamen unterzogen. Dies ist der juristische Sinn des ersten Teiles der Mecklenburgischen

Kirchenordnung von 1552. Die Pastoren sind nun keine bloßen Mitarbeiter oder Ausführende eines Bischofs mehr, sondern selbst Bischöfe ihrer Gemeinden, wie man es dem Neuen Testament, also der ersten Zeit der Kirche entnahm. Also müssen auch sie einem Bischofsexamen unterzogen werden.

2. Ein Bischof „muss den Willen bekunden, mit seiner ganzen Person der Wahrheit des Evangeliums zu dienen, das Volk durch Wort und Beispiel zu belehren, sich von allem Bösen fern zu halten, Keuschheit, Mäßigung, Demut und Geduld zu üben, sowie den katholischen Glauben ganz und unverkürzt zu bewahren und zu verkünden." Dieser Gedanke findet sich auch in Luthers Ordinationsliturgie.

3. Für den Bischof gilt weiterhin: Ihm „kommt es zu, zu richten, auszulegen, zu weihen, die Priesterweihe zu spenden, zu opfern, zu taufen und zu firmen." Die Firmung ist zunächst nach der Reformation entfallen, weil sie nicht mehr als Sakrament anerkannt wurde. Zur lutherischen „Konfirmation"[1] kam es als Abschluss der Schulbildung erst mit der Zeit. Die Richtgewalt der Pastoren beschränkte sich auf die Beichthandlung, in der sie aber nicht über Sünden zu richten hatten, sondern nur allgemein zu mahnen und Glauben zu lehren hatten. Sie hatten nicht mehr über den Einzelnen zu urteilen oder ihm Strafen aufzuerlegen, bestimmte Bußen zu gebieten. Richter unseres Herzens ist allein Gott.

Die Aufgabe der Auslegung dagegen trat in den Vordergrund. Das konnten und brauchten viele Amtsausführende auf den Dörfern bislang nicht, besonders dann nicht, wenn diese nur bezahlte

1 „Confirmatio" ist die volle lateinische Bezeichnung der Firmung.

Stellvertreter von den eigentlichen Pfarrherren waren, die die Einkünfte ihrer Praebenden genossen und andernorts lebten. Entgegen landläufiger Ansicht wurde im 15. Jahrhundert durchaus viel, lange und ausführlich gepredigt, in den Städten mitunter täglich. Dies taten vornehmlich Mönche der Predigerorden, also schon von Amtswegen unabhängig von der Pfarrmesse.

Zu weihen im spätmittelalterlichen Sinn hatten lutherische Pastoren nichts mehr. „Weihe" galt von nun an als katholisch, Dinge zu weihen geradezu als Aberglauben.

Die Ordination selbst vollführte ein Superintendent nicht allein. Er selbst erhielt keine besondere Ordination, die ihn in diesem Punkt ausgezeichnet hätte. Die Kirchenordnung schweigt nicht umsonst von einem liturgischen Akt der Amtseinführung von Superintendenten, obgleich man dies hätte erwarten müssen. Im mittelalterlichen Kirchenrecht ist die Priesterweihe abgeleitet aus der Bischofsweihe als dem zentralen Amt der Kirche. Dies war auch an der Kleidung abzulesen. Die Bischofstracht vereinigte in sich alle liturgischen Kleidungsstücke der niederen Weihen. Nun kannte man nur noch den weißen Chorrock und die Kasel für das Abendmahl. Die Predigt wurde noch nach mittelalterlicher Sitte ohne liturgische Kleidung vorgetragen, also in der Gelehrtenschaube, obwohl man die Predigt wieder als Teil der Liturgie ansah.

Die Ordination erfolgte durch den Konvent, vertreten durch Superintendent und mindestens zwei anderen Pastoren. Die Handauflegung von Superintendent und anderen Pastoren geschah unserer Ordnung nach nicht nacheinander, sondern in einem Akt. Auf dem Titelbild der revidierten Kirchenordnung halten nur die

Mitbrüder die Hand über dem Ordinanden, der Superintendent tut es nicht.

4. Das bischöfliche Lehramt wird in der Kirchenordnung nun auf dreifache Weise neu verteilt: Die Universität bildet die Pastoren so aus, dass sie das Examen im Sinne der Kirchenordnung erfüllen können. Den Pastoren ist das Lehramt insofern übergeben, dass sie das Volk lehren, was auch bedeutet, dass sie die Laien in der Beichte beständig gemäß Luthers Katechismus „verhören". Es reicht nicht, dass die Pastoren recht lehren und lernen, allen Laien ist es aufgegeben, recht zu glauben. Predigt und Beichte sind Ausübung des Lehramtes.

In dritter Weise besteht das Lehramt in der Einträchtigkeit unter den Pastoren, für die Konvente („Synoden")[1] und Superintendent zu sorgen haben. Auf allen Ebenen gilt, dem Evangelium zu entsprechen.

5. Für eine Salbung sahen die Reformatoren keine biblische Grundlage, vor allem nicht in der unterscheidenden Salbung, die Christen voneinander abhob. Dem Bischof, versus Pastoren war keine besondere Weihe- und Segensgewalt eigen. Es gehörte zum liturgischen Amt des Pastors, den Segen der Gemeinde zuzusprechen. Aber von einer besonderen sakramentalen Gewalt in Bezug auf den Segen, ist in dieser Hinsicht in der Kirchenordnung keine Rede.[2]

---

1 Die Synoden, von denen die Kirchenordnung spricht, waren keine „Leitungsorgane" der Kirche. Es handelte sich um Pastoren- und Theologenkonvente, die sich um Lehrfragen kümmerten und der Eintracht dienen sollten.

6. Der neugeweihte Priester vollzog im Mittelalter zum ersten Mal die Messe mit der Konsekration der Abendmahlselemente, der neugeweihte Bischof gab zum ersten mal den Pontifikalsegen. Die reformatorische Entsprechung fiel schlichter aus: Der Ordinierte vollzog nun einfach die Liturgie und predigte in seinem Amt vor Ort in seiner Kirche. Dies wird als besonderer Akt in der Ordinationsordnung gar nicht weiter erwähnt.

Angefügt sei noch eine kurze Bemerkung zur Frauenordination. Diese Frage stand im 16. Jahrhundert nicht im Raum. Das hatte aber keine theologischen oder dogmatischen Gründe, sondern lag schlicht an der weltlichen Ordnung der Geschlechter. Darum erachte ich es als unsinnig, reformatorische Ordnungen gegen die Frauenordination heute ins Feld zu führen. Die rechtliche Eigenverantwortung der Frau, wie sie uns heute selbstverständlich ist, lag gesellschaftlich noch weit in der Zukunft. So konnte man sich auch nicht vorstellen, dass sie ein Amt ausüben konnte oder sollte, das eine solche erfordert. Wenn Frauen im Mittelalter in einem Haus, dem Geschäft oder auf einen Thron ein Amt ausfüllten, so stets als Vertreterin eines aus Sippengründen im Moment unersetzbaren Mannes. Dafür sah man aber in Bezug auf das Pastorenamt keine Notwendigkeit, da diese Ämter stets ersetzbar waren.

---

2 Die Frage war nicht, ob ein anderer als der ordinierte Pastor auch segnen durfte, sondern das Segnen gehörte zum Amt des Pastors, war eine seiner Amtshandlungen. Die Ordnung war es, die gebot, dass man dem dies zu tun überließ, weil er das entsprechende Amt im Gottesdienst ausübte. Es ging nicht um eine besondere, geheimnisvolle Fähigkeit des Pastoren, sondern es war schlicht eine Frage der Ordnung, die man freilich sehr hoch und als gottgegeben ansah.

Das Priesteramt war nun aller Magie, als die man jetzt alles Weihen ansah entkleidet. Gottes Wirken außerhalb des Gottesdienstes wird nicht geleugnet, sondern im Gegenteil immer wieder in Rechnung gestellt, aber das Pastorenamt und mit ihm die Kirche in ihrem Kern zeigen Gottes Wirken nun in klarer, öffentlicher Weise. Aller Zauber von wundertätigen Reliquien, besonderem Geistbesitz des Klerus, der Fähigkeit durch Opfer vom Fegefeuer zu befreien, etc. entfiel. Die Reformation ist insoweit als eine immense Aufklärungswelle anzusehen. Selbstverantworteter Glaube macht die Christen mündig. Zum Heil ist eigene Erkenntnis vonnöten, umso mehr, als nun Opfergaben, Ablassbriefe oder stellvertretendes Messelesen entfielen. Jeder Pastor ist als Bischof zu betrachten, jeder Laie ihm in geistlichem Rang gleichgestellt.

Auf der anderen Seite lässt sich aus der Perspektive der Kirchenordnung ein Blick auf den dieses Gesetz erlassenden Fürsten werfen: Er übte von nun an die administrative Seite des Bischofsamtes ohne päpstliche Anerkennung aus. Sie erkannten eine derartige Oberhoheit überhaupt nicht mehr an. Der Fürst ersetzte nicht in geistlicher Hinsicht einen Landesbischof. Die Form der geistlichen Herrschaft, die ein geweihter Bischof gegenüber dem nur gewählten, administrativen Amt im Stiftsgut für das gesamte Bistum ausübte, wurde nicht ersetzt, sondern dadurch obsolet, dass alle Pastoren als Bischöfe ihrer Herde vor Ort um ihre Kirche als Gottesdienstort herum gemäß der Ordination angesehen wurden. Das Bischofsexamen wurde nun allen Pastoren auferlegt, freilich nach lutherischer Lehre.

Spätere Kirchengesetze ordneten in Mecklenburg die Landessuperintendenten in die weltliche Rangordnung der Beamten ein, nicht aber die Pastoren. Die Kirchengerichte, schon weil sie tatsächlich richteten, gehörten von vornherein auf die Seite weltlicher Machtordnung, auch wenn sie sich dezidiert kirchlichen Fragen zuwandten. Die Superintendenten hingegen gehörten auch zur Pastorenseite. Ganz ließen sich die Funktionen denn doch nicht trennen, wie es auch sonst bei Gewaltenteilungen zugeht. Bei jeder Gewaltenteilung greift auch eins ins andere. Zur Klarheit der Ordnung hätte eigentlich ein gesondertes Kapitel zu diesem Amt gehört. Man kann darüber spekulieren, warum dieses wichtige Thema nicht entsprechend behandelt wurde. Die Funktionen des Superintendenten sind immerhin benannt, aber sein Amt bleibt auch widersprüchlich. Völlig trennen lässt sich nicht, was zwei Seiten einer Sache betrifft. Die Trennungslinie zwischen weltlich und geistlich verläuft nicht gerade und äußerlich, sondern durchzieht alle Ämter. Dennoch muss es die Trennung unbedingt geben, damit es nicht wieder neu zu dem kommt, was man gerade für überwunden hielt.

Der Abschnitt über das Predigtamt holt weit aus. Kirche im Sinne einer predigenden Kirche wird als fortlaufende Offenbarung Gottes verstanden, wobei alles aus Christus herrührt. Wo er zu hören ist, geschieht rechter Gottesdienst. Er ist das Maß, das Wort Gottes in seinem eigentlichen Sinn. Gott hat bereits Adam und Eva gepredigt, und darum war schon dort Kirche. Wie man es schon immer gesehen hatte, war dieser göttliche Prediger im Paradies Gottsohn. So sieht man es auch zum Beispiel in der Hamburger Kunsthalle an den berühmten Bildern des Grabower Altars. Und dieses Wort zeigt sich in Gnade und Zorn, aber nicht mal so oder so und willkürlich, sondern alles dient der Gnade. Theodor Kliefoth, der diese Kirchenordnung so sehr schätzte, dass er den Herzog dazu bewog, 1855 die Kirchenordnung von 1602 neu zu drucken, konnte hier den Grundgedanken seiner „Heilsgeschichte" bereits ablesen.

Die Prediger folgen göttlicher Sendung, darum ist die Kirche „apostolisch", und nicht weil es eine ununterbrochene Kette an Handauflegungen gegeben hätte. Die göttliche Sendung wird mit klaren Worten definiert: „Also bleibt durch die überschwängliche Barmherzigkeit Gottes aus göttlicher Ordnung und Macht das Predigtamt für und für, wie Gott selbst spricht: Ich lege mein Wort in deinen Mund, und mit dem Schatten meiner Hand bedecke ich dich, damit du mir den Himmel pflanzt, d.i. dass du mir eine ewige Kirche sammelst, damit der Himmel erfüllt werde wie ein schöner Garten mit Pflanzen." Christus ist das Wort Gottes in den Mund gelegt, die Pastoren verlesen und legen es aus.

Die geistliche Ordnung und Macht besteht im verkündeten Evangelium, im Wirken des Wortes Gottes. Weltliche Ordnung und Macht sollte dem weitgehend entsprechen wollen, vermag es aber nicht völlig. So begegnet in dieser Kirchenordnung die höchste Macht im Land der höchsten Macht aller Menschen, der sie sich verpflichtet weiß. Der Fürst zollt dem Wort Gottes in der „Kirchen-Ordnung" höchsten Respekt. Er erniedrigt die Kirche nicht, indem er Papst und höheren Klerus ablehnt und sie sich gefügig macht und selbst den Bischof mimt, sondern macht alle Prediger zu Bischöfen, die auch ihm das Wort Gottes predigen sollen. Das wird dann auch bei der Frage des Lehramtes weiter unten deutlich: Bei nicht in der Landeskirche zu lösenden Lehrstreitigkeiten, sollen die Theologen und Prediger lutherischen Glaubens verschiedener Länder zusammentreten. Dies ist dann auch mit dem Konkordienbuch von 1580 tatsächlich so geschehen. In der Kirchenordnung von 1552 bestätigt der Fürst nur, was andere ihn gelehrt oder in die Feder diktiert haben mochten.

Mit der Ablehnung einer habituellen Geistesgabe der Kleriker geht einher, was Klaus Krüger in Bezug für die bildende Kunst jener Zeit feststellt:[1] Für Vasari beruhte die hohe Kunst von Bildern nicht mehr auf göttlichen Wundern, sondern auf der Kunstfertigkeit der Künstler, denen er darum nun als Biograph begegnete. In Bezug auf die Kirche bedeutet dies: An die Stelle einer als magisch empfundenen übernatürlichen Gabe der Priester durch Konsekration den Heiligen Geist zu haben, tritt eine gediegene Ausbildung der Pastoren. Es ist für sie ausreichend, auf die Stimme des reinen Evangeliums zu hören und dem zu folgen, was allen öffentlich als Gottes Wort gesagt ist. Der Heilige Geist ist nichts Verschwommenes, Magisches oder nebulöses, sondern etwas, was klare Erkenntnis verleiht, auch wenn man seine Tiefe nicht auszuloten vermag. Die Achtung, die den Pastoren entgegengebracht werde, beruht nach dieser Kirchenordnung nicht mehr auf einer besonderen, liturgisch geschehenen Heiligung der Person, sondern gilt ihrem Amt, ihrer Vorbildhaftigkeit und ihrer wissenschaftlichen, also sachlichen Befähigung. Es wird ihnen auch keine besondere, dem Kloster abgeschaute regelmäßige Gebetstätigkeit abverlangt, sondern Fleiß und Fürsorge.

Grundlage des Abschnittes vom Predigtamt ist der fünfte Artikel der Confessio Augustana (CA V). Was aber fehlt, und zwar der

1 Klaus Krüger, Grazia – Religiöse Erfahrung und ästhetische Evidenz, Göttingen 2016, S. 31.

gesamten Kirchenordnung, das ist die rechtliche Bestimmung der Gemeinde. Sie besteht einerseits nur in dem Moment des Zuhörens, der Beichthandlung, des Sakraments, der Liturgie mithin, andererseits aber in der Liebe der Menschen zueinander in der gebotenen weltlichen Ordnung des Lebens. Das entspricht dem benediktinischen Gegenüber von Gebet und Arbeit. Gemeinsam geordnete Zeit war in den Klöstern Grundlage der Gemeinschaft. Das geschieht auch für das ganze Fürstentum als Gesellschaftsordnung. Sie hat durch die landesweite Liturgie ihren gemeinsamen Lebensrhythmus und ist so eine Gemeinschaft, eine Kirche. Dabei ist es nicht nur die Uhr der Kirche, sondern auch das damit untrennbar verbundene, allen gleichermaßen geltende, verkündete Evangelium. In diesem Sinn ist Kirchenordnung Gesellschaftsordnung. Die Unterscheidung von Liturgie und weltlichem Leben ist klar. Eine entsprechende Unterscheidung außerhalb des Gottesdienstes dagegen wäre vage. Wir tragen zwar mit der Taufe und dem Wort Gottes im Herzen die Verheißung des Himmels mit uns, aber zählen lässt sich das auf Erden nicht. Um es frei nach Rudolph Sohm zu formulieren: Das Mitgliedschaftsrecht einer rechtlich verfassten „Kirche“ und der Leib Christi stehen im Widerspruch. Ein Leib ist lebendig durch das Leben unter dem Haupt. Dies geschieht im Hören, Beten und in der Gnade Gottes.

Übe ich außerhalb der Liturgie Nächstenliebe, unterscheide ich mich darin nicht von einem „Heiden“, der das Gleiche tut. Will man vom Leib Christi außerhalb der Liturgie sprechen, muss man sich auf Glaube und Taufe berufen. Schwierig wird es, wenn Glaube als Weltanschauung angesehen wird und die Taufe als

Beitrittsbescheinigung behandelt wird. Beides löst sich vom lebendigen Haupt.

Kirche als Klerus, auch wenn er ungeweihte Laien einbeziehen würde, oder als Verein Gleichgesinnter ist soviel und so wenig Kirche wie das Fürstentum gemäß den Worten dieser Kirchenordnung. Um es an dem Grundgedanken von Rudolph Sohm zu formulieren: Um ein Kirchenrecht zu behaupten zwischen Liturgie, der Versammlung um das Kreuz und dem alltäglichen weltlichen Leben, muss man zumindest die Spannung spüren und beachten, die zwischen dem einen und dem anderen besteht.

Man kann freilich Gemeinden mit Geschäftsordnung gründen, Leitbilder erarbeiten, Oberkirchenräte, Landeskirchenämter und Kirchenkreisverwaltungen installieren, und vieles ist daran auch nützlich und nicht an sich verwerflich, aber es wird dann schwierig, missverständlich und unter Umständen zur Lüge, wenn man diese weltlich organisierten Rechtskörper für die Kirche Christi, den Leib Christi nimmt und ausgibt. Rechtsordnungen sind ein weltlich Ding. So wie Staat und Kirche getrennt werden müssen, hat sich auch jede Kirchenordnung öffentlich und vor sich selbst als weltlich zu erkennen zu geben und darf dies nicht durch vorgebliche Heiligkeit verbrämen.

Dies erkannt zu haben, war der Sinn des veränderten Kirchenverständnisses der Ordnung von 1552, die keinen Klerus mehr kannte und ihn auch nicht durch eine Gemeindeordnung als „Kirche in der Welt“ ersetzte. Das Priestertum aller Gläubigen ist nicht zu verstehen als eine Laienkirche, die sich für heiliger hält als den Rest der Welt. Die Verurteilung von Muslimen oder Juden im Text meint keine höhere Rangordnung von Christen vor Gott, sondern war Klage, dass jene partout nicht auf Gott hören wollen, wie er sich in Christus der Menschheit offenbart hat.

„Lehrer“ *allen* Volkes seien, „die zum Predigtamt zugelassen sind“, dies hat nach CA V Gott ebenso verordnet wie Abendmahl und Taufe.

Von den Kirchengerichten

Vorweg muss erwähnt werden, dass das erst noch zu bildende Konsistorium zu trennen ist von dem späteren Geistlichen Ministerium. Dieses hatte zum Vorbild das Ministerium Tripolitanum der Städte Lübeck, Hamburg und Lüneburg, das auf die Initiative von Johannes Aepinus 1548 zurückging. Dabei ging es um ein Gegengewicht zu dem in der Kirchenordnung offen abgelehnten Augsburger und Leipziger Interim. Es handelte sich also vom Ansatz her nicht um ein fürstliches geistliches Regierungsinstrument, sondern um Fragen der Einträchtigkeit in der Lehre.

Die Kirchenordnung bestätigte die grundsätzliche Notwendigkeit einer Scheidung von weltlichem Gericht und Kirchengericht. Dabei geht es nicht um Kirchenrecht, das sich um die Struktur der Kirche kümmert, auch nicht um das weltliche Recht der auf kirchlichem Territorium lebenden Menschen in Bezug auf „religiöse Fragen“. Die möglichen Themen einer Kirchengerichtsbarkeit sind benannt und eingeschränkt.

Das hier zu verhandelnde Eherecht bezieht sich allein auf die Frage, ob eine Eheschließung rechtlich anerkannt werde oder nicht, das Konsistorium war nicht als Familienrechtskammer gedacht. Die Frage des Banns betrifft nur die Fälle, wo sich jemand ins Unrecht gesetzt sieht, wenn er vom Abendmahl auf Zeit ausgeschlossen wird. Streitigkeiten unter Pastoren, Diakonen und Küstern wollte man ebenfalls nicht anderen Gerichten überlassen. Einen besonderen Schutz ließ man auch durch das Konsistorium dem Eigentum und den Einkünften der Kirchen zukommen lassen. Die Kirchenordnung brauchte, um Geltung zu behaupten, sowohl Superintendenten, als auch des damals noch erst einzurichtenden Konsistoriums. Es war mit anderen Worten noch nicht völlig geklärt, wie es seine Aufgaben konkret erledigen könnte. Superintendentur und Kirchengericht tragen Sorge darum, dass Kirche vor Ort in rechter Weise und ungestört geschehen kann. Der Superintendent visitiert, bei Missständen mahnt er, bei strittigen Fragen hat er, so sich die Dinge nicht so lösen lassen, dies an das Konsistorium weiterzuleiten. Es ist nirgends von bischöflicher Gewalt die Rede. Das Konsistorium richtet, wo gerichtet werden muss, es verfolgt nichts von sich aus. Es herrscht also nicht. Der Begriff entstammte der Selbstverwaltung der Universität, der „Gemeinschaft der Lehrenden und Lernenden". Das Konsistorium der Universität kümmerte sich um eigene Rechtsstreitigkeiten und Gerichtsfälle, so wie auch sonst im Mittelalter es keine einheitlichen, für alle Menschen zuständige Gerichte gab. Es war also ein Instrument der Unabhängigkeit der Universität. Entsprechend hatte es auch bischöfliche Kirchengerichte gegeben, die nun ersetzt werden mussten, aber mit einem auf das Minimum beschränktem Aufgabenfeld.

So wurde denn ein Kirchengericht für das Fürstentum eingerichtet, das Konsistorium zu Rostock, auch als Ersatz für ein fehlendes bischöfliches Kapitel für die neuen Diözesangrenzen.[1] Da in einer Kirche des Gottesdienstes niemand herrsche, beschränkt sich auch die Richtgewalt und es muss nur hingesehen werden, damit alles vor Ort in rechter Weise geschieht. Das Konsistorium sollte nicht von sich aus tätig werden, auch das entsprach der Zeit, denn das Amt des Staatsanwaltes wurde erst Jahrhundert später installiert. Ordnung unter den Jüngern, wo gemäß der Rangstreitperikope niemand herrsche und niemand den Platz neben den Herrn im Himmel erstrebe, einer aber den anderen liebe, wie Christus die Seinen geliebt hatte, betreut und begleitet und wehrt der Unordnung. Dem zu bildenden Konsistorium wurde nicht die Vollmacht gegeben, selbst Gesetze zu erlassen, also selbstständig zu ordnen.

Nach dem Neuen Testament sei ein Bischof nicht über ganze Landstriche gesetzt, sondern diene weit „unten“ und weide halt seine Schafe wie ein guter Haushalter, im kleinsten, geringsten sozialen Bereich. Die Pastoren vor Ort hatten zwar Predigtgewalt, aber kein Regiment zu führen. Ihnen oblag im Unterschied zum Selbstverständnis der Obrigkeit nicht, weltliche Ordnung zu schaffen und durchzusetzen, sondern sie sollten sich um die Seelen kümmern und waren nur Hüter der Ordnung von Gebet, Sakrament und Lehre des Glaubens. Selbst ein Schulmeister hatte mehr Gewalt als ein Pastor, der nur ermahnen sollte, aber kein Rohr in die Hand bekam. Er züchtigte nicht, er legte den Leuten nur die Zucht ans Herz.

Der bisherigen Dreistufigkeit der Kirchengerichtsbarkeit – bischöfliche, metropolitane und päpstliche – wurde eine neue

1 Das damals noch bestehende Kapitel des ehemaligen Bistums Schwerin kümmerte sich auf weltliche Art um die Verwaltung der Bischofsländereien, nun in Händen der herzoglichen Famlie.

Dreistufigkeit entgegengesetzt, die Ebene des Ortsbischofs, dann die des Superintendenten und als obere Beschwerdeinstanz das Konsistorium. Der Fürst hat sich selbst in dieser Kirchenordnung (noch) keine reguläre höhere Instanz zugeschrieben, sieht man von dem Fall ab, dass selbst das Konsistorium einen Zwiespalt nicht lösen kann. An diesem Ausnahmefall wird deutlich, dass das Konsistorium vom Fürsten als sein verlängerter Arm angesehen wurde, wie es zuvor in der Diözese vom Bischof galt, aber nun auf rein weltlicher Ebene. Um dies zu betonen, wies er in der Kirchenordnung ausdrücklich das Lehramt von sich. Sollte es zur Uneinigkeit in diesen Fragen kommen, setze man sich mit Theologen anderer Landeskirchen ins Benehmen.[1]

Es ist also nicht davon die Rede, dass das Konsistorium von sich selbst aus tätig werden soll, also ohne Anfrage Rechtsfragen an sich ziehe, wie der Papst es vermochte. Der Fürst wacht im Gegenteil darüber, dass es nicht zur „Vermischung" der Rechtsebenen komme, wofür er „ernstliche Strafen" in Aussicht stellte.

Der Abschnitt gibt Grundsätze für eine zu erstellende Konsistorialordnung vor. Das Konsistorium, paritätisch mit Lehrstuhlinhabern der Universität besetzt, ist kein Kirchenleitungsorgan[2], als solche war war auch die Ebene der Superintendenturen nicht anzusehen. Die Kirchenordnung sah überhaupt keine Kirchenleitung vor, wie sie dann Friedrich Schleiermacher forderte.

---

1 Am 15. April 1535 hatte bereits eine evangelische Synode der Pastoren stattgefunden mit Vertretern der Städte Hamburg, Lübeck, Bremen, Lüneburg, Rostock und Stralsund.

2 Diese Begrifflichkeit zeigt sich erst in aller Klarheit bei Friedrich Schleiermacher.

Der Rechtsweg bei Unstimmigkeiten oder Klagen wird so festgelegt, dass allein beim Konsistorium Strafe oder endgültige Entscheidung möglich ist. Auf der Ebene von Pastoren und Superintendenten muss Einträchtigkeit gesucht werden, sie strafen nicht.

Die Rolle des Superintendenten wie die des Pastors wird an dem Bild des damals eminent wichtigen Hausvaters gemessen. Der „Aufseher" leitet nicht in dem Sinn, dass er etwas voranbringt oder Ziele verfolgt. Seine Aufgabe beschränkt sich darauf, einer vorgegebenen, bestehenden als natürlich gewerteten Ordnung zu ihrem Recht zu verhelfen. Das Problem zeigt sich gut an dem Begriff der administratio. Vom Wort her bedeutet es nur Hilfe zum Dienst, in der Praxis wurde Administration zum Synonym für eine Anweisungsebene. Eine Verwaltung habe jedoch - wie beim Wort der „Sakramentsverwaltung" - keine Spur eigener Macht.

Die Idee eines Fortschrittes der Kirche, bzw. gesellschaftlichen Ordnung gehört ebenfalls nicht in den Denkbereich dieser Kirchenordnung. Ein „Abfall" gehört auch nicht in die Kategorie einer an der Fortschrittsidee gebundenen Vorstellung einer Dekadenz im Sinne eines Oswald Spengler. Die Visitation diene dem ordentlichen Haushalten. Ziel der „Kirche" ist nicht eine Utopie[1] und auch nicht in erster Linie die private Seligkeit, sondern „Besserung des Volk" im Sinne einer Ausbesserung. Wenn hier von Naturrecht die Rede sein sollte, dann im Sinne von Wiederherstellung.

1 Das wäre dann ein Leitbild. Erinnert sei auch an die massiven Bewegungen späterer Zeiten, als man einer idealen Urkirche nachstrebte, die es wieder herzustellen gälte, die aber nie existierte.

Visitation ist demnach auch nicht eine Aufgabe allein eines Superintendenten. Einbezogen werden „Gelehrte“ und „einige Personen des Adels und der Landräte“. Wird auf das Zusammenleben der Menschen geschaut, muss auch die weltliche Ebene (begleitend) miteinbezogen werden. In der Kirchenordnung wird die Rolle dieser an der Visitation Beteiligten nicht weiter ausgeführt, wie überhaupt nur davon die Rede von dem Anmahnen einer Besserung ist. Die Kirchenordnung gibt keine Vollmachten für das Eingreifen. In Zukunft sollte dieser Bereich einer staatlichen Aufsicht über das Volk zu einem ganz eigenen Thema werden, beginnend mit der Hexenverfolgung bis hin zu Demagogie, Diktatur und Polizeiherrschaft späterer Jahrhunderte.

Die Visitation diente zwei miteinander verbunden Zwecken, der „Erhaltung der rechten Lehre und christlichen Zucht“. Die in der Kirchenordnung gegebene Grundlage einer Visitationsordnung zeigt, wie man sich eine wohlgeordnete Gesellschaft vorstellte: Die Pastoren lehren das reine Evangelium, sie und die Diakone führen ein vorbildliches Leben. Das Eheleben im Volk geschieht in Anstand. Zauberei gibt es nicht.[1] Man entspricht der evangelischen Lebensordnung, Häresie kommt nicht vor, es gibt keine Wucherei. Den Amtsträgern vor Ort wird Achtung entgegengebracht. Man besucht regelmäßig Predigtgottesdienste und Abendmahl (mit vorgesetzter Beichte). Schulen werden ordentlich betrieben, über das

---

1 Zauberei wurde im weithin geltenden Dänischen Recht als Kriminaldelikt aufgefasst. Dort wurde die Übernahme durch weltliche Gerichte damit begründet, dass es keine bischöflichen Gerichte (im alten Sinn) mehr gab. Zur Beseitigung der als bedrohlich gewerteten Zauberei, die sich häufig gegen andere richtete oder zu richten schien, reichte vielerorts nach verbreiteter Ansicht die Ermahnung zur Besserung nicht aus.

Gesetz hinaus verhält man sich gut zueinander. Kirchengüter werden bewahrt, Hospitäler und Armenhäuser ordentlich versorgt. Wir sehen deutlich, dass es hier nicht um eine Kirchengemeindeordnung, sondern um eine Gesellschaftsordnung geht, in der Kirche im engeren Sinn nur ein Teilgebiet ist. Es soll nicht, wie in Genf oder Münster theokratisch regiert werden.

Die Kirchenordnung, bzw. Kirchenrecht hat bei alledem im Blick, was weltliche Gerichtsbarkeit nicht verfolgt, aber notwendig ist zum guten gemeinsamen Leben. Wer diesen Zielen folgt, wird kein strafrechtlich relevantes Unrecht begehen wollen. Es geht um „Christliche Besserung". Dies ist - wir würden sagen: staatsbürgerliche - innere Pflicht. „Denn alle Menschen sind schuldig, jeder entsprechend seinem Stand zur Erhaltung Christlicher Lehre und Zucht beizutragen." Die Kirchenordnung ist mithin als eine umfassend grundlegende Lebensordnung des Fürstentums anzusehen. Sie beschreibt die innere Ordnung des Landes. So wie eine Demokratie nur funktioniert, wenn sie auch von der Mehrheit gewollt ist und sich von unten her aufbaut, so beruhe das Fürstentum auf dem willigen Gehorsam der Leute dem Monarchen, bzw. der damit verbundenen Ständeordnung gegenüber. Diese hielt man im Allgemeinen damals für die beste, gottgegebene Ordnung.

Die Hausväter bekamen im Rahmen dieser Ordnung die (moralische) Verpflichtung, für ihren konkreten Bereich Verantwortung zu übernehmen. Wenn also von einer Kirchen-Gemeinde hier überhaupt die Rede sein sollte, dann muss man die „Häuser" als soziologische Grundeinheit ansehen. Auf höherer, bzw. allgemeiner Ebene waren dies „Amtleute, Bürgermeister, Städte und

Dorfschaften", welche aber nicht unbedingt den Strukturen der Pfarren entsprachen. Eine Kirchengemeinde war an eine Pfarrstelle und ihre Kirche(n) gebunden. Sie war nicht von vornherein identisch mit weltlichen Strukturen.[1] Es gab also keine allgemeine Gleichung zwischen Bürger- und Kirchengemeinde. Letztere war im strengen Sinn an den Gottesdienst gebunden. Sie hatte aber nicht eine beständige soziologische Gruppe dabei im Blick. Presbyterialordnungen waren nicht vorgesehen. Allerdings wurde die Kirchenordnung dann doch Gemeinde bildend, weil die Pfarre als Parochie Objekt der durch die Kirchenordnung bestimmte Visitation wurde, die mit der Superintendentur als dauerhafte Einrichtung (ecclesia semper reformanda) installiert wurde. Nun bezog sich diese Visitation nicht nur auf die Geistlichkeit und die entsprechenden finanziellen Verhältnisse, sondern wie aus dem Frageschema ersichtlich auf das ganze Leben der Bewohner der Parochie. Insofern schuf die Kirchenordnung die Kirchengemeinde in einem bestimmten Sinn. Sie sah Land und Gesellschaft in dieser Perspektive: Sie haben ihren Mittelpunkt als Gläubige in der Versammlung in Gottes Namen. Von da her sollten sie sich auch im alltäglichen Leben gut und wohlwollend einender gegenüber verhalten. Diesem Bild entsprach auch die Ansicht der Kirchenordnung, das gesamte Land betreffend. Kirchenordnung ist hier Gesellschaftsordnung, aber quer zur Ständeordnung, ohne diese infrage zu stellen.

Wollte man hier also von Kirchenrecht sprechen, hätte man es als Gesellschaftsordnung anzusehen.[2] Wenn wir von Kirchenrecht sprechen, meinen wir jedoch etwas anderes. Wir haben eine

1 Identisch waren diese Grenzen z.B. bei den Kirchspielen auf der Insel Fehmarn.

institutionelle Organisation im Blick, unabhängig davon, welches Gewicht dabei der Institution, der Mitgliedschaft oder ihren Amtsträgern zugemessen wird und inwiefern man sie als Stiftung Christi ansieht.

Es müsse Kirchenrecht vom weltlichen Recht unterschieden werden, heißt es am Eingang. Bei Johannes Oldendorp hieß der Unterschied gut 20 Jahre zuvor noch anders, da wurde zwischen Göttlichem und Kaiserlichem Recht unterschieden, nicht zwischen kirchlichem und weltlichen Recht. Diese Unterscheidungen sind nicht, bzw. nur in bestimmter Hinsicht miteinander identisch. Gott und Kaiser sind Personen und üben Herrschaft in sehr unterschiedlicher Weise aus. Fürsten kommen und gehen, sie tragen ein Schwert und können auch irren und ihr Amt missbrauchen. Entsprechend unterschiedlich sieht auch die Herrschaft von Gott und Fürst aus.

In Bezug auf Gottes Herrschaft, bzw. das Haupt der Kirche Christus, aber auch in verwandter Weise auf weltlicher Ebene hat sich die Vorstellung gewandelt. Der persönliche Charakter dieser Herrschaft ist zurückgetreten. Glaube wird später als eine Weltanschauung behandelt und angesehen werden, dem Wissen als schwächerer Bruder gegenüber gesetzt. In Bezug auf die weltliche Seite hält man nach Gesellschaftstheorien Ausschau. Das soll hier nicht beurteilt werden, aber wir müssen im Blick behalten, dass man im 16. Jahrhundert völlig anders dachte. Wir betrachten historisch die Kirchenordnung als eine bestimmte Anschauung, Theorie.

2 Der Begriff der Gesellschaftsordnung meint hier mithin nicht Kapitalismus, Ständeordnung oder Feudalismus, sondern sie wird vom Gottesdienst, vom Verhältnis Gottes zu den Menschen her bestimmt.

Damals zweifelten weder Fürst noch Untertanen, Professoren oder Pastoren auch nur einen Augenblick an der Präsenz Gottes als Herr der Welt und an seinem direkten Bezug zu Jedermann. Es stand nur die Frage im Raum, wie man dieser unzweifelhaften durch und durch persönlichen Herrschaft Gottes gerecht werden, bzw. sich ihr gegenüber verhalten sollte. Die Kirchenordnung zielt nicht nur auf rechten Glauben, sondern ebenso auf rechtes Leben. Der Prediger verwaltet die Sakramente. Der Fürst gibt dem Land eine Ordnung, die eine Kirchenordnung sein muss. Nichts kann man sich mit Guten Werken verdienen, aber alle Barmherzigkeit Gottes, die im Glauben erfahren wird, zielt darauf ab, dass möglichst viele sich zueinander gut verhalten und die bestehende Ordnung akzeptieren.

Gott, Christus, der Heilige das war den Autoren der Kirchenordnung keine Abstraktion, sondern lebendige Gegenwart, der man sich im Gottesdienst und der Anrufung stellte. Das „reine Evangelium" war ihnen gerade keine Abstraktion auf reine Ideen hin, sondern direkte Begegnung mit Gott.

Kirche hat somit zwei Seiten, eine göttliche und eine menschliche. Rechtlich fassen im Sinne einer Ordnung kann man nur die letztere. Das göttliche Recht ist reines Gnadenrecht, da lässt sich nichts fordern, nichts einklagen, nichts verdienen, sondern nur erbitten und Dank darbringen. Das war Haupterkenntnis der Reformation, dass irreführender, gefährlicher und anmaßender Missbrauch vorlag, wenn Verdienst und Geschäft in das göttliche Gnadenrecht gebracht wurden, mit dem man sich als Klerus überaus Unrechtes anmaßte. Im Weltlichen dagegen mischten sich Gnadenrecht und Verdienst- bzw. Vertragsrecht. Auch darum hielt man wohl wenig von der Demokratie, die man mit den angesehenen antiken Autoren für die minderwertigste unter den Herrschaftsformen hielt: Wie sollte dort das Gnadenrecht zur Geltung kommen? Demokratie musste ihnen gnadenlos erscheinen. Gnade aber ist die innere Kraft aller Ordnung. Für uns ist Gnadenrecht die Frage nach Verantwortlichkeit, in den Worten Oldendorps Billigkeit.

Mit der Institution des Konsistorium versuchte die Kirchenordnung nicht eine Kirche zu leiten. Seine Aufgabe bestand lediglich darin, dem Evangelium in der Welt Steine aus dem Weg zu räumen und Streit vor Ort zu vermeiden. Sollte es zum Beispiel dazu kommen, dass eine Entscheidung des Ortsbischofs als Unrecht empfunden wurde oder es darum einer richterlichen Entscheidung bedurfte, musste es ein Gremium dafür geben. Das Konsistorium hatte zu entscheiden, was der Ortsbischof im Dorf nicht vermochte, ohne selbst zu regieren, also den Bereich des göttlichen Rechts zu verlassen. Er sollte beim Predigen bleiben. Das Konsistorium hingegen predigte nicht. Es entschied, so gut es dank der Gelehrsamkeit seiner Mitglieder dies vermochte, auf weltlicher Ebene. Die noch unscharfe Art, wie das Konsistorium hier angedacht ist, spricht dafür, dieses Gremium als eine Art Schiedsgericht anzusehen, nicht als ein Gerichtshof mit scharfem Recht.

Eine Trennung miteinander verflochtener Ebenen ist nicht absolut zu ziehen. Der Visitator, Superintendent ist ein Pastor, das Konsistorium eine weltliche Einrichtung, die vom Fürsten geordnet, per Anordnung „instruiert" wird. Superintendent und Konsistorium sind auf je ihre Weise Grenzposten zwischen göttlich und weltlich.

Wir haben es bei dieser Unterscheidung der Rechte nicht mit einer Über- und Unterordnung zu tun, sondern mit einem Gegenüber. Es ist nicht Aufgabe eines Predigers, das reine Evangelium jedem

Einzelnen nahezubringen. Aufgabe eines Fürsten ist es, den Forderungen von Gottes Wort dadurch gerecht zu werden, im Land Frieden und Ordnung zu wahren und dem Bösen zu wehren. Das „Kirchengericht“, so sehr es sich auch um bischöfliche Angelegenheiten kümmert, ist ein menschliches, abwägendes Gericht. Die Kirchenordnung ist sein Grundtext.

Wie bei allem damals geltenden Recht war der Fürst selbst ausgenommen. Auch wenn er sich in der Kirchenordnung eine Rolle zuschrieb, über ihn konnte das Konsistorium nicht richten, es war eine Institution seiner Gnaden. Ihn konnte man nicht vor das Konsistorium zitieren.

Immerhin machte es sich die Kirchenordnung zur Aufgabe, die Predigt des „reinen Evangeliums“ zu schützen, indem sie die Verkündigung, so weit es als möglich erschien, von jeglicher weltlicher Bevormundung oder Einmischung fern hielt. In die Predigt mische sich keine Obrigkeit ein.

Der Rechtsweg bei Streitigkeiten, also der Störung der für die Kirche nötigen Einträchtigkeit lief über die Superintendenten. Handelte es sich um sehr gewichtige Sachverhalte, konnte man sich über das Konsistorium auch an die fürstliche Herrschaft selbst wenden. Der Fürst war als Souverän letztlich verkörperte Verfassung. Aber auch er wusste sich zu bescheiden, in dem er in geistlichen Dingen nur „Rat gab“, falls andere ihn offensichtlich nicht hatten, denn auch er stand gleich dem Kaiser nicht über Gott. Die Kirchenordnung bot nicht das übliche Beratungsmodell, wonach sich der Fürst beraten ließ. In ihr respektiert die Obrigkeit die Herrschaft Gottes.

Die Kirchenordnung ist auch als Text zu lesen, in dem die weltliche Macht ihre eigenen Grenzen gegenüber Gott bestimmt. Die hier vertretene Rechtstheologie besagt: Gott wirkt in der Welt zwar auf verborgene Weise in allen Lebensbereichen, aber nirgends so klar, öffentlich, wie durch Gnade, Sakrament und Predigt im Gottesdienst. Soziologische Aetcirkung haben rechte Predigt, Anrufung und Sakramente im ganzen Fürstentum, vom „Haus" vor Ort bis hin zum Fürsten. Eigene kirchliche, gesonderte soziologisch fassbare Einheiten sind dabei nicht im Blick, wie es im Mittelalter Klerus oder die Orden waren. Die Zuordnung von Beichtkindern zu einem Pastor, einer Pfarre war eine liturgische Angelegenheit.[1] In der weiteren Entwicklung bildeten sich so Gemeinden als Gemeinschaft der „Beichtkinder". So wurden dann auch die Gemeinden gezählt und zum Beispiel seit 1795 unter dänischer Krone statistisch erfasst. Dies bedeutete aber nicht, dass sich innere Gemeindestrukturen entwickelten, wie es unsere Auffassung von Kirchengemeinde sieht.

Allein die für und für geschehende Versammlung der Glaubenden genügt dem göttlichen Recht. Die Chorschranke wurde aufgehoben und nicht nur verschoben, indem man eine Kirche als soziale Sondergruppe zu bilden versuchte. Die Kirchenordnung strebte nicht an, eine von der Welt gesonderte soziologisch fassbare, andauernde Gemeinschaft zu bilden, in der man irgendwie heiliger oder vorbildhafter wäre. Vorbild zu sein, war Einzelnen in ihrem jeweiligen Amt zwar auferlegt, aber nicht im Sinne eines Habitus wie bei Mönchen und Nonnen, deren Amt darin bestand, besonders

1 Die Parochialordnung gründete sich im Mittelalter auf das Beichtrecht, was man daran ablesen kann, dass es Streit darüber gab, ob die Bettelorden auch Beichte abnehmen durften, weil sie außerhalb der bischöflichen Kirchenordnung standen.

keusch und aus der Welt genommen zu leben. Ein Hausvater sollte möglichst ebenso wie ein Pastor oder der Fürst vorbildlich leben, aber es sollte kein Vergleich stattfinden zwischen diesem oder jenem Haus, dieser oder jener Gemeinde, wonach dann eine Gruppe oder Gesellschaftsschicht besondere Heiligkeit für sich beanspruchen könnte, wie es die Täufer in Münster taten. Sobald es um eine Ordnung auf Erden ging, begab man sich auf die weltliche Ebene, auf der Missstände eingegrenzt und gestraft werden müssen, aber das war nicht mehr das Amt von Pastoren.

Wesentlich für das Kirchenrecht sind somit die in der Kirchenordnung getroffenen Unterscheidungen von Amt, Person und Ordnung. Gott wendet sich dem Einzelnen zu, der mit seinem Gewissen Gott und dem Nächsten gegenüber sein Amt ausübe und sich der weltlichen Ordnung gegenüber treu erweise, denn Gott ist kein Gott der Unordnung (1 Kor 14,33).

Die Kirchenordnung wendet sich auch der Ehe zu, diesem weltlichen Ding, wie es Martin Luther klar gesagt hatte. Aber es gibt ja die - wie wir heute sagen - kirchliche Trauung. Gilt in der Römischen Kirche die Trauung als Sakrament, so ist in der lutherischen Kirche die Trauung zumindest Teil des Liturgischen. In Bezug auf das Eigentum hat Jesus abgewehrt, als Erbteiler angesehen zu werden, zur Ehe aber heißt es: Was Gott zusammengefügt hat, soll der Mensch nicht scheiden. Auch wurde die Monogamie von ihm als Gottes Werk und Willen bestätigt, er hat somit zwar die Ehe nicht eingesetzt wie Abendmahl und Taufe, aber doch bestätigt. Mit einer Trauordnung kommt dies „weltliche Ding“ in die Kirche. Eine Kirchenordnung kam somit nicht um diesen Bereich herum: Wen darf oder soll man trauen und wen nicht? Sollte sie vor dem Altar vollzogen werden? Heute ist in Deutschland die evangelische kirchliche Trauung der zivilen nachgeordnet, überlässt die entsprechende Ordnung also völlig der öffentlichen Hand bis dahin, dass man meint, es ginge nur um die Erteilung eines Segens, den man ja kaum Liebenden oder einer untadeligen Lebensgemeinschaft verweigern sollte, auch wenn die Partner zum Beispiel homosexuell sind. Die Römische Kirche dagegen pflegt diesbezüglich ein paralleles, mit den weltlichen Gesetzen nicht übereinstimmendes Kirchenrecht.

Im 16. Jahrhundert gab es keine zivile Trauung. Es musste also weltliche Regeln für die kirchliche Handlung geben, orientiert am biblischen Gebot. Als Ehegericht fungiere das noch zu bildende Konsistorium, allerdings nur in Bezug auf die Zulassung von Eheschließungen. Von einem uns vergleichbaren Familienrecht konnte noch nicht die Rede sein, dafür gab es Gewohnheitsrecht, sowie die Räte und Einsichten des Römischen Rechts.

Eherecht ist heute Teil des Zivilrechts. An diesem Punkt freilich redet der Fürst doch der Kirche in die Predigt, es wird den Pastoren gesagt, was sie in Bezug auf die Ehe zu predigen haben. Aber es geschah im guten Willen wie beim bischöflichen Examen. Man hielt das hier Verordnete für Gottes Wort und Anweisung. Der Fürst hatte kein anderes Interesse als die Einhaltung der als natürlich empfundenen, gottgegebenen Ordnung.

„Öffentliche Sünde und Ärgernis“ sah sich weltliche Obrigkeit schuldig zu strafen. Der Prediger hat sie bloßzustellen und nicht zu dulden, d.h. zu ignorieren. Der Pastor als Sittenwächter erfüllte sein Amt nach dieser Kirchenordnung recht. Im Nachhinein sehen wir allerdings die Last, die dies mit sich brachte. Pastoren sahen sich dann geradezu in der Pflicht, auch lieblos und so dem Evangelium gegenüber untreu zu predigen und zu handeln.[1] So wurden die Pastoren mit der Zeit mehr und mehr zu Staatsdienern, die Gesetze von den Kanzeln abzulesen hatten und zunehmend auch als Vertreter der Obrigkeit wahrgenommen werden mussten.

Die Ehe als Ordnung ist nach Auffassung des 16. Jahrhunderts eine klare Anordnung Gottes, wie die Formulierung es besagt, dass Gott diese Menschen zusammenfüge. Nicht Christus hat die Ehe eingesetzt, sondern Gott im Paradies als Schöpfungsordnung. Sie gilt es folglich zu „erhalten". Dies weltliche Ding ist somit kein Sakrament, aber doch als Gottes Ordnung zu bewahren. Kommt es zu Unstimmigkeiten, was die Zulassung zur Trauung betrifft, soll das Konsistorium entscheiden, bevor es zur Trauung kommt. Trauung ist der Kirchenordnung, bzw. dem Traubüchlein von Luther nach nicht nur kasualer Segen, sondern der entscheidende Satz wird präsentisch wiedergegeben: Gott (und nicht der Pastor) fügt in der Trauung die beiden zusammen. Die Trauung ist das öffentliche Zeichen dieses Handelns Gottes. Darum müssen die Bedingungen stimmen. Es wäre eine Lüge, würde es eine Trauung vor dem Altar geben, die Gottes gutem Willen und Geist (nicht unbedingt dem Buchstaben der Schrift und alttestamentlichen, also der Kirchenordnung nach zeitlichen Gesetzen) widerspräche wie Inzest oder eine erzwungene Ehe.

---

1 Im Denkschema Oldendorps gesprochen: Man unterschätzte, dass auch ungeschriebenes Gesetz Gesetz ist und mit Worten Macht ausgeübt wird, dass ausgesprochene Urteile Taten sind, auch wenn sie keine äußeren Konsequenzen zu haben scheinen. „Abgekanzelt" zu werden, war kein Vergnügen.

In Bezug auf die Klöster wurde in der Kirchenordnung zwischen Frauen- und Männerklöstern unterschieden. Männer sollten hinfort nicht mehr aufgenommen werden. Für Frauen besonders adliger Familien wurden die Stifte nun auf evangelische Weise fortgeführt. Es ist demnach nicht so, dass die Klöster grundsätzlich einfach aufgelöst wurden. Allerdings sollten sie in lutherischer Weise miteinander leben, und das hieß mit dem Nachlassen „papistischer Missbräuche", und dass die Frauen nicht mit Stundengebeten oder Gelübden „belastet" würden. Die drei evangelischen Räte blieben für die Frauen bestehen. Auch gewährte man den Stiften den Unterricht von Mädchen. Für regelrechte Mädchenschulen, mit den Lateinschulen für Jungen vergleichbar, sah man die Nonnen als nicht geeignet an, wie man überhaupt Frauen noch über Jahrhunderte von höherer Bildung ja ausschloss. Aber auch einfache Bildungsaufgaben mochten die Nonnenstifte dann nicht übernehmen. Einen besonderen Auftrag oder den Anspruch besonderer Heiligkeit hatten diese evangelischen Klöster nicht. Einen rechtlichen Grund für die Zurückweisung von Klöstern kann man auch daran ermessen, dass die Orden an den Bischöfen vorbei direkt an den Heiligen Stuhl über ihre internationalen Ordensgemeinschaften gewiesen waren. Mit der Einführung der Kirchenordnung wurde dieses Band gelöst, die Zuordnung der Frauenklöster zu bestimmten Orden entfiel.

Warum Männerklöster nicht mehr Nachwuchs bekommen sollten, wird im Einzelnen nicht begründet. Worin sollte die Aufgabe der Mönche in einer Kirche ohne Klerus bestehen? Prediger waren nun Ortsbischöfe, Lehrende brauchten nicht mönchisch zu leben. Wenn Frauen von sich aus nicht heiraten sollten oder wollten, stand dies damals auf einem anderen Blatt als bei den Männern. In Bezug auf die Männer brachten die drei evangelischen Räte kaum mehr Sinn. Bei den Frauen stand es anders, denn Ehelosigkeit besonders in adligen Familien hatte völlig andere Gründe. Menschengruppen wollte man hinfort nicht mehr als gesonderte Geistliche ansehen. Frauen gehörten im kirchenrechtlichen Sinn nicht zum Klerus. Ein Gelübde zur Ehelosigkeit wurde als gegen die Schöpfungsordnung angesehen. An ein solches Gelübde sollten hinfort auch Stiftsdamen nicht gebunden sein, wie auch Katharina von Bora ja Luther geheiratet hatte.

Der Dritte Teil - Von den Zeremonien

Das liturgische Recht lag im Mittelalter auf verschiedenen Ebenen. Zum einen galt für alle gleichermaßen die Römische Messe und eine Art Grundordnung für den gesamten Herrschaftsbereich des Papstes, die man nicht beliebig ändern durfte. Zum anderen aber hatten Diözesen und Klöster eigene „Gewohnheiten". Entsprechend wird hier in der Kirchenordnung eine Grundordnung für die wesentlichen Stücke ausgeführt. Um der Einträchtigkeit willen sollten Gewohnheiten vor Ort nicht zu sehr von einem einheitlichen Muster abweichen, konnten es aber ausgestalten, besonders in den Städten mit weiter reichenden Möglichkeiten. Theodor Kliefoth und Otto Kade haben Ende des 19. Jahrhunderts dies in ihrem einzigartigen vierbändigen Kantionale im Stil des 16. Jahrhunderts ausgeführt.

Dieser Teil der Kirchenordnung ist mithin kein Zeremoniale wie das von Schwerin 1516, als bischöfliche Festschreibung der Gewohnheit. Es ist auch keine Agende wie das römische Messformular. Sie enthält zwar einzelne liturgische Texte, jedoch nicht in der Ausführlichkeit einer Agende, die man zur Benutzung auf den Altar hätte legen können und die neben einem Lektionar für den Gottesdienst ausreichend gewesen wäre.

Liturgie ist Lesung (mit Auslegung), Gebet, Abendmahl, Segen und Gesang. Gott spricht, der Mensch antwortet mit singendem Dank. Der Herrlichkeit Gottes entspricht das „Schönste auf Erden", das „Bild und Gleichnis der ewigen Versammlung auf Erden". Das uralte Liturgieverständnis wird in der lutherischen Kirchenordnung geachtet, wie wir es vor allem von der östlichen Orthodoxie kennen. Der Gottesdienst spiegelt Offenbarung 4, der Versammlung der Erlösten vor dem Lamm Gottes. Es geht beim Gottesdienst um etwas völlig anderes als um die Versammlung von Menschen, die ihrer Frömmigkeit huldigen und sich darin ergehen.

Liturgie ist grundsätzlich nach Gottes Gebot „öffentlich". Das bedeutet auch, dass sie eine Öffentlichkeit besonderer Art erst hervorbringt. Das Geschehen ist im Grundsatz Gottes Gnade auf der einen Seite, Bitte und dankender Gehorsam auf der anderen. Diese Öffentlichkeit ist Kirche. Der Versammlung zum Kreuz hin entspricht Offenheit dem gesamten menschlichen Geschlecht gegenüber, wie auch die zwölf Tore des Himmlischen Jerusalems Tag und Nacht offen stehen, worauf in diesem Zusammenhang auch Theodor Kliefoth hinwies.

Die Erhaltung des Gottesdienstes ist kein „menschliches Gebot". Es ist Göttliches Gebot, also Recht. Göttliches Recht zeigt sich in Gebot,

Gnade und Zorn, nicht in Rechtsanspruch und ausgleichendem Gesetz, in einer sich absondernden Institution. Deuten wir den Begriff der Rechtfertigung aus dem Glauben „um Christi willen" im Muster ausgleichender Gerechtigkeit unter Menschen, für die Verteidigung und abwägende Urteile charakteristisch sind, verfehlen wir ihren reformatorischen Sinn. Im Sinn menschlicher, weltlicher Gerechtigkeit ist Rechtfertigung (iustificatio) anderes, Beilegung eines juristischen Streites, nicht aber Gnade.

„Zeiten und Lesungen", also das Kirchenjahr mit seiner Perikopenordnung ist dagegen Ordnung „der Pastoren", d.h. die Art der Ausgestaltung dieses Grundprinzips ist nicht in gleicher Weise bindend wie die Sache selbst. Liturgische Gewohnheiten, soweit sie nicht den Einsichten der Reformation widersprachen, sollten beibehalten werden. Gewohnheiten schulen das Herz aufs Beste, es wäre wünschenswert, wenn „alle Menschen" wie mit einem Mund Gott lobten. Ökumene bedeutet Gottesdienst in einträchtiger Art, so kann man aus dieser Grundauffassung heraus sagen. Entsprechend finden wir in der Kirchenordnung um der Einträchtigkeit willen nur ein Grundgerüst der Liturgie. Um Äußerlichkeiten möge man nicht in Streit geraten.

Es ist hier nicht der Ort, diesen Teil der Kirchenordnung liturgiegeschichtlich zu untersuchen, mit anderen reformatorischen Liturgien im Detail zu vergleichen. Ein Seitenblick auf die noch von der Reformation unberührten Gewohnheiten der Diözese Schwerin von 1516 zeigt, wie reich gestaltet mittelalterliche „Gewohnheiten"[1]

1 Es ist kein Zufall, dass es eine Wortgleichheit gab zwischen juristischen und liturgischen Gewohnheiten (consuetudines). Sie galten für einen bestimmten Ort, lokale Gegebenheiten und waren als Regeln, also auf niederer juristischer Ebene einzuhalten und bestanden oft nur in mündlicher Gestalt. Dies

sein konnten. Die grundlegende Liturgie selbst jedoch war völlig vereinheitlicht, es wurde mit denselben Worten in Spanien wie in Mecklenburg oder Siebenbürgen die Römische Messe gesungen, wenn auch mit unterschiedlichen Melodien. Eine ähnliche Vielfalt zeichnete sich bei deutschen Gebetstexten ab. Stellt man zum Beispiel die Gebete der Brandenburgischen Kirchenordnung von 1533 neben unsere Texte, sieht man, dass die Texte kaum in traditionsgeschichtlichem Zusammenhang zueinander stehen, obgleich sie gleichermaßen von reformatorischem Geist erfüllt sind. Stattdessen kam die Gewohnheit auf, schwergewichtige Bibeln auf den Altar zu legen, denn die Lesungen erfolgten in der Regel direkt vom Altar aus, ohne Lesepulte. Zunächst wurden noch ganze Kapitel verlesen.[1]

Es fehlt eine ausgeführte Perikopenordnung, was aber nicht heißt, dass das Kirchenjahr der Beliebigkeit anheim gegeben wäre. Deutschsprachige Lektionare ließen noch lange auf sich warten. Die Sonntage dürften noch nach der alten allgemeinen Perikopenordnung gefeiert worden sein, für die vor allem feste Evangeliumsabschnitte maßgebend waren. Die Kirchenordnung selbst sah sich auch in diesem Teil nicht als Agende an, sondern wollte nur der Unordnung wehren. Dass hier die Perikopenordnung nicht thematisiert wurde, zeigt, dass diese für das Herrenjahr immer noch allgemein akzeptiert war.[2]

---

bedeutete jedoch nicht, dass sie weniger verpflichtend gewesen wären.

1 Die erste Lutherbibel mit Verseinteilung war eine Heidelberger Ausgabe von 1569, die Wittenberger Drucke folgten seit 1586, die Züricher Übersetzung seit 1589. Die Freiburger Universitätsbibliothek bewahrt ein aufwändiges handschriftliches Lektionar auf, das auf 1560 datiert wird.

Städte, und wo es Schulen gibt

Die Lateinschulen boten die Möglichkeit von liturgischen Chören für die Wochen- und Sonntagsgottesdienste. Sie ersetzten somit auch in den Städten den singenden Klerus. An den großen Stadtkirchen gab es zuvor davon in guten Zeiten etliche Kleriker mit niederen Weihen, die Messen lasen und somit singen konnten.

In den Wochengottesdiensten der Städte hielt man sich an die Grundordnung der Stundengebete der Kirchen, bzw. Klöster. Die Stadtschulen traten in doppelter Weise somit die liturgische Nachfolge auch der Männerklöster an. Sie sangen öffentliche Stundengebete in den Kirchen, wenn auch freilich nur noch an zwei Tagen in der Woche. Zum anderen hatten die Stadtklöster der Bettelorden im Mittelalter weithin nicht nur für die Predigt gezeichnet, sondern wie in Rostock auch für die theologische Bildung an der Universität. Psalmen und Hymnen wurden nun nicht mehr in den Klöstern, sondern in den Stadtkirchen gesungen. Lesungen wurden vornehmlich durch die Schüler gehalten, bevorzugt in beiden Sprachen, Latein wie Deutsch, denn Latein blieb die Lingua franca der Gebildeten Europas noch auf sehr lange Zeit.

So darf man sich also das gottesdienstliche Leben in einer Stadt wie z.B. Wismar oder Rostock entsprechend der Kirchenordnung vorstellen:

---

2 In der Aufklärungszeit verlor sich der Perikopenzwang mehr und mehr. Eine entsprechende lutherische Ordnung musste im 19. Jahrhundert in Mecklenburg unter Theodor Kliefoth neu durchgesetzt werden.

Sonnabend (um zwei Uhr)

Vesper mit Privatbeichte derer, die tags darauf zum Abendmahl gehen.

Sonntagvormittag

Mette

Allgemeine Beichte

Wortgottesdienst im Kirchenschiff

mit Credo und einstündiger Predigt zum Sonntagsevangelium

Abendmahlsfeier

im Hohen Chor mit Vaterunser und Abendmahlsvermahnung

und Aaronitischem Segen

Sonntagnachmittag (um ein Uhr)

Psalmengesang, Unterweisung der Kinder im **Katechismus**

Magnificat

Lesung: Dekalog, Credo, Vaterunser, Einsetzungsworte

Katechismuspredigt

Schlussliturgie

Sonntagnachmittag (um drei Uhr)

Vesper mit Epistelpredigt

Mittwoch (um sieben Uhr morgens)

Wortgottesdienst nicht über eine Stunde

Predigttext nach Auswahl des Pastors, bzw. Diakons

Freitag (um sieben Uhr morgens)

Wortgottesdienst nicht über eine Stunde

Predigttext nach Auswahl des Pastors, bzw. Diakons

Die Auswahl dessen, was in der Kirchenordnung abgedruckt ist, lässt auch Schlussfolgerungen darüber zu, welche liturgischen Bücher vorhanden waren. Psalmen verstand man auch ohne spezielle Noten in den acht Psalmtönen vom Blatt zu singen, liturgische Bücher mit Antiphonen dagegen müssen noch vorhanden gewesen sein, ebenso noch die Sequenzen, aber beides in lateinischer Sprache. Es handelte sich bei den Büchern um wertvolle Gegenstände, die erst allmählich außer Gebrauch kamen und dann häufig als Bindematerial für Bücher verwendet wurden. Das galt besonders für die liturgischen Bücher, die in der evangelischen Messe nicht mehr Verwendung fanden.

Psalmen auf Deutsch waren wohl singbar, schwieriger dürfte es um die Antiphonen bestellt gewesen sein. Sie hätten übersetzt, bzw. neu gedichtet und möglichst auch mit Noten gedruckt werden müssen. Noten freilich wurden mehrheitlich immer noch handschriftlich tradiert, in unserer Kirchenordnung sind sie als Holzschnitte gedruckt.

Besonders dort, wo keine Lateinschulen waren, dürften so die klassische Art, Psalmen zu singen, allmählich fortgefallen sein. Ein neu gedichteter und komponierter Psalter von Ambrosius Lobwasser schuf Abhilfe. Ferner sollten die Perikopenbücher, vor allem Evangeliare weiterhin in Benutzung geblieben sein, wurden aber allmählich durch ganze Bibeln ersetzt. Die aufkommenden deutschen Gesangbücher ersetzten nicht nur die lateinischen Hymnen, sondern auch mit der Zeit die gesungenen Psalmen der Liturgie, angefangen mit dem Introitus, dem Eingangspsalm. Die Bezeichnungen „Hymnus“ (mehrstimmig: Choral) und „Psalm“ wurden auch synonym gebraucht. Die Kirchenordnung ist ein Beleg für diesen Übergang, wenn beständig zur traditionellen Form als Möglichkeit ein deutscher Gesang aus den ersten gedruckten Gesangbüchern vorgeschlagen wurde.

Gebete - wie die gesamte Liturgie - wurden sämtlich gesungen. Der Antwortgesang der Präfation, der in der Kirchenordnung für die Städte mitgeteilt wurde, ist auf Latein gehalten und zeigt in seiner Kunstfertigkeit, dass hier nicht an eine antwortende Gemeinde gedacht war, sondern an ausgebildete Sänger. Dass die deutsche Fassung fehlt, weist darauf hin, dass dieser Teil der Kirchenordnung nicht alles in Vollständigkeit wiedergeben wollte, sondern abdruckte, was aus Sicht der Reformation maßgebend war und den Rahmen des Möglichen absteckte. Dazu gehörten denn auch die wichtigsten Präfationen auf Latein, weil solche aus theologischen Gründen nicht alle einfach aus der Römischen Messe übernommen werden konnten. Der studierte Landesherr und die Professoren der Universität legten Wert auf die fromme Übung in lateinischer Sprache. Man dachte - so man studiert hatte - liturgisch und theologisch nicht unbedingt auf Deutsch, sondern vornehmlich auf Latein.

Im Ganzen hielt man weithin für die Liturgie am Gesang fest, nicht nur, was die Choräle betrifft. Es ist wert, heute über diesen Punkt nachzudenken, wo selbst in der Römisch Katholischen Kirche der liturgische Gesang im Schwinden ist und auch - wie zur Zeit in Griechenland - nur noch nach Fähigkeit der Liturgen weiterhin alles gesungen wird.[1] Ein Blick auf Heinrich Schütz oder Johann Sebastian Bachs Rezitative zeigt, auf welch liturgischen Schatz wir verzichten,

1 Sicher hatte man auch praktische Gründe, zu singen, weil eine gesungene Stimme in den Kirchen akustisch besser durchdrang.

wenn Lesungen und Liturgie nur noch gesprochen werden. Auch im 16. Jahrhundert konnte man nicht allerorten gut singen, aber wo man es konnte, tat man es. Bücher liest man seit dem 5. Jahrhundert auch leise, im Stehen vor Gott aber hat gehobene Sprache ihr gutes Recht. Es besteht eben ein krasser Unterschied zwischen lapidarer Volxbibel und gekonntem gesanglichen Vortrag des Evangeliums. Vermeintliche direkte Verständlichkeit wiegt in einer schnelllebigen Zeit freilich mehr als inhaltlicher Anspruch. Doch Liturgie ist etwas gründlich anderes als Information. Das Evangelium ist nicht nur so eine Gute Nachricht, die sich möglichst bequem konsumieren lässt. Nachrichten oder Informationen zu singen, wäre lächerlich, nicht aber das Rezitativ des Weihnachtsoratoriums.

Der hier vorliegende liturgische Teil der Kirchenordnung ist Grundsatzordnung, die dafür gedacht ist, das gottesdienstliche Leben in Schranken auf dem Weg zu halten. Hier sind Gebete Bestandteil eines Landesgesetzes, für uns ist das schwer nachzuvollziehen. Sie sollten beispielgebend sein. Gewöhnlich werden in der Kirchengeschichte Gebete als „praktische" Texte mehr am Rande beachtet, wesentlich interessanter erscheinen zum Beispiel theologische Schriften der Reformatoren. Man vergesse jedoch nicht: Lex orandi, lex credendi [Das Gesetz des Betens ist das Gesetz des Glaubens]. Wir glauben, was wir beten, und nicht nur, was wir denken. Das Muster der Wissenschaft, wonach spätestens bei Schleiermacher „Praktische Theologie" Anwendung einer Theorie ist, weist einen rückwärtsgewandten Blickwinkel auf. „Die Eule der Minerva beginnt erst mit der einbrechenden Dämmerung ihren Flug." (Hegel) Die Liebe zur Weisheit folgt Tatsachen und Gegebenem. In der Liturgie aber herrscht Gegenwart. Es gilt: Lex orandi est lex credendi, nicht umgekehrt. Wir beten nicht, wie wir glauben, sondern unser Glaube ereignet sich im Gebet. Es kam der Kirchenordnung darauf an, dass das Beten recht sei, dem diente das ganze ausführliche Examen im Ersten Teil. Es setzt an mit dem Thema der rechten Anrufung und führt zum Beicht- und Sakramentsverständnis. Pastoren seien Lehrer rechten Betens. Nichts ist inhaltsschwerer als das Vaterunser. Aus dem Gebet, der Liturgie, erwächst alle Theologie. Die Reformation war nicht der geniale Entwurf einer Verbesserung der Theologie über den Topos der Rechtfertigung, sondern Beichtreform mit theologischen Konsequenzen. Die 95 Thesen erfolgten bei Luther nach inneren Kämpfen im Beichtgeschehen. Sie waren nicht Gedankenblitz eines Forschers. Die lutherische Abendmahlstheologie drehte sich darum, in welchem Glauben wir das Abendmahl feiern, als wer wir wem dabei gegenüber stehen. So konnte Luther im Unterschied zu Anderen auch beim Abendmahl auf eine letzte Erklärung des Geheimnisses verzichten.

Wir sollten die in der Kirchenordnung aufgeführten Gebetsbeispiele ernst nehmen. In ihnen spiegelt sich nicht nur eine Theologie, sondern hier finden wir, worauf alles in der Reformation ankam, das rechte Beten und Hören auf Gottes Wort, die rechte Art der Sakramente.

Wir haben es in der vorliegenden Liturgie mit einem Übergang zu tun. So fehlt beim Vaterunser der doxologische Schluss. Das findet Begründung im römischen Messkanon, wo bis heute ein Gebet zwischengeschoben ist. Die lutherische Liturgie befand sich trotz der Messformel Luthers in einer Zeit der allmählichen Veränderung. Mindestens nach der Herausgabe der Revidierten Kirchenordnung ein halbes Jahrhundert später wurde die Kirchenordnung auch als Liturgiebuch verwendet. Dort waren denn auch Kyrie und Präfation auf Deutsch mit Noten abgedruckt.

Vergleicht man die Kollekten dieser Kirchenordnung mit denen der älteren Brandenburgischen Kirchenordnung, die damals seit einem Jahrzehnt in bestimmten Gemeinden Mecklenburgs verwandt wurde, fällt auf, dass die mecklenburgischen Texte kürzer gefasst sind. Sie sollten einerseits zwar nur Beispiele sein, andererseits aber waren sie geeignet, immer wieder gesungen zu werden. Sie sind darauf abgestimmt, aetcendig gelernt zu werden, sowohl von den Liturgen, als vor allem auch von den wieder und wieder zuhörenden Laien. Die Sätze sollten in den Herzen wohnen, zu Quellen des Glaubens werden. Man kann das Vaterunser anders mitbeten als ein ständig neu formuliertes Gebet aus fremdem Herzen. Das alte klassische Kirchengebet wurde noch in meiner Kindheit regelmäßig verwendet, was dazu führte, dass ich es eben in- und aetcendig kannte und somit leicht als mein eigenes Gebet vollzog. Auf diese Weise ist der Laie auch Liturg. Gibt es wenig Vertrautes, muss immer alles leicht und schnell verständlich sein, ein Anspruch, der angesichts von Gottes Weisheit ziemlich vermessen ist. Neben Bekanntem kann es dann auch andere, freiere Gebete geben, wie sie auch damals zur Predigt gehörten.[1] Diese möge kein frommer oder gar glänzender Vortrag sein, um Menschen von seiner eigenen religiösen Meinung zu überzeugen. Sie sei behutsame Rede im Angesicht Gottes. Im Spätmittelalter wurde viel gepredigt, aber

1 Es ist ein Unterschied, ob man ohne Gebet predigt, oder diese mit einem Gebet einleitet und nicht nur als Äußerlichkeit mit „Amen“ schließt.

außerhalb der Messliturgie. Nun wurde die Predigt wieder schrittweise in die Liturgie zurückgeholt.[1]

Die liturgischen Anweisungen entsprachen nicht unbedingt den Erwartungen der Zeit. Man modernisierte nicht die Liturgie, richtete sich nicht nach außerliturgischen Gewohnheiten der Zeit, wie heutige liturgische Reformen im Allgemeinen verfahren, sondern muteten dem Volk viel zu. So sang man in der Kirche nicht etwa nur nach Volksliederart, wie man häufig lesen kann, sondern wurde vielmehr trainiert, wenn auch in einfacherer, variierter Weise, gregorianisch zu singen.[2] Die Reformation war nicht das Ergebnis eines Volksbegehrens, sondern provozierte weithin das Volk und konnte sich auch darum nicht in allen Ländern Europas durchsetzen.

Ein gänzlich im Vergleich zum Mittelalter neuer Teil der Liturgie war offenbar die beständige ritualisierte Beichtvermahnung.[3] Diese Texte sollten als Vorlage, Grundmuster für die Pastoren dienen, zum anderen konnten sie so wieder und wieder abgelesen werden. Sie stellen eine Mischung dar zwischen Predigt und liturgischem Text. Die Sätze gehen fließend ineinander über, bei meiner Übertragung

1 Noch war der Gottesdienst wie dreigeteilt in eine Liturgie mit Lesungen bis zu Predigt, die Predigt selbst mit wiederholter Lesung, Gebet und Segenswort, dann nachfolgend wie ein eigener liturgischer Akt das Abendmahl. Die Zusammensetzung erfolgte also zunächst noch wie zusammengesetzt aus den drei liturgischen Akten des Spätmittelalters, wo zum Beispiel die Predigt völlig außerhalb der eigentlichen Messliturgie im Kirchenschiff und nicht im Hohen Chor gehalten wurde und es davon unabhängig die Austeilung der konsekrierten Hostien an Nebenaltären mit ebenfalls eigener verkürzten Liturgie gab.

2 Man versuche nur einmal, die „Litanei" Luthers EG 192 zu singen.

3 Vgl. Thomas Böttrich, Schuld bekennen – Versöhnung feiern. Die Beichte im lutherischen Gottesdienst, Göttingen 2008. Böttrich thematisiert trotz seiner ausführlichen Darlegung leider nicht die Beichtvermahnung selbst als Form.

habe ich häufig unserer Lesegewohnheit entsprechend die Sätze getrennt. Sie sind zum mündlichen, langsamen und eindrücklichen Vortrag bestimmt. Man „lernte" als Prediger seinen Vortrag, diese Vermahnungen waren dazu bestimmt, von den Pastoren aetcendig vorgetragen werden zu können, Wort für Wort. In ihnen wurde den Beichtkindern der reformatorische Glaube Satz für Satz, „für und für" eingeprägt. In einem langen Gebet bekannten dann die Beichtkinder diesen Glauben, im stillen Mitbeten oder im jeweiligen Nachbeten aller Sätze dieses sehr langen Gebetes.

Der liturgische Teil der Kirchenordnung zeigt verschiedene Formen der Beichte auf. Zunächst findet sich die allgemeine Beichte des Sonntagsgottesdienstes mit ausgeführter Absolutionsformel. Diese hat nicht die Form der Zusage des Priesters an das Volk, sondern spricht in der 1. Person Plural, der Pastor schließt sich mit ein. Man vergleiche dazu auch die Messfassung von 1545 nach Johann Riebling. Das Beichtbekenntnis sprechen nur Diakon und Pastor, die Gemeinde hört zu. Bei Thomas Müntzer sprach noch die Gemeinde dem Pastor die Absolution zu, das wagte man hier nicht mehr. Pastor und Diakon heben sich jedenfalls nicht in der Frage der Sündhaftigkeit von der Gemeinde ab, ihr Bischof gesteht vor der Gemeinde seine Sündhaftigkeit und beansprucht keine besondere Heiligkeit für sich.

Dann gibt es die Beichte direkt vor der Kommunion. In der Ordnung von 1552 ist eine eigenständige Beichte vor das Abendmahl gesetzt, 1602 wurde daraus eine Abendmahlsvermahnung ohne Beicht- und Dankgebet. Eine Absolutionsformel findet sich hier nicht, weil die Abendmahlsworte offenbar selbst als Absolution gewertet wurden.

Schließlich gibt es eine Form der Beichte (nach der Taufliturgie) als gesonderte Liturgie am Vortag zum Abendmahl. Sie erscheint als ausführlicher, musterhafter Dialog. Dafür wurden auch in lutherischen Kirchen Beichtstühle eingerichtet.[1] Es ist also eine Ohrenbeichte, aber es werden keine Sünden abgefragt. Vorausgesetzt ist, dass wir uns alle als Sünder erkennen, darauf hebt der Dialog ab, mit dieser Erkenntnis beginnt die Einleitung zur Absolution. Die Absolution ist hier anders gefasst als zu Beginn der Sonntagsgottesdienste. Hier geschieht sie in der direkten Ansprache und endet mit dem Friedensgruß: „Gehe hin im Frieden!" 1602 ist dieser Teil in Mecklenburg bereits an eine Gruppe und nicht nur an einen Einzelnen gerichtet. So gibt es zwar lutherische Beichtstühle, wie z. B. in Liepāja im Kurland, aber nicht allerorten. Gerade dieser Teil ist in der revidierten Kirchenordnung deutlich verändert und erweitert worden, vor allem in Bezug auf die liturgische Praxis des (Kleinen) Kirchenbanns, die in unserer Fassung noch völlig fehlt. 1602 fehlt die Beichthandlung zu Beginn des Gottesdienstes von 1552, man wich im Einzelnen auch von dem ab, was die Reformation gewollt hatte. Manches wurde nicht durchgehalten. Will man diese Veränderung als Tendenz verstehen, so ist diese als Rückkehr zur mittelalterlichen Ausübung einer Disziplinierung der Laien durch die Pastoren zu werten.

1 Die als „katholisch" geltende Beichtpraxis mit Beichtzwang und etlichen Beichtstühlen in einer Kirche ist weniger mittelalterlicher als neuzeitlicher Praxis zuzuordnen.

Von der Taufe

Die eigentliche Liturgie entspricht ganz und gar dem Taufbüchlein von Martin Luther, die Einleitung und der Einschub bei „schwachen“ Kindern findet sich dort nicht. Angefügt sind Anweisungen und Liturgie für Nottaufen, sowie das Prozedere nach solchen Nottaufen.

In einem gesonderten Abschnitt ist den Pastoren Seelsorge „an kranken Leuten“ nahegelegt und durch eine beispielhafte Anrede ein Leitfaden dafür gegeben. Es folgt auch eine Anweisung für das Krankenabendmahl. In beiden Texten findet sich kein expliziter Sterbesegen, aber die entsprechende Situation steht durchaus mit vor Augen. Von einer „Beseitigung aller Hindernisse vor dem Eingang in die himmlische Glorie“ oder ähnlichem ist aber keine Rede, auch wird niemand gesalbt.

Auch das Trauformular folgt in den Kernsätzen Luthers Traubüchlein, aber es wird hier ein Unterschied gemacht zwischen einer Trauung vor dem Kirchenportal und einem „öffentlichen Kirchgang“ mit ausgedehnterer Trauung. Die bloße Trauung vor dem Kirchenportal ist eine gekürzte Fassung von Luthers Agende. 1602 ist von einer Trauhandlung vor dem Portal nichts mehr zu lesen.

Bei Taufe und Trauung war eine Ansprache offenbar noch nicht vorgesehen. Das Thema Begräbnis wird in der Kirchenordnung nicht erwähnt, was nicht heißt, dass es dieses als Liturgie nicht gegeben hat.

Vierter Teil - von den Schulen

Das Christentum ist eine Buchreligion, so sagen wir heute. In der Kirchenordnung wird die Notwendigkeit der Bildung durch Bücher begründet mit der Art von der Offenbarung Gottes, die in Schriftform festgehalten wird. Kirche Gottes, was etwas anderes ist als das Abstraktum Christentum und nicht unter den Sammelbegriff Religion fällt, gibt es nur, weil die Offenbarung Gottes in den Büchern der Propheten und Apostel „gefasst" ist, und so für und für als Gottes geschehendes Wort vorgetragen und verkündigt werden kann.

Den grundsätzlichen Bildungsauftrag gibt also Gott selbst. Das Wort „fassen" meinte mehr als nur beinhalten. Es hatte ein breites semantisches Feld, das von vorbereiten, umkleiden, zusammenbinden, mit etwas beladen gleich einem Schiff bis hin zum Begrenzen eines Gartens ging, im Sinne von einschließen und umgrenzen. Die „einige Lehre" Gottes ist im Alten und Neuen Testament „gefasst". Die Bibel ist in dieser Weise Gottes Wort, aber in Person Christus selbst.

Die entsprechende Lehre muss erlernt werden. Der in der Kirche lehrende Bischof muss bei sich selbst „eine ordentliche Summe der ganzen Lehre haben", und dazu gehört gründliche Kenntnis der Ordnung der göttlichen Schrift, die auf der Universität zu erwerben ist. „Summe" ist in diesem Fall mehr als nur lose Anhäufung von Informationen. Die Summe hat Verstehen im Blick, das Erfassen des Ganzen, der Einheit, von Ziel und Grund. Die Geschichten der Bibel weisen eine Ordnung auf, die erfasst werden muss.

In diesem Muster verstand man auch den Zusammenhang von Gottes Gebot und Gesellschaft. Ohne Ordnung zerfiele jede Gesellschaft, darum ist sie Gottes Wille. Zum Begriff der Ordnung gehört die Summe, das Ganze, das mehr als seine Teile ist. Aufgabe der Prediger ist es, diese Summe zu erfassen und zu lehren, Gottes guten Willen darin zu erkennen geben. Amt des Fürsten ist es, öffentliche Ordnung aufrecht zu erhalten und sie aufgrund göttlichen Rechts als Person zu repräsentieren.

So kommt der Bildung ein entsprechender Auftrag zu, der in zwei Grundrichtungen zielt, einmal die allgemeine Ordnung aufrecht zu erhalten, die es nur gibt, wenn sich die Menschen einordnen, sie klug und verständig mit Recht durchgesetzt und erhalten wird, zum anderen, damit die Menschen die „reine Lehre“ verstehen, sich eine „Summe“ dieser Lehre im Herzen zurechtlegen können.

Mit diesem doppelten Bildungsauftrag vertraut der Fürst nicht einfach die Schulfragen der „Kirche“ an, sondern hat dabei seine „Landschaft“, seine Kirche im politischen wie im geistlichen Sinn im Blick. Er selbst steht ihr im weltlichen Sinn vor und sorgt für die Ordnung. Auch wenn die Dorfschulen später den Pastoren und Küstern anvertraut wurden und Superintendenten Schulaufsicht führten, bedeutete dies nicht, dass die weltliche Herrschaft hier etwas einer von seiner Herrrschaft separierten „Kirche“ anvertraut hätte. Auch dieser Abschnitt macht deutlich, dass die Kirchenordnung nicht zu verstehen war als eine Ordnung für eine kirchliche Institution, wie wir sie heute haben.

Dem geschilderten Bildungsziel erschien es dienlich, wenn die „anderen Künste“, sprich: die artes liberales in den Lateinschulen gut eingeübt werden. Die Kirchenordnung begründet – in historischer

Sicht - in erster Linie das Humanistische Gymnasium als Grundlage der Universität. Von Volksschulen ist nicht die Rede. Ein Naturwissenschaftliches Gymnasium dagegen war noch nicht im Sinn. Naturwissenschaft als solche war erst im Entstehen. Auch Medizin ist in der Ordnung noch kein Thema. 1419 war die Landesuniversität Rostock gegründet worden und geriet in der ersten Hälfte des 16. Jahrhunderts in eine schwere Krise, die auch mit der Ausbreitung der Reformation zusammenhing. Das überkommene Lehrpersonal hing dem alten Weg an. In der Mitte des 16. Jahrhunderts, der Abfassungszeit der Kirchenordnung fasste die Universität sich neu. Mit den später Gymnasien genannten Schulen wurde ihr die Grundlage der Propädeutik gegeben. Die Stadtschulen bildeten gemäß dieser Kirchenordnung die künftigen Studenten so heran, dass die Universität neu erblühen konnte.

Die Einführung dieses Teils der Kirchenordnung unterscheidet die Wissenschaften nach dem, was angeboren durch den natürlichen Verstand ist, und was nicht. Zählen, Messen und auch das Recht zählen zum „kreatürlichen Verstand", was für die Geschichte des „Naturrechts" im Sinne der Aufklärung festzustellen nicht unerheblich ist. Die göttliche Verheißung dagegen ist ein „wunderbarlicher Rat Gottes überhalb und außerhalb aller Kreaturen Verstand", eine Formulierung und Vorstellung, die weit in die Zukunft griff und im Supranaturalismus Ende des 18. Jahrhundert ihre Krise fand. Diese Verheißung ist „gesondert" offenbart, das heißt, auch der kreatürliche Verstand galt dem Autor dieser Zeilen zwar auch als Offenbarung, nur eben auf anderem Wege. Aber weil die Christliche Lehre nicht aus dem Verstand selbst kommt, bedarf sie in besonderer Weise des Lesens. Sie betrifft nicht nur privates

Heil, sondern Wohl und Wehe des gesamten Fürstentums. Diese Einsicht durchzieht die gesamte Kirchenordnung.

So ist es „Gottes ernster Wille, dass es etliche Menschen gibt, die im Lesen, Schreiben, in Sprachen und Künsten andere unterweisen". Gott will „Verstehen und Gnade" geben.

Mit diesen Einsichten traf der Fürst offenbar nicht nur auf Gegenliebe. Die Ordnung spricht davon, dass die Notwendigkeit der Bildung erst dem Volk nahegelegt werden musste. Es bestehe eine Schuldigkeit der Eltern, für die Bildung ihrer Kinder Sorge zu tragen. Nicht nur Latein sollen die Kinder erlernen, sondern auch Hebräisch und Griechisch. Wir sehen hier einen großen historischen Schritt, wenn man bedenkt, dass es einige Jahrzehnte zuvor erst Einzelne waren, die versuchten, sich diese beiden Bibelsprachen anzueignen. Nun wurde daraus das Schulprogramm der Stadtschulen. Auch die Kenntnis der „Historien und Geschichtsdaten" sei unumgänglich, nicht um Neugier zu befriedigen, sondern des Landeswohles wegen. Das mag uns daran erinnern, dass die Reformation darauf fußte, weit in die Vergangenheit der Spätantike zurückzugreifen und auf der These beruhte, dass es sich bei den römischen Missbräuchen um Neuerungen handelte. Abgesehen von der Besinnung auf das unverfälschte Neue Testament schaute man bewundernd auf das Werk der Kirchenväter, allen voran auf das Werk Augustins. Geschichtsvergessenheit schadet der Gesellschaft, dessen war man sich im 16. Jahrhundert bewusst. Wenige Jahre später begannen ab 1559 die berühmten Magdeburger Centurien zu erscheinen. Sein Hauptbearbeiter Johann Wigand wurde Superintendent in Wismar und promovierte 1563 in Rostock.

Die Offenbarung Gottes wird mit einer notwendigen Arznei verglichen. Auch wird die juristische Ausbildung von Staats wegen für notwendig erklärt. Ihre Grundlage sei „das alte, gut geschriebene Römische Recht", also die justinianische Fassung des Römischen Rechts christlicher Spätantike. In der Kirchenordnung wird feierlich verkündet, dass es Aufgabe des Herzogs zu Mecklenburg sei, die Universität Rostock zu erhalten und zu versorgen.

Die Universität blieb in Selbstverwaltung mit Konsistorium als Aufsichtsorgan und eigenem Gerichtsstand. Jedenfalls war sie nicht einer Kirche als extra Institution untergeordnet. Das Summepiskopat des Herzogs ist nicht so zu verstehen, dass er sich über der Kirche stehend ansah, und die Universität oder die Schulen dann unter dieser. Er hatte bei alledem für Ordnung zu sorgen und bildete so rechtlich eine nicht zu übergehende Zentralinstanz, aber er war kein absolutistischer Herrscher. Eine Institution „Kirche" innerhalb des Fürstentums gab es nicht, nur viele einzelne Ortskirchen, deren Einkommen und Ordnung der Herzog schützte. Da auch ein Konsistorium nicht vor Irrtum geschützt war, bildete in Glaubensfragen die Instanz des Herzogs nur eine Seite, die andere eine Art Generalkonvent lutherischer Länder, der zu berufen wäre, wenn es im Konsistorium, im Land selbst zu keiner Einigung in der Spur des Landtagsbeschlusses von 1549 kommen sollte, so sich denn neue Uneinigkeit auftun würde. Diese Rücksprache mit anderen Ländern, bzw. Landeskirchen musste die Ökumene ersetzen, denn ein europaweites Konzil erschien inzwischen als aussichtslos. Selbst die Einigung mit den Reformierten war kaum mehr vorstellbar.

Der Begriff der Landeskirche meinte in der Kirchenordnung nicht einfach die Summe der Ortskirchen oder ihren Verbund, sondern das

Fürstentum selbst in der Perspektive eines Teils der Christenheit. Das Wort „Christentum" bezeichnet dagegen Sachliches, nicht die Versammlung oder sich ereignende Gemeinschaft von Menschen. Dieser Begriff wird in der Kirchenordnung nicht verwendet, er war noch unbekannt, selbst im Grimmschen Wörterbuch des 19. Jahrhundert kommt er noch nicht vor. Adelung erklärt Ende des 18. Jahrhunderts immerhin schon: „Die christliche Religion. Nach den Lehren des Christenthumes sind wir verbunden, unsere Feinde zu lieben..." Das ist Sprache der Aufklärung, die sowohl die Kirche als Institution kannte, als auch Glauben versachlichte. Sie sprach auch von „Tat-Sachen" und abstrahierte damit das Tun von den Menschen. So dachte die Kirchenordnung noch nicht. Sie abstrahierte Kirche im Sinne von CA VII nicht vom gottesdienstlichen Geschehen.

Dieser Abschnitt der Kirchenordnung darf uns als wichtige Urkunde des Begriffs „Landesuniversität" gelten. Die Universität bestand schon im Spätmittelalter, 1419 war sie gegründet worden. Es handelte sich damals um eine Initiative der Stadt Rostock, die vom Herzog Billigung erhielt. Die Kirche erteilte ebenfalls ihre Zustimmung, aber eine der drei Fakultäten, die Theologische war noch zu Beginn ausgenommen, weil man häretische Strömungen fürchtete. Die Stiftungsurkunde - bulla fundationis - war von Papst Martin V. ausgestellt. Ein Vergleich der Texte zeigt, dass sich Johann Albrecht I. nun in seinem fürstlichen Amt als stiftende und bestimmende Institution ansah. Er gab Sinn und Zweck an, begründete die Existenz der Universität aus theologischer wie herrschaftlicher Notwendigkeit. In Bezug auf die theologische Lehre galt von nun an auch für die Universität Rostock der corpus der schon genannten Bekenntnisschriften.[1] In Bezug auf die Struktur und Ausbildungsinhalte der Universität verlor er in der Kirchenordnung zwar kaum Worte, aber ihrer Vorbereitungsinstitutionen, den Lateinschulen widmete er sich umso mehr, denn sie wurde in jenen Jahrzehnten erst eingerichtet und strukturiert.

1563, elf Jahre nach der Verkündung der Mecklenburgischen Kirchenordnung wurde ein neues Universitätsstatut erlassen, das die Formulierungen der Kirchenordnung aufnahm und weiter ausführte. Das ältere Statut von 1548 kannte solche grundsätzlichen Überlegungen noch nicht.

Auch von einer Synode auf Landesebene ist in der Kirchenordnung die Rede, die durch das Konsistorium einberufen werden sollte, wenn es über regelnde Befugnis hinaus zu Uneinigkeiten in Bezug auf die Lehre käme. Solche Synoden waren keine direkte Angelegenheit des Landesfürsten, solange die Einträchtigkeit der Pastoren nicht infrage stand. Bei ihnen handelte es nicht um ein Kirchenparlament wie in unserer Zeit, denn es gab für die Pastoren nichts zu regieren. Die Synoden waren auch nicht regelmäßig tagende Gruppen wie zum Beispiel die Hansetage. Sie waren eher so etwas wie Bischofsversammlungen unterschiedlicher Zusammensetzungen gleich den altkirchlichen ökumenischen Konzilen. Sie kamen zusammen, um Lehrstreitigkeiten aus der Welt

1 Für Universitätsgründungen, insbesondere, wenn dort Theologie gelehrt wurde, bedurfte es im Mittelalter päpstlicher Legitimation. Nun fiel diese Instanz für Mecklenburg vollständig aus. Dass in diese Stelle der Landesfürst einsprang, zeigt, dass es keine verfasste Kirche als eigenen Rechtskörper gab, die selbst bei Unterordnung zumindest hätte erwähnt werden sollen. Der Fürst spricht auch nicht im Namen einer Kirche, der er vorstehen würde, sondern als Fürst von Gottes Gnaden.

zu schaffen. Drohte so etwas zu scheitern, wäre auch der Landesfürst gefragt, denn dann stände der Landesfrieden infrage. Diese Ebene war es auch gewesen, die das Augsburgische Bekenntnis unterzeichnet hatte. Vom Konkordienbuch von 1580 heißt es in der Vorrede von Herzog Ulrich 1602: „welches wir auch neben anderen andern hochlöblichen Chur und Fürsten mit Hand und Hertzen unterschrieben". Damit es in diesen Fragen nicht zu Unstimmigkeiten im lutherischen Lager käme, sollten Theologen auch aus anderen Landeskirchen hinzugezogen werden. Das Konkordienbuch wurde entsprechend von Theologen ausgearbeitet, hat allerdings bis heute nicht die gleiche Geltungsbreite wie das Augsburger Bekenntnis.

Aus den Bestimmungen der Kirchenordnung in Bezug auf die Schulen kann man ersehen, wie man die ursprüngliche Bestimmung der Klöster einschätzte, die im Mittelalter wesentlich alle Hochschulbildung getragen hatten, zunächst an eigenen Schulen, dann an den neuen Universitäten als Lehrpersonal. Die Reformatoren erkannten den Wert der Klöster als Bildungseinrichtungen an, nicht aber ihre Gelübde. So hielt man es für gerechtfertigt, dass die Klostergüter die Bildung im Land finanzierten und auch Klöster in Schulen umgewandelt wurden.

Für die Kinderschulen war hinfort die Superintendentur, also die Visitation verantwortlich. Da die Kirchenordnung Visitationen vorschrieb, können wir davon ausgehen, dass dieses Amt des Visitators nun grundsätzlich und dauerhaft unter der Befehlsgewalt des Fürsten stand und es sich mit dem „Landessuperintendenten"[1]

1 Diese Amtsbezeichnung, die bis zur Eingliederung in die Nordkirche 2012 in Geltung war, bezeichnete also nicht etwa eine bestimmte Landschaft, den

dabei nicht etwa um einen gewählten Oberbischof der Ortsbischöfe handelte. In Bezug auf die Lehre hielt sich der Fürst zurück. Der Superintendent bildete somit ein Bindeglied zwischen den Predigern vor Ort und dem Herzog, genauer: zwischen Gottesdienst und Herrschaft.

Patronatsrechte wurden in der Kirchenordnung nur am Rande erwähnt, man hielt sich da an vorgegebenes, bestehendes Recht. Die von der Kirchenordnung intendierte Konsistorialordnung ließ noch lange auf sich warten, erst 1571 wurde sie beschlossen, gehört also schon in ein weiteres Kapitel der Entwicklung.

Nicht explizit geordnet wurden die Kinderschulen der Anfänger im Lesen und Schreiben. Es ist zwar der Anspruch zum Ausdruck gebracht, dass alle möglichst lesen und schreiben können sollten, aber man dachte offenbar nicht im Ernst, dass dies auch für jedes Kind auf den Dörfern oder gar für Mädchen gelten sollte, bzw. nahm das Thema nicht für so wichtig, dass es in dieser Grundsatzordnung für alle verpflichtend gemacht werden sollte.[1]

Bei dem ausführlichen Abschnitt in Bezug auf die Lateinschulen handelt es sich aber immerhin um ein historisch wertvolles Dokument eines Bildungsprogramms, das uns viel darüber verrät, wie man Wissen verstand. Die lateinische Sprache und mit ihr klassisches Wissen spielten dabei eine entscheidende Rolle, nicht nur als Nützlichkeitserwägung in Bezug auf internationale Bildungssprache. Zum Ziel kam der Schüler nur, wenn er auch

Kirchenkreis, sondern den Auftraggeber, das Land. Zuerst handelte es sich um zwei Landessuperintendenten, einen für Schwerin, den anderen für Güstrow, dann wurden neue Ämter gegründet.

1 Die Bildung der Lateinschulen war durchsetzbar, die Gründung allgemeiner, flächendeckender Schulbildung dagegen vermutlich eher noch nicht.

Rhetorik beherrschte, die Sprachlogik. Geistliche Grundlage der Bildung war der Katechismus. Für die Qualität der Lehre wurde auch ein Lehrerexamen eingeführt, ein überaus wichtiger Schritte in der Entwicklung des Bildungswesens.

Der darauf folgende Abschnitt regelt im Grundsatz die Finanzierung von Pastoren und Lehreinrichtungen. Dafür sollten keine gesonderten Steuern erhoben, sondern mittelalterliche Ordnungen genutzt werden. Die Kirchenordnung hielt am Stiftungszweck fest, nach dem Güter und Verträge, die für die Kirchen vor Ort und ihren Betrieb bestimmt waren. Für höhere Schulen reichten die Pfarrgüter nicht hin, dafür wurden die Einnahmen der Klöster genutzt und somit die Säkularisierung geistlichen Grundbesitzes, so er nicht der Pfarre vor Ort diente, gerechtfertigt. Klostergüter dienten der Ordnung nach nun vornehmlich der Finanzierung von Bildung. Aus der Sicht der Kirchenordnung handelte es sich somit nicht um eine Säkularisierung in dem Sinn, dass „der Kirche" etwas entzogen würde oder geistliches Eigentum verweltlicht würde. Die Erträge der Klostergüter sollten, zumindest nach den Worten der Kirchenordnung stiftungsgemäß für Bildung verwendet werden. Der Grundbesitz der Pfarren wurde bewahrt, indem der Gemeine Kasten die mittelalterliche Kirchenfabrik ablöste und die Alimentierung der Pastoren ebenso ermöglichte wie die sozialen Aufgaben der Armen- und Krankenpflege. Die alten Verträge und Stiftungen wurden somit bestätigt und nicht aufgehoben. Das Urteil „Säkularisierung" stimmt nur insoweit, als die alte Bildungsaufgabe nun als eine weltliche angesehen wurde, die zudem für Pfarrernachwuchs sorgte. Dabei wurden die Klöster summarisch behandelt, so dass zum Beispiel die

Aufgabe des reichen Zisterzienserklosters Doberan mit der von Bettelklöstern gleichgesetzt wurde. Die „weißen Mönche" waren nicht unbedingt Prediger oder Universitätslehrer. Das galt auch für das Land des Bischofskapitels. Aber hier hatte es bereits einen schleichenden Übergang gegeben. Die letzten beiden Bischöfe zumindest Schwerins waren Herzöge. Aus der Sicht von Johann Oldendorp war solche weltliche Herrschaft durch geistliche Ämter eh Missbrauch und hätte schon nach seinem Urteil dem Landesvater rechtens zugeführt werden können, der über das Fürstentum ja nicht im Sinne eines Privatbesitzes verfügte.

Auch die neu zu bildenden Stadtschulen „gehörten" nicht den Stadtpfarren. Es war von Oldendorp als Raub der Kirche im Sinne des besitzenden Klerus bezeichnet worden, wenn sie über ihre eigentliche Aufgabe hinaus, der Finanzierung des Predigtamtes, sich weltliches Eigentum zur Herrschaft angeeignet hatten. Da aber nicht alle Pfarren allein von den ihnen durch mittelalterliche Rechte zustehenden Umlagen und Ländereien erhalten werden konnten, sollten sie „Zulagen" aus ehemals kirchlichem Eigentum von Klöstern und Bischofsgut erhalten können. Es wurde nach dem Verständnis der Kirchenordnung also nicht etwas der „Kirche" weggenommen oder diese enteignet. Eine Kirche als übergreifende Institution und sämtliche Männerklöster bestanden schlicht nicht mehr. Es blieben neben einigen Frauenstiften nur die Ortskirchen als Pfarren bestehen. Grundmuster blieb die alte Institution der Eigenkirche, wonach die Stiftung samt jährlichen Einkünften der Kirche und ihrem Kleriker gedient hatte und so der weltlichen Herrschaft entzogen war. Rechtlich hatten die Kirchen mit ihren Einkünften auch niemals dem Bischof oder dem Papst gehört, sondern immer nur sich selbst. Diese Rechte wurden in der Kirchenordnung nicht angetastet, sondern bestätigt. Als Raub wurde bezeichnet, sollte jemand sich daran vergreifen. Das entsprach der Kritik an der mittelalterlichen Kirche, die die Pfarren wie ihren Besitz betrachtet hatte und zum Beispiel Domherren dadurch finanzierte, dass diese von Pfarren lebten, in denen sie nicht selbst zu dienen brauchten. Durch die Reformation wurde dieser Missbrauch abgeschafft. Eine Umlage an eine wie auch immer geartete Zentrale war entsprechend nicht vorgesehen. Wollte man nach dem mittelalterlichen Eigentümer der Kirchenländereien, bzw. Pfarrgütern einschließlich des Grund und Bodens der Kirchen mit allem, was darin war fragen, war dies nicht der Papst in Rom, ein Bischof in Schwerin oder eine Kirchengemeinde vor Ort, wie die Allmende gemeinsam nutzbares Land eines Dorfes war, sondern es gehörte Heiligen, dem himmlischen Patron, dem die Kirche gewidmet wurde, dessen oder deren Namen sie trug. Seine Reliquie ruhte im Altar, er war der Eigentümer. So gehörte die Kirche nun dem Himmel, sie war im übertragenen Sinn von Gott eingerichtet, ihr sollte und durfte auch nach dieser Kirchenordnung nichts weggenommen oder verkauft werden. In Bezug auf die Heiligen ist zu sagen, dass sie im Altar ruhend als Liturgen gedacht waren.[1] Die Stiftung galt somit stets der Liturgie, dem unablässigen Gottesdienst. Kirchenstiftungen waren zudem auf Ewigkeit hin gegeben worden. Daran rührte auch die Kirchenordnung nichts und beanstandete, wenn die weltliche Seite der mittelalterlichen Kirche sich als Klerus

1 Es gab meines Wissens im Mittelalter keine Pfarrkirche ohne persönliches Patrozinium. Klöster und Stifte konnten dagegen dem Heiligen Geist oder dem Heiligen Kreuz gewidmet sein.

daran bereichert hatte. Pastoren sollten stets vor allem Liturgen sein an ihrer Kirche und in ihrer Gemeinde leben und dort allein tätig sein. Diese Anbindung galt selbst für die Superintendenten.[1] Diese konnte man mit den Konsistorialräten aus Klostergütern bezahlen, denn sie sorgten für gute Aufsicht, wie ehedem Bischöfe und Äbte für ihre Ländereien weltliche Herrschaftsaufgaben wahrgenommen hatten. Das Amt des Superintendenten sorgte mit seiner Visitationsaufgabe für Frieden und Wohl der Ortsgemeinden. Der Visitator war kein Oberbischof, und wenn es ihm auch aufgetragen war, zu ordinieren, so niemals ohne die Hände der Brüder im Amt. Die Visitation wurde als weltliche Aufgabe des mittelalterlichen Bischofs angesehen. Schließlich hatte auch in vorreformatorischen Zeiten das Fürstenhaus, bzw. die Obrigkeit zusammen mit dem Bischof im Lande visitiert, denn es ging dabei um die Aufrechterhaltung von äußerer Ordnung, und das war prinzipiell – wie es schon Oldendorp sah und vertrat – eine weltliche Aufgabe.

Der Fürst nahm also dem Verständnis der Kirchenordnung nichts „der Kirche" weg, sondern es galt nach Jes 49,23, dass die Fürsten wie die Stadtväter Nährer der Kirchen seien und dafür Sorge trugen, dass die Prediger ernährt und die Kirchen in Ordnung gehalten würden. Aus einem „gemeinen Kasten" sollten auch Schulmeister und Diakone, Bildung und Armenwesen versorgt werden. Es bleibt in der Kirchenordnung undeutlich, worin die Aufgabe der Diakone bestand. Bei Oldendorp ist die Rede davon, dass sie sangen. Orientiert man sich am Bild späterer Dorfschullehrer, mag man drei

1 Eine „übergemeindliche Pfarrstelle" hätte nicht der Kirchenordnung von 1552 entsprochen. Es sollte hinfort keinen Pfarrer ohne direkte Anbindung an einen Altar, bzw. das Leben in einer konkreten Gemeinde mit ihrem regelmäßigen Gottesdienst mehr geben.

Aufgabenfelder dieser Bezeichnung zuordnen: Kantor, Lehrer, sowie Armen- bzw. Krankenpflege.

Unterschieden wird zwischen fürstlichen Mitteln und „Privateigentum“. Der Fürst sah sich selbst nicht als Privatbesitzer seines Landes an. Das Land gehörte ihm nicht insgesamt, wie ein Haus dem Hausvater und seiner Familie gehörte. Obrigkeit zu sein, war öffentliches Amt. Daraus folgte auch Fürsorge für die Kirche, d.h. den Gottesdienst. Doch nicht nur Regierende wurden durch die Kirchenordnung zur entsprechenden Versorgung aufgerufen, sondern jeder Bürger. Öffentliche Sammlungen sollten die gemeinen Kasten der Kirchen vor Ort füllen. Diese Mittel aber sollten keine Steuern sein, sondern dem milden und freien Willen der Bürger entsprechen. Nicht nur das Wohl der Empfänger war im Blick, sondern auch das Heil der Geber, nicht im Sinne von Verdienstlichkeit, sondern als Ausdruck und Folge ihres Glaubens, des Willens zum Guten und der Dankbarkeit für empfangene Gnade. Mit diesen Mitteln dankten die Menschen Gott. Entsprechend war dann auch später vom „Dankopfer“ die Rede.

Zusammenfassende Beobachtungen

Kirchenrecht

Recht bedarf der Exekutive. Gottes Exekutive aber ist „nicht von dieser Welt“, sondern das Jüngste Gericht, seine Gnade und die Heilsgeschichte. Die beiden Arten des Rechts dürfen nicht miteinander vermischt werden. Auch wenn die Kirchenordnung von Gottes Wirken in der Geschichte der Menschen spricht, so legt sie doch Wert darauf, dass es nicht direkt erkennbar ist, also sich unserem Sprachzugriff letztlich entzieht. Dies war Kernpunkt reformatorischer Kritik: Das Päpstliche Recht vermischte systematisch die beiden Rechte in sich. Sie machten aus dem Gegenüber von göttlichem und menschlichen Recht ein Gegenüber von Kirchenrecht und Obrigkeitsrecht der Laien. In der Hand der Bischöfe, die auch als Fürsten agierten, war zudem nicht mehr klar erkennbar, welches der beiden Schwerter gerade zum Einsatz kam. Der Bischof war Administrator in der Diözese und gebärdete sich zudem als geweihter Bischof mit dem Bußrecht als Herr über die Seelen. Dieses Problem wurde von den Reformatoren erkannt und musste auch juristisch, nicht nur theologisch gelöst werden.

Während das Himmlische Recht nur Gnadenrecht ist, ist das weltliche auch Ordnungs- und Vertragsrecht. Kirche erscheint somit als eine nach menschlichem Recht geordnete Gemeinschaft der Zuhörer von Gottes Wort. Diese Ordnung aber, die auch eine Exekutive kennen muss, ist weltlicher, menschlicher Art.

Gott sammelt Christus eine himmlische Kirche auf Erden. Dem gilt es, nicht im Weg zu stehen, sondern dies (unter uns Menschen) zu befördern, zu schützen. Wir sind dabei nicht die Macher, sondern höchstens die, die Missverständnissen wehren oder Irrwege erkennen. Subjekt muss Gott sein und bleiben, ihm dürfen wir nicht ins Amt pfuschen. Bischöfe und „Kirchenleute" nehmen keine Ränge in der Gnadenordnung ein. Sie kennt keine Ränge, keine Privilegien. Kein Recht kann Gottes Handeln binden. Das Priestertum kommt allen Gläubigen zu.[1] Alles Recht, das über das Gnadenrecht Gottes hinausgeht, ist Menschenrecht.

Die Kirche im Sinne des Corpus Christi hat offene, einladende Grenzen. Um im Bild der Offenbarung zu sprechen: Die Tore sind offen, aber eben nur die Tore. Himmel und Erde verschwimmen auf Erden nicht miteinander. Die Kirche ruft die Heiden zu sich. Alle Welt höre auf ihn, und im Hören geschieht Heiligung.

Bei der Kirchenordnung von 1552 geht es noch nicht um eine Allianz von Kirche und Staat, Fürstenmacht. Noch haben sich die Superintendenten nicht als neue Bischöfe etabliert, sondern sind noch reine Visitatoren. Es gibt auch noch keinen Oberkirchenrat als Scheinhaupt der Landeskirche. Ein zentrales Bischofsamt sollte es erst nach dem 1. Weltkrieg unter völlig veränderten Bedingungen wieder geben. Das Wort „Kirchenleitung" ist noch lange nicht geboren, auch gibt es kein Kirchenparlament, denn einem solchen läge der Gedanke zugrunde, dass da etwas zu regieren wäre. Kirchenrecht beschränkt sich darauf, dem Gottesdienst, als Gottes

1 Vom allgemeinen Priestertum aller Gläubigen ist in der Kirchenordnung keine Rede, auch bei Johann Oldendorp taucht der Begriff an keiner Stelle auf. Aber die Kirchenordnung kennt auch keine Konsekration, keine Weihehandlungen mehr, in Bezug auf Pastoren spricht sie konsequent nur von Ordination.

Gnadenrecht dienstbar zu sein und es vor Überfremdung zu bewahren.

Ist die Kirche im beschriebenen Sinne der Ortskirchen als „juristische Person öffentlichen Rechts" zu betrachten? Man kann diese Kirchenordnung als Hoheitsakt über die Kirche ansehen, aber eigentlich erkennt der Fürst nur die Kirche als etwas von seiner Herrschaft deutlich Unterschiedenes an. Gott und dem Himmel kann man nur etwas stiften, nicht aber etwas für ihn gründen. Die „Körperschaft" des Corpus Christi ruht allein auf dem Gnadenrecht des Himmels. Merkmal einer Körperschaft öffentlichen Rechts ist, dass sie für den Staat Aufgaben übernimmt. Auch hier muss korrigiert werden: Die Kirche im Sinn der Ortskirchen samt ihrer Predigt übernimmt keine staatlichen Aufgaben, sondern weist in Gegenrichtungen dem Staat seine Aufgabe zu und dient den „Leuten", indem sie die Herzen lehrt, tröstet und zu Guten Werken ermuntert. Das kommt auch dem Staat, damals der fürstlichen Ständeordnung und damit dem allgemeinen Nutzen und Frieden zugute, lässt sich jedoch nicht instrumentalisieren, ohne zu verderben. Der Kirche muss Freiheit gelassen werden, und dies ist auf den Punkt gebracht die Aufgabe der Kirchenordnung von 1552. Der Fürst erkennt an, dass hier seine Macht ihre Grenze findet.

Im 16. Jahrhundert hätte man sagen können: Die Gottesdienste machen das Land als Kirche Gott gefällig. In der Liturgie greift ein anderes Recht. Doch diese Argumentation verfängt kaum bei jemandem, der Recht nur als innerweltlich begreift. Man mag von Gott reden, aber das erscheint nicht von (weltlicher) juristischer Relevanz. Ein ius divinum gibt es nicht für den, der Gott für nicht existent ansieht. Das ius naturae wird ohne Urheber gedacht und verliert damit seine Ewigkeit. Das sah man im 16. Jahrhundert völlig anders. Das Problem hat sich umgekehrt: Im Spätmittelalter meinte der Klerus, auch die Welt regieren zu dürfen, der Papst habe über dem Kaiser zu stehen. Das weltliche Recht solle im geistlichen aufgehen. Nun steht es andersherum. Das Gnadenrecht Gottes wird als Religiosität des Privatmenschen gedeutet, und die Kirchen lassen dies weithin gelten und richten sich in der Nische des Privaten ein. Die automatische Folge ist, dass sie für das Recht selbst weithin bedeutungslos wird, höchstens noch in der allgemeinen Meinungsvielfalt eine Rolle spielt.

Der Fürst sollte nicht das geistliche Haupt seiner Landeskirche sein. Das hätte - wenn so gewollt - sicher dort geschrieben werden können. Er wurde weder geweiht, noch zum ordinierten Liturgen. Er hatte Gottes andere Herrschaft nicht nur in den Kirchen zu respektieren, er verstand auch seine eigene Herrschaft als Gottesdienst, sah sein Amt als von Gottes Gnaden an, um für Ordnung und Recht im Land zu sorgen. Das war er Gott schuldig.

Die Kirchenordnung von 1552 ist zu verstehen als Versuch, die Reformation in rechtliche Formen zu gießen, sie anzuerkennen, ohne dass man in allem schon gewusst hätte, wie das denn im Einzelnen zu geschehen habe. In der weiteren Entwicklung wich man sehr bald auch von einigem wieder ab, was man angezielt hatte. Hannah Arendt hatte formuliert: „Das Ereignis erhellt seine eigene Vergangenheit, niemals kann es aus ihr abgeleitet werden."[1] Das gilt auch für die Wirkungen der Reformation. Die lutherische Zukunft der Landeskirche lässt sich nicht aus dem 16. Jahrhundert ableiten, es wurde vieles anders. Jede Auswahl lässt etwas weg und schlägt

1 Hannah Arendt, Zwischen Vergangenheit und Zukunft, München 1994, S.122.

eigene Richtungen ein. Sie hebt etwas hervor, und damit kommt es auf neue Weise zur Geltung. Sie hebt sich von dem ab, worauf sie beruhen will. Das gilt auch für die Kirchenordnung, die nicht aus Luthers Werken oder dem Spätmittelalter ableitbar ist. So funktioniert menschliche Ordnung, wird sie zur Geschichte. So funktioniert aber nicht Gottes Herrschaft, dessen Wort ewig ist.

Kirche ist zwiefach zu verstehen, einmal als Gruppe von Menschen, die sich um das Kreuz versammeln, die also Gott zu sich ruft. Diese ist unsichtbar in dem Sinn, dass man sie nicht zählen und eingrenzen kann, weil niemand die Wirksamkeit Gottes nachweisen kann.[1] Auf der anderen Seite ist der Gottesdienst sichtbar und wirklich, „öffentlich", wie die Kirchenordnung immer wieder schreibt.

Als Kirche versteht die Kirchenordnung alle Menschen dieses Landes, nicht aber eine abzählbare Masse von Mitgliedern einer Organisation. Der auch missverständliche Begriff einer „Volkskirche" verdankt sich erst Friedrich Schleiermacher und setzt einen bestimmten Begriff des Volkes entsprechend seiner Zeit voraus.[2] Es bestand nicht die Nationalgleichung: Ein Land, eine Sprache, eine Kultur, sondern es galt der Grundsatz „cuius regio eius religio", man verstand sich als Konfessionsfürstentum. Diese Formel wurde erstmals 1555 im Augsburger Religionsfrieden angewandt.

1 Dies ist bereits die Struktur der Evangelien, die nicht einfach eine Spruchsammlung aus Christi Mund sind, sondern sein Wirken beschreiben, Nachfolge wie Ablehnung und Missverstehen aufzeigen.

2 Speziell in Mecklenburg bestand zudem nicht die Frage, ob der Fürst auch Landesvater für die Juden sein müsse, der einzigen Ausnahmegruppe, die aber zu der Zeit aus Mecklenburg in Folge der Ereignisse von Sternberg im 16. Jahrhundert immer noch als ausgewiesen galt.

Die Kirchenordnung Mecklenburgs gehörte zu den unmittelbaren Wegbereitern dieses juristischen Verständnisses.

Die Veränderung dieser Situation, wenn sich nur ein Teil des Staates oder Gesellschaft als Teil der „Christenheit" ansieht oder sich durch Konfession von anderen unterscheidet, bedarf anderer Grundsätze für eine Kirchenordnung. Aber auch sie darf nicht Grenzen so ziehen, dass die „unsichtbare" Kirche mit einer sichtbaren so verwechselt wird, dass sie sich als eine weltliche Organisation und Repräsentantin der Gnadenordnung Gottes in der Welt ausgibt. Sie mag von außen her als eine Einheit, eine Glaubensgemeinschaft wahrgenommen werden, für die es Mitgliedsbedingungen gibt. Doch dies sind Erwartungen von staatlicher Seite her, die alles zählt und greifbar macht. Diesen Erwartungen hat man wohl immer irgendwie zu entsprechen, aber man darf sie sich ihnen nicht beugen. Der Versuch, Himmlisches irdisch auszudrücken ist durch die Offenbarung Gottes möglich, wenn auch immer gebrochen durch die Begrenzungen, in denen wir leben und die jeder Sprache anhaften. Doch Gottes Gnadenrecht in menschliches Recht umdeuten zu wollen, muss scheitern. Theodor Kliefoth hatte dies noch vor Rudolph Sohm klargestellt, indem er in Bezug auf jedes kirchliche Amt und liturgisches Tun auf den Unterschied zwischen sakramental und sakrifiziell abhob. Alles Kirchenrecht ist sakrifiziell. Es muss zwischen göttlichem und kirchlichem Recht unterschieden werden, wie einst Oldendorp es zwischen Göttlichem und Kaiserlichem Recht tat. Das Besondere des Kirchenrechts ist sein Gegenstand: Es ist schützend, bewahrend und achtsam darauf gerichtet, das Göttliche Recht vor Einmischungen des Weltlichen, menschlichen Rechts und seiner Ordnungen so gut als möglich zu bewahren und darauf zu achten, dass in diesem Sinn wir uns in unseren Versammlungen, die Gott uns geboten und verheißen hat, dem „reinen" Evangelium zuwenden, in seinem, nicht unserem Namen. „Wir" sind nicht Kirche, wie wir zum Beispiel das Volk sein mögen. Unser Glaube an die katholische oder Christliche Kirche, die Gemeinschaft der Heiligen meint keine Organisation, sondern die Verheißung der Gegenwart Christi und sein Wirken im Heiligen Geist, das wir nicht in Ordnungen zwingen können. Eine liturgische Ordnung ist etwas grundsätzlich anderes als eine Ordnung unter Menschen. Dafür hatte die Reformation ein feines Gespür und eröffnete darum einen beträchtlichen Freiraum im Liturgischen und sprach auch dort von „Äußerlichkeiten", die wir bei näherer Betrachtung für mehr als nur äußerlich im Sinne von einer gewissen Beliebigkeit erachten sollten. Sie wollten unbedingt vermeiden, dass man Sakrifizielles mit Sakramentalem verwechselte, liturgische Gewohnheiten für göttliche Einsetzung hielt und so Menschenwerk zu Gotteswerk erklärte. Dies ist der Sinn der beständigen Rede vom „reinen Evangelium". Wir verstehen diese Redewendung falsch, wenn wir sie sachlich deuten. Sie ist personal, und das heißt auch juristisch gedacht. Wir sollen nicht unsere Worte, auch nicht, wenn sie göttlich inspiriert erscheinen, Gott in den Mund legen.

Für den nicht Glaubenden ist dies alles unbewiesen, Einbildungs- oder Glaubenssache im Sinne der berühmten Definitionen von Schleiermacher oder Rudolf Ottos, ein Menschending. Dass wir dem nicht Glaubenden unser anderes Kirchenverständnis offenbar nicht anders für ihn verständlich vermitteln können, zeigt, dass wir kein Göttliches Recht im menschlichen einzufangen vermögen. Die Kirche steht Gott gegenüber, dabei bleibt es. Dies vermögen wir nur in der Begegnung des Gottesdienstes. Eine juristische Person kann kein Glaubensbekenntnis aussprechen und ist auch nicht Gegenstand des Glaubensbekenntnisses. Kirche ist gemäß 1 Kor 11,25 Anamnese, Erinnerung, wie unsere Kirchenordnung diesen Begriff gebraucht. Unsere gängige Übersetzung „Gedächtnis" in der Abendmahlsliturgie kann auch irreführen. Die Kirche erinnert nicht nur an etwas, sondern erinnert uns Christus in sehr wörtlichem Sinn. Wir denken nicht nur an ihn.

In Bezug auf Gott ist die Fülle da, in Richtung von uns Menschen aber bleibt alles Stückwerk. In dem einen Recht ist es durch Ordnung, im anderen Recht durch Liebe zusammengehalten, ohne die auch Prophetie und „Zungenrede"[1] nichts ist. In Liebe und Glauben überschneiden sich göttliches Gnadenrecht und menschliches Ordnungsrecht. In der Öffentlichkeit der Welt muss Ordnung die Oberhand behalten. In der Öffentlichkeit der Kirche vor Gott steht Ordnung vor der Liebe zurück. Billigkeit ist es, die die Brücke bildet. Liebe Gott über alles, und deinen Nächsten wie dich selbst. Göttliches Recht und menschliches Recht verhalten sich wie Liebe und Ordnung zueinander. Billig ist, so Johann Oldendorp, das Gute und Rechte in einem.

---

1 Ich deute Glossolalie, Zungenrede, wie Paulus den Begriff braucht, nicht als sinnloses Lallen oder wundertätiges Reden in fremden Sprachen. Diese Deutung und entsprechende Praxis kamen erst in der Aufklärungszeit auf und können meines Erachtens nicht als historische Erklärung dienen. Gottes Geist ist klar. Gemeint scheint mir darum mit diesem Begriff eher hoch zu achtende, konzentrierte Sprache des Glaubens zu sein, die freilich der Deutung, Erklärung bedarf, um in der Gemeinde verstanden zu werden.

Für das Stückwerk lassen sich keine Grenzen ziehen, die ein Ganzes hervorbringen könnten. So bleibt „Kirche", die auf Erden zu bestehen hat in den Ordnungen und dem Durcheinander der Welt für sich selbst unvollkommen. Sie ist ohne den beständigen persönlichen Bezug auf die Liebe Gottes nur klingende Schelle. Im Alten Testament wird der Bund Gottes mit der Liebe von Frau und Mann verglichen. Auch unsere Kirchenordnung spricht von diesem großen Geheimnis. So besteht auch die Gemeinschaft der Glaubenden nur in ihrer geschehenden Bindung an Gott und ist von ihr nicht zu trennen. Kirche ist für sich selbst nichts.

Kirchenordnung und Kirchenverfassung

Die Mecklenburgische Kirchenordnung und eine moderne Kirchenverfassung sind sehr verschiedene Dinge. Die Kirchenordnung hat keine Kirchenverfassung im Sinn, sie überlässt vielmehr den Herrschaftsbereich Christi ganz und gar sich selbst und regelt nur das Recht „circa sacra", wie man dann später formulierte, im Gegenüber zu einem „ius in sacra". Dieses ist ganz dem Haupt des Corpus Christi zuzuordnen. Es gibt kein - gänzlich von Gnade - bestimmtes ius in sacra, unabhängig, losgelöst, abgehoben von Christus, vom Liturgischen abstrahierbares Recht.

Die moderne Kirchenverfassung nimmt die Bekenntnisschriften in ihrer Präambel auf als Grundlage einer Institutionsverfassung, auf die man verweist. Die Nordkirche in Deutschland definiert sich als

Bekenntnisgemeinschaft.[1] In dieser Bekenntnisgemeinschaft versammeln sich Menschen um Sakrament und Wort als Gemeinde. In der Kirchenordnung von 1552 verhält es sich umgekehrt. An erster Stelle steht nicht das Bekenntnis von Menschen, sondern Ausgangspunkt sind Gottes Wort und Sakrament. Das muss sich nicht unbedingt widersprechen, zeigt aber die Einsicht unserer

1 „Die Kirche gründet in dem Wort des dreieinigen Gottes. Gerufen von diesem Wort bekennt sich die Evangelisch-Lutherische Kirche in Norddeutschland zu dem Evangelium von Jesus Christus, wie es im Zeugnis der Heiligen Schrift des Alten und Neuen Testaments gegeben, in den altkirchlichen Bekenntnissen und in den lutherischen Bekenntnisschriften ausgelegt ist und wie es aufs Neue bekannt worden ist in der Theologischen Erklärung der Bekenntnissynode von Barmen.
In der Evangelisch-Lutherischen Kirche in Norddeutschland versammeln sich Menschen um Wort und Sakrament als Gemeinde Jesu Christi.
Das Evangelium von Jesus Christus gilt allen Menschen. Die Evangelisch-Lutherische Kirche in Norddeutschland hat den Auftrag, das Evangelium in Wort und Tat zu bezeugen und Jesus Christus, den Gekreuzigten und Auferstandenen, als ihren einzigen Herrn zu bekennen. Dieses Bekenntnis ist ständig zu vergegenwärtigen und neu zur Geltung zu bringen.
Die Evangelisch-Lutherische Kirche in Norddeutschland bezeugt die bleibende Treue Gottes zu seinem Volk Israel. Sie bleibt im Hören auf Gottes Weisung und in der Hoffnung auf die Vollendung der Gottesherrschaft mit ihm verbunden.
Die Evangelisch-Lutherische Kirche in Norddeutschland steht in der Gemeinschaft der evangelischen Kirchen im Sinne der Konkordie reformatorischer Kirchen in Europa. Sie achtet auf die Stimme der Christinnen und Christen gleichen und anderen Bekenntnisses und folgt dem Auftrag Jesu Christi, die Einheit der Kirche zu suchen.
Sie weiß sich zum friedlichen Zusammenleben und zum Gespräch mit allen Menschen, gleich welcher Religion oder Weltanschauung, verpflichtet.
Ihr Leben steht unter der Verheißung ständiger Erneuerung.
Auf dieser Grundlage schließen sich die Evangelisch-Lutherische Landeskirche Mecklenburgs, die Nordelbische Evangelisch-Lutherische Kirche und die Pommersche Evangelische Kirche zur Evangelisch-Lutherischen Kirche in

Kirchenverfassung heute, dass es sich bei einer Institution „Kirche“ nur um etwas handeln kann, was im Bereich des Menschlichen bleibt und nur ihre Zuwendung zu Gott versuchen kann festzuschreiben. Dabei gerät sie sogleich in etliche offene Fragen, denn dieses Bekenntnis lässt sich schlecht fassen und schaut nach einem gemeinsamen Nenner aus. Die Bekenntnisschriften geben nur einen Rahmen her, den man unterschiedlich interpretieren kann. Selbst die Bibel wird dann zu einem Text, auf den man sich beruft. Als Institution „bleibt“ Kirche mit Gott „verbunden“. Sie wird zu einer handelnden juristischen Person. Diese aber kann weder etwas bekennen, noch glauben, noch nimmt sie an einem Gottesdienst teil. In diesem Widerspruch muss sie leben. Im Inneren ist sie eine Hör- und Lerngemeinschaft, nach außen hin eine eher lockere Bekenntnisgruppierung, die auf einem gemeinsamen Nenner von menschlichen Anschauungen in Bezug auf Gott und die Welt beruht. In seltsamer Weise zeigt sich dieser Widerspruch in „kirchlichen Verlautbarungen“ als protestantische Entsprechung zu päpstlichen Enzyklika, wenn politische oder ethische Ansichten, möglichst kirchenparlamentarisch abgestimmt gewissermaßen Gott in den Mund gelegt werden. Predigen kann man so nicht, denn da fehlt die Liturgie.[1]

Norddeutschland zusammen.“

1 Auch dies war ein Ergebnis der Reformation: Sie hatte die mittelalterliche Predigt in die Messe zurückgeführt. Allerdings war es so schlimm damit nicht bestellt gewesen, denn die Predigt im Mittelalter hatte im Raum der Kirche im Mittelschiff stattgefunden und ihre eigene kleine Liturgie gleich einem abgekürztem Wortgottesdienst. Es ist überaus bedenklich, wenn in den lutherischen Kirchen der Wortgottesdienst zur Normalform geworden ist und nur hin und wieder auch mal Abendmahl gefeiert wird. Die Beichte wird durch evtl. stattfindendes seelsorgerliches Gespräch außerhalb jeder ihr nur

Es ist hier nicht der Ort, theologisch und juristisch die Präambel der Nordkirche zu beurteilen und weiter zu hinterfragen, was dann auch den ökumenischen Vergleich herausfordern würde. Ich führe dies alles nur darum an, um klarzustellen, inwiefern die Mecklenburgische Kirchenordnung von 1552 anderen Charakter hat. Eine Kirche im Sinne der Präambel der Nordkirche heute kennt sie nicht. Kirche verstand sich nicht als juristische Körperschaft. Sie sah Kirche auch nicht als einen virtuellen Raum an, in dem Gottesdienste stattfinden. Sie war keine Veranstalterin.[1] Das Fürstentum lässt den Gottesdienst nicht nur zu, sondern schützt und bewahrt ihn. Es ordnet alles um ihn herum, damit er kontinuierlich und an allen Orten, wo Kirchen sind in Einträchtigkeit mit Beichte, Predigt und Abendmahl gemäß göttlicher Stiftung gehalten werden.

Lehre und Bekenntnis bilden den hermeneutischen Schlüssel, um Gottes Wort recht zu verstehen. Wir lesen von unserer Erfahrung her auch die Kirchenordnung des 16. Jahrhunderts als eine Bekenntnisgemeinschaft und nehmen entsprechend Anstoß daran, dass der Einzelne nicht gefragt wurde, ob er dem denn auch zustimme. Damals aber dachte man andersherum: Dem Gottesdienst, der Herrschaft Gottes, entnahm man die Lehre, die an

---

hinderliche Liturgie ersetzt. Gerade die Trennung von Beichte, Predigt und Abendmahl sollte mit unserer Kirchenordnung aus guten Gründen überwunden werden. Getrennt voneinander hatten sie bedenkliches Eigenleben entwickelt. Geht man diesen Missverhältnissen nach, ist man sogleich bei den zentralen Themen der Reformation. Zur Beichte gehörten die Bußkataloge, das Abendmahl war zur Magie geworden.

1 Unsere Worte verraten uns, wenn wir selbstverständlich von „kirchlichen Veranstaltungen" reden und der „Veranstaltungskalender" das Kirchenjahr ersetzt, man beliebig Gottesdienste plant oder auch einfach „ausfallen" lässt, wie einem die Haare ausfallen.

alle gerichtet war, denn „das Evangelium von Jesus Christus gilt allen Menschen“, wie auch die Präambel der Nordkirche zu sagen weiß. Er schafft eine Öffentlichkeit besonderer Art. Sie institutionell abzugrenzen und als Teilmenge in einer gesellschaftlichen Vielfalt zu sehen, kam der Kirchenordnung nicht in den Sinn. Weil die Kirche nicht als eine Körperschaft in Betracht kam, finden wir hier auch keine unserer heutigen Verfassung entsprechenden Inhalte wie zum Beispiel eine Gemeindeordnung, also kein Institutionsrecht. Das Gegenüber lautet: Gottesdienst und Welt. Die Kirchengebäude waren darum gleich Asylräumen juristisch extraterritorial. Nur um sie herum konnte es Ordnung im weltlichen Sinn geben.

Die moderne Kirchenverfassung schreibt den Zweck der Kirche als Verkündigung des Evangeliums und die Verwaltung der Sakramente fest. Sie erscheint als Summe im Sinne einer Ganzheit von örtlichen Einzelgemeinden, allerdings in juristischem Sinn. Diese Ganzheit ist nie und nimmer identisch mit dem corpus Christi, so sehr sie sich auch um Übereinstimmung bemühen würde.[1] Dachorganisationen und Verwaltungen haben in sich die Tendenz nicht nur der Vereinheitlichung, sondern auch der Zentralisation. Versteht sich die Zentrale als Organisation, kommt sie nicht umhin, auch ihre Teile in erster Linie als Organisation anzusehen und zu behandeln. Man weiß zwar darum, dass äußere Kirche nicht gleich Kirche im geistlichen Sinn ist und die Gemeinde sich vom Gottesdienst her bildet, aber das gerät im Verwaltungsbetrieb leicht zur Hintergrundmusik. Die Summe möchte gerne das Ganze sein,

1 Das strebten Klostergemeinschaften an. Heute versuchen es freikirchliche Gemeinden. Johann Oldendorp und die Kirchenordnung bezeichnete allein die Tendenz dazu als unchristliche Sektiererei.

und dies benötigt dann auch nicht mehr alle Mitglieder. Drei, dreitausend oder virtuell beliebig sind in dieser Hinsicht mathematisch gleich. In der Kirchenordnung von 1552 aber wurde nahezu jede Kirche als Bischofssitz betrachtet, und solches darf man nicht auflösen, die Ortskirchen wurden als Stiftungen der Ewigkeit anerkannt. Die Kirchenverfassung der Nordkirche versucht dem auch Rechnung zu tragen, indem sie einer Auflösung hohe Schranken aufrichtet, aber ein aktuelles Kirchenkreisgesetz untergräbt dieses Anliegen systematisch. Die Selbstständigkeit von Kirchengemeinden aufzulösen, ist zum Verwaltungsakt geworden.[1]

Dem Zentralen liegt die Vorstellung eines Kompetenzzentrums nahe. Das aber ist in Bezug auf Liturgie und Glauben widersinnig. Ein Theologieprofessor, von Medienwissenschaftlern oder professionellen Dramaturgen zu schweigen, ist in puncto Glauben keine Spur kompetenter als irgendein Gemeindeglied oder auch jemand, der aus irgendwelchen Gründen der Organisation Kirche den Rücken zugekehrt hat. Mit Zentralisation - doppelsinnig mit dem Wort Regionalisierung verschleiert - wird rückgängig gemacht, was das Anliegen der Reformation und Kirchenordnung im 16. Jahrhundert war, nur, dass es jetzt nicht einmal mehr um ein bischöfliches Amtsgebiet im geistlichen Sinn geht, sondern um Verwaltungsakte bürokratischer Art.

Seit dem 16. Jahrhundert sprach man dann in der Römischen Kirche von Diözesen, einem Verwaltungsbegriff. An der Situation in Mecklenburg während der Reformation kann man den entsprechenden juristischen Wandel von Mittelalter und Neuzeit gut ablesen. Die Bischöfe Magnus und Ulrich waren beide nur

1 Auch Kirchengemeinderatsbeschlüsse sind Verwaltungsakte.

administrativ Bischöfe, nicht geweiht. Sie beschränkten sich mit ihrer Zuständigkeit darum auf das bischöfliche Stiftsgebiet (Hochstift), den Raum um Warin und Bützow herum. Dies bedeutet, dass sie erst mit der Bischofsweihe auch zum Beispiel in Wismar etwas zu sagen gehabt hätten. Dort erfüllte, was Verwaltung oder Kirchengericht betraf, das zuständige Archidiakonat. Herzog Ulrich wäre es nicht eingefallen, auch in Wismar zu visitieren, obgleich er designierter Bischof von Schwerin war. Mit den Visitationen außerhalb vom Hochstift um Warin und Bützow herum vor 1552 hatten Magnus und Ulrich nichts zu schaffen. Erst mit der Bischofsweihe hätte der Bischof auch über sie Weisungsrecht erhalten, nach neuzeitlichem Verständnis dann als Diözesanbischof.[1] Mit der neuen Kirchenordnung übernahm der Fürst die weltliche Seite des mittelalterlichen Bischofsamtes. Das geistliche Amt der Visitation überließ er dem neuen Amt der Superintendenten. Allerdings bestimmte die Kirchenordnung die Vorstellung dessen, was als „geistlich" zu gelten hatte, völlig neu. Auch galten hinfort die Pastoren nicht mehr als verlängerter Arm eines Bischofs. Der Superintendent war nicht ihr Bischof, sondern nur ihr Visitator, und das auch immer in Verbindung mit weltlichen Instanzen.

Im Gegenüber zu Rom ist heute die Lutherische, resp. Evangelische Kirche verfassungsgemäß von unten nach oben gedacht, aber das kann sich schnell umkehren. In der praktischen Vorstellung vieler ist dies längst Realität. Man kann dies spätestens an den sich immer mehr einschränkenden Rechten der Kirchengemeinde ablesen, die

1 Das Konzil zu Trient stärkte das Recht des Bischofs auch gegenüber dem Domkapitel. Zwischen Bischof, Domkapitel und Archidiakonaten gab es im Spätmittelalter immer wieder Kompetenzgerangel. Dem begegnete das Konzil ebenso wie die Kirchenordnungen es auf protestantischer Ebene taten.

nun dazu gedrängt werden, sich aus wirtschaftlichen „Notwendigkeiten" zu Pfarrsprengeln, Großgemeinden oder verbundenen Gemeinden zusammenzuschließen.[1] Der Kirchenkreis wird ihnen gegenüber kontinuierlich gestärkt, obgleich er keine geistliche Funktion hat. Dazu gehört auch, dass im Zeichen einer Demokratie der Parlamentarismus in der Kirche zur Selbstverständlichkeit geworden ist, unbedacht dessen, dass es sich dabei um eine weltliche Herrschaftsform handelt, die dem Kirchenbegriff widerstreitet. In Lehrfragen können keine Mehrheiten entscheiden. Wenn Konzile zu dogmatischen Entscheidungen kamen, strebten sie stets Einhelligkeit an. Die Beschlüsse hatten zwei Zielrichtungen: Zum einen dienten sie der Einträchtigkeit, zum anderen rechter Anrufung, wie unsere Kirchenordnung sagen würde, waren also für die Liturgie bestimmt. Sie war insofern nach innen gerichtet, nach außen nur als Absage an irrige Ansichten. Dessen war sich die Kirchenordnung bewusst. Herrschaft, Organisation und weltliche Ordnung sind notwendig und gut, auch was Verabredungen und Regeln von Kirchen betrifft, aber sie steht stets in Gefahr, sich zu verselbstständigen und somit den Boden unter den Füßen zu verlieren. Man kann Gesetze in Bezug auf die Kirche aufrichten, nicht aber im eigentlichen Sinn für die Kirche. So ist die Kirchenordnung von 1552 auch zu verstehen. Sie ordnet alles um das Heilige herum, sie ist kein ius in sacra.

Mehrheitsentscheidungen *können* nicht nur irren und unverantwortlich sein, sie neigen dazu in den Interessenkonflikten

---

1 Schon viele Jahre zuvor hatte die Römisch-Katholische Kirche entsprechend gehandelt, indem sie an Stelle von weithin autarken Gemeinden von „Pastoralen Räumen" sprach.

unserer Tage. Dennoch sind Mehrheitsentscheidungen vonnöten, denn jede Politik muss getragen werden von „den Leuten", wie sich die Kirchenordnung ausdrücken würde. Dies war Hauptmotiv der Reformation, das in der Kirchenordnung Gestalt gewann: Jedermann sollte zur Erkenntnis der Wahrheit kommen. Nicht fertiges Bekenntnis zur Wahrheit, sondern wachsende Erkenntnis der Wahrheit diene - nicht etwa dem Erhalt einer als Person gedachten Kirche, sondern - dem Wohl und Heil aller Menschen. (1 Tim 2,4) Die Kirchenordnung wurde in keinem Parlament beraten oder beschlossen, aber sie war immerhin ein Gemeinschaftswerk von Theologen, Juristen und Herrschenden und hatte Einträchtigkeit zum Ziel.

Die Gemeinde

Karl Lehmann hatte in der Buchreihe „Christlicher Glaube in moderner Gesellschaft" Band 29 (Freiburg, Basel, Wien 1982) die Kirchengemeinde noch als Novum in der Katholischen Kirche dargestellt gegenüber dem bislang geltenden Pastoralen Raum. Inzwischen ist dieser Vorgang wieder umgekehrt worden und die evangelischen Landeskirchen in Deutschland schließen sich schrittweise dieser Auffassung an, die ganz und gar nicht den reformatorischen Einsichten entspricht.

Die heutigen deutschen evangelischen Kirchenverfassungen gehen vom Mitgliederverzeichnis aus. Damit werden sie wesentlich zu statistischen Vereinigungen, für die eine unsichtbare Kirche zum Schattenbild wird. Sie bildet - wie die im 16. Jahrhundert auch darum kritisierte Römische Kirche - quasi staatliche Strukturen mit Beamtenrecht und Angestelltenverhältnissen aus. Sie nennt sich „Kirche“ nicht im Sinn der reformatorischen Kirchenordnung, sondern statistisch gesehen als Organisation mit einer eigenen Rechtsordnung. Im Neuen Testament gibt es mit der Ämterlehre anscheinend dafür Anknüpfungspunkte. Auch löste man sich mit der Taufe aus anderen Religionszugehörigkeiten und bildete Gemeinschaften. So sehr die Reformatoren sich auch die Alte Kirche zum Vorbild nahm, von idealisierten Urgemeinden fehlt in der Kirchenordnung jede Spur, was aber nicht heißt, dass das Miteinander der Christen ihr gleichgültig gewesen wäre, im Gegenteil. .

Schon in den Geboten liegt ein Ansatz für Gemeindebildung verborgen. Nach der jüdischen Zählung gehört das Elterngebot als fünftes zur Ersten Tafel. Entsprechend der Exegese von Benno Jacob zur Stelle im Exodus liegt noch vor dem Gedanken der sozialen Verpflichtung den Eltern gegenüber der Fokus des Gebotes auf der religiösen Tradition. Glaube wird uns persönlich vermittelt, der HERR ist Gott Abrahams, Isaaks und Jakobs und nicht der Philosophen. Im Judentum ist die Synagoge das Lehrhaus, und auch Jesus hat dort gelehrt, es war ihm das Haus seines Vaters.

Da wir es als äußerst verhängnisvoll ansehen, dass Martin Luther den Gehorsam gegenüber der Obrigkeit im Katechismus diesem Gebot zugeordnet hatte, übersehen wir leicht den tiefen Zusammenhang, der da zugleich angesprochen wurde. Die Familie war in den Sippen und Stämmen auch der Traditionsort schlechthin, kultureller und soziologischer Art. Heute hat die Familie einen völlig anderen Charakter angenommen, aber sie ist als Institution nicht ersatzlos weggefallen. Über kleine Gemeinschaften, häufig auch nur auf Zeit, aber in direktem Gegenüber der Menschen zueinander, realisieren sich neu „Familien“, vom lateinischen familia auch als „Gesinde“ übersetzbar. In einer Zeit, in der sich bisweilen nicht erst mit Generationen schon Gräben auftun, sondern bereits in geringeren Altersunterschieden, von der Vielfalt kultureller Prägungen in globaler Welt ganz abgesehen, werden Gemeinschaften querbeet umso wichtiger. Das zeichnet unsere Gottesdienste aus, dass sie sich nicht einer bestimmten sozialen Gruppe zuwenden, sondern allem Volk. Dieser Charakterzug führt einerseits die Kirche in eine schwere Krise, andererseits ist genau dies ihre besondere Eigenart. Gottesdienste finden nicht nur in einer Öffentlichkeit statt, sondern sie schaffen eigene Öffentlichkeiten, und eben diese möchte ich als Gemeinde bezeichnen. Solche Gemeinschaften kann man natürlich auch statistisch erfassen, aber sie sind flüchtig und haben offenen Grenzen. Ihre Basis liegt gewissermaßen im Himmel, bzw. in den für und für geschehenden Gottesdiensten. Auch die Taufe schreibt weniger fest, als dass sie Jünger hervorbringt, also Hörende, Lehrende und Nachfolgende, Kennzeichen von Offenheit, schwer Festzulegendem.

Karl Lehmann meinte, dass Luther die „Gemeinde“ der Kirche vorgezogen hätte. Dieser Eindruck hat in unserer Mecklenburgischen Kirchenordnung von 1552 keinen Rückhalt. Es ist vielmehr so, dass die „Hausväter“ mit ihren Häusern die soziologischen Einheiten bildeten, die „zur Kirche gingen“. Sie entschieden, ob und wie viel die Kinder lernten. Der Einzelne definierte sich durch diese Gemeinschaften, mit den Worten der Trauformel „im Guten wie im Schlechten“. Die Gemeinde, bzw. die verschiedenen Häuser gingen zur Kirche, und meinten damit in den Gottesdienst. Sie waren genauso wenig und genauso viel „Kirche“ als es die Christenheit im Allgemeinen ist. Die Kirchenordnung spricht vom „Volk“ und „den Leuten“. Dies ist nicht im Sinn der Nationen nach der Französischen Revolution zu verstehen mit der Gleichung von Sprache, Geburt, Kultur und Land, Lebensraum mit einem Staat. „Volk“ meinte alle Leute, die in irgendeiner Weise ansonsten verschiedenen menschlichen Ordnungen zugehörten.

Hier mögen wir auch den tieferen Sinn der deutschen Übersetzungen im Credo von der „katholischen“ zu „christlichen“ Kirche hin verstehen. Das „katholisch“ im Credo wurde (erst in der Neuzeit) zur Konfessionsbezeichnung, obgleich es gerade dies nicht meint. Das „Christlich“[1] dagegen bewahrt den alten ökumenischen Sinn. Kirche in dieser Sicht ist, was sich als „Christlich“ versteht, entsprechend dem Willen Gottes handeln will, mit Vergebung von Sünden und der Gemeinschaft der Heiligen. Eine entsprechende Grenze lässt sich nicht mit Mitgliedsrecht ziehen, höchstens mit der Taufe. Sie bezeichnet ein Verhältnis von Gott und Mensch, das man zwar im Kirchenbuch zählend beurkunden kann, aber sich von allen statistischen Zählungen der Menschen grundlegend unterscheidet. Taufe spricht von einem Gnadenverhältnis, das im bloß Irdischen keine Entsprechung kennt.

---

1 Mit großem Anfangsbuchstaben, denn es soll deutlich bleiben, dass „christlich“ für uns kein Eigenschaftswort sein kann, sondern immer Christus als handelnde Person im Bild ist. In ähnlicher Logik schrieb die Kirchenordnung ebenso konsequent „heiliger Geist“ und nicht „Heiliger Geist“. Da handelt es sich nicht um einen Eigennamen, sondern heilig im tieferen Sinn ist Gott. Kirche ist insofern Gemeinschaft der Heiligen die Gemeinschaft derer, die sich von Gott heiligen lassen. Gemeinsam ist diesen Schreibweisen, dass stets Gott als Subjekt der Kirche gedacht ist, nicht die frommen Menschen.

Es ist zu einfach, nur die Deckungsgleicheit der bürgerlichen Gemeinde mit einer Kirchengemeinde, bzw. heute mit Karl Barth den Unterschied festzustellen. Es geht auch nicht um eine offen erklärte Willenszustimmung des Einzelnen zum Credo oder Christus, denn niemals ist eine Deckungsgleichheit unseres gesamten Verhaltens und Denkens mit dem Willen und Rat Gottes zu behaupten. Dies wäre geistlicher Hochmut. Selig sind vielmehr die geistlich Armen, ihrer ist das Himmelreich.

Nicht nur die Gottesdienste seien öffentlich, sondern auch die Gemeinschaft der Heiligen muss bekennen, dass sie trotz aller Frömmigkeit und ihrer Taufe berufene Heiden sind. Die Taufe ist nicht ein Ersatz für die Beschneidung. Wir sind Gottes Volk in anderem Sinn. Wir sind es nicht als Status im weltlichen Sinn, sondern stehen in der Gnade Gottes mit dem Bürgerrecht des Himmels, das mit irdischer Statistik[1] nicht erfassbar ist. Wir stehen als Christen in sich beständig erneuernder Gnade. Der Gnadenstand bleibt Verheißung und bedarf beständiger Erneuerung, weil wir Sünder sind. Die Kirchenordnung benennt darum die uns seltsam und auch sophistisch anmutende Lehre von dem gerechten Sünder als überaus grundlegend für die gesamte Kirchenauffassung und legt den Gesamtfokus auf die Beichte. Es ist kein Zufall, dass die Beichte heute für unsere Kirchen eher zum Randthema geworden ist. Es ist

1 Es gibt einen direkten Zusammenhang der Begriffe Statistik und Staat. Adelung nennt Statistik „die Wissenschaft von der natürlichen und politischen Verfassung eines Staates." Wie unangemessen Statistik für Kirche ist, zeigt in aller Deutlichkeit ein zusammenfassender Abschnitt in „Schnittstelle Körper" von Markus Metz und Georg Seeßlen, Berlin 2018, S. 65f. Das dort Geschilderte und Kritisierte, uns nur zu bekannte Verfahren ist völlig untauglich für die Kirche. Wenn dem aber so ist, steht auch die quasi staatliche Verfassung der Kirche infrage.

fast, als schäme man sich ihrer und müsse sich für sie entschuldigen. Während die einen großes Gewicht darauf legen und moralischen Druck mit Vorstellungen und Normen überkommender bürgerlichen Moral machen, bagatellisieren andere oder sourcen das Thema in ethische Kategorien aus. Beide Wege sind – theologisch gesprochen – gnadenlos. Die evangelikale Richtung errichtet Gesetze, die liberale überführt die Sünde in ein quasi legales System der Werte, in der es per definitionem keine Gnade gibt, höchstens ein Nachsehen oder Verstehen.

Sollte man das Elterngebot als Abschluss der Ersten Tafel des Dekalogs „sinngemäß" übersetzen, kommt es in unserem Kontext zu stehen, träte an die Stelle der Eltern bzw. des Hauses die Kirchengemeinde vor Ort. Nicht Gehorsam wäre geboten, sondern Akzeptanz, Freundschaft und Dankbarkeit, Umgang, der von Gnade und Güte bestimmt ist. Dies ist keine neue Überlegung, man schaue nur einmal auf die Ordensregeln, allen voran die Benedikts.

Dafür lassen sich auch Jesu Worte anführen, der von seinen „Wahren Verwandten" sprach (Mk 3,31-35), die Worte vom Kreuz an Maria und Johannes (Joh 19,26–27), wie sein Gebot der Freundesliebe in Joh 15. Die Familie, bzw. Gesellschaft ist Geberin der Sprache, und damit eröffnen sich an dieser Stelle alle Fragen, die mit notwendiger Übersetzung und der Menschlichkeit des Wortes Gottes gegeben sind. In einigen Konfessionen werden die Pastoren liebevoll als „Väter" und den Vornamen angesprochen.[1] So bestimmt sich der

---

1 Es erfüllt mich in diesem Zusammenhang mit Bitterkeit, wenn ich sehe, wie PastorInnen am Telefon per Antwortbeantworter auf ihr Büro und dessen Öffnungszeiten verweisen. Im Kontext unserer Zeit gilt im Übrigen gewährte fehlende „Connectedness" als eine „luxuriöse Belohnung für ein Leben im Dauerdruck". (Markus Metz, Georg Seeßlen, Schnittstelle Körper, Berlin 2018

Gemeindebegriff nicht nur rechtlich oder soziologisch, sondern findet tiefe theologische Begründung. Sieht man das Elterngebot in dieser Perspektive, geht seine Bedeutung weit über ein sehr privates Verhältnis hinaus. Für die Zeitgenossen Jesus, aber auch noch im 16. Jahrhundert in deutschen Landen dürfte dieser Zusammenhang klarer gewesen sein. Dafür ist die uns anstößige Übertragung der Eltern auf den Landesfürsten deutliches Indiz, es entsprach einem Ideal und keiner Anmaßung. In unseren Zeiten, in denen die Familie im engeren Sinn zur Privatangelegenheit geschrumpft ist, bekommt dieser Komplex ein völlig anderes Gewicht.

Man sollte vorsichtig sein mit einer Kirche als Ordnung und Organisation. Die biblischen Gebote von der Freundes-, Nächsten- und Feindesliebe setzten sich dem verquer. Wer mein Nächster demnächst sein wird, weiß ich nicht. Freundschaft braucht wie Liebe keinen rechtlichen Rahmen, aber sie vertragen so etwas und es kann ihnen hilfreich sein.

Wenn es heutzutage bei PastorInnen und Gemeindegliedern aus der Mode geraten ist, einander als Geschwister anzussehen und stattdessen lieber „Frau“, „Herr“, „KollegIn“ sagen oder in der Predigt nur noch die „Gemeinde“ ansprechen, was dann „Gäste“ eher ausschließt, ist es ein Zeichen dafür, dass diese Zusammenhänge eher in Vergessenheit geraten sind. Dazu gehört auch das distanzierte „Sie“, das besonders bei der Aufforderung zum Gebet lächerlich ist. Es fehlte nur noch: „Gnade sei mit Ihnen“ und entsprechender Antwort.

Hieran schließt sich ein weiteres Problem, das mit zunehmender Organisation zusammenhängt. Karl Lehmann beobachtete vor einem

S.29.) Der Pastor im Dauerstress ist kein guter Hirte.

halben Jahrhundert, dass sich mit den neuen Möglichkeiten eine Verschiebung sozialer Verhältnisse in Richtung der Distanz breit machte, womit man Nächstenliebe outsourct. Es ist Kennzeichen der wearable technology, dass die verstärkte Vernetzung zugleich auch Trennwände errichtet. Der mit smartem Headset spricht, gerät in Abstand zu seiner realen Umgebung, während sein Gesprächspartner als digitalisierte Stimme zu ihm spricht. Dem entspricht die von Gemeindegliedern weithin bitter beklagte moderne, digitalisierte Pfarramtsmentalität, wo man PastorInnen oft nur noch per Antwortbeantworter oder mit Mail zu fassen bekommt, und eine „Churchdesk-Software" der Gemeinde sein Planungsraster aufdrückt. Zentralisation hat es an sich, direkte und spontane Kommunikationen zu minimieren, wenn nicht sogar systematisch auszuhebeln. Ich führe dies alles an, um deutlich zu machen, dass es nicht nur darum geht, ob die lutherische Reformation „Gemeinde" gekannt hat oder nicht. Es geht auch um mehr, als nur um einen unersetzbaren analogen Gottesdienst. Die Liturgie mit ihrem zentralen Sakrament der Eucharistie schafft eine einzigartige Form von Öffentlichkeit, ohne die Kirche auf smarte Weise abstirbt.

Man sollte Gemeindebildung nicht vorschnell an Ämterlehren festmachen. In der Kirchenordnung hatte man sie auf ein Minimum reduziert. Neben dem Bischof an einer Kirche, bzw. Pfarre sind nur Küster, Diakon, Lehrer und Juraten erwähnt. Das Bischofsamt ist an die Ortskirche gebunden, die eben keine „Filiale" mehr ist, sondern eine eigenständige „Familie". Karl Lehmann schreibt: „In jedem Fall bleibt die Gemeinde das entscheidende Mittelglied zwischen der Familie und den gesellschaftlichen Großgebilden." (a.a.O. S.13) Im Unterschied zu Karl Lehmann würde ich für den Begriff der

Gemeinde aber weder eine bestimmte Dauerhaftigkeit oder Vielfalt für grundlegend erachten. Viele Gemeinschaftsformen sind fließend und gerade in unseren Zeiten oft auch einseitig zusammengesetzt, was ihnen aber keinen Abbruch tut. Entscheidend ist nicht die Vielfalt der Zusammensetzung einer Gemeinde, sondern die prinzipielle Offenheit allen gegenüber, von einer Domgemeinde bis hin zur Gottesdienstgemeinde in einer Strafvollzugsanstalt.

Die Mecklenburgische Kirchenordnung kennt keinen Gemeindebegriff wie wir. Der Bischof predigte an seiner Kirche den Familien und Ständen, in denen sich Kirche „realisiert", indem sie auf das Wort Gottes hören und nach Bekehrung (im Sinn der Rechtfertigung) fragen und sich fortlaufend „bessern" (evangelisch verstandene Buße). In dieser Konstellation muss danach gefragt werden, was sie unter „Kirche" versteht.

Das Bußrecht

Beichte und Absolution sind zentral für die Kirchenordnung, für die ganze Reformation. Viel ist darüber geschrieben worden. In der Regel versucht man, die innere, logische Mechanik dieses Vorgangs zu verstehen. Es werden Definitionen erstellt oder geprüft und andererseits geschaut, was dies mit den Menschen macht, wie es wirkt.

Ich möchte hier nur auf einige der entsprechenden Gleichnisse Jesu verweisen, die deutlich machen, was mit dem Gnadenrecht gemeint ist, und wie sich das Beichtgeschehen mit menschlichen Rechtsvorgängen verknüpft. Beides ungetrennt einfach miteinander zu verschmelzen, führt schnell in Aporien oder Missverständnisse. Wenn Gott mir vergibt, bedeutet dies nicht, dass ich der Verantwortung für mein Tun einfach entsagen darf.

Im Gleichnis vom Verlorenen Sohn kommt der Totgeglaubte aus der Fremde. Der Vater fragt ihn nicht aus, straft ihn nicht, sondern setzt ihn als Sohn mit vollen Rechten wieder ein, er ist ihm gnädig. Mit dem braven, aber nun erzürnten Bruder wird er leben müssen. Nach einem anderen Gleichnis ist der stolze Fromme nicht gerechtfertigt, aber der reuige Sünder. Der wird wie Zachäus von nun an nicht mehr sündigen wollen. Der Schalksknecht vergibt nicht, wie ihm vergeben worden ist, so wird er seiner Gnade verlustig. Der ungerechte Verwalter dagegen macht es richtig, indem er mit dem, was nicht ihm gehört, Gutes tut. Die zuletzt gekommenen Arbeiter im Weinberg erhalten das Gleiche wie die, die des ganzen Tages Mühe auf sich geladen haben,…

Die von Gott erhaltene Gnade ist eine Sache, das Verhältnis mit dem Nächsten, das menschliche Recht eine andere. Zugleich lässt sich eines vom anderen auch nicht trennen, wie das Weltgerichtsgleichnis Mt 25 zeigt. Mit Gott im Reinen zu sein, bedeutet nicht automatisch, auch mit dem Nächsten im Reinen zu sein und umgekehrt. Mit Gott aber versöhnt zu sein, ruft danach, auch mit dem Nächsten versöhnt sein zu wollen. Glaube verlangt nach Guten Werken, löst den Hunger und Durst nach Gerechtigkeit aus und macht aus uns Menschen, in denen Güte wohnt und stark wird. Vergebung durch Gott bewirkt Buße. Die Buße gehört in den Bereich menschlichen Rechts und bringt Elemente des Gnadenrechts als versöhnende Macht in das menschliche Miteinander. Reue gehört dagegen in den Bereich des Gnadenrechts zwischen Gott und

Mensch. Dem reuigen Schächer am Kreuz öffnet sich die Himmelstür, dem anderen verschließt sie sich. Christus als Mensch ohne Sünde, also im völligen Gehorsam Gott gegenüber, kann diese Gnade verkünden, und wir als Glieder an seinem Leib mit ihm, nicht aus uns, sondern allein durch ihn. Gottes Wille ist, das die Sünder nicht umkommen und verderben, so fasst die Kirchenordnung die Rechtfertigungslehre schlicht als „Eid Gottes“ und sein Testament zusammen.

Die drei Auffassungen des Wortes Kirche

Auf drei Weisen ist in der Ordnung von „Kirche“ die Rede. Zum einen wird das Land selbst als Kirche verstanden, alle gehören dazu. Muslime, Juden und Irrlehrer samt Papsttum schließen sich zwar davon aus, fallen jedoch damit aber nicht aus Gottes Wirken, befinden sich nicht außerhalb des Hörbereiches von Gottes Wort, der auch durch die Natur des Menschen zu ihnen spricht. Insofern gehören selbst sie zu der Kirche in einem noch weiter gefassten Sinn. Kirche meint auch den Raum von Gottes Wirksamkeit, bzw. des Gehorsams oder Ungehorsams der Menschen gegenüber Gottes Willen überhaupt. Dieses Verständnis spiegelt sich in den Bitten des Vaterunsers: „Dein Name werde geheiligt, dein Wille geschehe wie im Himmel, so auf Erden.“ Das grenzt sich nicht auf eine fromme Pilgerschar ein.

„Kirche“ im Plural ist als Gemeinschaft der vielen Bischofskirchen der Christenheit anzusehen, die an ihre Kirchengebäude gebunden sind mit den dazu gehörigen Menschen in den Parochien. Man kann freilich die Parochialgrenzen auch als Gemeindegrenzen deuten, aber auf eine derartige Präzisierung oder als Strukturelement legt die Kirchenordnung keinen Wert, da änderte man nichts. Identifikationspunkte waren die Kirchen als Gottesdienststätten, an denen und für die Pastoren ihr Amt ausübten.

Ein dritter Aspekt des Wortes war Kirche im Sinn der „unsichtbaren", aber eigentlich sichtbaren, erlebbaren Kirche, dem Gottesdienst. Hier handelt es sich um die Kirche gemäß CA VII, der für und für stattfindenden Versammlung der Glaubenden. Diese Verwendung des Wortes konnte nur im Singular gebraucht werden. Eine Konfessionsvielfalt war gedanklich ausgeschlossen. Dies war die „reine", wahre Kirche. Sie war nicht als eine unter anderen zu denken, weil es nur ein Evangelium und einen Herren der Kirche, Christus gibt. Sich unter seinem Namen zu versammeln, bedeutet Kirche im vollen und direkten Sinn.

Entscheidend ist bei dieser Begrifflichkeit, dass Kirche sich nicht vom Menschen her, sondern allein von Gott her bestimmt. Wollen wir sie juristisch bestimmen, wechseln wir die Perspektive. Auch der Bund Gottes mit den Menschen geht von Gott aus, die Menschen verbünden sich nicht mit Gott. So beruht Kirche nicht auf den Christen, wie es in der Welt weiße Männer oder Arier, Parteigenossen oder Vereinsmitglieder gibt, sondern eine Christenheit gibt es allein darum, weil Gott seine Kirche für Jesus Christus sammelt, den König der erlösten Menschheit.

Kirche als eine von der Welt abgehobene juristische Einrichtung wurde von der Kirchenordnung nicht erstrebt. Hans Dombois, der dieses Merkmal der Reformation bemerkte und das für diese

Auffassung so wichtige Gnadenrecht herausstellte, suchte dennoch nach dem Recht einer solchen Einrichtung und meinte, dass der Mangel daran ein Manko sei. Darum zog er die Rechtsverfassung der Anglikanischen Kirche der Lutherischen oder Reformierten Kirche vor.

Die Kirchenordnung aber fragt nicht nach einer weltlichen Einrichtung, sondern nach der „reinen" Kirche. Im Alten Testament war die ecclesia identisch mit dem Volk Gottes, dem direkten Herrschaftsbereich Gottes über sein Volk. Direkte Herrschaft Gottes als corpus Christi geschieht in der Versammlung unter dem Namen Christi, nicht aber in einer Institution, so sehr diese sich auch als „Christlich" mit Auftrag und Ämtern als apostolisch verstehen mag. Die Ausübung des apostolischen oder prophetischen Amtes geschieht nur dann und dort, wo Gottesdienst sich ereignet, man sich im Namen Christi versammelt, und wenn es sich wie bei Philippus und dem Kämmerer lediglich um zwei Menschen handelt. Für das Gebet reicht das Kämmerlein, für Kirche aber ist gegenseitiges und gemeinsames Hören auf Gott vonnöten. Von einem Hören auf innere Stimmen findet sich in der Kirchenordnung nichts, ebenso wenig von Exerzitien, wie sie Ignatius de Loyola 1523 lehrte. Glaube bedeutet zu hören und zu gehorchen. Wer betet, um selbst gehört zu werden, redet an Gott vorbei. Wer bezeugt, bezeuge nicht sich und seinen Glauben, sondern Gott. Darum sollte er auch niemanden zu überzeugen versuchen. Wenn Erhebungen heute den Glaubensstand meinen abfragen zu können, klopfen sie nur Überzeugungen ab und liegen damit völlig falsch.

Irdisches Recht und Ordnung, nach dem z.B. Hans Dombois für die „Kirche" sucht und fragt, ist nur dort nötig, wo es die

Unvollkommenheit menschlichen Miteinanders gibt. Das Reich Gottes, Christi Regierung bedarf keiner Regeln außer Gottes Gebot und Wort. Kirche in Vollkommenheit ist das Abendmahl „in usu", im Geschehen, wozu dann auch seine unabsehbare Wirksamkeit im Alltag gehört. Dies Sakrament mit der dazugehörigen Taufe zu verstehen und in seiner Wirkung zu bedenken, dem dient die Predigt. Im Gottesdienst realisiert sich das Gnadenrecht Gottes auf Erden. Daraus folgende Strukturen oder institutionelle Entfaltung bilden nicht etwa die Kirche erst heraus, sondern gehören bereits zu ihrer Wirksamkeit, sind also nicht Kirche selbst als abbildhafter corpus Christi. Kirche sollte erst gar nicht versuchen, die Abendmahlsgemeinschaft institutionell nachzubilden oder zu repräsentieren. Gemeinden oder Kirchenrecht sind der Geschichte und Veränderlichkeit unterworfen, bisweilen für kürzeste Fristen, bisweilen auch in schweren Irrtümern befangen. Dem corpus Christi aber ist Ewigkeit eigen.[1]

Zielrichtung der Kirche - in welcher der drei oben benannten Wortbestimmungen auch immer - ist die Welt mit all ihren

---

1 Karl Lehmann schrieb 1982, nicht ahnend, dass sich die Lage drastisch noch verschlechtern würde: „Jene Form der Eucharistie, die einen Schnittpunkt einziger Art zwischen Verkündigung in Wort und Tat, Gottesdienst, bruderschaftlicher (besser selbstverständlich: geschwisterlicher, d.V.) Gemeinde und Caritas bildet, muss erst wieder voll entdeckt werden. Viele Gemeinden sind noch im ‚Ritual' und in verfeinerten, sakralisierten Weisen befangen. ‚Politisierung', ‚Entsakralisierung' und ‚Säkularisierung' des Gottesdienstes in den meisten bisher bekannt gewordenen Formen haben das tiefere Anliegen eher verstellt." Anzufügen wäre die Klage über häufig Sinn entfremdende Ritualisierung oder „spiritualisierte" Formen, die die Menschen in eine Art private Religiosität entführen. Karl Lehmann meinte mit „Pastoralplänen" weiter zu kommen, nicht ahnend, was er damit heraufbeschwor.

Menschen. Sie sind der Acker von Gottes Wirksamkeit am menschlichen Geschlecht. Hier lässt sich mit der Reformation ein Paradigmenwechsel beobachten. Das Zielgewicht der Kirchenordnung liegt nicht mehr in der Seligkeit des Einzelnen, sondern im Frieden der Menschen miteinander, in einer wohlgeordneten Christenheit, bzw. Menschheit. Die spätmittelalterliche Kirche blühte auf mit dem Streben der Einzelnen um private, persönliche Seligkeit, verbunden mit einem weitgefächerten wirtschaftlichen und institutionellen Bußwesen der „Kirche". Nun verschob sich der Fokus darauf, dass es dem „menschlichen Geschlecht", und damit den Einzelnen auch auf Erden gut ergehe. Dafür war es umso notwendiger, den Schein aller Verdienstlichkeit zu vermeiden, denn mit Gott kann man keinen Handel machen. Einerseits sollten wir fromm sein, auf Gott mit vollem Herzen hören, wenn es uns gut gehen soll, andererseits garantiert uns das nichts.

Es mag durch die Kirchenordnung der Eindruck entstehen, als würde sie das Modell einer „communio ecclesiarum" bieten, einer Gemeinschaft im Sinn einer losen Sammlung von Einzelkirchen. Die Gemeinden, wie wir sie heute als juristisch verfasste Kirchengemeinden verstehen, würden die Kirche als Ganzes ersetzen sollen. Es ist aber vielmehr so, dass die eigentliche Kirche, wenn man dieses Adjektiv bemühen möchte, nach der Kirchenordnung die eine Versammlung der Glaubenden im Namen Christi ist, die an vielen Orten und immer aufs neue geschieht, somit keine Dauer hat. Sie ist somit gerade nicht veränderlich. So sehr sie also dem Moment und dem Ort als Ereignis verpflichtet ist, ist sie ewig, aber dennoch keine platonische Idee. Was andauert, ist Veränderung unterworfen, so paradox das auch klingen mag. Gottes Wort aber ist ewig. Das bedeutet nicht, dass es starr und unbeweglich ist, sondern lebendig und dennoch unveränderlich. Alles hängt daran, dass Gott Person ist und dennoch aller Zeit enthoben, nicht aber eine Idee, der man mit Werkzeugen der Logik begegnen könnte. Der lebendige Gott ist Sprecher, selbst Wort, derselbe im Anfang und am Ende. Er ist Alpha und Omega allen Seins, ohne darum sein Ein und Alles zu sein, wie es die philosophische Spekulation des Deutschen Idealismus es sehen wollte.

Gemeindeleitung ist von daher im strengen Sinn keine Kirchenleitung auf unterer Ebene. Kirchenleitung ist keine Steuerung der sich apostolisch verstehenden Kirche. Parlamentarismus vom KGR bis hin zur EKD-Synode ist für die Kirche - wie sie nach den Bekenntnisschriften und der Mecklenburgischen Kirchenordnung von 1552 zu verstehen ist – ebenso wenig angebracht wie eine bürokratische Administration oder technologische Ordnung mit Leitbildern und Projektkultur. Wenn solche Werkzeuge auch aus verschiedenen Gründen in weltlicher Hinsicht nötig und hilfreich sind, Kirche darf so nicht „regiert" werden. Organisationsformen sind nur Ad-Ministration, nicht Regierung oder Leitung. Das ist allein das Amt Christi, das geschieht im Gottesdienst. Mit Parlamenten und Plänen mag man helfen, dieses Geschehen zu schätzen und zu bewahren, nicht aber leiten oder erwirken. Kirche muss in erster Linie Gehorsam sein und bleiben.[1]

---

1 Dies durften wir bei der jüngsten Pandemie gelernt haben: Ohne Gottesdienste sind wir als Kirche nichts, was des Aufhebens wert wäre. Das gleiche gilt für den Umstand, wenn wir darin nur oder vorrangig unsere eigene Frömmigkeit zelebrieren würden.

Von einer Sammlung besonders Frommer ist in der Kirchenordnung an keiner Stelle die Rede, im Gegenteil: Alle stehen gleichermaßen unter der Aufgabe beständiger Bekehrung. Die Herrschaft Christi realisiert sich zwar auch darin, dass Christus besondere „Arbeiter in die Ernte sendet", aber daraus entwickelt sich kein eigener Stand. Von einem dezidierten Standesvergleich der Pastoren gegenüber Laien findet sich nichts im Text. Mit der juristischen Auflösung des Klerus gibt es auch ihr juristisches Gegenüber der „Laien" nicht mehr als gesonderte Gruppe. Und weil es keine Gemeindedefinition gibt, so gibt es auch keine von ihnen geschiedene Ebene derer, die - wie wir heute sagen - aus der Kirche ausgetreten sind. Aus der Taufe kann man nicht austreten. Der Ruf Gottes gilt aller Menschheit. Das steht allem kirchlichen Mitgliedsrecht entgegen.

Nach der Ordinationsformel soll der weidende Hirte der Gemeinde „Vorbild" sein, d.h. alle haben das gleiche Ziel. Selbst die Schlüsselgewalt sieht die Kirchenordnung wie auch bei der Deutschen Messe von Thomas Müntzer nicht vor allem bei den Pastoren. Dort spricht das Volk dem Priester die Absolution zu. Das hatte Johann Riebling in abgeschwächter Weise 1545 beibehalten. Zu Beginn des Gottesdienstes wird sie ihm auch unserer Kirchenordnung nach noch von „dem anderen Diener oder Küster" erteilt. Bei Müntzer tat dies noch die gesamte Gemeinde. Vergebender ist so oder so allein Christus.

Kirche und Kirchenrecht[1]

Wenn nun als Kirche einerseits das gesamte (getaufte) Volk gezählt wird, andererseits aber der Gottesdienst und die Anrufung als zwar sichtbares, jedoch nicht zählbares Herrschaftsgeschehen Christi gilt, was bedeutet dies für ein Kirchenrecht? Recht bedeutet Ordnung einer wie auch immer eingegrenzten Menschengruppe, bzw. der Dinge[2] und Gegebenheiten, mit denen diese zu tun hat. Gott aber ist in diese Art von Recht nicht einbeziehbar. Er eignet sich nur als Stiftungszweck. Man kann für Menschen, die getauft sind, sich bekehren lassen, einem bestimmten Bekenntnis sich anschlössen, keine Häretiker wären, eine irgendwie abzählbare Menge darstellen, ein Recht aufrichten. Das ist ein menschliches Recht. Dann sind Bedingungen zu benennen, die solche rechtlich verfasste Kirche definiert, d.h. auch begrenzt. Der Gottesdienst aber tut dies nicht. So schlüssig, sinnvoll und daran festzuhalten das uralte Kirchenrecht auch ist, dass nur ein Getaufter am Abendmahl teilnehmen sollte, auf Christi Weisung kann sich diese Einschränkung nicht berufen.

Kirchenrecht in Deutschland gibt es kraft eines Mitgliedschaftsgesetzes. Orthodoxe Kirchen kennen das nicht in dieser Weise, bzw. sie gestehen so etwas nur gegenüber dem Staat zu, der so etwas von ihnen verlangt, damit er mit der Kirche juristischen Umgang pflegen kann. Im Grunde bleibt dies der Kirche

1 Das folgende Kapitel ist sehr „kirchenkritisch“, man möge mir das nachsehen. Der Hauptgrund, warum es in diesem Buch zu stehen kommt, ist, dass wir verstehen, wie grundsätzlich sich die Kirchenordnung von 1552 sich gegenüber unserer landläufigen Kirchenauffassung heute abhebt.

2 Dazu gehören zum Beispiel auch Kirchen, Häuser oder Ländereien.

fremd. Nicht einmal den unmündigen, selbstverständlich ungetauften Kindern sollten die Jünger nicht wehren, dass er sie segne. Nur aus einer Kirche mit Mitgliedschaftsrecht kann man austreten. Solches Rechtsdenken kennt die Mecklenburgische Kirchenordnung nicht. Man kann freilich sagen, weil alle Landeskinder in der Kirchenordnung gemeint und betroffen sind, wären sie Mitglieder dieser „Kirche". So etwas wird aber im Text nicht behauptet. Das Land betrachtete sich weder als sakral noch säkular, das sind spätere Kategorien.

Man hat infolge dieser Rechtsordnungen des 16. Jahrhunderts bald darauf eine Unterscheidung getroffen zwischen dem ius in et circa sacra, innerhalb und um die heiligen Dinge herum, die Grenzen aber unterschiedlich gezogen. Die Verfasser der Kirchenordnung würden wohl gesagt haben, dass es ein Recht in sacra im strengen Sinn nicht anders geben würde als das direkte Verhältnis Gottes mit den Glaubenden. Kirchenrecht als Ordnungsmacht kann es nur circa sacra geben. Gottes Ordnung ist sein Gnadenrecht, Heilswirken und Gericht. All dies ist in menschlich juristischen Kategorien nicht fassbar, denn „Gott" kann weder Teil noch Person unseres Rechts sein. So kommt konsequenterweise in der oben angeführten Kirchenverfassung der Nordkirche Gott als Handelnder nur in der Präambel vor. Darum hatte umgekehrt das Kanonische Recht, das in diesem Punkt anders dachte, als ihr Herzstück das Bußwesen, und genau das akzeptierte die Reformation nicht.

Die Kirchenordnung von 1552 ist keine Kirchenverfassung im modernen Sinn, und es fragt sich, ob die modernen Kirchenverfassungen sich im vollen Sinn als Kirchenordnung ansehen dürfen, oder eben nur einen Verwaltungsapparat für eine Kirche im Sinn der Herrschaft Christi im Blick haben können.

Bernhard von Clairvaux hatte in seiner Ritterrede einen Rechtsgrundsatz gefunden, nach dem Heiden in ihrer Gegnerschaft zu Christus ihrer Seele verlustig gegangen seien und somit rechtlos geworden waren. Sie im Kampf zu erschlagen, sah Bernhard darum nicht als Tötung an. Dies war krasseste Form einer Sonderstellung der Christen in der Menschheit, ausgerechnet bei einem sonst überaus bewundernswerten Theologen. Dem entsprach auch die Ausgrenzung der Juden (und Zigeuner).[1] Nun aber galt hier die gesamte Kirchenordnung nur noch dem Schutz und der Förderung des Gottesdienstes.

Die historische Entwicklung der Reformation verlief nicht linear oder „nach Plan". So scheute sich z.B. Melanchthon noch aus guten Gründen, eine lutherische Dogmatik in Form einer theologischen Summe zu verfassen. Wenig später aber veröffentlichte Johann Gerhard seine „lutherische" 9-bändige Dogmatik, wo der Begriff

1 Die groben und unchristlichen antijüdischen (nicht antisemitischen) Schriften des alternden Luther sind als Zeichen dafür zu werten, um welch gewichtiges Thema es hier geht. Sie reicht weiter als nur die Frage, ob hier Luther zum Sünder geworden ist. Die Erkenntnis der Reformation ereilte die Reformatoren mehr, als dass sie als ihre Autoren anzusehen wären. So sagt es auch unsere Kirchenordnung: Gott hat uns diese Erkenntnis geschenkt. Vieles an der Reformation ist nicht durchgehalten worden. Die judenfeindlichen Schriften Luthers sprechen seinen eigenen Schriften früherer Jahre Hohn. Der Aberglaube derer, die Hexen auf lutherischer Seite mit „Gottesurteilen" verfolgten und der Folter überantworteten und nach universitärer Expertise billigten, zeigten, wie sehr man noch selbst in dem Irrglauben verhaftet war, den man konsequenter Weise kraft reformatorischer Einsicht hätte ablegen müssen. Man sollte niemals auch nur versuchen, Menschen mit Drohungen oder Beschimpfungen auszugrenzen oder ins Himmelreich hinein ängstigen zu wollen. Die Zwölf Tore Jerusalems stehen Tag und Nacht offen.

„loci“ fast nur noch wie ein Deckname wirkte. So wurde dann im Juristischen das Gottesgnadentum des Fürsten zur Rechtfertigung absolutistischer Herrschaft.

Unsere Kirchenverfassungen haben die Organisation und Verwaltung von „Kirche“ im Blick, die von einer Mitgliederzahl ausgehen, die entsprechend „demokratisch“ geregelt werden muss. Dafür muss ein „Christ“ mit bestimmter Konfession definiert werden. Berechtigungen werden ausgesprochen, Regeln erstellt, Dienstanweisungen gegeben, Verbote erteilt, etc. Es gibt Strukturen, Über- und Unterordnungen. Diese Rechtsform macht die Kirche von vornherein zu einer Organisation einer Minderheit, einem Teil von Gesellschaft oder Staat. Sie wird immer alle Mühe haben, ihr nicht zu klärendes Verhältnis zur „Gemeinschaft der Heiligen“ irgendwie zu definieren, die sie versucht abzubilden, zu repräsentieren, aber die sie nicht ist. Indem sie sich als Organisation zur „sichtbaren Kirche“ erklärt, entwertet sie die wirklich sichtbare Kirche, die Versammlung der Glaubenden. Sie ist weder „Kirche“ im Sinn der Kirchenordnung von 1552, noch ist sie geschehende „Versammlung der Gläubigen“ im Sinn von CA VII. Sie fällt in das Muster der Römischen Kirche zurück, die unter dem doppelt unerfüllbaren Druck und Wunsch stand, entweder den lieben Gott oder die Versammlung der Glaubenden in irdischem Raum und vergehender Zeit zu repräsentieren. „Kirche“ schöpft ihre Identität aus Repräsentation, ist aber nicht, was sie behauptet zu sein, denn in der liturgische Zeit berühren sich Himmel und Erde. Sie ist nur Bild und muss achtgeben, sich nicht für die Sache selbst zu halten. In der Öffentlichkeit wird sie so wahrgenommen und entsprechende Enttäuschungen sind vorprogrammiert. Dann umgibt die Kirche kein Heiligenschein. Sie setzt sich selbst grundsätzlich dem Verdacht der Heuchelei aus. Im Unterschied zum Bild in der Liturgie definieren sie sich, weil anders kein Recht funktioniert. Die Ikone ist Teil der Anrufung, Kirche im institutionellen Sinn aber ist keine Anrufung, keine Versammlung in diesem Sinn. Zahle ich Kirchensteuer und lasse ich mich in Listen führen, ist dem Glauben kein Genüge getan. Nehme ich an „kirchlichen Veranstaltungen" teil, gehöre zur „Kerngemeinde", ist damit über mein Verhältnis zu Gott nichts ausgesagt. Bekenne ich mich zu einer bestimmten Art, von Gott zu denken, geschieht darum keine Gnade. So war das mit Glaube und Gnade in der Reformation nicht gemeint. Man kann in einer Synode eine Stimme haben, kirchlicher Beamter sein und somit am öffentlichen Bekenntnis haftbar gemacht werden, über meine Jüngerschaft sagt es allein wenig oder nichts aus. Man kann glühender Glaubensbekenner und dennoch lieblos in seinem Wesen sein. Freikirchliche Gemeinden sind oft weit gesetzlicher als die von ihnen abschätzig betrachteten „Großkirchen".

Religion gilt nicht nur in der Gesellschaft als „privat", sondern seit langem auch weithin in Kirchenkreisen. Ein Rechtssystem kann das Leben der Herzen nicht „organisieren". Wer „Kirche" organisieren will, ob nun mit Oberkirchenrat oder eingetragenem Verein, überhebt sich gewaltig. Organisiert werden kann nur das Drumherum, lateinisch „circa sacra". Aus Gliedern des Leibes Christi sind Mitglieder geworden, und an der Stelle des Hauptes steht zwar in den Evangelischen Kirchen kein Papst mehr, dafür aber gibt es etliche Päpstlein in Form von Funktionen und Funktionsträgern einer sehr menschlichen Organisation. „Kirche" als Organisation muss es geben. Sie sollte sich jedoch unbedingt bescheiden und sehr transparent deutlich machen, dass sie nicht „die Kirche“ im Sinn einer Repräsentation ist, sondern nur eine Art Hilfsorganisation, deren Notwendigkeit allein in der Schwäche von Menschen liegt. Sie hilft nicht Gott und seiner Mission auf, sondern kümmert sich nur wie ein Haushalter. Dessen Aufgabe liegt mit den Worten der Kirchenordnung von 1552 darin, für Reinigkeit zu sorgen. Er macht dann seine Sache gut, wenn man nichts sieht, was stört. Kirche in diesem Sinn darf nicht im Namen Gottes zur Welt sprechen, dass muss sie dem Gottesdienst und gemeinsamem Zuhören überlassen. Der geschehenden Versammlung der Glaubenden ist nichts hinzuzufügen. Theologie spürt dem Dogma nur nach.

Es nimmt nicht Wunder, wenn wir heute feststellen müssen, dass in puncto gewichtiger Suche nach Wahrheit und notwendiger Einsicht in dem, was wir Kultur nennen, deutlicher „draußen in der Welt“ von Gottes Wort gehandelt wird als in kirchlichen Verlautbarungen. Die Kirche als Institution bindet ihre Kräfte an der Selbsterhaltung. Leider ist konsequenter Weise auch der Gottesdienst häufig weithin selbst zum Produkt der Organisation geworden, er wird „gemacht“ und erscheint als Ausdruck des eigenen Glaubens. Gott aber müssen wir nichts klarmachen und Kirche als Selbstdarstellung einer Weltanschauung geht an der Stiftung Christi völlig vorbei. Da braucht Christus auch nicht gegenwärtig zu sein. So etwas ist Missbrauch seines Namens.

Dem großen Missverständnis einer Repräsentationskirche ist es geschuldet, dass im Gottesdienst selbst vieles seicht und bedeutungsarm geworden ist. Wer repräsentiert, macht etwas nach und muss wenig schöpferisch sein. Mittelmäßige Romane oder Talkshows stechen Predigten oder Radioandachten oft locker aus, auch weil letztere darauf bauen, als „Kirche“ eben schon mal jemand zu sein. Die Botschaft Christi an uns und ihre Relevanz für die Welt wird zur Zeit in der Regel weit intensiver in Zeitschriften wie Le Monde diplomatique oder Lettre erwogen als in „Kirchenzeitungen“. Letztere sind eher Vereinsblättchen oder eine Art Lokalpresse, Publikationsorgan der Kirche.

Kirche im genannten Selbstverständnis kreist viel um sich selbst, und wendet sich wenig dem zu, was die Zeit umtreibt. Der Bedeutungslosigkeit der Kirche begegnet man nicht, indem man sich oder Gottes Wort besser oder geschickter zu „verkaufen“ sucht. Diesem Problem wird man im Gegenteil dadurch gerecht, dass man den Widerspruch zu dem erkennt, was in unserer Zeit verquer läuft und Gottes Willen widerstreitet. Sonst greift auch kein Trost. Das Problem entsteht dann, wenn man sich als Kirche äußert. Das Problem besteht nicht, wenn sich Menschen im Raum um den Gottesdienst herum mit Gottes Wort im Herzen der Welt zuwenden.

Die Frage nach dem Wesen von Kirche und Gottesdienst lässt sich zugespitzt mit einem literarischen Muster beschreiben. Pygmalions Geliebte ist sein eigenes Werk, in das er sich verliebt, übertragen auf die bekannten modernen Definitionen des Glaubens: Der Künstler wird abhängig von seinem Werk, ist religiös ergriffen von der Kunst und nimmt dies als Liebe. Bei E.T.A. Hoffmann im „Sandmann“ tanzt Nathanael mit Olimpia und merkt nicht, dass es sich bei der Schönen, die ihn bezaubert um ein Machwerk des Wetterglashändlers handelt. Bei My fair Lady von George Bernhard Shaw entdeckt oder erahnt Professor Higgins am Ende zumindest, dass das von ihm geformte Blumenmädchen doch ein echter, anderer Mensch sei. Von Narziss wollen wir gar nicht erst reden, das Bild würde im Vergleich auf den zutreffen, der sich an seiner Spiritualität begeistert und sich in seine Mitte stürzt, was freilich seinen Tod bedeutet, abgeschwächt auf unser Thema gewendet, in Selbstverliebtheit endet. Definiert sich die Organisation „Kirche" als rechtliche Gemeinschaft der Glaubenden, kann sie sich ohne Not von Gott abkoppeln und sich in ihrer eigenen „Spiritualität" einrichten. Sie braucht die Welt nicht, und den lebendigen Gott ebenso wenig. Dafür reichen Bilder von Gott und der Welt. Die „Versammlung der Gläubigen" nach CA VII meint etwas ganz anderes.

Der Gottesdienst, wie ihn sich die Reformatoren wünschten und ihn wiederherzustellen sich bemühten, ist vom Gedanken getragen, Gott durch seinen Sohn im Heiligen Geist begegnen zu können. Sie wollten von sich selbst absehen. Gottesdienst sollte ihnen keine Gedenkveranstaltung oder neu inszenierte Bibel sein. So würde heute das Theater mit der Sache umgehen, so hat es beispielsweise denn auch „Jesus Christ Superstar" mustergültig getan. All diesen wunderbaren Möglichkeiten setzte die Reformation mit CA VII und unserer Kirchenordnung die einfache Versammlung der Glaubenden unter dem Namen Christi entgegen. Gottesdienst ist Eintreten in den Herrschaftsraum Christi. Der Name Christi ist dabei kein Logo der Corporate identity, sondern verleiht die Möglichkeit „rechter Anrufung". Nur so kann das Evangelium als Gnadenakt Gottes, im tieferen Sinn des Wortes „erinnert" werden. Logo und Firmenspitze repräsentieren eine in ein Register, also Rechtsordnung eingetragene Institution, die einen Rechtskörper bildet. Sie sind die Instanz, an die man sich wenden kann, die verantwortlich gemacht werden kann. Gott und seine Herrschaft kann man in dieser Weise nicht repräsentieren. Repräsentanz bedeutet, dass der Repräsentierte nicht anwesend ist. Um Christ Gegenwart und Herrschaft geht es in der Liturgie. Seine unmittelbare Gegenwart bedeutet auch, dass hier nichts festzuhalten ist. Der Zeitfaktor ist somit fundamental für das Kirchenverständnis. Eine Beständigkeit im Sinn der Registrierung ist keine Gegenwart.

Kirchengebäude sind Orte, an denen Gottesdienste über Jahrhunderte und Generationen gehalten werden mit wechselnden und sich fortlaufend verändernden Gemeinden. In dieser Weise sind sie der Ewigkeit verpflichtet und auch für die Ewigkeit bestimmt, gestiftet, vorhanden. Als solche sind sie unveräußerlich. Will oder muss man sie aufgeben, müssen sie zuvor entwidmet werden. Sie geben dem Gottesdienst Raum, das zeichnet sie aus. So kann man sie noch im besten Sinn des Wortes Kirchen nennen. Kirchen repräsentieren den Himmel, aber nicht Gott.

So wie die Kirche als Gebäude Achtung verdient und des Schutzes vor Missbrauch bedarf, aber dennoch außerhalb der Liturgie nur Stein, Glas und Holz ist, gibt es keine Kirche als Ganzes einer Menschengruppe als Repräsentantin des Himmels, eingetragen in weltliche Register, als Sonderstand oder als Sondergruppe.[1] Das Taufrecht lässt sich nicht weltlich in ein Mitgliederrecht verwandeln. Man mag es dazu weltlich machen, aber das Taufrecht kann man so nicht verweltlichen, ohne es zu verderben oder zu missdeuten. Dem Gnadenrecht entnommen im rechnenden Ordnungsrecht verändert es sich von Grund auf. Das himmlische Bürgerrecht ist nicht konvertibel mit bürgerlichem Recht, was aber nicht heißt, dass es

---

1 Im Mittelalter war der Klerus ein Stand in der Gesellschaft, der der weltlichen Hierarchie gegenüber stand und eine vergleichbare Hierarchie bildete. Nun waren die Pastoren nur noch Gelehrte mit einer bestimmten Funktion.

sich dort nicht auswirken würde. Den Getauften heißt man einen „Christen". Das bedeutet, dass in ihm als Jünger Christi sein Herr wirke. Dessen Reich aber ist nicht von dieser Welt, und er ist nicht in dieser Welt König. Er ist auf andere Weise König aller Könige, als mit Hofstaat oder einer Anhängerschar, die sich als seine begeisterten oder nur zustimmenden Wähler ausgeben. Er herrscht nicht, wie es Herrscher auf Erden tun, das heißt auch gemäß der Logik unserer Kirchenordnung, es gibt kein Kirchenrecht als eine der irdischen Herrschaftsordnungen, nicht Monarchie eines Papstes, nicht Aristokratie von kompetenten Geistlichen, nicht Demokratie einer Laienkirche.

Der Auferstandene erschien nicht denen, die nicht glaubten. Menschliches Gnadenrecht vermag nicht anders Gottes Gnadenrecht zu spiegeln als in Liebe und Vergebung. Darum ist der mittelalterliche Versuch verständlich, dass man alles Kirchenrecht auf dem Bußrecht aufbauen wollte, aber die Reformation zeigte auf, dass selbst dies vermessen und zum Scheitern verurteilt war. Gerät die Absolution in die Mühlen menschlicher Ordnungen wie Bußkataloge oder Guter Werke, verliert sie ihre himmlische Autorität und kann nicht mehr von menschlicher Herrschaft unterschieden werden. Die Absage der Reformation gegenüber weltlicher Herrschaft von Kirche bedeutet auch die Absage einer Herrschaft unter den Glaubenden als Ordnung, die Bösem mit der Kraft strafende Exekutive wehrt. Ihr Strafen ist nur Aufzeigen dessen, was Gott nicht gefällig ist und ihr Ordnen besteht in der Predigt des Evangeliums. Das ist aber keine Flucht in das Vergeistigte, sondern die am Abendmahlstisch knien, sind reale Menschen, die Gott geben, was Gottes ist, und dem Kaiser, was des Kaisers ist. Aber sie werden gegenüber dem Kaiser dessen Ordnung von innen her nicht mehr nur laufen lassen, sie wollen billig handeln, recht und gut. Sie messen ihr Verhalten an Gott, lassen ihr Gewissen nicht binden, sondern erleben es als Befreiung von Zwängen, weil sie lieben wollen. Sie glauben jedoch nicht, den Himmel auf Erden errichten zu können, weder im ganzen Land, noch in Sondergemeinschaften, einem heiligeren Kirchenstaat oder einer kirchlichen Organisation. Dagegen steht die Erbsünde, die Verhaftung des Menschen im Drang zum Bösen. Der Sünder, dem vergeben ist, wird nicht mehr vom Teufel beherrscht, obgleich er in der Welt lebt, er ist durch Christus frei, und als ein solcher lebt er mitten in irdischem Herrschaftsgefüge. Darum ergab sich der entsprechende Streit im lutherischen Lager um peccatum regans et non regnans, auf den unsere Kirchenordnung als Schlüssel hinwies.

Unsere Kirche behauptet nicht, das sie göttlich wäre, aber sie betrachtet sich als besonders kompetent in Glaubenssachen. Sie sieht sich als Instanz in Sachen christlicher Religion an. Sie verweist auf ihre besondere Zuständigkeit. Sie beansprucht, Expertin, Sachkundige in Sachen Glauben zu sein. Sie weiß am Besten, wie es richtig ist. Sie repräsentiert Gottes Wort in der Welt als Instanz. Ihre konfessionellen Dogmen werden zum Unterscheidungsmerkmal. Damit wird das Dogma aber ihres Kontextes der Liturgie beraubt. Diesen Paradigmenwechsel kann man bei Friedrich Schleiermacher in aller Klarheit betrachten. Als Verwalterin eines Dogmas kann sie sich als innerweltliche Größe behaupten, denn wir ordnen unsere Gesellschaft nicht nur mit Wirtschaftsmacht oder Polizei, sondern auch durch Kompetenzverteilung. Aber unser Glaube ist weder weltliche Kompetenz, noch ist Christus eine weltliche Instanz.

Kompetenz berechtigt, im Wort steckt die Symmetrie, das Paradigma. Glaube ist aber kein systematisches, in sich logisches Paradigma. Das war der Widerspruch Luthers und Melanchthons gegen das zweifellos großartige Werk eines Thomas von Aquin. Für eine solche Dogmatik kann der Gottesdienst nur noch praktische Anwendung bedeuten, es ist schließlich geklärt, wer Gott ist und wie er wirkt.

Eine Instanz steht über etwas und ist doch nur Teil eines Rechtsvorgangs. Sie betreibt etwas sachkundig und hat eine bestimmte Zuständigkeit im öffentlichen Leben. Sie kann sich aber nicht an die Stelle Gottes oder des Gottesdienstes setzen. Die Instanz Gott ist keine irdische Instanz, er lässt sich nicht in menschliche, weltliche Ordnungen einfügen. Gebärdet sich eine Organisation als Vertretung von Gott, und sei es als seine sachkundigste Institution auf Erden, überhebt sie sich und stellt sich wiederum vor den Gottesdienst. Betrachtet man aus dieser Perspektive die Kirchenordnung, wird deutlich, wie anders man dachte. Die „Schulen", inklusive Universität sollen nur zum Führen des Gottesdienstes und Predigen befähigen. Predigt ist dabei Lauschen auf das Evangelium, nicht seine populäre Erklärung.

Das Bekenntnis ist in unseren modernen Kirchenverfassungen Teil einer Präambel, auf die ihre „Kirchen-Leute", jetzt Mitglieder mit Taufbedingung, irdisch verpflichtet werden, was freilich niemand abmessen kann oder auch nur will. Ob sie Gottesdienste besuchen oder sich zumindest auch konfirmieren lassen, ist kirchenrechtlich irrelevant.

Ich plädiere nicht für eine Auflösung kirchlicher Institutionen, sondern darauf, dass sie sich zu bescheiden wissen und nicht die

Gottesdienste als Gegenstand ihrer Planungen, als bloße Termine in einem „Church-Desk" missverstehen, wo die Pastoren sich vor allem als Angestellte mit den Sonderrechten von Kirchenbeamten ansehen. Gemeinden sind kein Pastoraler Raum. Kirche sei geschehende Versammlung der Gläubigen, die immer wieder neu, kontinuierlich und überall, wo zwei oder drei sich in Christi Namen versammeln wollen. Zahlen als Bedingung dafür, ob ein Gottesdienst lohnt, zeigen an, wes Kind man ist. Die Kirchenordnung alimentierte die Pastoren, weil sei halt leben mussten. Die Kirche ist auch keine Experteninstanz für das Wort Gottes in unserer Zeit und Welt. Sie sei keine bürokratische Kirchenleitung, die ihre Synoden mit Verwaltungsräten verwechselt, sondern Administration im Wortsinn, Hilfe und Schutz für die Liturgie. Niemand solle sich vermessen, die Kirchenleitung aus Christi Hand zu reißen.

Liturgierecht

Unter Liturgierecht versteht man gemeinhin die Frage, wer das Recht hat, Liturgie zu gestalten, zu verändern oder auf bestimmten Formen zu beharren. Die andere, weit wichtigere Bedeutung aber liegt in der Frage, in welchem Sinn Liturgie Recht bedeutet. Hans Dombois hat in Band I seines großen Werkes „Das Recht der Gnade" sich ausführlich letzterem zugewandt, was schon darum bedeutsam ist, weil diese enorm wichtige Frage im Allgemeinen kaum beachtet, bzw. ernst genommen und erkannt wird. Gottes Gnade wird in den Bereich einer privaten Religiosität verschoben, aber nicht als rechtlicher Akt verstanden. So wird denn das Jüngste Gericht und das Handeln Gottes schon mal mit einer Art Endabrechnung Gottes mit den Menschen verwechselt, die am Sankt Nimmerleinstag stattfinden mag oder auch nicht. Der Schrift nach aber reicht Gottes Gericht im Glauben mitten in unsere Tage hinein und verändert uns, bewirkt „Metanoia", Umkehr, fortlaufende Bekehrung, wie unsere Kirchenordnung sagt. Sie wirkt mithin radikal, geht an die Wurzeln dessen, was und wer wir vor Gott und einander sind. (Joh 3)

Einfacher scheint es, in Bezug auf die Mecklenburgische Kirchenordnung die erste Frage in Bezug auf das Liturgierecht zu beantworten, wer wofür verantwortlich sei. Der Fürst widerspricht in keiner Weise dem, was reformatorische Theologen für recht und wichtig hielten. Bei Trauung und Taufe hielt er sich direkt an Luther, ebenso in Bezug auf Lieder oder vorhandene Gottesdienstordnungen. Man solle sich in seinen Gewohnheiten nicht stören lassen. Auch werden Vorschläge gemacht. Der Fürst gebärdet sich nicht als Herr der Liturgie, er schreibt die Gebete nicht vor, sondern versteht sich als jemand, der ordnet, was da ist und von den Theologen und Glaubenden auf der reformatorischen Seite für recht und billig erkannt worden ist. Es galt, Missstände zu beseitigen. Die Reformation ging nicht vom Fürsten aus, sondern von denen, die für den rechten Gottesdienst verantwortlich zeichneten. Martin Luther sollte die künftigen Prediger an der Universität ausbilden und sprach aus eigener liturgischer Betroffenheit. Die Reformation verdankte sich auch nicht einem Volksbegehren, im Gegenteil, sie musste sich mühsam durchsetzen.

Im Mittelalter unterschied man zwischen dem einheitlichen Römischen Ritus und den Gewohnheiten einzelner Diözesen oder Klöster. Die Kirchenordnung schrieb 1552 noch keine einheitliche

Standardliturgie vor, sondern gab nur einen Zeitplan und eine Art Raster der Messe vor. Die Verwendung der Lutherübersetzung war bereits zu selbstverständlich, um erwähnt zu werden.[1]

Liturgische Einheitlichkeit war durchaus erwünscht, wurde aber nicht erzwungen. Auch darin übte sich der Fürst in Zurückhaltung. Er wollte den Pfarrern nicht vorschreiben, wie sie den Gottesdienst zu machen hätten, sondern gebot Eintracht unter ihnen, garantiert durch die „rechte" Lehre. Wahrheit ist Garant der Einigkeit. Das Liturgierecht im Sinne der Ausgestaltung sah der Fürst somit bei den Pastoren, den Ortsbischöfen, allerdings mit der Auflage der Eintracht mit den anderen. Diese Eintracht bezog sich nicht so sehr auf die teilweise auch als äußerlich angesehenen Gottesdiensttexten, als vielmehr in der Lehre, also den zentralen Formulierungen, bzw. der Anordnung der Liturgieteile. Damit offenbart sich auch ein bestimmtes Verständnis vom Dogma. Es wurzelt und hat seinen Ort in der Liturgie, im Vollzug. Es wurde mithin nicht so sehr im universitären Sinn gesehen als Einheitstheologie, sondern wurde in engstem Kontext mit Predigt, Gebet („rechter Anrufung") und

1 Erstaunen mag, dass die niederdeutsche Sprache keine Erwähnung und Verwendung fand, obgleich sowohl Bibelübersetzung als auch niederdeutsche liturgische Texte vorhanden waren. Aber dies zu bedenken, ist ein eigenes Feld. Dem auf Platt sprechenden Volk wurde mit dem Katechismus zum Auswendiglernen und der dann als Hochdeutsch geltenden Bibelübersetzung zugemutet, in einer ihr nur verwandten, aber noch lange fremd bleibenden Sprache Gottesdienst zu feiern und dem eigenen Glauben Worte zu verleihen. Das verbreitete Urteil, die Reformation habe die Volkssprache verwendet, muss zumindest teilweise revidiert werden. Das Hochdeutsch war eine eher politische Sprache und keine Volkssprache. Aber sie bildete ein verständliche Sprache für etliche Dialekte gleich einem gemeinsamen Nenner. Das gemeine, vielsprachige Volk würde niemals Latein erlernen, aber doch das Hochdeutsche verstehen lernen können.

Sakramentsverwaltung verstanden. In Mecklenburg lässt es sich mit Händen greifen: Zuerst war da die Entscheidung, im Sinn der Reformation Gottesdienste zu feiern, dann erfolgte die Kirchenordnung. Sie war Grundlage auch der Neu- und Umgestaltung der Landesuniversität. Der Neuordnung des Gottesdienstes und der Beichtpraxis folgte eine neue und veränderte Art der Ausbildung der Pastoren. Sicher hatten theologische Einsichten und Erkenntnisse, wie die von Luther, Melanchthon oder Bugenhagen den Anstoß zu den liturgischen Reformen gegeben, aber es war ein Wechselspiel. Die Liturgie war im 16. Jahrhundert nicht bloße Anwendung oder Praxis der Theologie, wie man es dann nach dem 19. Jahrhundert mit einem verändertem Wissenschaftsverständnis ansah und Schleiermacher es definierte. Nach solchem Verständnis muss dann das Dogma nahezu losgelöst vom Liturgischen als Theorie, als systematische Theologie erscheinen, über die sich trefflich streiten ließe, wie in der Philosophie üblich und angemessen. Im Gottesdienst selbst hat der Diskurs keinen Raum. Auch in der Predigt muss gehört und auf Gottes Wort Antwort gefunden werden. Gegenüber Gott gibt es keinen Diskurs. Um im Rahmen der Kirchenordnung zu sprechen: Die darin enthaltenen Gebete sind nicht Anwendung des Examens, sondern das Examen sollte der rechten Anrufung entsprechen. Die Theologie versucht zu verstehen, was zwischen Gott und Mensch im liturgischen Geschehen vor sich geht, bemüht sich, Missverständnissen auf die Spur zu kommen und will Irrwegen vorbeugen.

Das dreifache Amt des Pastors

Was für eine Ämterlehre liegt der Kirchenordnung zugrunde? Die Rede ist im Regelfall von zu ordinierenden Predigern, nicht von Weihe, nicht von Weihgraden oder Konsekration. Daneben lesen wir von Diakonen, deren Amt jedoch nicht weiter beschrieben ist. Der Diakon wird in Verbindung gebracht mit dem, was wir auch heute unter Diakonie verstehen, also Armenpflege und Hospitaldienst, aber auch mit liturgischer Funktion im Gottesdienst bis hin zum Predigen, so es der Pastor zulässt und für gut befindet. Zudem gibt es Küster (custodi), die ebenfalls in der Liturgie direkt beteiligt waren.

Was es nicht mehr gab, waren Messe Lesende, übergeordnete Bischöfe und Predigermönche. Das bloße Messelesen entfiel. Diese Ämter flossen im Pastorenamt zusammen: Bischof, Predigerordensmönche und Weltgeistliche. In altkirchlicher Weise versteht sich die Gleichung: Eine Kirche, bzw. die darin stattfindende Versammlung der Glaubenden, ein Bischof vor Ort. Weder Superintendent noch ein übergeordneter Bischof, auch nicht der Fürst als neuer Bischofsadminstrator hat über ihre Predigt zu gebieten, die Pastoren sind nicht verlängerter Arm eines Bischofs über ihnen.

Die administrative Seite der Landeskirche lag beim Fürsten und wurde als eine klar weltliche Aufgabe verstanden. Nach der Trennung von „Kirche“ und Staat im 19. Jahrhundert wurde mit der Bildung des Oberkirchenrats ein Teil dessen, was zuvor noch beim „geistlichen Ministerium“ lag, auf eine Kirchenbehörde übertragen, die mehr auf sich selbst gestellt war, sich aber durchaus noch unter der Regierung des Großherzogs ansah. Von da an erst kann man überhaupt von einer „Allianz“ von „Kirche“ und Staat reden. Nach dem 1. Weltkrieg wurde die „Landeskirche“ Körperschaft öffentlichen Rechts im demokratischen Staat. Nun entstand das Bedürfnis, auch die Superintendenturen in einer Amtsperson zusammenzuschließen, um einen Repräsentanten der Kirche zu haben. Dafür wählte die neu gebildete Synode ihren „Landesbischof“, wie auch die Superintendenten „Landessuperintendenten“ waren.[1] Damit rückte die Auffassung, dass es sich bei den Ortspastoren um Bischofsfunktionen handelte, weiter in die Vergessenheit. Immerhin blieb das Bewusstsein lebendig, dass die Pastoren keine verlängerten Arme der Superintendenten oder des Bischofs waren. Die Pastoren haben keine Vorgesetzten im geistlichen Sinn, nicht den Kirchengemeinderat, nicht irgendeinen Bischof über ihnen.

In Bezug auf die mittelalterlichen „Bettelorden“ ist zu sagen, dass ihre Mönche verschiedene Ämter innehatten: zu predigen, Seelsorge auszuüben und in ihren Seminaren und an den Universitäten zu lehren. Mit Predigt und Seelsorge standen sie parallel zu den Weltgeistlichen, bisweilen auch in Konkurrenz, gedacht aber als Ergänzung. Nun kam dies alles auf das eine Amt des Bischofs vor Ort. Das ging nur, weil dem einen Pastor eine beschränkte Anzahl von Menschen gegenüberstand. Je weiter heute die Strukturen greifen, umso mehr muss dieses Amt denn auch wieder aufgesplittet

1 In diesen Begriffen spiegelte sich die alte Sicht der Dinge wieder. Man wollte „Volkskirche“ sein, indem man das Volk mit dem Land, in dem man Kirche war identifizierte. Das „Land“ ist ein durch und durch politischer Begriff.

werden. Im gleichen Maß bröckelt die Gemeinschaft vor Ort, lösen sich die Gemeinden auf und werden zu pastoralen Bezirken. Man gleicht sich der Römisch-Katholischen Kirche rechtlich an, freilich auf säkulare Art.

Die drei Ämter von Bischof, Weltgeistlichem (Pfarrherr[1]) und Bettelmönch vereinigten sich nun zu den Predigern, später in Mecklenburg nur noch pastores genannt, entsprechend der Ordinationsliturgie, wo ihnen geboten wird „ihre Herde zu weiden". Sie verstanden sich jedoch nicht als konsekriert, solche Auffassung ist unserer Kirchenordnung gänzlich fremd. Sie wurden „ordiniert", nicht geweiht, das heißt, sie wurden aus weltlicher Sicht in eine landesweite Ordnung eingewiesen und mit diesem Amt betraut. Zu ordnen ist weltliche Aufgabe, sie fiel zu Teilen dem Landesfürsten zu, zu Teilen einem durch ihn beauftragten Superintendenten. Von einer Superintendentenwahl ist nicht die Rede, er wurde vom Fürst eingesetzt und auch bestallt, was auch deutlich macht, dass er schlicht für Ordnung zu sorgen hatte. Er war halt vor allem Visitator. Bis in die Gegenwart hinein hat es sich gehalten, dass er zugleich auch einer Kirche als Pastor zugeordnet war. Das machte ihn aber nicht zu einem Oberpastor als übergeordneter Geistlicher, denn das war Grundzug der lutherischen Reformation: Jegliche Hierarchie war als Irrlehre abgetan worden.

---

1 Mit Pfarrherr konnte im 16. Jahrhundert auch eine städtische Institution gemeint sein. Das Wort bezieht sich auf die Pfarre als Institution mit Ländereien und Kirchenfabrik. Vor allem letzteres wurde nicht nur vom Klerus verwaltet. „Pfarrherr" bezeichnet also - parallel zur Bischofsadministration - die weltliche Seite an einer Kirche, bzw. einem Kirchspiel.

Liturgie und Gnadenrecht

Die Herrschaft Christi zeigt sich offen im Gottesdienst, der „Anrufung“ und in den Sakramenten, wobei die Buße so sehr in das Abendmahl einbezogen wird, dass sie als ihr Teil erscheint.

Das Recht, das in dieser Herrschaft maßgebend ist, ist göttliches Gnadenrecht. Ihre Exekutive sind Gottes Liebe, also Gnade und Vergebung, Zorn und Strafe, die nach Vorstellung der Kirchenordnung durchaus auch im Leben spürbar werden in dem, was wir Schicksalsschläge nennen würden. In diesem Sinn können auch Menschen und Mächte Gottes Werkzeuge sein, aber ohne dass diese es merken oder von sich behaupten könnten. Um den Unterschied zu erkennen gegenüber bloßem Glück oder Ungeschick, das uns widerfährt hat die Kirchenordnung ein langes Kapitel eingefügt über die Frage, warum Christen leiden müssen, obgleich sie nicht derart Böses getan haben wie die Menschen, die das gleiche Schicksal offenbar als Strafe ereilt. Mit diesem Kapitel behandelt die Kirchenordnung auch das damals umstrittene Thema der Prädestination, ohne dieses Wort zu gebrauchen. Der Begriff wurde in der Kirchenordnung regelrecht umgangen.

Für Gnadenrecht gibt es keinen Verdienst, keine andere Ordnung als die des Gehorsams. In einer Standesgesellschaft, die sich aus dem Lehnsrecht entwickelte, konnte öffentliches Gnadenrecht empirisch in bestimmter Weise nachvollzogen werden. In unserer völlig anders geregelten Welt entsprechen dem Gnadenrecht Respekt, Liebe und Verantwortung, zu der man nicht verpflichtet ist, sowie vor allem Freundschaft, freiwilliges, unbezahltes Ehrenamt, soziales

Engagement. Es handelt sich also um einen Rechtsbereich, innerhalb dessen nichts einklagbar ist, nichts verdient werden kann und es keine Strafe gibt. Untreue aber ist der Bruch, Ausbruch aus dem Gnadenrecht.

Sollte man nach einer Philosophie dessen fragen, was Gnadenrecht bedeutet, möge man Emmanuel Levinas lesen. Werden aber zum Beispiel Liebe oder Freundschaft mit „Werten“ eines Moralsystems beschrieben, wird Gnadenrecht in eine Art Vertragsrecht überführt und kann leicht zum Unrecht werden. Gewähre ich einem Gnade, dem anderen nicht, ist dies im Sinne ausgleichender Gerechtigkeit zu verurteilen. Auch wenn Moral, Ethik oder politische Einsicht Gnade gebieten, ist dies immer einem Grundsatz geschuldet, Gegenstand einer Abwägung. Die Gnade Gottes aber können wir nicht in diesem Sinn nachvollziehen. Darum bekommen wir auch die entsprechenden Gleichnisse Jesu nicht in Moralsysteme integriert. Es bleibt Unrecht, einem Schaf nachzulaufen und 99 andere im Stich zu lassen. Die Zusammenkunft im Namen Christi ist somit ein durchaus rechtlicher Vorgang, aber sie stellt sich aus der Sicht normalen Rechts völlig anders dar als im Paradigma des Gnadenrechts. (Vgl. HD I 280)

Hans Dombois schloss sich Karl Barth an mit der Einsicht, dass Kirchenrecht und Kirchenlehre im Gottesdienst wurzeln. Dann jedoch schreibt er: „Das Handeln Gottes in der Gemeinschaft des neuen Gottesvolkes, in der Kirche und durch sie bedeutet eine neue Epoche der Heilsgeschichte. Sie beginnt in der Epiphanie des Auferstandenen. In ihr redet Christus nicht mehr zur Welt, sondern allein zu seinen Jüngern, aber zur Welt nur noch durch sie.“ (HD I S.281f.) Dies darf man nicht so verstehen, als würde der Geist Gottes hinfort nicht mehr wehen, wo er wolle. Er hat sich nicht an seine Kirche gebunden. Die Kirchenordnung differenziert in diesem Sinn mehrfach: Gott sammelt Christus eine Kirche, bzw. umgekehrt, Christus sammelt Gott eine Kirche, deren Haupt er ist. Entscheidend ist der Unterschied, der hier zwischen Christus, dem Menschen und dem Dreieinigen Gott gemacht wird, was aber nichts an der Doppelnatur Christi ändert. Haupt der Kirche ist Christus. Um zu verstehen, wie dies gemeint ist, ist ein Blick auf das Bild der Schutzmantelmadonna hilfreich: Nicht Maria ist die Himmelskönigin, sondern Christus allein ist König. Er ist der Mensch, um den sich die Kirche sammelt. Er ist im Gottesdienst gegenwärtig, weil er zugleich Gott ist, nicht nur Mensch.

Es ist ein Unterschied zu machen zwischen Gottes Wirksamkeit durch sein offenbares Wort und seiner Wirksamkeit überhaupt. Er ist auch außerhalb der Kirche tätig. Und indem er tätig ist, spricht er auch außerhalb der Jüngerschaft und nicht wie Hans Dombois behauptet, nur noch durch sie. Gott spricht auch in der Synagoge. Wir dürfen uns nicht überheben und ihm beispielsweise dort jede Wirksamkeit absprechen.

Dies alles hat seine Entsprechung in der jüdischen Auffassung von der Rolle des Gottesvolkes in der Welt. Es ist der Auftrag Israels, der Welt die Gebote zu lehren, und zwar vor allem die Zweite Tafel, die von aller Menschheit zu ihrem und aller Menschen Wohl anzunehmen und zu beachten ist. Auch im Alten Testament ist davon die Rede, dass Gott zu Menschen spricht, die keine Juden sind, das gilt von Adam an.

Johann Oldendorp lehrte - mit Melanchthon und auch der Kirchenordnung -, dass zwar alle Menschheit in ihrem Gewissen

Gottes Wirken spüren, aber die Offenbarung erst macht uns dessen gewiss. Bei Oldendorp geht es dann in die Richtung, dass wir als Christen in unserem Heiland nicht nur einen Maßstab für Gottes Willen haben, sondern lebendiges Gegenüber, gegenüber dem wir uns anders prüfen können als durch einen bloßen Text.

Es gilt dabei den Unterschied zu erkennen zwischen Wohl, gemeinem Nutzen und dem Heil vor Gott. Wohl und Nutzen gibt es auch außerhalb der Kirche, nicht aber Heil im Sinne der Gnade. Dies gibt Christus uns, bzw. den Menschen als Gnadengabe im Jüngsten Gericht, aber auch bereits im Glauben. So wenden wir uns im Gottesdienst Gott zu, aber als Christen im Alltag der Welt in ihrer Hilfsbedürftigkeit. Gott sendet uns als mit seinem Namen Gesegnete, um der Güte in der Welt aufzuhelfen.

In der Beichte sind Priester oder PastorInnen nur dazu bevollmächtigt, Vergebung gemäß von Gottes Recht in seinem Namen auszusprechen. Die gegenseitige Schuld unter den Menschen ist damit nicht aufgehoben, der menschlichen Rechtsprechung sind wir dadurch nicht ledig.

Aus der Sicht der Kirchenordnung ist Hans Dombois übers Ziel hinaus geschossen, wenn er die Apostel mit „Sendschöffen“ vergleicht, „die richten und begnadigen, bis der königliche Richter selbst kommt“.[1] (HD I S. 288) Dies entspräche eher dem

1 HD I 288 Sendgerichte waren im Mittelalter Kirchenämter und gehörten zum bischöflichen Gericht. Sie rügten nur, bedienten sich Sanktionskatalogen oder lieferten den Verurteilten öffentlicher Schande aus. Schwerere Vergehen wurden als Malefizsachen, bzw. Halsgerichtssachen nicht vom Sendgericht in einer Sendkirche mit Tisch und Kreuz, sondern vor ein Obrigkeitsgericht wie das Vogteigericht gebracht. Die große Verschärfung der Hexenverfolgung vom Spätmittelalter zur Neuzeit hin war auch damit verbunden, dass seit dem Hexenhammer Zauberei zunehmend nicht einer Sendgerichtsbarkeit, sondern

mittelalterlichen Kirchenrechtsverständnis, das von der Reformation abgelehnt wurde. Der Beichtvater richtet nicht, und er nimmt auch kein Gericht vorweg. Ein Sendgericht sieht unsere Kirchenordnung nicht mehr vor. Sah sich ein Pastor gezwungen, den Kleinen Bann, den zeitweisen Ausschluss vom Abendmahl auszusprechen, musste die Sache vor das Konsistorium gebracht werden, das somit den Aufgabenbereich des Sendgerichts übernahm, allerdings nur im Streitfall. Als apostolische Aufgabe sah die Kirchenordnung das Amt der Sendschöffen also gerade nicht an. Der Pastor hatte lediglich die Vollmacht, den Bereuenden die Botschaft der Gnade Gottes zuzusprechen, auf die der Glaubende sein Vertrauen setzen darf. Er insistierte nicht auf eine Aufzählung von Sünden und nahm auch nicht auf Einzelnes richtend Bezug. Zumindest ist von so einem Vorgehen in Bezug auf die Beichte nicht die Rede.

Geht es um die Frage, wie denn nun göttliches Gnadenrecht und menschliches Recht miteinander verknüpft sind, so bedenke man dies als die Frage, wie jemand, der seine Schuld verstanden hat und bereut, den Gott dennoch nicht verstoßen, sondern angenommen hat, sich fortan verhalten mag. Die dazu gehörige Geschichte ist die vom Schalksknecht Mt 18,23-35. Dem Sünde oder Schuld vor Gott vergeben ist, wird nicht nur frei, wieder von Neuem zu beginnen, sondern sich um Versöhnung zu bemühen, und zwar auch als Beklagter. Vergeben kann nur der, dem etwas angetan wurde. Vergäbe die Kirche, würde sie nur Verwirrung stiften. Vergibt Gott, so tut er es als der, vor dem alle Menschen sich verantworten müssen, über gegenseitige Vergebung hinaus. So geschieht es auch

---

als Kriminalverbrechen angesehen wurde. In manchen lutherischen Kirchen wie im Kurland blieben solche Traditionen wie das Schandmal erhalten.

im weltlichen Recht. Der Verbrecher wird vom Staat zur Verantwortung gezogen. Damit ist aber die entstandene Schuld gegenüber dem Opfer nicht automatisch abgegolten. Entsprechend unterschied auch die mittelalterliche Beichtpraxis zwischen der Vergebung durch Gott und der Abbüßung derselben Schuld im Fegefeuer. Damit meinte die Kirche handeln zu können. Die Kirchenordnung weist nicht nur diese Vollmacht zurück, sondern führt Buße und Gute Werke ganz auf die weltlichen Ebene zurück, dort muss Schuld vergeben werden und Böses entsprechend der Ordnung gesühnt werden. Von dieser Verantwortung befreit keine Beichte.

Können sich Menschen, ob nun beamtet oder nicht, können sich dauerhafte Einrichtungen dazu aufschwingen, sich vom gottesdienstlichen Geschehen abgelöst „Kirche“ zu nennen? Die Frage spiegelte sich im Abendmahlsverständnis: Ist das Brot „konsekriert“, „geweiht“ nach Gebrauch immer noch und auf Dauer Leib Christi? Dass es sowohl bei der Engelshierarchie, der Transsubstantationslehre und Maria als Himmelskönigin auch um Begründungen des Status der Kirche ging, ist bekannt. An der Lehre einer Engelshierarchie war die Reformation nicht interessiert. Die anderen Topoi lehnte sie ab. Das Fronleichnamsfest mit allem damit Verknüpften entfiel.

Unsere Kirchenordnung nennt zwar das ganze Land „Kirche“, spricht aber nicht von einer gesonderten Kirche zum Beispiel des Konventes der Pastoren oder der „Kirchen-Leute“. Kirche als Versammlung der Glaubenden ist gerade wegen der Ewigkeit keine in der Zeit dauerhafte Einrichtung, sondern geschieht „für und für“. Sie entzieht sich der Herrschaft von Menschen, denn ihr „Haupt“ ist allein Christus. Wie das Brot des Abendmahl „extra usu“ nicht Leib Christi ist, dem man die Verehrung des Altars zollen sollte, so ist es auch nicht die äußerliche Kirche als (eschatologisch verstandene) Versammlung „extra usu“, d.i. des liturgischen Geschehens. Mit dem Wegfall der Monstranz fiel auch der Reliquienkult, der die Ewigkeit der himmlischen Kirche auf Erde und Zeit ziehen wollte. Eine Kirche im rechtlichen Sinn einer dauerhaften Institution auf Erden beschreibt die Kirchenordnung nicht. Kirche gibt es nur „für und für“.

Hans Dombois hatte diese reformatorische Sicht als Mangel empfunden, ich sehe sie als dogmengeschichtliches Ereignis an. Die Grenze verläuft auf der Linie des Unterschiedes von Ewigkeit und Zeit, an der - symbolisch zu verstehenden - Kirchentür. Im Glauben überschreiten wir ihre Schwelle und kommen in Gottes Namen zueinander. Kirchen waren Asylraum, weil hier menschliche Gesetze ausgesetzt waren. Hier galt nur Gottesrecht. Die Ausweitung dieses Kirchraums im übertragenen Sinn auf Bereiche, in denen es Herrschaft und Ordnung geben muss, ist nicht legitim, dafür haben wir keine Vollmacht. Wir können das göttliche Recht nicht in die Formen menschlicher Ordnungen gießen. Das Pfarrhaus ist nicht mehr Kirche im gleichen Sinn wie die liturgische Stätte nebenan.[1]

Der Herrschaftsbereich „Im Namen des Herrn“ der Gottesdienste wurde vom Fürsten nicht angetastet, sondern vorbehaltlos als etwas akzeptiert, wo er nicht zu intervenieren hatte. Er war nur Bischofsadministrator, weder Geistlicher noch Prediger. Der Fürst hat auch keine Reformation verordnet, sondern zugelassen und

1 Was natürlich nicht heißt, dass man nicht auch im Pfarrhaus oder auf einer Wiese Gottesdienst feiern kann...

äußerlich geordnet als angemessenen Erhalt der Kirche in seinem Land.

Pastoren sind nur zu einem auszuführenden Amt ordiniert, bilden keinen klerikalen Stand mehr. Ihnen gebührt wegen ihres Amtes Respekt, Achtung, aber sie sind in keiner Weise der Welt enthoben. Sie sind Untertanen des Fürsten und schweben keinen Millimeter über dem Erdboden, wären dem Himmel näher als „Laien", sie bleiben trotz ihrer Ordination Laien nach mittelalterlichem Verständnis. Wenn Melanchthon um des Friedens willen wohl auch einmal einräumte, dass um der äußeren Einheit willen ein Papst auch eine gewisse Superiorität gegenüber den Pastoren, den Ortsbischöfen zugestanden werden könne, so sah er dies ganz sicher nicht als eine geistliche Superiorität an.

Taufe als Rechtsakt

In der Taufe wird das Kind in das Reich Gottes aufgenommen, auf das hin die Kirche, resp. die Menschheit als Christenheit zugeht. Der Täufling wird der Herrschaft des Teufels entrissen und der Herrschaft Christi überstellt. Es wird nicht Mitglied der Organisation Kirche und ihr steuerpflichtig, sondern Teil des Leibes Christi.

Uns verschreckt die Teufelsabsage in der Taufliturgie, weil der Satan für uns in den Bereich des Aberglaubens fällt. Es muss keine Teufelslehre geben, wir müssen schon gar nicht „an ihn glauben". Er ist ja nur die Verkehrung Gottes, aber niemals ihm gleich. Er ist Welt, nicht Himmel. In der Sprache der Kirchenordnung wird der Satan als

Absage der Herrschaft Christi definiert. Das hat dann mit Aberglauben oder figürlichen Vorstellung eines Monstrums nichts mehr zu tun, umso mehr mit monströsen Verhältnissen auf Erden. Den Formulierungen der Kirchenordnung nach steht man entweder unter der Herrschaft Christi oder der des Teufels. Zugleich weiß man darum, dass wir der Sünde als Menschen nicht entgehen. Darum legt die Kirchenordnung großen Wert auf die Lehre vom Sünder, der unter Gottes Gnade steht. Aber die Grundentscheidung sei gefallen, die Gnade Gottes uns zugesprochen.

Von einem selbstbestimmten Leben ist nicht die Rede. Das ist ein Muster, in dem wir heute denken. Im Informationszeitalter freilich wird die Sache nochmals komplizierter, bzw. führt landläufiges Denken noch zu weiteren Missverständnissen. Erfahren wir unsere Seele als ein Informationsprodukt, bzw. eine Informationsstruktur, ist es noch schwerer, Gnade zu erfahren. Dies macht uns umgekehrt darauf aufmerksam, dass es gerade Gnade ist, durch die wir uns als Personen wahrnehmen können. Es geht in der Taufe also um einen Rechtsakt im Gnadenrecht, der auch dann nicht beziehungslos zur übrigen Rechtswelt steht, wenn er selbst sich in dieser völlig belanglos und geradezu gegenstandslos erlebt. Wer sich unter die Herrschaft Christi stellt, sagt „dem Bösen" ab und darf sich angenommen, wahrgenommen wissen. So, wie wir uns nur im Anderen selbst erfahren, bekommen unsere Namen als Geschöpfe und von Gott „persönlich" Angesprochene und Angenommene ein Leben anderer Art. Das Unendliche spiegelt sich in uns auf andere Weise als es Kay in Hans Christian Andersens Märchen von der Schneekönigin erwarten darf. In der betenden Gegenwart Gerdas wird Kay im Nu befreit. Das Wort „Ewigkeit" konnte er aus dem kalten Verstand heraus nicht mit den Eisstückchen unserer auf andere Weise unendlichen Vernunft legen. Die Wärme des Glaubens schenkt sie ihm.

Nach Hans Dombois ist erfahrene Gnade eine statusrechtliche Veränderung. Es geht um ein „personenrechtliches Rechtsverhältnis“ mit Vertragsfolgen, wobei da unterschieden werden muss zwischen dem Bund Gottes mit uns und dem Verhältnis der Menschen untereinander. Wer in Deutschland von einer der großen Kirchen getauft wird, den zieht man infolge zur Kirchensteuer heran. (HD I S.303)[1]

Weit entscheidender sind die Rechtsfolgen, die sich aus der Nachfolge ergeben, in unserem Leben in der Welt auf allen seinen unterschiedlichen Ebenen. „Obwohl der personenrechtliche Vertrag Rechtspflichten zur Folge hat, so hat er sie doch nicht zum Gegenstande.“ Vertragsgegenstand in Bezug auf Gott und Mensch ist „das Heil“. Im älteren Begriff „Kontrakt“ (statt Vertrag) „wird man etwas für jemanden“, es war noch kein verkehrsrechtliches Schuldrecht bei diesem Wort im Sinn. Die Bibel spricht (in unseren Übersetzungen) vom „Bund“, die Kirchenordnung erinnert an den „Eid Gottes“, denn dieser Bund ist nicht als paritätisch anzusehen.

Es erscheint mir problematisch, von einem gesonderten „Kirchenrecht“ zu sprechen. Grundlegend ist die Unterscheidung von dem Recht unter Menschen und dem Recht zwischen Gott und Menschen. Die Kirchenordnung spricht diesbezüglich von dem Eid,

---

1 Das darf man getrost bedenklich finden, weil kirchenrechtlich niemand ohne diese weltliche Rechtsfolge getauft werden darf. Der Getaufte wird automatisch kirchensteuerpflichtig. Damit wird ein Sakrament als menschlicher Rechtsakt mit finanziellen Folgen gewertet, in Bezug auf das Abendmahl würde die gleiche Kirche so ein Denken weit von sich weisen.

den Gott geschworen hat, dass er den Sünder nicht verwerfe.[1] Kirche als Institution ist nur insofern von anderem weltlichen Recht gesondert, weil es sich unserem Umgang mit dem Gnadenrecht zuwendet, also einem Gebiet, das sich außerhalb unseres Rechtes befindet. Die Auswirkungen von Gottes Gebot und Gnade betreffen alles menschliche Recht, alle Ethik und das gesamte Leben gleichermaßen, nicht einen Stand wie den Klerus oder eine fromme Gemeinde besonders, im irgendwie höheren Maß. Man braucht dafür nicht erst das Gleichnis vom barmherzigen Samariter zu bemühen. Dahingehend sprechen schon die Gleichnisse vom Weltgericht oder dem armen Lazarus eine überaus deutliche Sprache. Mein Nächster ist nicht vorrangig mein bester Freund.

Man kann zusammenfassen: Das Gnadenrecht in diesem geistlichen Sinn ist kein Recht zwischen Menschen, aber die Rechtsfolgen gehen ein in das Verhalten der Menschen untereinander. So erweist sich als Ziel des geistlichen Gnadenrechts das Wohl ebenso wie das Heil des Menschengeschlechts, wobei beim ersteren es auch um das allgemeine Wohl geht, unabhängig von Bekenntnis oder Zugehörigkeit zu einer Konfession. Es geht Gott und dem Evangelium um das „menschliche Geschlecht“, wie die Kirchenordnung sagt, nicht um eine irdische Auswahl frommer Menschen.

---

1 Auch das Wort Testament gehört eher zum Eid, denn zum Bund. Mit Gebrauch des Wortes Bund wollte man zu recht auch die Verpflichtung des Menschen betonen, aber ein Bund gegenseitiger Verpflichtung ist das Gnadenrecht nicht. Auf der einen Seite steht die freie Zusage Gottes, auf der anderen Pflicht und Schuldigkeit des Menschen, der diese Verheißung annimmt.

Der Geist Gottes sammelt für Christus Menschen zu einer Kirche, nicht unsere Missionare oder gar Experten, die gemäß statistischer Umfragen wüssten, wie wir das Leben einer sterbenden Kirche noch etwas verlängern können.

Lehramt

Dogmengeschichte lässt sich als Prozess der Erkenntnisentwicklung von Christen beschreiben. Es wird deutlich, was nicht dem Zentrum entspricht, wohl wissend, dass es uns unmöglich ist, positiv das Meer der Erkenntnis auszuschöpfen. Dabei geschieht dies nicht im luftleeren Raum, bzw. in einem gegenüber der Welt abgeschlossenen Kirchenraum. Das Wort Gottes gewinnt im Sprechen der Völker und Zeiten auch unterschiedliche Gestalt. Dogmen sind selten auftretende Texte, auf die sich die Ökumene oder doch ein Teil von ihr einigen kann. Für die Orthodoxe Kirche gib es seit mehr als tausend Jahre keine neuen Dogmentexte mehr, für die evangelischen Kirche haben die Bekenntnisschriften Dogmenrang, für die Barmer Thesen und die Leuenberger Konkordie als eine Art Nachhang zu den Bekenntnisschriften wird darüber gesprochen, ob sie dazu zählen. Für die Römisch-Katholische Kirchen endet der Dogmenbildungsprozess nicht. Die Kirchenordnung Mecklenburgs zählt sich selbst definitiv nicht dazu, andererseits ist sie davon nicht zu trennen, etwa zwanzig Jahre nach dem Augsburgischen Bekenntnis und dreißig Jahre vor dem Abschluss des

Konkordienbuches 1580. Ein entscheidendes Kriterium für ein Dogma im Unterschied zu theologischen Texten besteht darin, dass sich - wie der biblische Kanon – den Grundlagen des Gottesdienstes zuwendet und es eine grundlegende Äußerung einer Kirche handelt, seit dem 16. Jahrhundert einer Konfession. Kirche im Sinn der Kirchenordnung von 1552 ist, wie wir gesehen haben, nicht etwas, was ohne weltliche Macht und Ordnung zu sehen ist. Das war auch in der Alten Kirche mit den Ökumenischen Konzilien so, anders als als bei Vatikanischen Konzilien.

Auch wenn die Kirchenordnung sich selbst nicht als einen dogmatischen Text ansieht, gehört sie dennoch in die Dogmengeschichte, weil sie sich grundsätzlich zu dem äußert, wie man in einträchtiger Weise als Kirche Gottesdienst feiert, Gottes Vergebung sucht und in rechter Weise Gott anruft. Dafür erhebt sie einen bedeutsamen Anspruch, den der Ausbildung der Menschen im Glauben, und zwar ohne Ausnahme gemäß Jer 31,34. Gottesdienst wird verstanden als gemeinsame Ausbildung des Herzens und Zunahme im Glauben, als Erkenntnisgewinn von Seele und Gewissen. Wort und Sakrament bedeutete auch Lehre und fortlaufende Bekehrung.

Im Lehramt sind – wie die Kirchenordnung es beschreibt – alle einander Ratende und Suchende. Für unsere Situation heute bedeutet dies zunächst den Dialog der Konfessionen, wo man voneinander lernt, ohne sich im Kompromisssinn einander anzugleichen. Klar und scharf muss benannt werden, was aus Sicht der eigenen Konfession nicht Christus entspricht, gegen andere Konfessionen, wie der eigenen Kirchengemeinschaft gegenüber. Miteinander sind wir die Heiden, zu denen Gott spricht. Wir sind kein auserwähltes Volk, sondern in der Taufe dazu berufen, die Völker, also auch uns selbst zu lehren. Dabei gilt es nicht hinter dem zurückzufallen, was erkannt und erlitten worden ist. Auf der anderen Seite ist dabei größte Vorsicht geboten, sich nicht zu schnell festzulegen und alle aktuelle Erkenntnis schon für Gottes Wort zu halten. Die Reformation wollte nichts Neues sein, sondern fürchtete „Menschenwitz". Man mag darüber reden, inwieweit die reformatorischen Bekenntnisse in ihren Formulierungen als Dogma zu beurteilen sind. Wir dürfen uns sicher sein, dass dies weder die Orthodoxie noch Rom unterschreiben würden. Aber Anspruch und Zweifel der Reformation ihrerseits, bestimmte mittelalterliche Kirchenbeschlüsse und -praktiken als gültiges Dogma anzuerkennen sind unzweifelbar Ereignisse der Dogmengeschichte, nicht nur einer Theologiegeschichte.

Zur Dogmengeschichte gehört auch der Dialog der Religionen, zuerst mit Judentum und Islam. Unübersehbar war für die Dogmengeschichte die Auseinandersetzung mit der Gnosis, die auch aus den eigenen Reihen verbannt werden musste und als irreführend erkannt worden war. Weil es im Dogma um die Erkenntnis geht, was Christus entspricht, gehört dazu auch das kritische Hören auf die Entwicklungen der Wissenschaften, der Künste, der Technik und Gesellschaft. „Prüfet alles, das Gute behaltet." (1 Thess 5,21) Für die Kirchenordnung stand es außer Zweifel, dass Judentum und Islam grundsätzlich im Irrtum leben würden. Andererseits war der Horizont der Überlegungen nicht die eigene Konfession oder das Christliche Europa, sondern die Menschheit.

Es geht bei der in der Kirchenordnung geforderten und der Kirche grundsätzlichen Öffentlichkeit nicht nur darum, festzuhalten, was richtig und unbezweifelbar an unserem Glauben ist. Das Wort Gottes ist der Menschheit gesagt. Und zu jedem Wort gehört auch der Verstehende. Das Verstehen von Gottes Wort kann sich nicht darauf beschränken, ein bestimmtes Muster, Paradigma zu bestätigen. Dies würde für das Wort Gottes bedeuten, dass es ganze Bereiche, Kulturen und Ebenen als unwichtig, nicht relevant ansähe. Darum ist unser Glaube keine „Weltanschauung“ oder Religion unter anderen, nur eine bestimmte, durch Tradition festgelegte Art eines allgemeineren Glaubensbegriffes, wie ihn Friedrich Schleiermacher und Rudolph Otto auf je ihre Weise zu definieren suchten. Die Kirchenordnung hatte als Gegenüber Gottes das ganze menschliche Geschlecht angesehen, und darin sollten wir ihr folgen. So entwickle sich nicht nur das Dogma im offenen Dialog, sondern die Liturgie selbst ist als dogmatisches Geschehen zu verstehen. Es geht um die „rechte Anrufung“ und die Wahrnehmung des „reinen Evangeliums“.

Kirche in der Welt

Es gehört zu den Schlüsselfragen der Reformationsgeschichte, was diese Veränderung nicht nur geschichtlich bewirkt hat, sondern wie nach ihr das Verhältnis von Gott und der Welt gesehen und beurteilt wurde. Johann Oldendorp fand den Punkt darin, dass alles an Gottes Wort zu messen sei, nicht so sehr im Textsinn, als vielmehr im Gegenüber zu Gott, wie er sich als Person in Anrufung und im (liturgisch sich ereignenden) Glauben durch seine Offenbarung zu erkennen gibt.

In der Kirchenordnung gestaltet sich das Bild ähnlich. Gott wirkt zweifelsfrei, wo und wie er will, auch im Verborgenen, aber im gottesdienstlichen Geschehen klar und öffentlich. Gott sammelt zwar Menschen, aber er sammelt sie für das Himmelreich, nicht für eine fromme Vereinigung auf Erden. Die Kirchenordnung kennt keine von der Welt abgesonderte Kirche als Organisation. Gott wirkt durch sein Wort und Sakrament direkt auf die Menschen ein. Er nimmt sie getreulich seinem Eid entsprechend, den Sünder nicht umkommen zu lassen, in einen Gnadenbund, der die Verpflichtung mit sich bringt, dem Guten – bei Oldendorp vorrangig der gemeine Nutzen – in der Welt aufzuhelfen und Güte in sich zu stärken. Gott hilft uns auf Erden, indem er uns dazu bringt, im tätigen Gehorsam Gott gegenüber dem Bösen zu trotzen. Diese Werke der Buße, sprich: fortlaufender Bekehrung, lassen sich ebenso wenig zählen wie Sünden und haben an sich keinerlei Verdienst vor Gott. Weil wir vor Gott nichts verdienen können, müssen wir uns um diese Frage auch nicht scheren. Auch darin unterscheidet sich göttliches Recht von jedem irdischen. In jeder menschlichen Ordnung kann man sich etwas verdienen, seine Position verteidigen und sich auf Grund von Leistung oder anderer Gegebenheiten behaupten, in Gottes Gnadenrecht nicht. Es kommt Gott nicht darauf an, sich einen treuen Anhängerkreis zu schaffen. Nichts will er für sich selbst, alle Gnade gilt dem Wohl und dem Heil der Menschen. Der Dreieinige Gott sammelt für Christus, dem Haupt der Christenheit den Leib, die Gemeinschaft der Heiligen, die Christliche Kirche. Er tut dies durch Vergebung der Sünden, die für die Erlösung vom Bösen sorgt, denn aus uns selbst heraus vermögen wir dies nicht, wir sind darin vollkommen auf Gottes Wort und Gnade angewiesen.

Der öffentlichen Ordnung kommt im Wirken Gottes ein hoher Stellenwert zu. Der Ordnungsgedanke ist zentral für die Reformation. Der Fürst weiß sich in der Pflicht, sie aufrecht zu erhalten, und zwar mehr noch vor Gott als vor seinem Volk. Dazu gehört neben äußerlichem Frieden und der Einhaltung der Gebote Zweiter Tafel, Gottesdienst zu schützen und zu erhalten. Die Erste Tafel der Gebote ist ebenfalls Gottes Ordnungsgebot. Der Gottesdienst muss als Wurzel des Friedens geschützt und geachtet werden. Aber hier geht es nicht um äußerlichen Zwang, sondern um Gottes Gnade und den freien Willen der Menschen. Diese christliche Freiheit erwächst im Glauben. Sie ist nicht als Wahlfreiheit zu verstehen, sondern als Bürgerrecht des Himmels, das Gott gnädig verleiht.

Der Erhaltung kommt höchste Priorität zu, denn von einer Idealgesellschaftsordnung, die erst zu erfinden sei, hält die Reformation nichts. Was schlecht ist, fällt unter das Verdikt des abusus, des „Missbrauchs". Zugleich aber wird in der Kirchenordnung bewusst in Bezug auf die Kirche eine Ordnung entworfen, die die Quellen des Guten freilegt, also Glaube und Bildung. Dem Wirken Gottes soll nichts im Wege stehen. Wir haben es bei dieser „Kirchen-Ordnung" mit einer Landesverfassung in spezieller Perspektive zu tun, weil sie aller Ordnung im Land eine Grundlage gibt. Das Fundament guten Handelns wird festgeschrieben, rechtes Christentum gelte als öffentliche Norm. Möglichst viele Hindernisse mögen aus dem Weg geräumt werden, die dem Lauf von Gottes gutem Wort entgegenstehen.

Man kann die Kirchenordnung auch verstehen als den fürstlichen Wunsch und Willen, dass Obrigkeit und Untertanen den Willen Gottes erkennen und ihm gern gehorsam sein wollen: Gottes Wille geschehe wie im Himmel, so auf Erden. So werden Land und Leute von Übeln erlöst.

Wir haben andere Erfahrungen mit den Ordnungen von Gesellschaft, Wirtschaft, Kommunikation oder Staat. Sie befinden sich in laufender Veränderung. Wir sehen Ordnungen für verbesserungsbedürftig an, machen sie für Missstände verantwortlich. Als veränderlich wertete auch Johann Oldendorp Rechte und Ordnungen, aber er nahm eine unveränderliche Grundordnung als Teil der Schöpfungsordnung an. Aus dem noch so verstandenen „Naturrecht" wurde mit der Zeit zunehmend das „Recht auf etwas".

Ordnungen erweisen sich als Durchsetzung von Interessen. Es gibt bessere, schlechtere oder gar äußerst üble Ordnungen. Bürokratie war Vorläuferin von Technokratie und digitalen Spielordnungen. Im Rückblick beurteilen wir die fürstliche Ordnungsmacht geradezu als Ausrede für eigenen Luxus, weil wir den Absolutismus im Blick haben. Wir haben aus vielen guten Gründen nicht viel für sie übrig.

Ordnungen selbst stehen somit unter der Kritik von Gottes Wort. Der Glaube an prästabilisierte Harmonie oder Schöpfungsordnung ist lange schon erschüttert. Wir sprechen nicht von Erbsünde, halten aber das Menschengeschlecht für etwas, was erzogen werden muss, sind allerdings auch unsicher, woraufhin. Wir sind offenbar gerade dabei, an dem von uns grob verletzten natürlichen Gleichgewicht ebenso zu scheitern wie an der Aufgabe, Kriege zu verhindern und Eintracht in Gerechtigkeit auf Erden zu „erhalten", wie man im 16.

Jahrhundert gesagt hätte. Interessenkonflikte führen uns in Katastrophen, in fortlaufendes Scheitern und Abwesenheit von Ordnung trotz aller Aufklärung und unbestreitbaren Fortschritte.

Die Mecklenburgische Kirchenordnung stellt sich für unsere Rezeption als Frage dar, wie wir Gottesdienst und Kirche in unseren Ordnungsgefügen und in gewissem Sinn auch gegen sie erhalten können. Wir erhalten sie nicht, wenn wir sie überfremden oder uns zupass machen. Es gilt, die Relevanz des Gotteswortes zu erkennen und sie anderen erkenntlich werden zu lassen. Es ist nicht die Frage, ob „Kirche" noch irgendetwas der heutigen „Zeit" zu sagen hätte, sondern darum, ob wir die Relevanz von Gottes Wort wahrnehmen und uns von ihm prüfen lassen, damit das Gute erhalten und ausreichend zur Wirkung kommen kann. Nach strengen, religiös begründeten Regeln hier oder da zu suchen, führt in die Irre und macht aus „Gott" einen Sittenwächter eigener engstirniger und liebloser Ordnungsvorstellungen, wie die unversöhnlichen „Fundamentalisten" quer durch alle Religionen zeigen. Gottes Recht aber ist Gnadenrecht und lehrt uns Liebe.

Wir haben auf Mittel zu verzichten, die Gottes Wort in fromm aussehende Paradigmen ein- und damit unterordnen. Grenzen zu ziehen zwischen Gottes Gnadenrecht und unseren Ordnungsmächten, bleibt beständige Aufgabe. Längst verläuft diese Linie nicht einfach zwischen Kirche und Staat, sondern zuallererst zwischen Kirche als Institution und Gottesdienst. Das lehrt uns bereits die Mecklenburgische Kirchenordnung, aber so etwas lassen sich Menschen ungern bieten. Zu groß ist die Versuchung, „Gott sein Amt zu stehlen", wie unter anderem Johann Spreter im 16. Jahrhundert immer wieder warnend hervorhob. Man versucht sich stets von neuem darin, Gottesdienst als seine eigene fromme Veranstaltung anzusehen und Glauben als eine Geisteshaltung zu nehmen, über die man verfügen könnte, oder die man für eine Eigenschaft nimmt, wie das Modewort von der Spiritualität suggeriert. Auf solchen Wegen fällt das Gnadenrecht Gottes hinten über.

Leicht wird in unseren Händen aus der Offenbarung etwas, was wir selbst übernehmen und sich unserer beschränkten Vernunft einpasst. Zu diesem Zweck meinen wir Gottes Wort vor allem als Text anzusehen, der unabhängig von einem Gottesdienst als Grundlage von allem gilt. Johann Oldendorp stellte heraus, dass das göttliche Gesetz keine rohe Grundmasse für unsere ausgefeilten Gesetz ist. Das gilt auch für Gottes Wort. Christus ist nicht die rohe Grundmasse für theologische Gebäude.

Die Schriften der Bibel sind, wie die Alte Kirche zu betonen wusste, Kanon des Gottesdienstes, nicht einer frommen Weltanschauung oder Grundtext einer Organisation, die sich selbst in veranstalteten Gottesdiensten feiert, indem sie ihre Frömmigkeit zelebriert und öffentliche Bestätigung sucht. Dies ist eine grobe Verwechslung und Missdeutung der Formel, dass Gottesdienst Versammlung der Glaubenden ist, weil man den Nachsatz nicht gebührend bedenkt: „bei denen das Evangelium rein gepredigt und die heiligen Sakramente laut dem Evangelium gereicht werden". Nicht die Versammlung selbst ist das Ziel, sondern das Hören auf die lebendige Stimme Gottes, die viva vox. Als bloßer Text ist die Bibel nur ein historisches Zeugnis. Ohne den lebendigen Gottesdienst, die rechte Anrufung und geschehendes Evangelium ist die Kirche nur „klingende Schelle" (1 Kor 13).

Zum Geheimnis der Kirche gehört wesentlich das Abendmahl. Das kann man nicht nur wissen, nachlesen oder verstehen. Dazu muss man leibhaftig hinzutreten, am Tisch des Herren ihm gegenüber essen und trinken. Ohne die körperliche und seelische Gegenwart, die wir auch einander dabei geben, ist die Kirche nichts. Wo nicht zwei oder drei in Christi Namen zusammen kommen, ist er auch nicht anwesend. Zu Gott mögen wir auch allein im Kämmerlein beten, In Christus aber ist Gott Mensch geworden, damit wir zueinander kommen sollen. Kirche gibt es nur kraft der tatsächlich in seinem Namen zusammenkommenden Menschen. Den Himmel beschreibt unsere Schrift als Stadt, in der man zusammenkommen soll.

Übertragung der Kirchenordnung von 1552

Wie es mit Christlicher Lehre, Darreichung der Sakramente, Ordination der Diener des Evangeliums, ordentlichen Zeremonien in den Kirchen, Visitation, Konsistorium und Schulen im Herzogtum zu Mecklenburg gehalten wird.

Vorrede

Der Allmächtige, Ewige Gott hat sich mit vielen gewissen Zeugnissen den Menschen von Anfang her geoffenbart, wie mit der Herausführung der Israeliten aus Ägypten, mit der Sendung seines Sohnes Jesu Christi, der Auferweckung der Toten und vielen großen Wundern und hat damit bezeugt, dass dieses arme menschliche Geschlecht nicht (nur) zu diesem vergänglichen Wesen erschaffen sei, sondern, dass er ihm eine ewige Kirche im menschlichen Geschlecht sammeln wolle, dem er seine Weisheit, Gerechtigkeit und Frieden in Ewigkeit mitteilen wolle.

Und da das menschliche Geschlecht in Sünde gefallen ist, hat er seinen eingeborenen Sohn Jesus Christus mit vielen gewissen Zeugnissen gesandt, dass er für uns ein Opfer werden und den göttlichen Zorn[1] versöhnen sollte und für und für Mittler und aller Gläubigen Heiland sei. Und er hat dabei seine besondere Lehre gegeben, durch die er die Menschen zur ewigen Seligkeit beruft. Und er will allen Menschen, die durch das göttliche Wort zu ihm bekehrt werden und in rechtem Glauben und Vertrauen auf den Heiland Christus Vergebung der Sünden empfangen, durch den Herrn Christus seinen Heiligen Geist geben und die ihn so in rechtem Glauben erkennen und anrufen als seine liebe Kirche gnädig bewahren und regieren und sie nach diesem zeitlichen Leben zu ihm versammeln, damit sie mit ihm ewig leben und ihn sichtbar und klar anschauen, seine Weisheit mehr und mehr lernen und ganz voll Licht, Gerechtigkeit und göttlicher Freude sind und bleiben.

Dagegen aber will er gewiss alle Menschen, die seine Lehre nicht annehmen in ewige, grausame Strafe werfen, wo sie gleich den Teufeln ewig die allergrößte Angst, Furcht, Zorn und Grimm Gott gegenüber in sich zu fühlen bekommen.[2]

Dass nun dieser göttliche Wille und der Sohn Gottes Jesus Christus und die göttliche Lehre im menschlichen Geschlecht bekannt werden, hat Gott selbst das Predigtamt eingesetzt und will, dass öffentliche, ehrliche Versammlungen sind, darin seine Lehre den Menschen öffentlich vorgetragen werde. Er will auch durch diese

---

1 Zorn ist für uns vor allem eine Emotion. Vgl. dagegen das Grimmsche Wörterbuch zum Begriff. Das Wort zeigte ursprünglich mehr den Streit gegen etwas an als eine (vor allem menschlich zu denkende) Gefühlsregung.

2 Herzog Johann Albrecht I. hat das theologische Examen mit ziemlicher Sicherheit nicht selbst verfasst, anders steht es schon um die Vorrede, die durchaus aus seiner eigenen Feder stammen mag. Der hier geäußerte Gedanke wird nirgends in der Kirchenordnung wieder aufgegriffen. Man mag sich an mittelalterliche Mysterienspiele erinnern, wo am Ende alle Teufel in Angst und Furcht vergehen.

seine Lehre kräftiglich wirken. Darum hat er allen Menschen geboten, seine Lehre zu hören und zur Erhaltung des Predigtamtes treulich Hilfe zu üben und hat oftmals deswegen die Regenten ernstlich angesprochen, wie in Psalm 2(,10.12.): „Nun, ihr Könige, lasst euch lehren." Und er spricht: „Könige und Fürsten und alle Menschen sollen den Sohn mit großer Ehrerbietung empfangen und annehmen[1]." Und wer ihn nicht erkennen und ehren wird, der werde grausam vertilgt, etc. Jes 49(,23): „Und die Könige sollen deine Nährer sein," etc.[2] Und der ewige Vater spricht vom Himmel her zu allen Menschen von seinem eingeborenen Sohn Jesus Christus: „Dieser ist mein geliebter Sohn, an dem ich Freude und Wonne habe, diesen sollt ihr hören." (Mt 17,5)

Wegen dieser allerhöchsten, ernsthaftesten und unwandelbaren Gebote Göttlicher Majestät erkennt die Hochlöbliche Herrschaft im Herzogtum Mecklenburg, dass sie Gott diesen Gehorsam vor allem anderen[3] schuldig ist, allen möglichen Fleiß aufzubringen, dass in ihren Landen das heilige Evangelium rein und treulich gepredigt werde, und dass der Sohn Gottes Jesus Christus und seine Wohltaten recht erkannt, und auf diese Weise Gott recht angerufen, gepriesen und viele Menschen selig werden, und dass dafür die Kirchen mit tüchtigen Personen bestellt, ein Konsistorium verordnet, sowie christliche Erziehung und Studien erhalten werden.

---

1 „küssen" - Grimm zu „Kuss": „Im alten leben war das küssen wichtig als zeichen und besiegelung der versöhnung, des friedens und der freundschaft."

2 „Und Könige sollen deine Pfleger, und ihre Fürstinnen deine Säugammen sein; sie werden vor dir niederfallen zur Erde aufs Angesicht und deiner Füße Staub lecken. Da wirst du erfahren, dass ich der HERR bin, an welchem nicht zu Schanden werden, die auf mich harren." Lutherübersetzung von 1545.

3 „vor allen Dingen"

Davon ist folgende Schrift ausgegangen[1], damit man wisse, wie es in dieser Herrschaft mit der Kirche gehalten werde. Und wir bitten den Sohn Gottes, Jesus Christus, der ihm selbst wirksam eine ewige Kirche bei denen sammelt, wo das heilige Evangelium rein gepredigt wird, er wolle gnädiglich die Kirchen dieser Landen regieren, bewahren und erhalten.[2]

Es ist zudem durch diese Schrift nicht anders im Sinn, als dass eine einige, ewige, wahrhaftige Lehre des Evangeliums rein gepredigt werden soll, die Gott gnädiglich durch seinen Sohn Jesus Christus geoffenbart hat und die in der Propheten und Aposteln Schriften verfasst sind nach dem Verständnis, das in den (drei) Symbolen, dem (Glaubensbekenntnis) der Apostel, dem Nicänum und dem von Athanasius ausgedrückt ist, mit Luthers Katechismus und (Schmalkaldischem) Bekenntnis und der Confessio (Austustana), die der kaiserlichen Majestät im Reichstag zu Augsburg 1530 übergeben wurde, und wie diese Lehre durch Gottes Gnade einträchtig in den Kirchen der Sächsischen Lande, wie (auch) zu Lübeck, Hamburg, Lüneburg und anderen im gleichen Sinn gepredigt wird.[3] Mit diesen Kirchen verurteilen, verbieten und tun wir ab - Gott zu Ehren und

---

1 D.i. amtlich verkündet.

2 Es ist nicht von einer Kirche als Institution die Rede, sondern im Plural von Kirchen. Nicht der Herzog regiert, bewahrt und erhält allein die Kirchen, sondern ihr Haupt ist Christus. Auch das Wort Land ist im Plural gehalten, denn der Herzog regierte, wie sein Titel sagt, mehrere Länder, oder auch Landschaften, was nicht die Natur, sondern Menschen meinte, wie wir es z.B. noch vom Begriff der Landsmannschaft her kennen.

3 Hier gilt es, genau hinzuschauen: Es ist nicht eine Landeskirche im Blick, „wo gepredigt wird“, sondern die Menge der Kirchen als Predigtorte. Es gibt die Kirchen vor Ort, sowie ein Land oder eine Stadt, die sich als Teil der Christenheit im Sinne der Kirche überhaupt versteht.

im Begehren zur Einträchtigkeit vieler Menschen Seligkeit - die päpstlichen Abgöttereien, Missbräuche und andere Irrtümer, die dem Evangelium widerwärtig sind. So sollen sie auch in den Kirchen dieses Fürstentums mit Lehre verurteilt, verboten und abgetan werden.[1] Es sollen sich auch die Kirchen des Fürstentums in vorfallenden Angelegenheiten, die Lehre belangend, mit ihnen (den Kirchen anderer Länder) freundlich unterreden, damit Gott zu Ehren und zu vieler Menschen Seligkeit Christliche Einträchtigkeit in vielen Landen erhalten werde. Denn Gott weiß, der aller Menschen Herzen erkennt und (ihr) Richter ist, dass wir selbst (als Fürst) höchstes Missfallen haben an vorwitziger Absonderung und Spaltung, aber mit ganzem Herzen begehren, dass Gott recht erkannt, angerufen und geehrt werde und dass wir selbst und viele Menschen ihn in ewiger Seligkeit preisen. Dazu wolle der eingeborene Sohn Gottes, Jesus Christus, unsere Herzen mit seinem heiligen Geist allezeit gnädiglich regieren und stärken.

Amen.

Kirchenordnung,

wie sie in unserem, Johann Albrechts,
von Gottes Gnaden Herzog zu Mecklenburg,
Fürst zu Wenden, Graf zu Schwerin, der Lande Rostock und
Stargard Herr, Fürstentum und Landen gehalten werden soll.

Wittenberg 1552

1 Dieser Satz ergibt nur Sinn, wenn wieder zwischen der Kirche als Fürstentum und den Kirchen vor Ort unterschieden wird. Der Fürst will ebenso wie die Prediger der rechten Lehre anhängen, gemeinsam mit ihnen.

Die christliche Kirchenordnung besteht vornehmlich in fünf Stücken:

Erstlich in der Pflanzung und Erkenntnis der Einigen, wahrhaftigen, ewigen, rechten Lehre des Evangeliums, die Gott gnädig von Anfang an und immer wieder seiner Kirche mit gewissen Zeugnissen geoffenbart und befohlen hat und in rechtem Brauch der Sakramente. Wie der Sohn spricht Mt 28(,20): Ihr sollt halten alles, was ich euch geboten habe. So auch: Wer mich liebt, der bewahrt meine Rede und mein Vater wird ihn lieben, und wir werden zu ihm kommen und Wohnung bei ihm nehmen. (Joh 14,23)

Zum **Zweiten** (besteht die Kirchenordnung) in der Erhaltung des Kirchenamts, nämlich des Dienstes am Evangelium[1]. Denn Gott will ihm so eine Ewige Kirche aus großer Barmherzigkeit um seines Sohnes Jesus Christus willen sammeln, die öffentliche, redliche[2] Versammlungen sind, darin etliche Personen das Evangelium dem Volk vortragen und die Sakramente reichen.[3] Und es ist der Sohn

1 „ministerium Evangelii"

2 „ehrliche"

3 „Ewige Kirche" auf Erden besteht in den konkreten Versammlungen, in denen Gott gegenwärtig ist. Sie bilden darum keine irdische Institution. Die Kirche, die in dieser Ordnung geordnet wird, ist das Fürstentum. Von einer „unsichtbaren Kirche" ist ebenso wenig die Rede wie von einer Landeskirche im Sinne einer geistlichen Diözese. Ihr Bischof ist ein weltlicher Herr. Auch wenn Ulrich I. sich um politischer Anerkennung willen niedere Weihen hatte geben lassen, die ihn auch in den Augen der Papstkirche dazu berechtigten, zum administrativen Bischof sich wählen zu lassen, hatte er doch keine Bischofsweihe durch Rom mehr angestrebt. Es sollte fortan keinen Bischof im Land mehr geben, dessen Priester ihm zu gehorchen hätten, sondern jeder Pastor übe in seiner Gemeinde das Bischofsamt aus.

Gottes selbst im Paradies dieser erste Prediger und Priester gewesen. Und hernach, als er Mensch geworden, war er zum Predigtamt gesandt und hat zunächst die Propheten und danach die Apostel gesandt. Wie er spricht: Wie mich mein Vater gesandt hat, sende ich euch.[1] Dies soll für und für so von allen rechten Lehrern, die zum Amt berufen sind, verstanden werden: Der Sohn Gottes sendet sie und will kräftiglich durch das Evangelium wirken und so eine ewige Kirche sammeln.

So spricht auch St. Paulus vom Dienst Eph 4(,8ff.): Er (Christus) ist aufgefahren, etc.[2] Und er gibt Gaben den Menschen, Apostel, Propheten, Evangelisten, Hirten und Lehrer. Er ist für und für der ewige Priester und Erhalter der Dienste und erhält für und für eine öffentliche, redliche Versammlung. Darum erhält er auch die Regierungen und erweckt bisweilen nicht durch Menschen, sondern selbst Prediger, wie die Propheten und Apostel. Außerdem aber hat er der Kirche befohlen, dass (auch) sie Personen berufen und ordinieren soll.

Darum gehören zur Erhaltung des Dienstes: Erstlich die Ordination der Prediger, damit das Predigtamt tauglichen Personen befohlen werde. Dazu gehört die Erkundung von Sitten, Berufung und von der Lehre. Zum anderen gehören zum Dienst das

---

1 Joh 20,21. Zum Predigtamt Christi im Paradies siehe weiter unten.

2 Darum heißt es: "Er ist aufgefahren in die Höhe und hat das Gefängnis gefangengeführt und hat den Menschen Gaben gegeben." Dass er aber aufgefahren ist, was ist's, denn dass er zuvor ist hinuntergefahren in die untersten Örter der Erde? Der hinuntergefahren ist, das ist derselbe, der aufgefahren ist über alle Himmel, auf dass er alles erfüllte. Und er hat etliche zu Aposteln gesetzt, etliche aber zu Propheten, etliche zu Evangelisten, etliche zu Hirten und Lehrern, dass die Heiligen zugerichtet werden zum Werk des Dienstes, dadurch der Leib Christi erbaut werde,..." L 1545.

Kirchengericht, damit nicht falsche Lehre geduldet werde und außerdem öffentliche Laster benannt[1] und abgewendet und christliche Erziehung[2] erhalten werde. Dazu gehören dann Synoden und Visitationen.

Das **Dritte Stück** sind ehrbare[3], nützliche, äußerliche Zeremonien in Kirchen mit Lesungen, Gesang, Festen nach rechtem christlichem Verstand ohne Verblendung des Glaubens und ohne Verstrickung des Gewissens, die dennoch öffentliche, ehrbare Versammlungen sind, wie sie Gott gefällig sind.

Das **Vierte Stück** betrifft die Erhaltung christlicher Schulen und Studien. Denn dies ist gewisslich Gottes Wille, dass viele Leute so aufgezogen und unterwiesen werden, dass sie der Propheten und Apostel Schriften lesen lernen und danach anderen vortragen[4] können. Dazu dienen das Verstehen der Sprachen und anderer Künste.[5] Wie St. Paulus Timotheus gebot[6]: Er soll anhalten mit Lesen, Lehren und Trösten. Das kann nicht geschehen, wo es keine recht bestellten Schulen gibt.

Das **Fünfte Stück** ist die Ordnung gewisser Güter und Einkommen, damit die Prediger in Kirchen und Lehrer in Schulen gebührlichen Unterhalt haben. Und ausdrücklich sagt St. Paulus 1 Kor 9(,14): „So hat es der Herr angeordnet, dass die, die das Evangelium verkünden, vom Evangelium leben."

---

1 „gestraft"
2 „Zucht"
3 „ehrliche"
4 „vorlesen"
5 Latein, Hebräisch, Griechisch, sowie die artes liberales, das Grundstudium nach mittelalterlichem Muster.
6 2 Tim 3,14-17.

Vom ersten Stück, nämlich von der Lehre

Der allmächtige, wahrhaftige Gott, hat gewisslich Engel und Menschen geschaffen mit wunderbarem Rat, dass er Kreaturen habe, denen er seine Weisheit und Güte mitteile und von ihnen dagegen erkannt und gepriesen werde. Und er hat dazu nach dem Fall Adams und Evas aus großer Barmherzigkeit um seines Sohnes willen die Menschen wiederum gnädig angenommen und will ihm (Adam, dem Menschen) für und für eine ewige Kirche im menschlichen Geschlecht sammeln. Insofern hat er sich darum mit klaren, festen[1] Zeugnissen und Wundern offenbart, seinen Sohn gesandt und eine sichere[2] Lehre gegeben, wodurch wir ihn erkennen, recht anrufen und mit rechtem Gehorsam ehren[3] sollen.

Diese Lehre hat er in den Schriften der Propheten und Apostel fassen lassen und Zeugnis dazu gegeben und bindet die Kirche so an diese ewige Lehre, so dass es gewiss keine Kirche und keine Erben ewiger Seligkeit gibt, wo diese Lehre nicht ist, wie bei den Heiden, Mohammedanern, Juden und päpstlichen Verfolgern des Evangeliums. Denn so spricht St. Paulus: „Es kann kein anderer Grund gelegt werde, denn der, der gelegt ist, der da ist Christus." So auch Joh 17(,3): „Dies ist das ewige Leben, dass sie dich erkennen

1 „gewissen"

2 „gewisse"

3 Auch im Sinne von achten, respektieren. Wir missverstehen das Wort „ehren" leicht in die Richtung, dass wir meinen, Gott lege es darauf an, geehrt, bejubelt zu werden. Der Begriff der Ehre gehörte zum Statusrecht. Christus oder auch dem Fürsten die Ehre zu geben, bedeutete, seine Herrschaft gebührend anzuerkennen.

(als) einigen, wahrhaftigen Gott und Jesus, den du gesandt hast, dass er Christus sei." (1 Kor 3,11)

Dagegen ist, wo reine christliche Lehre gepredigt wird, gewisslich Gottes Kirche. Denn da wirkt Gott kräftiglich durch sein Evangelium, und es sind in dieser Versammlung für und für etliche Heilige und Auserwählte, die selig werden. Wie der Herr Christus spricht: „Meine Schäflein hören meine Stimme." (Joh 10,27)

Und es sind alle Menschen schuldig, Gliedmaß dieser wahrhaftigen Kirche zu sein. Und sie sollen diesen großen Trost haben, dass nicht in anderen Sekten[1], sondern in dieser Versammlung gottgefällige, heilige und auserwählte Menschen sind. Darum spricht David Ps 27(,4): „Dies eine begehre ich vom Herrn, dass ich in seinem Hause allezeit wohnen möge."[2]

So ist nun das Allernötigste und Erste, dass man christliche Lehre rein und ganz pflanze und erhalte, die Gott von seinem Wesen und Willen geoffenbart hat und die in den Schriften der Propheten und Apostel und in den Symbolen - Apostolisches, Nizänisches und Athanasisches (Glaubensbekenntnis) - gefasst ist. Mit ihnen stimmen

---

1 Grimm: „von der kirche getrennte religiöse gemeinde. lehnwort aus mittellat. Secta."

2 „Eins bitte ich vom HERRN, das hätte ich gerne: dass ich im Hause des HERRN bleiben möge mein Leben lang, zu schauen die schönen Gottesdienste des HERRN und seinen Tempel zu betrachten." L 1545. Es ist an die konkrete Versammlung, den Gottesdienst gedacht, nicht an eine Vereinigung von Mitgliedern. Darum konnte auch der Landtag 1549 ohne Bedenken beschließen, dass Mecklenburg mit allen seinen Bürgern lutherisch werden sollte. Es ging in erster Linie um eine Reform des Gottesdienstes, der Versammlungen im Namen Gottes, die fortan auf lutherische Weise gefeiert werden sollte, nicht um einen Weltanschauungswechsel oder um die Veränderung eines religiösen Status.

überein der Katechismus und das Bekenntnis Luthers[1] und die Konfession, die dem Kaiser zu Augsburg 1530 überantwortet wurde.

Die Summe dieser Lehre und alle nötigen Stücke sollen die Pastoren selbst wissen und lernen und dem Volk unverfälscht, ordentlich und verständlich vortragen, damit das Volk ordentlich[2] alle nötigen Stücke merken könne und den Unterschied zwischen rechter Lehre und falschen Sekten verstehe und Gott wirkt und kräftig durch sein Wort ist, wie der Herr bittet: „Vater, heilige sie mit deiner Wahrheit, dein Wort ist Wahrheit." (Joh 17,17) Und 1 Petr 1(,3): „Ihr seid wiedergeboren durch das lebendige Wort Gottes." So auch Röm 1(,16): „Das Evangelium ist die Kraft Gottes zur Seligkeit allen, die daran glauben."

Und es sind insbesondere gedachter Katechismus und Erklärung der Symbole dem Volk nützlich, um die nötigen Stücke[3] ordentlich zu fassen, darum sollen sie nach Gelegenheit der Zeit oft wiederholt werden. Und wir bedenken, dass die zu Ordinierenden fleißig in all diesen Artikeln examiniert werden, deren Wiederholung auch sonst dem Volk gute Anleitung gibt:

---

1 Schmalkaldische Artikel von 1536.

2 Wohl eingeordnet in die rechte Lehre.

3 Für lateinisch: loci.

(Inhaltsverzeichnis, Übersicht des Examens)[1]

(A - Von Gott)

Vom Unterschied christlicher Lehre und heidnischer Religion und anderer Sekten

Vom göttlichen Einigen Wesen

Von den drei Personen in der Gottheit

Von der Vereinigung beider Naturen in Christus, der aus der Jungfrau geboren ist

Vom Unterschied Christlicher Anrufung und heidnischer Anrufung

(B Vom Menschen und der Sünde)

Von der Erschaffung aller Kreaturen

Vom Fall der ersten Menschen

Von Sünde, Erbsünde und aktuellen[2] Sünden

Von der Erschaffung aller Kreaturen

Vom Fall der ersten Menschen

Von Sünde, Erbsünde und Aktualsünden

(C Von der Rechtfertigung)

1 Die Artikel sind nicht nummeriert, wie in der Ausgabe der Kirchenordnung von 1650 im Druck von 1855. Eine Systematik ist nicht ohne Weiteres zu erkennen, es fehlen auch die entsprechenden Seitenangaben, wie sonst damals durchaus auch üblich. Auch sind die hier angebotenen Überschriften nicht immer mit den Überschriften im laufenden Text identisch. Ich habe versucht, die einzelnen Themen sieben sachlichen Abschnitten zuzuordnen und Überschriften in Klammern gesetzt hinzugefügt.

2 „wirklichen"

Von Göttlichem ewigen Gesetz und vom Unterschied der Zehn Gebote und anderen Gesetzen von Mose, von den Levitischen Zeremonien und Bürgerlichen Gesetzen

Vom Unterschied des Gesetzes und des Evangeliums

Von der Vergebung der Sünden, und wie der Mensch vor Gott gerecht wird um des Herrn Christus willen durch Glauben

Ob diese Rede recht ist: „Allein durch Glauben werden wir gerecht."

Vom Unterschied der Lehre in unseren Kirchen in diesem Artikel und der Päpstlichen falschen Lehre

Ob die Päpstliche Lehre recht sei, dass ein Mensch für und für in Zweifel bleiben soll, ob er Vergebung hat und Gott gefällig sei

(D Von Guten Werken)

Von guten Werken

Welche Werk soll man tun?

Wie gefallen sie Gott?

Bleibt auch Sünde in den Heiligen, bzw. Bekehrten in diesem Leben?

Welche Sünden stoßen den heiligen Geist aus, so dass der Mensch wiederum in Gottes Zorn und in Verdammnis fällt, so er nicht bekehrt wird?

(E Von den Sakramenten)

Von den Sakramenten

Von der Taufe

Ob die jungen Kindlein getauft werden sollen

Von des Herrn Abendmahl, - was man da reiche und wozu man es empfangen soll

Vom Unterschied des rechten Brauchs und Missbrauchs

Warum die Päpstliche Opfermesse, damit sie Vergebung der Sünden verdienen wollen unrecht und abzutun ist

Von den vornehmlichen falschen Lehren der Päpstlichen in dem (Tridentiner) Artikel von der Buße

(F Von der Kirche)

Was Christliche Kirche sei, und wo sie sei und durch welche Zeichen sie zu erkennen sei

Warum die Christliche Kirche unter das Kreuz gelegt sei und vom Trost der betrübten Christen

Von den Zeremonien, die von Menschen in der Kirche geordnet sind

(G - Vom Recht, der Ehe und von der Obrigkeit)

Von Christlicher Freiheit

Vom Gesetz Moses und vom Unterschied der drei Teile im Gesetz

Vom Ehestand

Von weltlicher Obrigkeit

Von diesen notwendigen Fragen soll man die zu Ordinierenden[1] hören und unterrichten und sie vermahnen, damit sie in ihren Predigten ordentlich diese Fragen zur gelegenen Zeit fassen, so dass die Leute eine klare und gründliche Summe der christlichen Lehre bei sich selbst betrachten und gedenken können, die ihnen zur

1 Von einer „Weihe“ oder Konsekration ist nicht die Rede.

Bekehrung, zum Glauben, zu rechter Anrufung, zu Trost in aller Trübsal und zum Unterricht ihrer eigenen Seligkeit nötig ist. Auch sind diese Fragen in der Visitation zu repetieren[1], bei den Pastoren und bei den Leuten.

(A - Von Gott)

Worin besteht der Unterschied zwischen der Christlichen Lehre und anderer Glaubensrichtungen[2], heidnischen, muslimischen[3], etc.?

Antwort

Alle anderen Glaubensrichtungen, heidnische, muslimische, etc. sind grausame[4], verdammte Abgötterei und haben daneben nur ein Stückchen vom Gesetz, von äußerlichen Sitten.[5]

Aber vom Evangelium, von Vergebung der Sünde durch den Sohn Gottes Jesus Christus wissen sie nichts. Und weil sie den Sohn nicht erkennen und nicht ehren, sind sie vom wahrhaftigen Gott entfernt und erdichten Abgötterei, wollen nicht, dass dieser der wahrhaftige Gott sei, der sich durch den Heiland Christus geoffenbart hat.

---

1 Es wird also nicht davon ausgegangen, dass die Ordinierten einen geistlichen Status erreicht haben, der sie auf immer sicher macht. Die Zwecksetzung des von Melanchthon dann „Examen“ genannten Teils der Kirchenordnung ist somit benannt. Die Pastoren haben sich mit ihrem Predigen und Lehren an das hier Geschriebene zu halten.

2 „Secten“

3 „Mahometischen“

4 Grimm: „schrecklich, wild, hart, vor dem man zurückschreckt.“

5 Nach mittelalterlichem Verständnis: vom ewigen Gesetz, nach Oldendorp vom Naturrecht.

Wie soll man Gott erkennen?

Antwort

Wie er sich selbst gnädig geoffenbart und seine Offenbarung in den Schriften der Propheten und Apostel und in den Symbolen gefasst hat. Daraus lernen wir, dass er ein einig göttliches Wesen ist, allmächtig, weise, wahrhaftig, gut, recht, rein und unberührt[1], barmherzig, wohltätig, mit freiem Willen[2], das ernstlich zürnt wider alle Sünde und sündige Kreaturen. Und in dieser einigen Gottheit sind drei unterschiedene Personen: Der ewige Vater, der ewige Sohn und der ewige Heilige Geist. Und es hat der ewige Vater mit dem Sohn und heiligen Geist Himmel und Erden, Engel und Menschen und alle anderen Kreaturen aus nichts erschaffen. So, wie dieser Artikel weiter in Gottes Wort und in den Glaubensbekenntnissen[3] erklärt wird.

Wie soll man die Personen unterscheiden?

Der ewige Vater ist die erste allmächtige Person, die den Sohn, der des Vaters Ebenbild ist, von Ewigkeit geboren hat, und hat samt dem Sohn und heiligen Geist alles erschaffen und erhält samt dem Sohn und heiligen Geist aller Kreaturen Wesen. Der ewige Sohn ist die zweite allmächtige Person, von Ewigkeit geboren vom Vater, und ist des Vaters Wort und Ebenbild, und hat zu bestimmter Zeit menschliche Natur in der Jungfrau an sich genommen, damit er ein Opfer würde für das menschliche Geschlecht. Für dies menschliche

1 „keusch“
2 „freywillig“
3 „Symbolen“

Geschlecht ist er zum Mittler und Versöhner verordnet[1]. Und der ewige Vater gibt durch ihn und um seinetwillen Vergebung der Sünde, Gerechtigkeit und ewiges Leben.

Der heilige Geist ist die dritte allmächtige Person, die von Ewigkeit vom Vater und Sohn ausgeht und ist wesentlich Liebe und Freude in Gott und erregt zu allen Tugenden. Und er wird in den Herzen der Gläubigen durch das göttliche Wort gegeben, um Trost, Leben und Heiligung in ihnen zu bewirken, auf dass sie Gottes Weisheit und Willen gleichförmig werden. Wir sehen auf den Herrn Christus als in einen Spiegel und werden in dieses Bildnis verwandelt durch den Geist des Herrn.[2]

Warum soll man drei göttliche Personen erkennen, ehren und anrufen und nicht mehr oder weniger?

Weil man Gottes Wesen und Willen so erkennen soll, wie er sich selbst geoffenbart hat. Und diese Offenbarung ist oft in der (Heiligen) Schrift ausgedrückt, besonders in der Taufe Christi, wo die drei Personen unterscheidend angezeigt sind. Und im Spruch von unserer Taufe: Ihr sollt taufen im Namen des Vaters, Sohns und Heiligen Geists. So auch in den Glaubensbekenntnissen.

Man soll auch unterrichten und hören, wie das Wort persona zu verstehen sei. Das nämlich ist nicht erdichtet und ein toter Gedanke, auch nicht eine zufällig wandelbare Sache, das an einem anderen Wesen klebt und nicht ein Stück oder eine abtrennbare Sache,

1 Ordinare bedeutet auch: in einen Stand versetzen. Das Wort Ordnung ist in der Kirchenordnung vom Gnadenrecht her zu verstehen.

2 Vgl. 1 Kor 13,12

sondern das etwas Wesentliches ist, lebendig, nicht in vielen[1], sondern unterschieden, einig[2] und klar[3], wird auch nicht getragen und erhalten von einem anderen anhangenden Wesen, wie du eine Person bist, aber dein Leib allein nicht eine Person ist. Der wird getragen von einer edleren Natur, von der Seele. Und so die Seele abscheidet, so zerfällt der Leib und verfault.[4]

Welche Person ist Mensch geworden?

Die zweite Person, nämlich der ewige Sohn Gottes, der des ewigen Vaters Ebenbild ist, hat menschliche Natur an sich genommen in der Jungfrau Maria. Und so sind beide Naturen, die göttliche und menschliche wunderbarlich vereinigt, so dass dieser Heiland Jesus Christus eine einige Person ist, Gott und Mensch. Und es werden diese Naturen in ihm nicht zertrennt.

Denn das hohe Werk unserer Erlösung hat so durch diese Person, Gott und Mensch, geschehen sollen. Weil die Menschen gesündigt hatten, hat *ein* Mensch die Strafe tragen sollen, und damit diese Strafe eine billige[5] Bezahlung wäre, ist dieser Versöhner auch Gott.

---

1 Einig wie die Seele, nicht wie vielfältige Gedanken, aufgesplittert oder sich in Emanation auflösend.

2 Im Sinn des Glaubensbekenntnisses, wo vom eingeborenen Sohn die Rede ist.

3 „vernünfftig"

4 Hier zeigt sich im Kern ein christlicher Platonismus, der in der Revidierten Kirchenordnung breiter ausgeführt wurde und zum Allgemeingut der Neuzeit wurde: Die unsterbliche Seele als Trägerin der Vernunft. In unserer Kirchenordnung aber ist dieser Gedanke noch in althergebrachter Weise zu verstehen, die Seele ist an den Personenbegriff gebunden und nicht umgekehrt.

5 „gleiche" - aequitas

Auch hätte keine Kreatur dieses Leiden zu tragen vermocht.[1] So ist es: Indem er der Schlange den Kopf zertritt (Gen 3,15), Sünde und Tod wegnimmt und Gerechtigkeit und Leben zurückgibt, ist er Gott. Und indem er menschliche Natur an sich nimmt, hilft er den Menschen, erwirkt in ihnen Gerechtigkeit und Leben und ist somit „Immanuel" - Gott mit uns.

Und es sollen die Verständigen davon weiter sich und andere diesen wunderbarlichen Rat erinnern und die große Barmherzigkeit Gottes und die Liebe im Sohn uns elenden Menschen gegenüber betrachten.

Vom Unterschied christlicher und heidnischer Anrufung

Vornehmlich sind da zwei große Unterschiede, der eine von Gottes Wesen, der andere von Gottes Willen.

Wenngleich die Heiden, Türken[2], Juden und andere Glaubensrichtungen sich rühmen, sie riefen Gott an, der Himmel und Erde erschaffen hat, wie sie viel davon reden und schreiben, so sind doch diese ihre Gedanken bloße Lügen[3] und Abgötterei. Denn sie sprechen nicht den wahrhaftigen Gott an, sondern erdichten

---

1 Dieser Gedanke wurde dann in der Neuzeit bestimmend und ist in Predigten und Liedern breit ausgeführt worden: Christi Passion wurde als das allerschwerste Leiden stilisiert, denn er litt für die Sünde der Welt, aller Menschen. Hier liegt durch den Kontext der Akzent noch darauf, dass das Gewicht dieses Leids darin besteht, dass Christus ja die Sünde der Menschheit zu tragen hätte. Daraus entwickelte sich auch der hier nicht gemeinte Gedanke, dass darum auch das körperliche Leiden Christi entsprechend schwerer als alles andere Leid hätte sein müssen, er in seinem Schmerz das Leid aller Sünden physisch zu spüren bekommen hätte.

2 Im Sinn sind alle Muslime.

3 „eitel" Lügen vor allem im Sinne von Täuschung.

etwas, was nicht Gott ist. Denn sie wollen diesen Gott nicht haben, der da ist der Vater Jesu Christi, der sich so in seiner Lehre geoffenbart hat, dass der allmächtige, wahrhaftige Gott der ewige Vater sei, der einige Sohn Jesus Christus und der Heilige Geist. Darum ist Joh 4(,22) von den Heiden gesagt: „Ihr wisst nicht, was ihr anruft, wir aber wissen, was wir anrufen."

Da werden wir erinnert, dass wir ernstlich betrachten, was und wen wir ansprechen in unserer Anrufung. Und wir sollen unsere Anrufung weit unterscheiden[1] von der heidnischen, türkischen, etc. und das Herz soll mit Glauben den wahrhaftigen Gott anschauen, der sich durch den Herrn Christus geoffenbart hat.

Zum Zweiten wissen die Heiden nichts vom Mittler, und ob Gott die elenden Menschen erhören will, und warum er sie erhört, obgleich sie doch Sünder sind. (So) schreien (sie) in die Luft mit Zweifel und Ungeduld wider Gott. Das alles ist Lästerung und nicht Beten.

Wir aber sollen den Mittler Jesus Christus, den Sohn anschauen und fest glauben, dass uns Gott um dieses Mittlers willen gewiss gnädig sein will, und will uns um seinetwegen erhören und helfen, etc. In diesem Glauben und Vertrauen auf den Mittler soll das Gebet zum wahrhaftigen Gott gerichtet sein.

---

1 „absondern"

(B Vom Menschen und der Sünde)

Von der Erschaffung aller Kreaturen

Es sind viele hohe Lehren im Artikel von der Erschaffung aller Kreaturen einbegriffen, die zu lang sind, um sie in dieser kurzen Anleitung zu erzählen. Dessen aber sollen die Leute oft erinnert werden, dass die Erschaffung von allen drei Personen geschehen ist und der ewige Vater samt dem ewigen Sohn und heiligen[1] Geist alle anderen Dinge, Himmel und Erde, Engel und Menschen und alle anderen Kreaturen ungezwungen, in freiem Willen aus nichts erschaffen.

Zum anderen ist es hoch nötig zum Trost und zur Anrufung dabei zu wissen, dass bei der Erschaffung die Erhaltung[2] der Kreaturen auch verstanden werden soll. Denn Gott ist nicht von seinem Werk weggegangen wie ein Zimmermann vom Schiff, das er gebaut hat, weggeht und lässt danach andere regieren und flicken. Sondern er bleibt bei seinen Kreaturen, bei Himmel und Erde, Engeln und Menschen und macht die Erde fruchtbar, gibt allen Gewächsen,

1 Das Adjektiv vor dem Geist wird in der Kirchenordnung durchweg mit kleinem Buchstaben geschrieben, während „Christlich" stets mit Großbuchstaben beginnt, was deutlich macht, dass Christus Autor dessen ist, was so bezeichnet wird und es nicht um etwas geht, was diese Eigenschaft sich selbst zumessen könnte. In dieser Logik wird wiederum der „heiligen Geist" anders geschrieben. Hier ist der „Geist" als Person der Eigenname und das Adjektiv markiert, dass er sich von allem anderen, was man Geist nennen mag unterscheidet.

2 Nach Grimm für conservatio und salus. Diesen lateinischen Hintergrund sollte man auch bedenken, wenn die Kirchenordnung zum Beispiel von der „Erhaltung" von Kirche oder Schule spricht.

Tieren und Menschen Kraft und Leben. Wie in der Apostelgeschichte geschrieben ist:[1] „In ihm haben wir Leben, Regung und Wesen."

Und es ist dies auch sehr nötig zu merken: Gott erhält seine Ordnungen in den Kreaturen, doch ungezwungen und nach freiem Willen, hindert oftmals und segnet nicht auf Erden und lässt die Menschen sterben um großer Sünden wegen. Dagegen segnet er oftmals die Erde, gibt Gesundheit, stärkt die Natur und gibt auch sonst Glück und allerlei große Gaben, seiner Kirche zugute, die ihn anruft, wie er (zu ihr) spricht. Deut 30(,20): „Gott ist dein Leben und die Länge deiner Tage."[2] Dies soll man im Gebet betrachten, damit man wisse, dass Gott die Kreaturen und unser Leben in seiner Hand hat. Und er kann und will helfen, auch über die natürliche allgemeine Weise hinaus.[3]

Vom Fall der ersten Menschen

Dies ist ganz gewiss und fest zu halten, dass Gott alle Kreaturen gut erschaffen hat, wie es im 1. Buch Mose im 1. Kapitel klar ausgedrückt ist. Und es ist gewisslich wahr, dass der Mensch dazu

---

1 Apg 17,27f.: „Fürwahr, er ist nicht ferne von einem jeglichen unter uns, denn in ihm leben, weben und sind wir." Die Kirchenordnung hebt sich somit ausdrücklich von dem ab, was später Grundüberzeugung des Deismus wurde.

2 „...dass ihr den HERRN, euren Gott, liebet und seiner Stimme gehorchet und ihm anhanget. Denn das ist dein Leben und dein langes Alter, dass du in dem Lande wohnst, das der HERR deinen Vätern Abraham, Isaak und Jakob geschworen hat ihnen zu geben."

3 Gott wirkt nicht nur durch sein Wort und seine Offenbarung im Wort. Dass er auch über die natürliche Weise wunderbar wirkt, besagt indirekt auch, dass natürliches, erklärbares Geschehen als Gottes Wirken mit angesehen werden kann.

erschaffen ist, dass ihm Gott seine Weisheit und Gütigkeit mitteilen wollte, dass er ihn darum erstlich so erschuf, dass er ihn begabt hat mit den höchsten Gütern, die in Gott sind, nämlich mit Weisheit, Gerechtigkeit und freiem Willen, damit er ein reines Ebenbild Gottes wäre.[1]

Und es haben die ersten Menschen, Adam und Eva, diese Güter ihren Nachkommen vererben sollen, indem sie im Gehorsam beständig geblieben wären. So hätte Gott seine Wohnung und Freude in den Menschen gehabt. Aber Adam und Eva sind durch des Teufels Anreizung und durch ihren freien Willen dem göttlichen Gebot ungehorsam geworden und so in Ungnade, Sünde und Tod gefallen und sind von dem Mörder[2] verwundet und beraubt worden, wie dies in Lk 10(,25-37)[3] angezeigt ist. Beraubt sind sie der Gnade, so dass sie Gott nicht mehr gefällig sind, haben dazu die hohen Gaben verloren, das schöne Licht von Gott im Verstand und den Gehorsam im Herzen, so das Leben. Überdies sind sie verwundet, so dass der Verstand voll Zweifels[4] und Irrtums ist und das Herz voll unordentlicher Neigung, Flucht und tödlichen Schreckens in allerlei Betrübnis. Und so hätten die Menschen also im leiblichen und

---

1 Rein bedeutet hier, nicht von Sünde befleckt. Grimm: „frei von fremdartigem, das entweder auf der oberfläche haftet oder dem stoffe beigemischt ist, die eigenart trübend."

2 Das ist der Teufel. Grimm zum Begriff Mord (3): „mord, von einem auf das leben gerichteten, wenn auch nicht gleich den tod bringenden überfall". Dem Mord ist gewöhnlich auch Tücke und Heimlichkeit eigen, er richtet sich gegen den Einzelnen.

3 Im Blick ist die Geschichte vom Barmherzigen Samariter in einer uns ungewohnten Deutung. Die Räuber überfallen den Reisenden, schlagen und verwunden ihn. Er ist beraubt, verletzt und bedarf der Heilung.

4 Zweifel in Bezug auf den Gehorsam.

ewigen Tod bleiben müssen, wäre nicht der Sohn Gottes Fürbitter und Mittler geworden.

Nötig ist hier, zu erinnern, dass gewisslich wahr und fest zu glauben ist, dass Gott nicht die Ursache der Sünden ist. Er wirkt sie nicht, hilft nicht dazu, sondern zürnt grausam[1] gegen sie. Ursache der Sünden aber sind der Teufel und des Menschen Wille selbst.

Was ist Sünde, Erbsünde und wirkliche[2] Sünde?

Im 1. Johannesbrief gibt es einen kurzen Spruch, der deutlich lehrt, was Sünde sei, nämlich: „Sünde ist, was wider Gottes Gesetz ist.“[3]

Diese Rede soll man wohl betrachten und recht verstehen, nicht allein von äußerlichen Werken[4], sondern auch von aller Blindheit, Unordnung und bösen Neigungen in allen Kräften der Teufel und Menschen. Dabei ist zu verstehen, dass die sündige Person darum in Gottes Ungnade (steht) und ewiger Strafe schuldig ist.

Erbsünde ist in allen Menschen, die aus menschlichem Samen natürlicherweise geboren werden, angeborene Blindheit und böse Neigungen, die in die menschliche Natur grausamlich[5] gekommen

1 Gemeint ist: in erschreckender Weise. Hier im Gegensatz zum Wirken des Teufels, also in aller Schärfe des Jüngsten Gerichts.

2 Die Unterscheidung von peccatum originale et actuale, Erb- und Tatsünde.

3 Nicht wörtlich. 1 Joh 3,4: „Wer Sünde tut, der tut auch Unrecht, und die Sünde ist das Unrecht.“

4 Böse Werke im Unterschied zu den Guten Werken. Darum führt das Sündenzählen in der Beichte gemäß mittelalterlichen Bußkatalogen auf Abwege. Es geht stattdessen um die Haltung, die Sünden hervorbringt, die tatsächlich geschehen, sich zwar nicht aufzählen oder abrechnen, begrenzen lassen, aber durchaus benennbar sind.

5 in erschreckender Weise

sind durch den Fall der ersten Menschen. Diese Blindheit und bösen Neigungen sind gewiss gegen Gottes Willen und Gesetz und somit Sünde, so dass darum alle Menschen, aus menschlichem Samen geboren, in Gottes Ungnade (fallen) und verdammt sind, so sie nicht Vergebung der Sünden durch den Herrn Christus erlangen.

Tatsünden[1] sind alle Werke wider Gottes Gebot, innerlich in der Seele und im Herzen und äußerlich in allen Gliedmaßen. Und es ist der Täter auch ihretwegen in Gottes Ungnaden und verdammt, so er nicht zu Gott bekehrt wird und Vergebung der Sünden erlangt durch den Herrn Christus.

Und so sollen die Leute ernstlich unterrichtet werden, dass der Sünde erste entsprechende[2] Strafe die erschreckende[3] ewige Angst ist, darin die Teufel und die verdammten Menschen den gerechten und ernstlichen Zorn Gottes fühlen werden.[4]

Daneben in diesem leiblichen Leben gibt es auch Strafen, nämlich den Tod und allerlei leibliche Plagen. Diese alle sind ein Anfang der ewigen Strafen in den Unbekehrten[5].

Sie sind aber auch wegen dieser drei Ursachen den Menschen auferlegt:

---

1 „Wirckliche sünd", aktuale Sünden

2 „furnehme / gleiche"

3 „grausame"

4 Der Mensch fühlt Gottes Zorn im schlagenden Gewissen, aber auch in der Strafe. Wie der Teufel Gottes Strafe fühlen mag, sei dahingestellt. In mittelalterlichen Mysterienspielen zerstören die Teufel am Ende auch einander. Der Teufel verbreitet nicht nur Angst, er ist selbst voller Angst und Furcht.

5 Die sich nicht zu ändern bereit sind. Bekehrung im Sinn der Kirchenordnung ist nicht zu verwechseln mit pietistischer oder evangelikaler Praxis späterer Jahrhunderte. Das Wort meint Metanoia, Sinneswandel, bzw. conversio, Richtungswechsel, wobei die sich wiederholende Beichte und Buße des Christenmenschen im Sinn ist.

Zunächst, dass wir alle dadurch daran erinnert werden, dass es einen Unterschied gibt zwischen Tugend und Untugend, und dass Gott gewisslich ein weises, gütiges, wahrhaftiges, gerechtes und keusches[1] Wesen sei und wider alles das wahrhaftiglich zürne, was dieser Weisheit entgegensteht[2]. Damit wir diesen Unterschied und gerechten Zorn erkennen, hat er auch die leiblichen Plagen, die nicht gering sind, auf die Menschen gelegt.

Zum Zweiten: Gott will durch diese leiblichen Plagen äußerliche Zucht und Frieden erhalten und die Gotteslästerer, Eidbrüchigen, Mörder, Räuber, Ehebrecher und andere, mit Blutschande Befleckte[3] wegräumen. Auch Gott hält fest an dieser Regel, dass auf äußerliche Sünden auch in diesem Leben entsprechende leibliche Strafen folgen, wie geschrieben ist: „Wer das Schwert nimmt, wird mit dem Schwert umkommen", (Mt 26,52) etc.

So von der Blutschande: „Hütet euch, dass euch das Land nicht ausspeie wegen der Blutschande, wie es die Kanaanäer ausgespien hatte. (Lev 18)

Gott will äußerliche Zucht haben, dazu hat er das Gesetz gegeben. Nun wäre das Gesetz ohne Exekution und Strafe nur eine schwache Stimme und Getön. Darum hält Gott selbst darauf, ernsthaft und mit

---

1 unberührt von Begierden

2 „widerwertig ist"

3 Inzest, bei dem man vor allem an die Täter sexuellen Missbrauchs dachte, in zweiter Linie an unerlaubte Heirat. Offenbarung 22,8: „Der Verzagten aber und Ungläubigen und Greulichen und Totschläger und Hurer und Zauberer und Abgöttischen und aller Lügner, deren Teil wird sein in dem Pfuhl, der mit Feuer und Schwefel brennt; das ist der andere Tod." L 1545

Schrecken, wie die großen Zerstörungen in der Welt immer wieder beweisen.[1]

Der **dritte Zweck**[2] ist, dass viele Menschen durch solche Strafen erinnert werden, damit sie wiederum gegen Gott seufzten und bekehrt würden, die Heiligen immer aufs Neue den Zorn Gottes gegen die Sünde betrachten und Gottesfurcht, Glaube und Gebet in ihnen zunehme und bestärkt werde. Wie Paulus schreibt (1 Kor 11,32): „Werden wir gestraft, so werden wir gezüchtigt, damit wir nicht mit dieser Welt verdammt werden," etc.

Und weil es in dieser verderbten Natur noch viel Zweifel und unordentliches Brennen gibt, fallen auch Etliche, die heilig gewesen sind in äußerliche große (Tat-)Sünde wie Aaron, David und andere. So lässt Gott die leiblichen Plagen noch auf allen Menschen, auch auf den Heiligen in diesem Leben bestehen, damit sie dadurch erinnert werden, obgleich die ewige Strafe von ihnen genommen ist. Davon wird weiter unten gehandelt werden bei der Frage, warum die Heiligen unter das Kreuz gelegt sind.

---

1 Dieser Abschnitt zeigt, dass die Debatte um die Theodizee noch nicht in Sicht war, aber sie wurde durch solche Aussagen vorbereitet. Wie wäre das Erdbeben von Lissabon 1755 mit diesen Aussagen zu deuten?

2 „ursach"

(C - Von der Rechtfertigung)

Vom göttlichen, ewigen Gesetz und vom Unterschied der Zehn Gebote und anderen Gesetzen in den Mosebüchern, insbesondere der Levitischen Zeremonien und den bürgerlichen Gesetzen[1]

Die alte, gewöhnliche Weise, die Gesetze der Mosebücher in drei Teile zu teilen und zu unterscheiden, ist eine angemessene Anleitung, die Leute zu unterrichten in Bezug auf etliche wichtige Angelegenheiten[2]. Also folgendermaßen:

Es sind dreierlei Gesetze in den Mosebüchern. Etliche sind Lex Moralis, das nennen wir das ewige Gesetz oder Urteil gegen die Sünde in allen Menschen, wie wir hernach erklären wollen.

Die anderen Gesetze sind Ceremonialis, das ist von Tempelordnung[3], von Opfern, vom Unterschied der Speisen, etc. Die dritten heißen iudiciales, das ist: bürgerliches Gesetz, von Erbschaft, Halsgerichten[4] und solchen Ordnungen, womit die Regierungen Zucht und Frieden erhalten sollen.

Nun muss man wissen, dass diese zwei Teile, die levitische Tempelordnung und bürgerliche Gesetze auf eine gewissen Zeit zum

---

1 Dieser Abschnitt findet sich fast wörtlich in der ersten deutschen Fassung (1559) der Loci Communes von Melanchthon S.78. Übersetzer war Justus Jonas der Ältere. Es ist denkbar, dass Melanchthon selbst u.a. diesen Abschnitt in letzter Redaktion hat einfügen lassen.

2 „in vielen großen Sachen"

3 „Kirchengepreng" - religiösen Ordnungen der Israeliten. Grimm zitiert Luther: „kirchengepränge: unser geistlichen gehen in schonem geberd und gepreng in der kirchen." Das Folgende zeigt allerdings, dass hier an mehr gedacht ist.

4 Seit 1532 galt im Reich die Constitutio Criminalis Carolina, die Halsgerichtsordnung, die als erstes allgemeines deutsches Strafgesetzbuch gilt.

Regiment Israels geordnet sind und haben allein Israel binden sollen und sind mit der endgültigen Zerstörung Jerusalems zugleich gefallen und binden uns nicht, wie das klare Zeugnis dafür in Apg 15 und im Brief an die Galater zu lesen ist.[1] Davon sollen die Gelehrten näheren Bericht geben.[2]

Aber der Teil, den man mit der unzureichenden Bezeichnung[3] Lex Moralis nennt, ist nicht ein vergängliches Gesetz oder erst mit Mose angefangen, sondern es ist die ewige, unwandelbare Weisheit in Gott selbst und die ewige Regel der Gerechtigkeit in seinem göttlichen Willen, die er aus unaussprechlicher Güte in die vernünftigen Kreaturen hinein gebildet hat.[4] Und er hat sie danach allezeit für und für in seiner Kirche von Adams Zeiten an mit seiner Predigt erklärt und wiederholt, damit wir wissen sollen, wie er selbst ist, nämlich weise, gütig, wahrhaftig, gerecht, keusch[5], und dass er wolle, dass die vernünftige Kreatur ihm gleichförmig sein soll. Darum hat er ihr diese hohe Weisheit mitgeteilt und zürnt streng[6] gegen alles, was dieser unwandelbaren Weisheit widerwärtig ist und zerstört es.

Und dieses Gesetz nennt man mit üblichem Namen die Zehn Gebote, denn darin sind die vornehmlichsten Sprüche ordentlich

1 Gemeint ist das Apostelkonzil.

2 Was auch besagt, dass die Gemeinde davon nicht viel wissen muss.

3 „mit einem schwachem namen"

4 Die Offenbarung Gottes ist jeweils eine Offenlegung dessen, was schon immer gilt, aber erst zu einer bestimmten Zeit den Menschen zur Erkenntnis gebracht worden ist. So ist auch Gottsohn seit Ewigkeit und nicht erst mit der Geburt Christi existent. In Bezug auf die Zehn Gebote hat Gott das Naturrecht den Menschen erneut und in aller Klarheit in Erinnerung gerufen. Ihnen zu gehorchen entspricht dem ursprünglichen Gehorsam von Adam und Eva.

5 ohne eigensüchtige Begierde

6 „grausamlich"

gefasst,[1] die man aber so verstehen soll, wie Gott sie selbst erklärt hat. Und wiewohl keine Kreatur diese hohe Weisheit ergründen[2] oder (bis ins Letzte) ausreden kann, so müssen wir doch als Kinder die Zehn Gebote für und für lernen und wissen, dass dieses Gesetz alle vernünftigen Kreaturen bindet, das ist, dass Gott selbst sie bindet.[3] Und diese Reden sind ein ernstliches Urteil gegen alle sündigen Kreaturen und Zeugnis dafür, dass Gott wahrhaft gegen sie zürnt. Und dieses Urteil fühlen alle Menschen, wenn das Gewissen in Schrecken und Angst fällt, die so groß ist, dass sie leiblichen und ewigen Tod bringt, wenn nicht Trost kommt durch die Erkenntnis des Herrn Jesus Christus aus dem Evangelium. In solcher Angst lernt man, was dieses Gesetz ist. Sonst kann man es mit Worten nicht fassen[4].

Darum ist auch allezeit dieses ewige Gesetz Lex Moralis und Urteil gegen die Sünde in Gottes Kirchen von Adams Zeiten an[5] gepredigt und hat es der Herr Christus selbst oft wiederholt. Und spricht Paulus: „Durch das Gesetz gibt es die Erkenntnis der Sünde." (Röm 3,20)

---

1 Es geht dabei also nicht im wörtlichen Sinn nur um den Dekalog, sondern um gut, billig und recht überhaupt. Vgl. dazu das Werk von Johannes Oldendorp und seine Rostocker Schrift von 1529.

2 Gottes Gesetze sind axiomatisch, nicht begründbar.

3 Im Gewissen, das uns Gott ins Herz gegeben hat, ist Gottes Rede auch zu hören. Es geht bei dem Gewissen nicht nur um eine natürliche Gegebenheit. Das muss gegen späteres Verständnis eines dinglichen Verständnisses von Natur hervorgehoben werden.

4 „ausreden"

5 Dieser Kirchenbegriff umfasst mithin auch in selbstverständlicher Weise nicht nur die Zeit des Alten Testaments, sondern die der Menschheit.

Und es ist ganz gewiss, dass es Gottes Wille und ernstlicher Befehl ist, dass man dieses ewige Gesetz in seiner Kirche predige, aus diesen beiden Ursachen:

Dass wir von daher wissen, wie der Gehorsam, den wir Gott schuldig sind, sein sollte und so unsere sündige Unreinigkeit und Übertretung erkennen und vor Gottes Zorn erschrecken. Und dass die Bekehrten Gottes Wort haben, von dem her sie gewiss sind, welche Werke rechter Gottesdienst sind.[1]

Unterschied zwischen dem Gesetz und dem Evangelium

Dieser Unterschied ist eine der Hauptlehren in der Kirche. Und wo man sie verlöschen lässt – wie sie denn bei den Papisten ausgetilgt ist -, ist grausame Blindheit die Folge, dass man dichtet, der Mensch sei gerecht durch seine Werke und verdiene Vergebung der Sünden mit eigenen Werken, etc. Und dieweil doch alle Menschen Sünde bei sich fühlen, bleiben sie im Zweifel[2], können Gott nicht anrufen und sinken endlich in Verzweiflung und ewigen Tod. Und sie wissen nicht, warum der Sohn Gottes gesandt ist, wie die Pharisäer bei den Juden in solcher Blindheit steckten und hatten das rechte Verständnis in Bezug auf den Messias verloren.

---

1 Im Wort „Gottesdienst", das hier nicht mehr nur die Liturgie selbst meint, liegt die Auffassung von dem Verhältnis von göttlichem und menschlichem Recht. In der Liturgie, im Glauben, hören, bitten und danken wir Gott, im weltlichen Leben dienen wir ihm mit daraus fließenden Guten Werken.

2 Mit Zweifel ist in diesen Texten niemals intellektuelles Zweifel an Gottes Existenz gemeint, sondern stets die tiefe Unsicherheit gegenüber Gottes Gnade und Zweifel in Bezug auf den Gehorsam Gott gegenüber.

Aber Gott hat für und für Propheten erweckt, die den rechten Unterschied von Gesetz und Verheißung gepredigt und hernach auch die Apostel gelehrt haben.

Das Gesetz ist - wie gesagt - diese ewige göttliche Weisheit, die Gott auch in die vernünftige Kreaturen hinein gebildet hat in der Erschaffung und hernach im Predigtamt für und für wiederholt. Sie lehrt und bezeugt, dass man Gott recht erkennen soll, und dass man ihm Gehorsam schuldig sei, und wie dieser Gehorsam in allen unseren Kräften stehen sollte. Und (das Gesetz) ist demnach der Sünde schreckliches Urteil wider alle Menschen.[1] Denn kein Mensch, von Gottes Sohn abgesehen, hat diesen ganzen Gehorsam. Und es gibt das Gesetz keine Vergebung der Sünden, sondern es bezeugt nur Gottes Zorn gegen die Sünde.

Und obwohl Verheißungen an das Gesetz gehängt sind, fordert es doch vollständigen Gehorsam dabei. Es sagt nicht, dass Gott ohne unseren Verdienst Sünde vergebe und wegnehme, etc.[2]

Aber das Evangelium ist im eigentlichen Sinn die gnädige, fröhliche Predigt vom Sohn Gottes Jesus Christus, der im wunderbaren Rat göttlicher Majestät zum Mittler und Versöhner und zu unserer Gerechtigkeit und zum Seligmacher verordnet ist.

---

1 D.h., Gehorsam ist identisch mit dem Gewissen.

2 Ohne das Evangelium lässt das Gesetz entsprechend dieser Auffassung den Menschen verzagen und in Verzweiflung. Verheißungen trösten ihn, befreien ihn aber nicht von seiner Schuld, die er durch das Gesetz erkennt und somit auf seinem Gewissen lastet. Der irrige Glaube an die heilende und sühnende Wirkung der Guten Werke erscheint so als der einzig denkbare Ausweg, verlässt man sich nicht auf das Evangelium.

Diese Predigt (des Gesetzes) straft erstlich alle Sünde und in erster Linie diese große Sünde[3] im ganzen menschlichen Geschlecht, so dass dass auch nach gegebener Verheißung die Welt den Sohn Gottes nicht erkennen will.[4] Darum spricht der Herr selbst Joh 16(,8f.): Der Heilige Geist wird die Welt strafen wegen der Sünde, so dass sie nicht an mich glauben.[5] Und Psalm 2 spricht: Osculamini Filium [Küsse den Sohn], etc.[6]

Und neben dieser Verurteilung des Unglaubens und aller anderen Sünden verkündet das Evangelium diesen ewigen, gnädigen Trost, dass Gott uns gewisslich um seines Sohnes Jesus Christus aus Gnade

---

3 Die Erbsünde. Unser Rechtsempfinden stört es, wenn man für etwas bestraft wird, wofür man nichts kann. Aber im Recht muss dies dennoch um der Ordnung willen geschehen. Der von Natur aus sündige Mensch muss diese seine Sünde auch selbst begreifen, um gegen sie in sich selbst vorgehen zu können.

4 Die Erbsünde lässt uns am Evangelium zweifeln.

5 „Und wenn der Geist kommt, wird er der Welt die Augen auftun über die Sünde und über die Gerechtigkeit und über das Gericht; über die Sünde: dass sie nicht an mich glauben." - „Strafen" wird hier gleichgestellt mit „die Augen öffnen". Joh 15,22: „Wenn ich nicht gekommen wäre und hätte es ihnen gesagt, so hätten sie keine Sünde; nun aber können sie nichts vorwenden, ihre Sünde zu entschuldigen." L 1545

6 Ps 2, 11f. „Dienet dem HERRN mit Furcht und küsst seine Füße mit Zittern, dass er nicht zürne und ihr umkommt auf dem Wege; denn sein Zorn wird bald entbrennen. Wohl allen, die auf ihn trauen!" Johann Stigel hatte 1544 ein Gedicht mit diesem Titel veröffentlicht. Es handelt sich mit dem Wort osculamini um eine andere Lesart als Übersetzung aus dem Hebräischen als die übliche der Vulgata: adorate. Luther hatte dies in seiner Operatio in psalmum secundum bemerkt: osculari autem interpretantur „homagium praestare", ut sit sensus „osculamini filium", id est, cum reverentia et humilitate regem et dominum Christum suscipite. [aber küssen wird als „Ehrerbietung erweisen" interpretiert, so dass die Bedeutung „den Sohn küssen" ist, den König und Herrn Christus mit Ehrfurcht und Demut anzunehmen.]

willen geben will, ohne unseren Verdienst, gratis, Vergebung der Sünde, und will uns um seines Sohnes willen Gerechtigkeit zurechnen und uns annehmen und durch seinen Sohn Jesus Christus uns den Heiligen Geist geben und uns zu Erben der ewigen Seligkeit machen.[1]

Und dies sollen wir mit Glauben annehmen, dass uns dies gewisslich gegeben wird um des Herrn Christus willen ohne unseren Verdienst und nicht um des Gesetzes oder unseres Werkes willen.

Dieser große Trost ist von Adams Zeiten an in der Kirche gepredigt worden, nachdem die wunderbare Verheißung - die zuvor keine Kreatur gewusst hatte - geoffenbart worden ist: Der Frauen Same wird der Schlange den Kopf zertreten.[2] Und durch diesen Trost sind Adam und Eva aus dem ewigen Tod errettet worden.[3]

Durch diese Verheißung hat Gott für uns für eine öffentliche Kirche erhalten, darin allezeit viele[4] Auserwählte gewesen sind. Und es ist sonst keine Versammlung auf Erden, die eine wahrhafte Kirche

---

1 Es gehört zum Sprachstil jener Zeit, dass man mit dem Wort „und" nicht sparte und so einen Halbsatz an den anderen reihte. Auf uns wirkt dies häufig seltsam und ungeschickt. Ich habe darum in meiner Übertragung dieses Bindewort hin und wieder auch ausgelassen und Sätze getrennt.

2 Gen 3,15: „Und ich will Feindschaft setzen zwischen dir und dem Weibe und zwischen deinem Samen und ihrem Samen. Derselbe soll dir den Kopf zertreten, und du wirst ihn in die Ferse stechen." Dieser Vers wird als Protoevangelium bezeichnet.

3 Zahlreiche Bilder des Mittelalters zeigen die „Höllenfahrt Christi". Sie sagen aus, was hier benannt wird: In Christus wird die Verheißung wahr, die für die Reformatoren eine zentrale Bibelstelle für ihre Rechtfertigungslehre bildete, wie sie hier in aller Einfachheit und Klarheit ausgedrückt ist. Auch Adam und Eva werden aus der Hölle durch Christi Hand gezogen. Das Evangelium gilt nicht nur den getauften Christen, sondern aller Menschheit.

4 „etliche"

auf Erden sei, denn allein diese, darin die rechte Lehre vom Sohn Gottes gepredigt wird.[1]

Und es ist hier sehr nötig, die zu Ordinierenden und anderen Leute oft daran zu erinnern, dass Gott aus unaussprechlicher[2] Barmherzigkeit, weil er um seines Sohnes willen die Menschen wiederum annimmt, wirksam[3] durch das Evangelium, d.i. durch das Predigtamt und Betrachtung des Evangeliums wirken will.

Dabei gibt der Sohn Gottes, der das ewige Wort ist, selbst den Heiligen Geist und durch die Lehre ein neues Licht und Leben anzündet. Wie Paulus Röm 1(,16) spricht: „Das Evangelium ist eine Kraft Gottes zur Seligkeit allen, die daran glauben." So auch 2 Kor 3(,5-9): „Das Evangelium ist ein Amt des Geistes[4]," das ist: Dadurch wird der Heilige Geist gegeben und wirkt. Gal 3(,14): „Dass wir die Verheißung des Geistes durch den Glauben empfangen." 1 Petr 1(,23): „Ihr seid wiedergeboren durch das lebendige Wort Gottes und das allezeit bleibt."[5]

---

1 Dies ist eine Interpretation des dogmatischen Grundsatzes „extra ecclesiam nullus salus" [außerhalb der Kirche ist kein Heil]. Kirche ist hier als Ort der Versammlung, bzw. Predigt verstanden, nicht als Mitgliedervereinigung. Das Evangelium wird „in der Kirche" gepredigt, d.h. konkret auch in mecklenburgischen Landen. Unser Vereinsdenken war in Bezug auf die Kirche den Menschen fremd. Im Mittelalter zählte sich der Klerus als Kirche, alle anderen waren „Christenheit" oder Heiden. Nun war der Klerus aufgelöst und es trat keine Gemeinde oder Sekte, keine abgesonderte Gruppe an seine Stelle. Extra ecclesiam bedeutete also nicht aus der Kirche ausgetretene Menschen, sondern den Ort ohne, bzw. falscher Verkündigung.

2 Logisch nicht fassbare Weise, axiomatisch.

3 „kräftiglich"

4 V: ministratio spiritus, 2 Kor 3,8 – genetivus subjectivus

5 „Als die da wiedergeboren sind, nicht aus vergänglichem, sondern aus unvergänglichem Samen, nämlich aus dem lebendigen Wort Gottes, das da ewig bleibt."

Von der Vergebung der Sünden, und wie der Mensch durch Glauben vor Gott gerecht wird um des Herrn Christus willen

Wie erlangt der Mensch Vergebung der Sünden?

Antwort:

Allein durch den Glauben an den Sohn Gottes, aus Gnaden, gratis, nicht von wegen unserer eigenen Werke oder Verdienst, sondern allein von wegen des einzigen Mittlers Jesus Christus, der für uns ein Opfer und Versöhner[1] geworden ist, empfangen wir gewisslich Vergebung der Sünden und den Heiligen Geist und werden gerecht, das ist - Gott gefällig und angenehm[2], weil uns Gerechtigkeit zugerechnet wird um des Herrn Christus willen. Wir werden Erben ewiger Seligkeit, so wir wahrhaftig glauben, dass uns Gott um seines lieben Sohnes willen unsere Sünde vergibt und uns gnädig sei und uns durch seinen Sohn Jesus Christus heilige mit dem heiligen Geist und zu Erben der ewigen Seligkeit mache.

Diese Hauptlehre des Evangeliums ist oftmals klar ausgedrückt in der göttlichen Schrift:

1 Sühne ist ein Urteil, das nach Grimm bedeutet: „beilegung von rechtshändeln, vertrag, friede. beilegung von streitigkeiten überhaupt." Lateinisch iudicium. Rechtfertigung ist nicht als Gutheißen zu verstehen, sondern als Beilegung von Zorn, Strafe oder Verurteilung. Auch ist vom Wortsinn nicht unbedingt gleich eine Satisfaktionslehre gemäß Anselm von Canterburys zu verstehen. Der Glaube wurde in dieser Kirchenordnung auch sprachlich deutsch, d.h. auch mit anderen Akzenten gefasst. Hätte man auf den Gedanken der Bezahlung allererstes Gewicht gelegt, hätte dies zentral und nicht wie hier am Rande ausgedrückt werden können. Im reformatorischen Denken lag der Akzent mehr auf der Gnade Gottes als auf einer Abrechnung.

2 Das meint annehmbar.

Joh 3(,15) spricht Gottes Sohn selbst: „Also hat Gott die Welt geliebt, dass er seinen eingeborenen Sohn gegeben hat, dass alle, die an ihn glauben, nicht verloren werden, sondern das ewige Leben haben."

Apg 10(,43): „Diesem Herrn Christus geben alle Propheten Zeugnis, Vergebung der Sünden zu empfangen durch seinen Namen, alle, die an ihn glauben."

Röm 3(,24f.): „Wir werden gerecht ohne unseren Verdienst durch seine Gnade, durch die Erlösung, die ist in Christus Jesus, den er vorgestellt hat zum Versöhner durch Glauben in seinem Blut."

Diese und etliche ähnliche Hauptsprüche sollen alle Menschen wissen, damit sie rechtes Verstehen und Trost von diesem hochwichtigen Artikel haben, wie die Menschen Vergebung der Sünden erlangen und Gott gefällig und Erben ewiger Seligkeit sind[1]. Denn dies ist der gnädige Trost, der in den ersten Verheißungen und besonders im Evangelium geoffenbart ist.

Und es sollen die Leute unterrichtet werden, dass dieser Trost nicht von (selbst-) sicheren Leuten redet, die in Sünden wissentlich fortfahren. Vielmehr, wenn das Herz wahrhaft vor Gottes Zorn wider die Sünde erschrocken ist, sollst du zum Herrn Christus Zuflucht haben und in dieser Angst glauben und vertrauen, dass dir gewisslich deine Sünden um des Herrn Christus willen ohne dein Verdienst vergeben werden.

In diesem ernstlichen Trost, den dein Herz fühlt, gibt dir der Sohn Gottes seinen heiligen Geist und bewirkt in dir Leben und Freude an

1 Hier steht „sind" und nicht, wie man auch erwarten könnten „werden". Die Gnade Gottes wird jetzt im Glauben angenommen.

Gott, wie Paulus spricht Gal 3(,2): „Dass wir die Verheißung des Geistes empfangen durch den Glauben."

So auch Joh 5(,23): „Wer den Sohn hat, der hat das Leben. Und so hast du den Sohn Gottes, so du an ihn glaubst und durch das Evangelium Trost empfängst."

Ob diese Rede recht sei: Allein durch Glauben werden wir gerecht

Antwort:
Diese Rede: „Allein durch Glauben werden wir gerecht" - sola fide iustificamur - bedeutet: gratis iustificamur fide - ohne unseren Verdienst werden wir vor Gott gerecht. Das ist: Ohne unseren Verdienst werden wir vor Gott gerecht und sind Gott gefällig um des Herrn Christus willen durch Glauben. Und ist diese Rede ist recht und mit dem Wort „gratis" bei St. Paulus oft ausgedrückt.

Contra: **Es gibt doch viel Tugenden in der Bekehrung. Warum sprichst du denn sola fide? Es muss doch Reue und Leid im Menschen sein, ebenso der gute Vorsatz, Liebe und Hoffnung, etc.**

Antwort:
Obgleich es viel Tugenden in der Bekehrung gibt und sein müssen, so sind sie doch nicht Verdienst, causae [Gründe] oder Ursache, weswegen die Person Vergebung der Sünden habe und vor Gott gerecht, also Gott gefällig sei. Sondern allein um des Herrn Christus willen empfangen wir Vergebung der Sünden und sind gerecht, also Gott gefällig. Und dies kann nicht anders als durch Glauben angenommen werden, der die Verheißung fasst, wie St. Paulus es sagt (Röm 4,16): „ideo ex fide, gratis, ut sit firma promissio"

[Derhalben muss die Gerechtigkeit durch den Glauben kommen, auf dass (sie sei aus Gnaden und) die Verheißung fest bleibe].

Contra: **Glauben doch die Teufel auch und sind nicht gerecht. Warum sprichst du denn: Allein durch Glauben sind wir gerecht?**

Antwort:
Die Teufel glauben nur die Historien. Sie glauben aber nicht, dass Christus ihnen zugute gesandt und ihr Heiland sei. Ja, sie wissen, dass er sie in grausame, ewige Strafe verdammt. Sie haben darum einen grimmigen Zorn und Hass gegen Gott und den Herrn Christus. Aber wir sollen glauben, dass der Herr Christus uns zugute gesandt und uns zugute ein Opfer geworden ist und unsere Gerechtigkeit und Versöhnung ist, wie im (nizänischen) Glaubensbekenntnis steht: „Qui propter nos homines et propter nostram salutem descendit de coelo." [Für uns Menschen und zu unserem Heil ist er vom Himmel gekommen.] Und es ist in Jesaja (9,6) geschrieben: „Der Sohn ist uns gegeben."

Und diesen einfachen Bericht vom Unterschied des Glaubens in Teufeln und des rechten Glaubens soll man den Leuten treulich erklären.

Contra: **Ist es doch unmöglich, dass etwas gerecht sei allein durch Wissen. Nun ist aber der Glaube nur ein Wissen.**

Antwort:
Der Glaube, durch den der Mensch Vergebung der Sünden erlangt und gerecht ist, ist nicht allein das Wissen, wie es auch in den Teufeln und gottlosen Menschen eine Erkenntnis der Historien gibt, sondern dieser rechte Glaube ist, alle Artikel des Glaubens zu wissen

und damit (auch) die Verheißung der Gnade Christi für wahr zu halten.[1] Daraufhin sind alle Artikel ausgerichtet. Und er ist somit ein wahrhaftiges, herzliches Vertrauen auf den Sohn Gottes Jesus Christus, den Mittler und Versöhner, damit wir um seinetwillen und durch ihn Vergebung der Sünde, Gnade und Seligkeit haben. Dieses Vertrauen ist so fern von des Teufels Glauben, wie der Himmel von der Hölle und Leben vom Tod.

Auch soll man die Leute wohl unterrichten, dass sie im Glaubensbekenntnis diesen Artikel sich merken: Credo remissionem peccatorum - ich glaube die Vergebung der Sünden. Verstehe nicht auf die Art, wie die Teufel glauben, dass anderen wie David, Petrus die Sünden vergeben sind, sondern verstehe diesen Artikel so: Ich glaube die Vergebung de Sünden, dass sie mir vergeben sind um des Herrn Christus willen ohne meinen Verdienst.

Dieser Glaube betrifft alle Artikeln und ist dazu das Vertrauen, das durch den Sohn Gottes zu Gott Zuflucht nimmt, wie Röm 5(,1) geschrieben ist: „So wir gerecht werden durch Glauben, haben wir Frieden bei Gott.“ Ebenso Eph 3(,12): „Durch Christus haben wir einen fröhlichen Zutritt mit Vertrauen, das da durch Glauben auf ihn kommt.“[2]

So ist der Unterschied zu verstehen. Die Teufel glauben nicht, dass ihnen ihre Sünden vergeben werden. Wir aber sollen glauben, dass uns unsere Sünden gewisslich vergeben werden, und dass uns Gott gnädiglich um des Mittlers willen annimmt.

---

1 Für wahr zu halten meint hier mehr, als es nur für korrekt zu erachten, wie die folgenden Sätze mit den Worten „wahrhaftig“ und „herzlich“ anzeigen.

2 Durch Christus haben wir Freudigkeit und Zugang in aller Zuversicht durch den Glauben an ihn. L 1545

Also: Das Wissen in den Teufeln bringt in ihnen Furcht, Schrecken, Flucht, grimmigen Zorn und Hass gegen Gott. Aber der Glaube und das Vertrauen auf den Sohn Gottes in uns bringt Trost und Freude in Gott, dass wir zu Gott Zuflucht haben und ihn anrufen, etc.

Contra: **Du sprichst: Durch Glauben sind wir gerecht. Nun ist der Glaube auch ein Werk. So muss nun folgen, dass wir dennoch durch Werke gerecht sind.**

Antwort:
Diese Erklärung ist hoch nötig: Wenn man spricht, durch Glauben sind wir gerecht, soll diese Rede so verstanden werden: Um des Herren Christus sind wir gerecht, um dieses Mittlers willen haben wir Vergebung der Sünden und sind gnädiglich von Gott angenommen und mit des Herrn Christus Gerechtigkeit bekleidet, so dass uns um seinetwillen Gerechtigkeit zugerechnet ist, der uns zugleich auch von seinem Geist gibt, wie Johannes spricht.

Und dies geschieht allein durch Glauben, damit das Herz die Verheißung fasst und den Herrn Christus anschaut und annimmt.

Und es ist nicht so zu verstehen, dass der Glaube gerecht mache, weil er ein besonders hohes Werk sei, sondern correlative soll diese Rede verstanden werden.[1] Durch den Sohn Gottes Jesus Christus haben wir Vergebung der Sünden und Gnade, die wir mit Glauben annehmen.

---

1 Korrelation bedeutet hier: Nicht im Kausalzusammenhang, sondern als zwei zusammenhängende Sachverhalte, die aber nicht voneinander deduzierbar sind.

Contra: **Gerechtigkeit ist Erfüllung des Gesetzes oder Gleichförmigkeit mit Gott. Dazu gehören alle Tugenden, nicht allein Glaube. Warum sprichst du denn „allein durch Glauben"?**

Antwort:
Alle diese Argumente, die wir hier gesetzt haben, sind Erinnerung daran, wie die Worte zu verstehen sind: Glaube und gerecht werden. Nämlich, dass der Glaube in diesen Reden bedeute: Alle Artikel des Glaubens zu wissen und für wahr halten, und darin auch die Verheißung der Gnaden, und dass es also ein herzliches Vertrauen auf den Sohn Gottes sei.

Gerecht sein, heißt Vergebung der Sünden haben und Gott gefällig sein um des Herrn Christus willen, der der Versöhner ist und uns bedeckt mit seiner Gerechtigkeit, damit der gerechte Zorn Gottes nicht auf uns ausgegossen werde, weil unsere arme, elende Natur sündig ist und hat die andere Gerechtigkeit nicht, die die Erfüllung des Gesetzes ist, oder die Gleichförmigkeit mit Gott. Davon spricht der Psalm (143,2): „Kein Lebender wird vor dir gerecht." Und Joh 9(,24): „Ich weiß wahrhaftig, dass der Mensch nicht vor Gott gerecht ist."

Und dies lernt man in rechter Angst. Alsdann weist uns das Evangelium den Herrn Jesus Christus, Gott und Mensch, und spricht: Dieser Mittler bedeckt deine Sünde und will dir Gerechtigkeit zurechnen, so dass du Gott gefällig seist.

So erklärt St. Paulus diese Rede „durch Glauben sind wir gerecht" in Röm 4, nämlich mit zugerechneter Gerechtigkeit, und dass uns die Sünden nicht zugerechnet werden.

Diesen wahrhaftigen nötigen Trost und Verstand haben die Propheten oft wiederholt, denn sie verurteilen das falsche Vertrauen auf eigene Heiligkeit und verweisen das erschrockene Herz an die Barmherzigkeit, die uns zugesagt ist um des Herrn Christus willen, wie Daniel (9,18) spricht: „Nicht wegen unserer Gerechtigkeit, sondern durch deine große Barmherzigkeit um des Herren willen erhöre uns."

Wiewohl nun (allzu) sichere, wilde[1] Leute dieses geheimnisvolle Verständnis[2] nicht achten, so verstehen doch alle christlichen Herzen, dass dieser Trost wahrhaft hoch nötig ist, und dass wir in allem Gebet diesen Glauben und dieses Vertrauen auf den Mittler zu Gott hin aufbringen[3] müssen.

Dieser Hohepriester steht im Heiligtum, das ist im geheimnisvollen[4] Rat göttlicher Majestät, bittet für uns und trägt unser Seufzen zum ewigen Vater. Diesen Versöhner sollen wir anschauen und uns in seine Wunden legen in aller Angst und in allem Gebet.

Und so werden wir also durch Glauben und Vertrauen auf den Herrn Christus getröstet. Sodann ist auch wahr, dass der Herr Christus selbst in uns Leben wirkt und gibt uns seinen heiligen Geist, wodurch wir Freude an Gott haben, seine Barmherzigkeit und Gegenwart erkennen, ihn anrufen und begehren, ihm gehorsam zu sein. Auch sind unsere Herzen Gottes Wohnung, wovon viele Sprüche reden, wie dieser Vers Gal 3(,14), „dass wir die Verheißung des Heiligen Geistes durch Glauben empfangen." Und Joh 14(,23):

1 Im Sinne der Unvernunft.
2 „heimlichen verstand"
3 „zu Gott bringen"
4 „heimlichen"

„Wer mich liebt, der wird meine Reden bewahren und mein Vater wird ihn lieben, und wir wollen zu ihm kommen und Wohnung bei ihm machen."

So geschieht auch die Wiedergeburt, wenn wir in wahrhaftigem Erschrecken durch Glauben auf den Mittler Jesus Christus getröstet werden. Denn alsdann wirkt der Sohn Gottes durch seinen Heiligen Geist Leben und Licht in uns. Wie 1 Joh 4(,13) geschrieben ist: „Dabei erkennen wir, dass wir in ihm bleiben, und er in uns, denn er gibt uns von seinem Geist."

Was ist der Unterschied der wahrhaftigen Lehre in unseren Kirchen in diesem Artikel und der päpstlichen falschen Lehre?

Antwort:

Vor allem soll man diese drei Unterschiede merken:

Der **Erste**: Die Päpstlichen dichten wie die Pharisäer, Heiden und Muslime, ein Mensch sei darum gerecht und Gott gefällig, solange er in guten Werken lebt, das meint, so er ehrlich in äußerlicher Zucht[1] lebt. Und es dichten die Papisten weiterhin dazu, dass diese Werke Vergebung der Sünden verdienen. So auch, dass sie Vergebung der Sünden verdienten mit ihren Klosterorden, Messopfern, etc., wie die Pharisäer dichteten, ihre Opfer (würden) Vergebung der Sünden (einbringen), etc.

Zum **Zweiten** sprechen die Päpstlichen: Weil jedoch niemand weiß, wann er genug gute Werke getan hat, so sollen alle Menschen für und für im Zweifel bleiben, ob sie Vergebung der Sünden haben und ob sie Gott (wirklich) gefällig sind. Dieser Zweifel ist eitel heidnische Blindheit.

1 d.h. Regeln entspricht.

Zum **Dritten** dichten sie, ein Mensch könne das göttliche Gesetz in diesem Leben erfüllen. Auch sagen sie nichts davon, wie der Mensch durch das Evangelium und den Heiligen Geist neu geboren werde.

Dagegen steht die wahrhaftige Lehre in unseren Kirchen.

Erstlich, dass uns Vergebung der Sünden gewisslich allein um des Herrn Christus willen ohne unseren Verdienst aus Gnaden geschenkt wird. Und es ist gewiss Abgötterei, wenn man dies Vertrauen auf eigene menschliche Werke setzt, dass sie Vergebung der Sünden verdienen und Gottes gerechten und großen Zorn[1] versöhnen, etc.

Auch lehren unsere[2] Kirchen, dass der Mensch nicht vor Gott gerecht wegen eigener Werke ist, auch wenn sie nach der Wiedergeburt geschehen, sondern um des Herrn Christus willen durch Glauben.

Zum **Zweiten** lehrt man in unseren Kirchen, dass man nicht im Zweifel bleiben soll, sondern alle Menschen, die in Sünden gegen ihr Gewissen leben oder ohne Glauben an den Herrn Christus, die sollen sich klar sein[3], dass sie in Gottes Zorn sind, und so sie nicht bekehrt werden, fallen sie in ewige Strafe. Auch werden sie in diesem Leben mit leiblichen Strafen, Blindheit und anderen Plagen gestraft werden.

Dagegen aber alle, die Schrecken in ihren Herzen fühlen vor Gottes Zorn und wollten gern zu Gott bekehrt sein und sich bessern, die sollen nicht in Zweifel bleiben, sondern fest glauben, dass Gott ihnen ihre Sünde vergeben wolle aus Gnaden um des Herrn Christus

---

1 Zorn als Gegenwort zu Gnade.

2 „diese“: Damit sind meiner Deutung nach die Kirchen des Landes Mecklenburgs gemeint.

3 „gewisslich schließen“

willen. Und sie sollen also hinfort in Gottesfurcht und Glauben zunehmen und nicht in Sünden wider ihr Gewissen verharren. Und die Bekehrten sollen glauben, dass sie Gott gefällig und in Gnaden sind um des Herren Christus willen, obgleich sie noch sehr schwach[1] sind.

Zum **Dritten** wird in unseren Kirchen gelehrt, dass der Mensch Gottes Gesetz in diesem Leben nicht erfüllen kann. Und obgleich ein Mensch äußerliche Zucht einigermaßen aus natürlichen Kräften einzuhalten vermag, so vermag er doch ohne das Evangelium und ohne den Heiligen Geist diese Werke im Herzen nicht einmal anzufangen, wie rechte Gottesfurcht, rechte Anrufung, rechte Liebe zu Gott. Denn der Wiedergeburt folgt dieser beginnende Gehorsam.

Und obgleich nach der Wiedergeburt dieser Gehorsam seinen Anfang nimmt, so ist dennoch große Schwachheit und Sünde im Menschen und es sind unsere Werke noch lange nicht Erfüllung des Gesetzes.

Ob die päpstliche Lehre recht sei, dass ein Mensch für und für (darin) im Zweifel bleiben soll, ob er Vergebung der Sünde habe und Gott gefällig sei.

Antwort:

Die päpstliche Lehre, dass die Menschen in Zweifel bleiben sollen, ist grausame heidnische Blindheit. Darum tut es Not, daran oft zu erinnern, besonders weil die Päpstlichen diesen ihren großen Irrtum noch für und für bestärken. Sie haben in ihrem falschen Beschluss[2] zu

1 d.h. gering in ihrem Glauben.

2 „consilio" – 6. Sitzung vom 13. Januar 1547 Dekret über die Rechtfertigung Kapitel 9 „Gegen den eitlen Fiduzialglauben der Häretiker".

Trient diesen Artikel gesetzt, dass der Mensch für und für in Zweifel bleiben soll, ob er Gott gefällig sei. Sie haben auch fälschlich den Spruch auf ihre Ansicht[1] bezogen, wo Salomo sagt: „Der Mensch soll nicht aus Glück oder Unglück in diesem Leben darauf schließen, dass er Gott darum gefällig oder nicht gefällig sei." (Koh 9,1-3) Dies ist ein hoher Trost, dass David weiß, dass er nicht von Gott verworfen ist, obgleich er verjagt ist. Und Jerobeam soll nicht stolz sein und wähnen[2], er sei Gott gefällig, weil er ein gewaltiger, sieghafter König geworden war. So will Salomo, von Gottes Willen soll man aus seinem Wort schließen und nicht aus Glück oder Unglück.

Darum spreche ich[3], wie zuvor gesagt ist: Alle Menschen, die in Sünden wider ihr Gewissen leben, oder ohne Glauben an den Herrn Christum, die sollen gewisslich daraus schließen, dass sie in Gottes Ungnade[4] stehen. Und wenn sie nicht zu Gott bekehrt werden, fallen sie in ewige Strafe. Denn so spricht Johannes (3,36): „Wer nicht an den Sohn Gottes glaubt, der wird das Leben nicht sehen, sondern der Zorn Gottes bleibt auf ihm." So auch 1 Kor 6(,9f.): „Lasst euch nicht betrügen, Hurer, Abgöttische, Ehebrecher, etc. werden das Reich Gottes nicht betreten."

Dagegen aber alle, die Schrecken in ihren Herzen vor Gottes Zorn fühlen und gern zu Gott bekehrt sein und sich bessern wollen, die sollen nicht im Zweifel bleiben, sondern fest glauben, dass ihnen

1 „meinung", opinio

2 „dichten"

3 Auch hier zeigt sich in der Formulierung, dass das Examen in Teilen zusammengesetzt ist. Das Originelle am Text des Examens ist somit das Werk des „Meisters Redaktor".

4 „Zorn"

Gott ihre Sünde vergeben wolle aus Gnaden, um des Herrn Christus willen, und sollen also hinfort in Gottesfurcht und Glauben zunehmen und nicht in Sünden gegen ihr Gewissen verharren.[1]

Und dass Zweifel Unrecht sei, beweist zuerst das Glaubensbekenntnis selbst, worin du sprichst: Ich glaube die Vergebung der Sünden. Wenn nun dein Herz spricht: Ich zweifle, ob mir meine Sünde vergeben werden, so streitet dein Herz gegen die Worte des Glaubensbekenntnisses.

Zum anderen: Gottes Verheißung und Eid ist gewisslich wahr, und alle, die so nicht daran glauben, die schmähen Gott und wollen ihn nicht als wahrhaftig anerkennen.

Nun ist offenbar, dass Gott Vergebung der Sünden um seines Sohnes willen zugesagt hat und gebietet dazu, dass man dem Sohn glauben soll. Denn so spricht Petrus in der Apostelgeschichte 10(,43): „Dem geben alle Propheten Zeugnis, dass alle Vergebung der Sünden durch seinen Namen empfangen, die an ihn glauben." Hier wird die Verheißung ausgedrückt und allen Menschen angeboten und Glaube ausdrücklich erfordert. So auch Röm 4(,16): „Darum aus Glauben ohne Verdienst, dass die Verheißung fest bleibt."[2]

Dabei betrachte auch den göttlichen Eid Ez 33(,11): „So wahr ich lebe, spricht der Herr, ich will nicht, dass der Sünder sterbe, sondern dass er bekehrt werde und das Leben habe." Wer nun in der Bekehrung nicht glauben will, der verachtet den hohen Eid, den uns Gott ausdrücklich schwört. Er schmäht also das göttliche Testament, das mit dem Blut Christi versiegelt ist.

---

1 Also: Schrecken ja, nicht aber Zweifel.

2 „Derhalben muss die Gerechtigkeit durch den Glauben kommen, auf dass sie sei aus Gnaden und die Verheißung fest bleibe allem Samen."

Dies alles sollen wir betrachten, uns gegen den Zweifel stärken. Denn es ist und bleibt leider für und für in diesem Leben auch in den Heiligen viel Zweifeln und Zappeln. Gleichwohl sollen wir uns mit dem Evangelium stärken und also den Zweifel überwinden und Trost und Freude an Gott haben.

So sollen die Bekehrten für und für glauben, dass sie Gott gefällig sind um des Herrn Christus willen, obgleich sie noch schwach sind. Röm 5(,1): „So wir gerecht geworden sind durch den Glauben, haben wir Frieden bei Gott durch unseren Herrn Jesus Christus, durch den wir Zugang haben durch den Glauben zu dieser Gnade, in der wir stehen." Darum, wo dieser Glauben und dieses Vertrauen auf Christus nicht ist, da ist kein Zugang zu Gott, und solchen ist Gott nicht gnädig.

So auch Röm 1(,17): „Der Gerechte lebt durch seinen Glauben."

Und Eph 3(,12): „Durch ihn haben wir fröhlichen Zugang im Vertrauen, das durch den Glauben an ihn da ist."

Daraus wird auch klar, wo dieser Glaube nicht ist, ist keine rechte Anrufung Gottes. Denn das Herz flieht vor Gott, versinkt in Betrübnis und hat keinen Trost an Gott. Davon spricht Paulus: „Wie können sie (Gott) anrufen, wenn sie nicht glauben?" (Röm 10,14)

Dagegen spricht aber das Herz auch in den Heiligen: Ach, wie soll ich glauben, dass ich Gott gefällig sei, wo ich doch fühle, dass ich so viel Sünde getan habe und bin noch so voll böser Neigungen und fühle nicht eine besondere Erleuchtung in mir?

Antwort:

Das Vertrauen soll nicht stehen auf unseren Tugenden und unserer Reinigkeit, sondern auf dem Herrn Christus, um dessen willen Gott uns gnädig ist. Und dies müssen wir durch das Evangelium mit Glauben fassen. Wie der Psalm (130,5) spricht: „Meine Seele wartet auf den Herrn. Und nach seinem Wort hoffe ich." Sie sollen das Wort nicht fallen lassen und andere Zeichen suchen.

Dies alles ist wohl zu merken entgegen dem lästerlichen päpstlichen Irrtum und tridentinischen Artikel, der sagt, man solle im Zweifel bleiben.

Und es können christliche, verständige Leute zu jeder Zeit hierüber weiteren Bericht geben. Man mag auch die folgende Erinnerung zur Anleitung der Ungeübten geben:

Warum muss man die Exclusivam Gratis[1], oder Sola fide erhalten?

Antwort:
Eben darum, weil dieser Trost der hohe Trost ist, der im Evangelium geoffenbart ist. Es ist oft durch das Wort gratis ausgedrückt, und die Propheten haben diese Meinung mit dem Negativbegriff[2] wiedergegeben, Psalm 143(,2): „Kein Lebendiger ist vor dir gerecht."

1 „Darümb wird uns im Evangelio vergebung geschenckt umb Christus willen, das sie gewis sey, wie Paulus klar leret und streittet diese exclusivam gratis, das ist, das man müsse wissen, das vergebung nicht stehe auff unserm verdienst, sondern wird uns im Evangelio geschencket umb Christus willen, unangesehen ob wir gleich unwirdig sind, und spricht Rom. 4: „Darümb aus gnaden durch glauben, das die verheissung fest und gewis bleibe." Confessio Augustana variata prima 1533 (W33R) der Apologie Melanchthons, Die Bekenntnisschriften der Evangelisch-Lutherischen Kirche Band 1, Quellen und Materialien, Göttingen 2014, S. 109.

2 „mit der Negatiua geben"

Und wie unser Verdienst ausgeschlossen ist, so muss der Verdienst und die Versöhnung des Herrn Christus gegen Gottes Zorn gehalten werden.

Darum sprechen wir oft folgendermaßen: Vier Gründe[1] sind es, warum an der Exklusivität festzuhalten nötig ist:

Der *erste Grund* ist, dass dem Herrn Christus seine Ehre, die allein ihm gebührt, gegeben werde.

Der *zweite Grund* ist, dass wir in der Erkenntnis unserer Sünde und wahrhaftigem Schrecken den gewissen Trost haben, wie ihn Gott im Evangelium offenbart hat.

Der *dritte Grund* ist, dass die rechte Anrufung zu Gott geschehen könne, im Vertrauen auf den Mittler Christus und nicht auf eigene Heiligkeit.

Der *vierte Grund* ist, das Gesetz und Evangelium klar zu unterscheiden, denn das Gesetz spricht nicht gratis.

(D -) Von Guten Werken

Welche Werke soll man lehren und tun?

Antwort:

Die Gott in seinen Zehn Geboten gelehrt und geboten hat. Und es sollen die Zehn Gebote erklärt und verstanden werden, wie der Herr Christus selbst und die Apostel sie oft erklären.

1 Auch im Folgenden „Ursache“, also auch verstanden als Finalursache.

Und damit wir Trost haben in dieser großen Schwachheit, soll man auch von göttlicher Hilfe wissen, dass gewisslich der Herr Christus in rechter Bekehrung und Anrufung seinen heiligen Geist gibt, auf dass wir getröstet werden und er in uns rechte Gottesfurcht, Glauben, Freude an Gott, Liebe, Keuschheit[1] und anderen Tugenden anzünde.

So geschehen gute Werke mit göttlicher Hilfe. Und es werden die Gläubigen wunderbar bewahrt durch den Herrn Christus, der sie machtvoll[2] schützt wider die Teufel und erhält sein armes Häuflein in so mancher Gefahr, Verfolgung, Krieg und Zerstörung der großen Königreiche, wie er sagt: „Niemand wird meine Schäflein aus meinen Händen reißen." (Joh 10,28)

Wie gefallen die guten Werke Gott, so wir doch alle noch in diesem Leben Sünde und große Schwachheit an uns haben?

Antwort:

Die guten Werke gefallen Gott durch den Glauben an den Herrn Christus. Und das sollst du erklären mit diesen drei Artikeln:

Erstlich sollst du glauben, dass Gott deine arme elende Person aus Gnaden um des Herrn Christus willen ohne deine Verdienste angenommen hat durch den Glauben. Und dass die Person also gerecht, das ist: Gott gefällig sei um des Herrn Christus willen.

Zum anderen sollst du wissen, bekennen und mit wahrhaftigen Schmerzen beklagen, das noch viele Sünden in dir sind, viel Unwissenheit, unordentliches Brennen, Versäumnis und (falsche)

1 Freiheit von üblen Begierden

2 „gewaltiglich"

Sicherheit, so dass dein Herz nicht so große Gottesfurcht, Glauben, Liebe und Hoffnung hat, wie wir haben sollten. Wenn wir sagen, dass Sünde nicht uns ist sei, so betrügen wir uns selbst, und die Wahrheit ist nicht in uns.

Zum dritten sollst du wissen, dass es gleichwohl Gottes ewiger und unwandelbarer Wille ist, dass wir ihm gehorsam sein sollen und dass in den Bekehrten der Gehorsam angefangen sein muss, wie dies auch in dem Eid gefasst ist: „So wahr ich lebe," spricht Gott, „will ich nicht, dass der Sünder sterbe, sondern dass er bekehrt werde und das Leben habe." (Ez 33,11)

Nun ist offenbar, dass in solchem Herz keine Bekehrung ist, das in Sünden wider das Gewissen verharrt. Und es ist gewiss göttliche, unwandelbare Wahrheit, dass die Bekehrung zu Gott in diesem Leben vor dem Tod geschehen muss. Wie der Spruch sagt: „Wir werden überkleidet, damit wir nicht bloß befunden werden." (2 Kor 5,2-4) Und es bleibt das schreckliche Gericht fest über den Unbekehrten: „Lasst euch nicht verführen, die Hurer, Ehebrecher, Abgöttische etc. werden das Reich Gottes nicht besitzen. (1 Kor 6,9f.)

Darum sollen wir fest glauben, dass Bekehrung und neuer Gehorsam nötig ist, und dass dieser schwache anfangende Gehorsam in den Bekehrten Gott gefällig ist um des Herrn Christus willen durch Glauben. 1 Petr 2(,5): „Opfert geistliche Opfer, die Gott angenehm sind durch den Herrn Jesus Christus."

Und den zu Gott Bekehrten, die für und für in Gottesfurcht und Glauben zunehmen, werden ihre Sünden, die noch in ihnen sind, durch den Glauben zugedeckt, wie der Psalm (32,1) spricht: „Selig sind, denen ihre Missetaten vergeben sind und ihre Sünde zugedeckt."

Bleiben auch noch Sünden in den Heiligen in diesem Leben?

Antwort:
Es bleiben in den Heiligen in diesem Leben viele Sünden, böse Neigungen, viel unordentliches Brennen im Herzen, (falsche) Sicherheit, Unwissenheit, Versäumnis, etc. Aber wenn einer wider Gewissen Gottes Gebot übertritt, der ist nicht mehr heilig, betrübt und stößt von sich den heiligen Geist, fällt wiederum in Gottes Zorn und wird der ewigen Strafe schuldig. Und wenn er nicht wiederum zu Gott bekehrt wird, bleibt er im ewigen Zorn wie Saul und viel hunderttausend Menschen, die wiederum aus der Gnade durch ihren eigenen Willen fallen, und die Teufel hernach in ihnen herrschen.

So lehrt ausdrücklich das Gleichnis Mt 12(,25-29) vom Haus, das gereinigt gewesen, aber nun leer steht[1], das bedeutet, das furchtlos ist und hütet sich nicht vor der Ursache der Sünden. Ein solches Haus wird wiederum vom Gottestempel zum Teufelsnest. Und Gott zürnt schrecklich darüber, wie es 2 Petr 2[2] auch klar ausdrückt.

Von diesem Unterschied ist es hoch nötig, die Leute zu unterrichten, damit sie das rechte Verständnis dieser Lehre haben, welche Sünden in den Heiligen sind und welche Sünden den Menschen wiederum aus der Gnade in Gottes Zorn werfen und den heiligen Geist verstoßen.

Und es ist sehr wohl zu bemerken, dass ein sehr großer, weiter Unterschied besteht zwischen Sünden wider das Gewissen und der

---

1 „müssig stehet"
2 Das gesamte Kapitel

Unordnung, die uns angeboren ist.[1] Wiewohl diese angeborene Schwachheit, Zweifel und böse Neigung auch große Sünden sind. Dennoch muss man den Unterschied beachten inter peccatum regnans et non regnans [zwischen regierender und nicht regierender Sünde][2]. Wie es davon nötig ist, in Kirchen die Leute oft und klar zu unterrichten.

---

1 Die Erbsünde wird hier als angeborene Unordnung bezeichnet, was sehr gut zur Rechtsphilosophie Johann Oldendorps gehört. Sie äußert sich in Schwachheit, Zweifel und bösen Neigungen.

2 Die Sünde des Rückfalls wird unterschieden von der Erbsünde. Von ihr schreibt erklärend und unterscheidend Wilhelm Christe: „Diese Gottwidrigkeit ist als solche wahrhaft Sünde. Sogleich wird aber – in Anknüpfung an Luthers Unterscheidung zwischen peccatum regnans und peccatum regnatum – angefügt, dass solche Sünde den Christen nicht mehr »beherrscht«, sondern durch Christus »beherrschte Sünde« ist, so dass sie ihn nicht mehr von Gott trennt und der Gerechtfertigte »stückweise ein Leben in Gerechtigkeit führen« kann." Wilhelm Christe, Gerechte Sünder - Eine Untersuchung zu Martin Luthers »simul iustus et peccator«, Leipzig 2014, S.55f. Die fortlaufende Bekehrung ist demnach als allmählicher Heiligungsprozess anzusehen, ohne dass darum eine besondere Heiligkeit am Ende stehen würde, denn es geht niemals um mehr als um schlichten Gehorsam. Niemand ist heiliger als ein anderer. Die Rückfallsünde lässt den Glaubenden nicht völlig in den Zustand des Unglaubens fallen, sondern lässt sich mit Christi Hilfe jeweils überwinden. Die Thematik wurde dann zum Konflikt im Lutherischen Lager als Synergistischer Streit (1556-1560) und dann als Erbsündestreit (1559-1580). Johannes Wigand, Mitautor der Magdeburger Centurien und später Superintendent in Wismar definiert in der These 145 seiner Propositiones de peccato 1570 peccatum Regnans als Todsünde. „Est autem peccatum Regnans seu Mortale, tum peccatum originis in nondum renatis, tum omnia peccata, quae fiunt contra conscientiam, de quibus non agitur poenitentia." [Es gibt aber die regierende Sünde, bzw. Todsünde, bald die Erbsünde in den noch nicht Wiedergeborenen, bald alle Sünden, die gegen das Gewissen sind, um die keine Buße getan wird.] Hans-Otto Schneider, Der Erbsündestreit (1559-1580), Göttingen 2021, S. 328. Die im Text angesprochene „Sünde wider den Heiligen Geist" (Mt 12,31) ist hier die Weigerung, die Vergebung Gottes und die

Die Ungeübten sollen auch fleißig unterrichtet werden vom Unterschied der Sünden wider das Gewissen und der Sünden wider den Heiligen Geist.[1]

(E –) Von den Sakramenten

Von der Taufe

Was ist damit gesagt: Ich taufe dich im Namen des Vaters, Sohnes und Heiligen Geistes?

Antwort:
„Ich“, spricht der Diener, „taufe dich und rufe über dich an den wahren Gott, der der ewige Vater unseres Herren Jesus Christus ist und sein ewiger Sohn und ewiger heiliger Geist. Und ich bezeuge, dass dich dieser wahrhaftige Gott annimmt und dir deine Sünde vergibt um des Sohnes Jesus Christus willen und wäscht dich mit dieser Taufe. Das bedeutet, dass dir deine Sünden mit seinem Blut abgewaschen sind, und dass er dich mit dem Heiligen Geist zu neuer und ewiger Gerechtigkeit heiligen will.

Regierung durch Christus anzunehmen. Die entscheidende Bibelabschnitt zum Thema ist Röm 6 und seine Auslegung. Da unser Abschnitt zeitlich noch vor den entsprechenden Streitigkeiten verfasst ist, müssen wir hier eine einfache, im Einzelnen noch unentschiedene Deutung bevorzugen.

1 Auch hier ist ein Vergleich mit den Gedanken Johann Oldendorps hilfreich. Das Gewissen entscheidet im Rückbezug auf das Naturrecht, aber für die rechte Billigkeit muss auch die Waage auf das ius divinum, auf Gott selbst hin geschaut werden.

Dies alles wird dir in der Taufe gnädiglich zugesagt. Und so sollst du laut dieser Zusage diesen wahrhaftigen Gott erkennen, anrufen, preisen und von aller Abgötterei absehen[1]."

Dieses Verständnis der Taufe soll man den Leuten oft vorhalten und erklären, damit sie aus der Taufe für und für Trost nehmen mögen.

Soll man die kleinen Kinder auch taufen?

Antwort:
Man soll die kleinen Kinder taufen. Denn dies ist ganz gewiss, dass die Verheißung der Gnaden, des heiligen Geistes und der Seligkeit auch den kleinen Kindern gehört. Wie der Herr spricht (Mk 10,14): „Solchen ist das Himmelreich." Ebenso (Mt 18,14): „Es ist nicht des Vaters Wille, dass eines von diesen Kindern verloren werde."

Nun ist es gewiss, dass dies allein gesagt ist von den Kindern, die der Kirche eingeleibt und zum Herrn Christus gebracht sind. Denn außerhalb der Kirchen ist keine Seligkeit.[2] Daraus folgt, dass man die Kinder taufen, und also zum Herrn Christus bringen und sie zu Gliedmaßen der Kirchen machen soll.

Diesen Trost von der Kindertaufe sollen die Leute wohl bemerken, damit sie wissen und Gott danken, dass ihre getauften Kinder Gliedmaß der wahrhaftigen Kirchen und in Gottes Gnaden und Schutz sind.

Da aber schreien die teuflischen Wiedertäufer: „Die Kinder verstehen noch nichts und haben noch keinen Glauben! Darum ist ihre Taufe eine nichtige, unnütze Zeremonie."

---

1 „absondern"

2 Extra ecclesiam nulla salus.

Dagegen sollst du diese Worte des Herrn Christus entgegenhalten (Mk 10,14): „Lasst die Kinder zu mir kommen, denn solcher ist das Himmelreich."

Nun ist ganz gewiss, dass niemand ein Erbe ist des Himmelreichs ohne durch den Herrn Christus und durch den Heiligen Geist. Joh 3(,5)

Vom Himmelreich heißt es in diesem Spruch: Vergebung der Sünden, Gerechtigkeit, Heiliger Geist und Erbschaft der ewigen Seligkeit.[1] Darum ist es gewiss, dass der Herr Christus den Kindern in der Taufe den Heiligen Geist gibt, der in ihnen nach ihrem Maß wirkt.

Vom Abendmahl des Herrn Christus

Was wird im Abendmahl des Herrn Christus ausgeteilt und empfangen?

Antwort:
Wahrer Leib und Blut des Herrn Jesus Christus. Er hat diesen Gebrauch eingesetzt, damit er bezeugt, dass er wahrhaft und wesentlich bei und in uns sein will. Er will in den Bekehrten wohnen, ihnen seine Güter mitteilen und in ihnen kräftig sein, wie er spricht Joh 15(,5): „So bleibt in mir und ich in euch."

Wozu soll dieser Gebrauch[2] geschehen?

Zur Stärkung des Glaubens in den Bekehrten. Denn der ewige Sohn Gottes sammelt ihm für und für eine ewige Kirche durch äußerliche Predigt des Evangeliums und durch sichtbare Zeichen,

1 Diese Formulierung findet sich auch im Heidelberger Katechismus Frage 21.
2 „niessung" - essen.

die im göttlichen Wort eingesetzt sind.[1] Dabei will er gewisslich wirken.

Und insofern die Verheißung ein Redeakt ist[2], der insgemein allen, die bekehrt werden und glauben Gnade angebietet[3], sind die sichtbaren Zeichen daran gehängt als Erinnerung[4] von dieser Verheißung und sollen Zeugnis sein, damit ein jeder sich in Sonderheit ihm in der Verheißung anschließe,[5] durch Glauben im rechten Gebrauch der Sakramente. So sind sie also testimonia promissionum et adplicationis[6] [Zeugnisse für die Verheißung und Verinnerlichung].

Also hat der Herr Christus diesen Gebrauch[7] angeordnet, dass er uns erinnern soll vom ganzen neuen Testament. Er spricht darum: Dies ist mein Blut des neuen Testaments. Nun ist das neue Testament dieser Bund,[8] mit des Herren Christi Blut erworben und bestätigt, dass uns Vergebung der Sünden, Gnade, ewiges Leben und ewige Gerechtigkeit zugesagt und gegeben wird.

---

1 Dieser Gedanke wiederholt sich: Der Dreifaltige Gott sammelt Christus eine Kirche. Er ist das Haupt der Kirche.

2 „eine rede ist"

3 „anbeut"

4 Die Erinnerung ist das Pendant zur wesentlichen Gegenwart Gottes in uns. Diese Vorstellung von Erinnerung ist nicht etwas, was wir tun, sondern was an uns geschieht. Das lateinische Wort dazu ist adplicatio.

5 „damit ein jeder in sonderheit im die verheissung adpliciren möge." Adelung zu applicatio: „Die geschärfte Richtung des Gemüthes auf einen Gegenstand, Fleiß, Aufmerksamkeit… Sich auf etwas appliciren, sich dessen befleißigen, sich darauf legen."

6 Vgl. Melanchthon Opera quae supersunt omnia, CR 25, S.219: Miracula sunt exempla applicationis promissionum.

7 „niessung"

8 Im Blick ist hier nicht das Neue Testament als Buch, sondern der neue Bund Gottes und der Glaubenden.

An[1] all diese Güter erinnert uns dieser Gebrauch. Und weil uns befohlen ist, dass jeder selbst die Sakramente brauchen soll, ist bezeugt, dass die allgemeine Verheißung gewiss auch zu dir gesprochen ist, und dass du selbst dieser Gnaden und Güter teilhaftig bist.[2] Diese Übung des Glaubens[3] soll im Gebrauch des Sakraments eines jeden geschehen.

Darum soll auch niemand zu dieser Abendmahlshandlung[4] kommen, der nicht zu Gott bekehrt ist[5], sondern gegen das Gewissen[6] in Sünden beharrt. Diese verstehen den Trost nicht.[7] Wer aber zu Gott bekehrt ist und Trost am Herrn Christus sucht, der soll zum Abendmahl kommen und dabei betrachten und glauben, dass ihm dieser selbst und nicht nur anderen Vergebung der Sünden und Gnade gegeben werde, nicht wegen seiner Verdienste oder dieses Werks[8], sondern um des Herrn Christus willen, der den großen Zorn

---

1 „von" – Hier hat sich der Sprachgebrauch verändert. Man sagte damals nicht, dass man an etwas erinnert werde, sondern „von" und legte so den Akzent anders. Wenn ich an etwas erinnert werde, bin ich der Akteur. Werde ich von etwas erinnert, bin ich passiv.

2 Im Blick ist das „allgemeine Priestertum aller Gläubigen". Nicht der Priester gebraucht das Sakrament und gibt davon gnädig, sondern alle „brauchen" (uti, adhibere) es. Darum wurde so vehement für das Abendmahl in beiderlei Gestalt gekämpft und darauf beharrt.

3 Nota bene: Das Abendmahl wird hier als „ubung des glaubens" bezeichnet. Es ist Glaubenshandlung.

4 „niessung" / Gebrauch

5 Also gerade gebeichtet hat und dem Absolution zugesprochen wurde.

6 Die Rede vom Gewissen bei den Reformatoren bezieht sich nicht nur gegen das innewohnende Naturrecht, sondern auch persönlich auf Gott, den Schöpfer des ius aeternum. .

7 Denn wessen sollten sie getröstet werden?

8 Dass er das Sakrament vollführt.

Gottes versöhnt hat und bezeugt mit diesem Sakrament, dass wir seine Gliedmaßen und mit seinem Blut gewaschen sind.

Nach diesem Trost und nach dieser Verinnerlichung sollen nach der Austeilung herzliche Danksagung und Anrufung für uns selbst, für die Kirchen und für das christliche Regiment, etc. folgen.[1]

Es sollen auch die Leute unterrichtet werden von den päpstlichen Missbräuchen.

Erstens: Dieser Missbrauch ist grob und schrecklich, dass viele das Sakrament empfangen um der Gewohnheit willen, die nicht zu Gott bekehrt sind[2], sondern verharren in den Sünden gegen das Gewissen.[3] Von diesen spricht St. Paulus (1 Kor 11,27): „Sie empfangen (das Abendmahl) zu großer Strafe und werden schuldig am Leib und Blut Christi."

Ebenso tun die Päpstlichen Unrecht, indem sie das Sakrament den Laien nicht vollständig reichen.

Auch indem sie sagen, man verdiene Vergebung der Sünden mit diesem Werk und sprechen (also) nicht recht von Beichte[4] und Glauben.

Auch ist es Unrecht, das Sakrament zu verkehren in andere Gebräuche, wie es umherzutragen und anzubeten.[5] Es kann doch kein Ding Sakrament sein außerhalb des Brauches, wie es Gott

---

1 Das ist Fürbitte, bzw. „Kirchengebet".

2 Also keine Beichte hatten.

3 Wer die Absolution nicht hat, verharrt in der Sünde, weil sie nicht „peccatum regnatum" ist, sondern noch in eigener Macht verharrt, also nicht von Christus beherrscht wird.

4 „Bekehrung"

5 Im Blick sind die Anbetung der Hostien und die Fronleichnamsprozession. Die Abendmahlselemente werden nicht dauerhaft verwandelt.

angeordnet hat. Nun spricht ja der Text: Accipite, manducate [nehmt, esst].

Warum soll man die päpstliche Messe abtun?

Antwort:
Die Päpstlichen sagen, der Priester verdiene Vergebung der Sünden mit seinen Opfern, ihm selbst und anderen. Und dazu (geschähe dies) ex operato, wie sie sagen, das ist: um des Werkes willen, selbst wenn der Priester in öffentlicher Sünde lebt.

Ebenso sagen sie weiter, sie verdienen damit für die Toten eine Erledigung von Fegefeuer oder auch Lebenden Gesundheit, Glück in Gefahr, etc. Und sie machen mancherlei Geschäft[1] daraus, wie die Pharisäer und Heiden aus ihren Opfern es gemacht haben.

Diese Verkehrung der Messe ist voll Irrtum und Abgötterei. Denn dass sie sagen, sie verdienten Vergebung der Sünden, das ist klar gegen den Artikel: Durch den Glauben um des Herrn Christus willen, ohne unseren Verdienst haben wir Vergebung der Sünden.

So auch Hebr 10(,14): „Mit einem Opfer hat Christus alle geheiligt, etc.“ Darum gibt es keine andere Person, die ein Opfer für die Sünde vollbringen könnte.

Dass sie auch sagen, dieses Opfer helfe den Toten, verdiene Glück in leiblichen Angelegenheiten, dagegen ist klar, dass das Sakrament nicht für die Toten eingesetzt ist, auch nicht zu leiblichen Gütern.

Aus all diesem ist offenbar, dass viel Irrtum und Abgötterei in der päpstlichen Messe ist. Nun ist gewiss, dass Gott die Welt grausamlich straft wegen Abgötterei, Mord und Unzucht, etc. Diesen ernsten Zorn Gottes soll man betrachten und den rechten Gebrauch

---

1 „Jarmarck“

lehren und halten und die päpstlichen Irrtümer und Abgöttereien fliehen.

Neuestens haben etliche angefangen, die päpstliche Gewohnheit zu färben. Sie sagen, das Opfer sei nicht Verdienst. Es ist aber eine adplicatio [Verinnerlichung]. Sie verwechseln jedoch nur den Namen, denn mit dieser Färbung gedenken sie nur, den eben genannten Irrtum zu verstärken.

Darum sollst du wissen, dass nicht des Priesters Werk einem anderen die Gnade appliziert, sondern ein jeder muss ihm selbst durch eigenen Glauben die Vergebung und Gnade verinnerlichen.[1] Fide propria fit adplicatio, non propter opus alienum [Durch eigenen Glauben geschieht Verinnerlichung, sie ist nicht das Werk anderer].[2]

Dieses Verständnis sollen die Leute beim Gebrauch des Abendmahls haben, dass einem jeden selbst durch eigenen Glauben im Vollzug des Sakraments ihm die Vergebung der Gnade angeeignet werde[3].

Vom Unterschied der päpstlichen Messe und des rechten Amts in christlichen Kirchen

Die Päpstlichen verkehren das Amt - wie gesagt - in eine Opfermesse und Verdienst. Aber die rechten Ämter in unseren Kirchen, die der Herr Christus angeordnet hat, sind die Predigt des Evangeliums, die Austeilung des Sakraments, die Danksagung und rechte Anrufung in öffentlicher Versammlung. Denn Gott will, dass

1 Das Wort Applicatio hat doppelte Bedeutung: Verinnerlichung und Anwendung.

2 Vgl. Melanchthon, Loci praecipui theologici, de eucharistico, Wittenberg 1569, S.411.

3 „adplicire"

seine Kirche öffentliche, ansehnliche[1] Versammlungen habe, die er auch selbst gnädiglich erhält. Darum spricht der Psalm (149,1): „Sein Lob ist in der Versammlung der Heiligen."

Denn Gott will, dass er im ganzen Menschengeschlecht recht erkannt, angerufen und gepriesen werde und dass der Sohn und Mittler Jesus Christus und seine große Gnade allen Menschen bekannt und alle Abgötterei und Sünden öffentlich im Predigtamt verurteilt[2] werden. Dazu sind öffentliche und (der Sache) geziemende[3] Versammlungen nötig. Und dazu gibt Gott den Kirchen Hüttlein und Herberge in etlichen Landen und schützt diese gegen Teufel, Türken und andere Tyrannen, wie wohl die Teufel aus Hass gegen Christus gern die Christenheit auf einmal auffressen und alles wüst machen wollten.

Darum sollen wir wissen, was die rechten Ämter in den Kirchen sein sollen und diese Gott zum Lob erhalten und alle Abgötterei abtun, wie geschrieben ist 1 Kor 10(,14): „Fugite idola" [flieht die Götzen]![4]

Von der Bekehrung, oder Poenitentia (Beichte)

Die erste Predigt im Paradies, die der Sohn Gottes selbst gehalten hat, verurteilte zunächst die Sünde in Adam und Eva sehr schrecklich. Danach gibt er ihnen Trost und offenbart das wunderbare Geheimnis von der Erlösung der Menschen und

1 „ehrliche" - Grimm: „honestus, redlich, ohne falsch. ziemend, anständig..."
2 „gestraft"
3 „ehrliche"
4 „propter quod carissimi mihi fugite ab idolorum cultura" - Darum, meine Liebsten, fliehet von dem Götzendienst!

Vergebung der Sünden durch den künftigen Samen, der der Schlange den Kopf zertreten würde.

Und diese Predigt ist nicht eine faule, vergebliche Stimme gewesen, sondern der Sohn Gottes ist zugleich in ihren Herzen kräftig gewesen, als die Sünde angeklagt wurde mit diesen Worten: Warum hast du das getan? Da sind die beiden in großen Schrecken und Tod gefallen, wie wir selbst in Angst fallen, die nicht auszureden[1] ist, wenn wir Gottes Zorn fühlen. Denn obgleich die Menschen eine kleine Zeit in der Blindheit ohne Schmerzen leben, so kommt doch hernach das Gericht und Urteil, wie mit Adam, Saul, David, etc.

Danach haben Adam und Eva auch Leben, Trost und Freude an Gott gefühlt und sind wiederum aus dem Tod und aus der Hölle gerissen worden, als sie diese Worte gehört haben: Des Weibes Samen wird der Schlange den Kopf zertreten. Und diese Predigt ist für und für in Gottes Kirchen geschehen. Und es ist der Sohn Gottes dadurch wirksam und sammelt also eine ewige Kirche.

Denn dies ist ganz gewiss: Gott ist ein gerechter Gott, zürnt über die Sünde und verurteilt sie mit seinem Wort mit leiblichen Strafen und mit grausamem Schrecken. Dies erfahren wir alle.

Dabei will er dennoch nicht, dass wir in Ewigkeit seine Feinde sind und in der grausamen Strafe bleiben. Davon spricht der Eid (Ez 33,27): „So wahr ich lebe, spricht Gott: Ich will nicht, dass der Sünder sterbe, sondern dass er bekehrt werde und das Leben habe."

Diese Predigt wird für und für bei den Propheten wiederholt. Und wie der Sohn Gottes selbst im Paradies und hernach die Propheten gepredigt haben, so spricht er auch, als er sichtbar im Amt gewesen

---

1 Im Sinne von „finem dicendi facere, fertig reden" (Grimm).

ist Mk 1(,15): „Bekehrt euch und glaubt dem Evangelium!“ Und er gibt den Aposteln diesen Hauptbefehl[1]: „Predigt Bekehrung und Vergebung der Sünden in meinem Namen!“

Aus diesem allen ist offenbar und ganz gewiss, dass es Gottes ernstlicher und unwandelbarer Wille ist, dass man von der Bekehrung oder poenitentia recht predigen soll, und dass wir diese Predigt vom Zorn und dem Urteil der Sünden und von Vergebung der Sünden annehmen, und dass Gott gewisslich mit dieser Predigt wirksam ist, Sünde vergibt und aufs Neue ewiges Leben, Gerechtigkeit und Freude an ihm gibt.

Dieweil nun die reine Lehre von diesem hochwichtigen Artikel besonders vom Papst und den Mönchen ausgetilgt ist, sollen die zu Ordinierenden vom rechten Verständnis fleißig gefragt und vermahnt werden, die Leute auch davon recht zu unterrichten.

Zunächst, damit man das Wort Bekehrung oder poenitentia recht verstehe, sollen sie wissen, dass die Propheten das Wort Bekehrung brauchen, wie es im Eid (Gottes) steht, nämlich so:

Bekehrung heißt, vor Gottes Zorn gegenüber der Sünde zu erschrecken, und doch nicht im Schrecken zu versinken, sondern durch Glauben an den Herrn Christus Vergebung der Sünden, Gnade und Heiligen Geist zu empfangen und so in diesem Trost wiederum Gott gehorsam und ein Erbe ewiger Seligkeit zu sein.

Diese Veränderung im Menschen nennt die Schrift oft poenitentia [Buße, Bestrafung]. Hernach hat die Kirche auch das Wort für das Wort conversia [Bekehrung, Hinwendung] gebraucht. Daher brauchen auch wir beide Worte. Wir bitten, man wolle daraus kein

1 Mk 6,12; Lk 9,6 predigt das „Evangelium“, hier Synonym mit Vergebung.

Wortgezänk machen. Das deutsche Wort Buße ist dunkel.[1] Man braucht es aber auch für das Wort conversio.

Und es mag zur Anleitung der Bekehrung oder conversio oder Buße oder poenitentia so erklärt werden, dass sie drei Stücke vornehmlich in sich fasst:

Das *erste* in der Conversio, contritio [Zerknirschung, Unruhe, Trauer], sonst Reue und Leid wegen der Sünde genannt, ist eigentlich wahrhaftiges Erschrecken vor Gottes Zorn gegen die Sünde. Davon spricht Hiskija (Jes 38,13): „Wie ein Löwe hat Gott alle meine Gebeine zerschmettert."[2] Und dass diese Angst nicht leere[3] Gedanken sind, lernen endlich alle Menschen in grausamer Erfahrung.

Das *zweite* Stück in der conversio ist der Glaube, dass dir deine Sünden vergeben sind, und dass Gott wiederum gnädig sei um des Herrn Christus willen ohne deine Verdienste, gratis.

Wenn das Herz also mit Glauben und Vertrauen auf den Sohn Gottes getröstet wird, so bewirkt der Sohn Gottes im Herzen Leben und Freude und gibt dir seinen heiligen Geist.

Denn weil es eine Bekehrung sein soll, so müssen wir nicht in der Angst und Hölle stecken bleiben, wo Flucht und Zorn wider Gott ist, sondern wir müssen wiederum zu Gott kommen, der uns Leben, Gnade und Gerechtigkeit durch den Sohn zuteilen[4] will. Und dass dieser Trost auch nicht ein leerer Gedanke sei, wissen die christlichen

1 Die Vorsicht ist begründet in dem Wortgebrauch der Verbesserung oder Wiedergutmachung durch Leistung, Entgeld.

2 Im Canticum Ezechiae, Bestandteil des mittelalterlichen Totenoffiziums, officio defunctorum.

3 „faule"

4 „mitteilen"

Herzen, die aus der großen Angst durch den Glauben erquickt worden sind. Wie Paulus (Röm 5,1) spricht: „So wir durch den Glauben gerecht sind, haben wir Frieden bei Gott." Und dann versteht man den Spruch von Augustinus: „Credens scit se credere." [Der Glaubende weiß, dass er glaubt.][1]

Von diesem Glauben ist zuvor gesagt, dass er das Evangelium, also die Verheißung der Gnade anschaut. Und dazu dient die Absolution, die auch das Evangelium den geängstigten Herzen, die Trost begehren, vorträgt und appliziert. Und er spricht: Nicht allein anderen, sondern auch dir sind deine Sünden gewisslich vergeben, so du auf den Herrn Christus vertraust.

Und du sollst die Absolution als die Stimme des Evangeliums annehmen, wie David seine Absolution anzunehmen und zu glauben schuldig war, als Nathan sprach (2 Sam 12,13): „Der Herr hat deine Sünde weggenommen."

Und es ist der Befehl, Sünden zu vergeben ausgedrückt in Joh 20(,23): „Welchen ihr die Sünde vergebt, denen sind sie vergeben, und welchen ihr sie behaltet, denen sind sie behalten." Und Mt 18(,22): „Wie oft soll ich vergeben? Siebzig mal siebenmal."

Darum ist - wie die Leute auch wissen sollten - die Aufzählung der Sünde in der Beichte nicht nötig und es soll niemand dazu gedrängt werden, dennoch soll die private Absolution in der Kirche erhalten

---

1 Das Zitat findet sich auch bei Bonaventura in seinen Sentenzen lib I dist XVII part I art I quaest II 3 als Zitat des Augustinus. In der Bonaventuraausgabe – opera omnia tom. 1, Paris 1864 S. 285 wird als Quelle angeführt De Trinitate XIII C. 1, 3.4. Doch dort findet sich dieses Zitat nicht. Durch die Veröffentlichung des Examens durch Melanchthon und folgende Kirchenordnungen wurde es gängig, oft zitiert, aber - soweit ich sehe - stets ohne Angabe der Originalquelle bei Augustinus.

werden, die alle Betrübten, gesund oder krank, begehren mögen, sooft sie wollen. Und es ist dieser Brauch etlicher Kirchen nützlich, dass jede Person einzeln vor der Kommunion die private Absolution sucht. In diesem Gespräch kann man das junge Volk über den Glauben befragen und unterrichten. Und diesen Brauch wollen wir in unseren Kirchen auch erhalten. Und die Pastoren sollen niemanden, der in öffentlichen Lastern, die notorisch[1] sind, beharren, zur Kommunion zulassen.

Das *dritte* Stück ist angefangener Gehorsam, dass du nach der Bekehrung forthin nicht wiederum in Sünden wider das Gewissen lebst. Denn Sünde wider das Gewissen stoßen den Heiligen Geist aus und werfen den Menschen wiederum in Gottes Zorn. Dagegen soll die angefangene Bekehrung in der Regel bleiben, von der Paulus (1 Tim1,17-19) spricht: „Übe gute Ritterschaft, erhalte den Glauben und gutes Gewissen." So auch Röm 6(,12): „Die Sünde soll nicht herrschen in eurem Leib, sondern eure Gliedmaßen sollen Waffen der Gerechtigkeit sein."[2] Wir sollen Gottes Wohnung bleiben, so dass er uns für und für mehr erleuchte und reinige, und dass Anrufung und die Erkenntnis des Herrn Christus und rechtes Vertrauen auf den Sohn Gottes in uns bestärkt werde, und wir unsere Unreinigkeit mehr erkennen und beklagen und die Sünde und Ursachen der Sünde meiden und nicht wiederum wie die Hunde auflecken, was wir ausgebrochen haben.

---

1 Gemeint ist nicht unser Wortverständnis im Sinne von ständig neu und wiederholt, sondern offenkundig, allgemein bekannt, „in notoria".

2 V: Non ergo regnet peccatum in vestro mortali corpore ut oboediatis concupiscentiis eius. - Hieran knüpft sich die oben erwähnte Lehre von der beherrschten Sünde.

Was verurteilen wir vornehmlich in der päpstlichen Lehre in diesem Artikel von der poenitentia?

Die päpstliche Lehre von der poenitentia ist der Bodensatz[1] vieler großer Irrtümer. Und es ist bei ihnen selbst so verwirrt, dass sie sich selbst nicht verstehen. Sie haben damit auch viele Menschen auf ein falsches Vertrauen oder in Verzagen geführt.

Sie nennen die drei Teile contritio, confessio und satisfactio.

Von der *contritio* [Zerknirschung, Reue] haben sie folgende zwei schauerlichen[2] Irrtümer, die man verurteilen muss, indem sie sagen, man müsse genug Reue und Leid aufbringen; ebenso, diese genugsame Reue und Leid verdiene die Vergebung der Sünden.

Dagegen sollen wir wissen, dass kein Mensch genugsam Reue haben kann. Und wenn die Reue und das Erschrecken wachsen und das Herz nicht an Christus Trost hat, so versinkt es ganz in die Hölle. So wissen die Päpstlichen nicht, was sie reden.

Weiterhin besteht ein noch gröberer Irrtum, wenn sie ausdrücklich schreiben und lehren, die Reue verdiene Vergebung der Sünden. Dies ist eine offenbare Lästerung des Herrn Christus. Und es ist die päpstliche Lehre in diesem Artikel hoch zu verurteilen, dass sie in der ganzen Bekehrung nichts vom Glauben anzeigen, wodurch allein die erschrockenen Herzen Vergebung der Sünden und Trost erlangen, wie nun ja oft (hier) gesagt ist. Und gewisslich ist die päpstliche Lehre, dass contritio Vergebung der Sünde verdiene eitel Blindheit und Irrtum. Im Gegenteil hat man Vergebung der Sünden allein durch den Sohn Gottes Jesus Christus durch Glauben. Und in

1 „grundsuppe", Grimm: „mit besonderer betonung des ungenieszbaren, unbrauchbaren"

2 „grausamen"

dieser (anderen) Furcht[1] und rechter Bekehrung kann man verstehen, was dieser Glaube ist, der die Verheißung der Gnade annimmt und auf den Herrn Christus vertraut.

Von der *confessio* [Bekenntnis] streiten die Päpstlichen jetzt heftig, dass es nötig sei, alle Sünden dem Priester in der Beichte aufzuzählen. Und sie haben diesen Irrtum im Konzil zu Trient mehr als zuvor verschärft, denn sie sagen ausdrücklich, diese Aufzählung sei aus göttlichem Gebot notwendig. Das sei so, damit man einem jeden gebührliche *satisfactio* [Genugtuung] aufzulegen vermag. Dies sind offenbare Lügen. Denn im Evangelium gibt es kein Gebot von diese Aufzählung. Auch ist die Aufzählung aller Sünden unmöglich, wie der Psalm (19,13) spricht: „Wer versteht seine Missetat?“[2]

Contra: Ein Richter kann nicht sein Urteil sprechen oder jemanden freisprechen, wenn er ihn nicht verhört hat. Der Priester ist als Richter da, sagen sie. Darum ist das Verhör notwendig.

Antwort: Dieses Argument ziehen sie heran im Konzil zu Trient und es ist ihre Blindheit hieran zu merken. Der Priester ist in Bezug auf die heimlichen Sünden nicht Richter, sondern Diener Jesu Christi, der Befehl hat, diese Menschen, die bekehrt werden und Trost an Christus suchen freizusprechen, wie Joh 20(,23) sagt. Und wird diese absolutio gesprochen, dann nicht ratione judicii [im Sinne des Richtens], sondern ratione ministerii [im Sinne des Dienens]. Und sie ist wirksam aus diesem hohen Befehl des Herrn Jesus Christus (Joh 20,21): „Wie mich mein Vater gesandt hat, so sende ich

1 „angst“

2 Lutherübersetzung: „Wer kann merken, wie oft er fehlet?“

euch.“ Denn der Sohn Gottes ist selbst vollmächtig[3] durch das Evangelium.

Was aber von Kirchengerichten zu sagen ist in Bezug auf öffentliche und bekannte Sünden und vom Bann, wird hernach behandelt werden.[1]

Das dritte Stück bei den Päpstlichen ist *satisfactio* [Genugtuung] genannt. Das hat viel und große Blindheit und Abgötterei zur Folge. Was bei ihnen satisfactio oder Genugtuung heißt, ist ein Werk, das Gott nicht geboten hat, sondern das den Leuten auferlegt wird, außerhalb von Gottes Geboten durch die Personen, die die Beichte hören wie den Unterschied der Speise, Wallfahrten, jahrelang sich der ehelichen Pflicht entziehen, Anrufung verstorbener Heiliger, Messen stiften, etc.

Und aus diesen Irrtümern sind hernach die Indulgentien [Nachlass, Straferlass] erfolgt, die nichts anderes sind als Nachlassung der satifactio [Genugtuung]. Daraus hat man dann einen Handel[2] gemacht. Und das ist unterm Strich die päpstliche Lehre von der Genugtuung, voller Lüge und Abgötterei. Dagegen ist ein einziger Spruch zu halten, Mt 15(,9): „Vergeblich ehren sie mich mit Menschengeboten.“ Denn sie bekennen selbst und wissen, dass diese satisfactio Werke sind, die von Gott nicht geboten sind, etc.

Weiterhin geschieht so eine große Verblendung des Evangeliums, denn sie weisen den Menschen auf eigene besondere Werke und nicht auf die Vergebung, die um des Herrn Christus willen ohne Verdienst zugesagt ist.

3 „krefftig“

1 „erinnerung geschehen“ – Das Kirchengericht wird unabhängig, getrennt von der Beichthandlung behandelt.

2 „Jarmarckt“

Dies sei hier zur Erinnerung der zu Ordinierenden kurz vermeldet und das sollen die Gelehrten aus des ehrwürdigen Herrn Luthers Schriften davon weiteren Bericht haben. Denn es stecken viele hoch wichtige Dinge im gesamten Artikel von der Bekehrung[1]. Und es ist hoch nötig, rechtes Verständnis davon in der Christenheit zu erhalten.

(F – Von der Kirche)

Was christliche Kirche sei, und wo sie sei und durch welche Zeichen sie zu erkennen sei

Christliche Kirche in diesem Leben ist eine sichtbare Versammlung aller Menschen, die die reine Lehre des Evangeliums annehmen und rechten Gebrauch der Sakramente haben. In dieser Versammlung ist der Herr Christus durch den Dienst des Evangeliums wirksam[2] und bekehrt viele zum ewigen Leben und heiligt sie. Und sind gleichwohl in dieser Versammlung viele, die nicht Heilige sind, sind sie doch in äußerlicher Gemeinschaft, einträchtig mit den Heiligen in der Lehre.[3]

---

1 Hier würde man das Wort „Rechtfertigung" erwarten. Der Abschnitt der Kirchenordnung zeigt, dass es sich im Kern der Reformation, d.h. in liturgischer Sicht um eine Beichtreform handelt.

2 „Dienst" entspricht dem lateinischen ministerium und hat die Predigt im Blick. „kräftig" habe ich mit „wirksam" wiedergegeben.

3 An dieser Unterscheidung wird deutlich, dass die Annahme der Lehre allein nicht uns zu Heiligen macht, dazu gehört auch das „Halten der Gebote" gemäß dem Taufbefehl, „bekehrt" sein, Leben in der Metanoia.

Hier bemerke, dass wir nicht von der Kirche als einer idea platonica [platonischen Idee] reden, da niemand weiß, wo sie zu finden sei. Sondern - wie oben gesagt ist - Gott will aus großer Barmherzigkeit dem menschlichen Geschlecht gegenüber ihm für und für ein Häuflein sammeln[1], das ihn und den Heiland Jesus Christus recht erkenne und anrufe. Und er will darum, dass seine Lehre öffentlich gepredigt werde, wie im Psalm (19,5) geschrieben ist: „In alle Land ist ihre Stimme ausgegangen."

Sooft wir nun diesen Artikel im Glaubensbekenntnis sprechen: Ich glaube, dass eine heilige Kirche sei, das ist eine Versammlung, die das Evangelium in rechtem gleichen Verständnis hält, worin viele Auserwählte sind zur ewigen Seligkeit, sollen wir uns der göttlichen Zusage trösten, die bezeugt, dass der Sohn Gottes gewisslich für und für bis zur Auferstehung der Toten eine ewige Kirche im menschlichen Geschlecht sammelt.[2]

Danach sollen wir uns auch umsehen, wo die selbige ist. Nämlich wo diese Zeichen gefunden werden, die nicht verborgen sein können, sondern mit Ohren und Augen zu merken sind: reine Lehre des Evangeliums, rechter Brauch der Sakramente und der Gehorsam im Dienen entsprechend den göttlichen Geboten.[3]

Da ist nun klar, dass alle Menschen ausgeschlossen werden, die diese Zeichen nicht haben, also Heiden, Mohammedaner, Juden, Ketzer, Ebioniten, Manichäer, Pelagianer, etc., sowie alle Verfolger

---

1 Mit dem Häuflein ist mitnichten eine anwachsende Endzeitgemeinde oder Gemeinschaft der endlich Erlösten gedacht, sondern an die Gottesdienstgemeinden in den einzelnen Kirchen.

2 Es wird somit zwischen der gegenwärtigen und künftigen Kirche des Himmels unterschieden.

3 „gehorsam gegen dem Ministerio / in göttlichen geboten"

reiner Lehre des Evangeliums, Papst, Bischöfe und ihre Anhänger, die auch wissentlich zur Verfolgung helfen.

Und diesen Bericht müssen alle Menschen wissen, und rechtes Gliedmaß der Kirchen von falschen zu unterscheiden. Dazu ist die Regel allen Menschen vorgestellt Gal 1(,6-9): „Wer ein anderes Evangelium predigt als ich gepredigt habe, spricht Paulus, der sei verflucht."

So wir nun wissen, wo und welche die rechte Kirche Gottes ist, sind alle Menschen schuldig, sich zu ihr zu halten und in ihr Bürger und Gliedmaßen zu werden, mit ihr Gott anrufen, bekennen, Sakramente empfangen, rechte Lehre zu pflanzen helfen und diese Versammlung zu erbauen helfen, nicht sie zu zerrütten.

So ist es ausgedrückt in Psalm 26(,5ff.): „Ich hasse die Versammlungen der Gottlosen. Ich halte mich, Herr, zu deinem Altar." Psalm 27(,4): „Dies eine habe ich gebeten vom Herrn, dass ich alle meine Tage bleibe im Hause des Herrn." Psalm 84(,5): „Wohl denen, die im Haus des Herrn wohnen." Psalm 92(,14): „Die in das Haus des Herrn gepflanzt sind, die werden blühen." Psalm 122(,6): „Ihr sollt Jerusalem alles Gute wünschen, und wer sie liebt, dem wird Gutes widerfahren." Mt 12(,30): „Wer nicht mit mir ist, ist wider mich." Röm 8(,30): „Die er erwählt hat, die hat er auch berufen."

Dies alles soll man betrachten, so wir diesen Artikel sprechen: Ich glaube eine heilige Kirche, und sollen uns selbst zur rechten Kirche halten und nicht zu den Verfolgern.

Wir sollen auch nicht neutral sein, sollen nicht im Land irre laufen und eigene opiniones [Meinungen] dichten und alle ministeria und Kirchen tadeln wie es Stenckenfeld[1] tut, etc.

Und so wir in der rechten Kirche Gliedmaß sind und zu Gott bekehrt, so haben wir auch im Herzen Zeugnis, dass wir Gottes Kinder sind und fühlen wahrhaftigen Trost an Gott. Röm 8(,15): „Ihr habt empfangen den Heiligen Geist, wodurch ihr zu Gott rufen könnt - Abba, lieber Vater."

Warum die christliche Kirche unter das Kreuz gelegt sei?

Dieser Schein macht die Vernunft irre, dass Gottes Volk ebenso im Leiden und Elend ist wie andere, heidnische Völker, die christliche Lehre öffentlich verachten, wie Heiden und Türken, etc. Darum ist es hoch nötig, die Leute wohl zu unterrichten, damit sie wissen, warum die Kirche unter das Kreuz gelegt und also elend zerstreut ist in der Welt unter allerlei Völker und weltliche Herrschaften. Und obgleich Gott bisweilen eine friedliche Herberge gibt unter eine Herrschaft, die auch Gott und den Herrn Christus recht erkennt und recht betet, so ist doch die Kirche nicht ein Königreich, das eigene weltliche Macht und Schutz habe, wie sich der Papst zu einem König macht.[2]

1 Gemeint ist Kaspar Schwenckfeld (1489-1561), dessen Name hier zu Stänkerfeld verballhornt wird.

2 Diese Zeilen scheinen der Kirchenordnung insgesamt zu widersprechen, die davon ausgeht, die das Fürstentum insgesamt als Kirche anspricht. Das Fürstentum versteht sich als Herberge der Kirche im Sinn der Versammlung vor Gottes Wort und Sakrament. Weltliche und geistliche Herrschaft, die allein Christus selbst gebührt gleichen zwei Aspekten der Christenheit. Kirche unter Christus selbst übe keine Macht aus, also bilde keine weltliche Institution. Kirche ist kein Königreich, aber das Königreich ist Kirche, insofern die Menschen dieses Landes getauft sind und Gottes Predigt wahrnehmen.

Es erscheint wunderlich,[1] dass Gott für und für seine Kirche auf Erden erhält und lässt sie dennoch in Verfolgung bleiben. Als Abel getötet wurde und Kain von Gott abgefallen war, war die Kirche enger geworden und Adam und Eva in tiefer Betrübnis. Aber sie blieben die Kirche und wurden durch Gott im Glauben gestärkt und am Leben erhalten. Und Gott gab ihnen hernach wiederum einen Sohn, der zu Gott bekehrt ward und in rechtem Bekenntnis blieb. So erhält Gott für und für eine Versammlung, auch wenn viele Gliedmaße getötet werden und die Übrigen auch in Betrübnis leben.

Hier sollten wir Grund und Trost wissen, damit wir nicht denken wie die Heiden, weil alle Völker mancherlei Elend haben und alle Menschen des Todes gewärtig sind, Gott achte ein Volk wie das andere.[2] Und es sollen die Leute gegen die heidnischen Gedanken durch göttliche Lehre fleißig unterrichtet und gestärkt werden:

Zunächst ist es wahr, dass alle Menschen, Heiden und Gotteskinder alle gleichermaßen dem Tod wegen der Erbsünde verfallen[3] sind. Dazu straft Gott der Heiden und seiner Auserwählten äußerliche Sünden mit vielen leiblichen Strafen, Hunger, Krankheiten, Krieg, Zerstörungen. David wird verjagt wegen des Ehebruchs und Totschlags wie andere, heidnische Könige, Thyestes[4], Tarquinius Superbus[5], etc. Jerusalem wird wie Troja oder Theben grausam zerstört, etc. Diese Strafen gehen gleichermaßen durch die Welt bei Heiden und Gottes Volk. Denn Gott hält seine Regel: Äußerliche Sünden straft er auch mit leiblichen Plagen, um alle Menschen zu

1 „Und ist wunderbarlich"
2 Das heißt, ihm wäre es gleichgültig, ob die Menschen glauben oder nicht.
3 „in den Tod gesteckt"
4 Brudermörder der griechischen Mythologie.
5 Letzter König von Rom im 6. Jh. v. Chr. Er galt als Inbegriff eines Tyrannen.

erinnern, dass er weise und gerecht sei und habe einen großen Zorn gegen die Sünde.

Aber wie es einen Unterschied gibt zwischen den beiden Schächern, die neben Christus hingen, gibt es einen Unterschied zwischen Heiligen und Gottlosen in diesem leiblichen Elend und den Strafen. Der bekehrte Mörder und der Spötter sterben beide leiblich. Aber der Gottlose fällt in ewige Strafe, der andere kommt in ewige Seligkeit und fühlt im Herzen Freude an Gott und dem Anfang ewiger Seligkeit.

Also, obgleich Abel, die armen Kinder in Ägypten oder zu Bethlehem grausam ermordet wurden, so kommen sie doch in ewige Seligkeit. Aber das Volk zu Sodom etc. fällt nach der leiblichen Strafe in ewige, größere Strafen.

Oft wird auch die zeitliche Strafe den Bekehrten gelindert, wie Gott spricht (Ps 50,15): „Ruf mich an in der Trübsal, so will ich dich erretten", etc.

So ist nun dies der *erste* Grund, warum die Kirche dem leiblichen Tod und anderen Strafen noch unterworfen ist, dass die menschliche Natur sündig ist, und Gott will das sündige Wesen zerbrechen. Darum bleibt der leibliche Tod. Dies ist so geordnet und verkündet im 1. Buch Mose im 3. Kapitel, als Adam und Eva wiederum angenommen wurden und dennoch dem leiblichen Tod unterworfen waren.

Und sooft die Heiligen wie David in äußerliche Sünden fallen, so kommen andere leibliche Strafen hinzu.

Der *zweite* Grund: Der Heiligen Elend in diesem Leben bezeugt, dass ihre Natur noch sündig ist, kalt in ihrer Gottesfurcht und schwach im Glauben, voller Zweifel und unordentlicher Neigung.

Diese Sünden achtet die Welt nicht.[1] Aber Gott will, dass wir in der Kirche seinen Willen lernen und nicht stolz werden und uns selbst sehr klug und ganz rein dünken und aus eigener Klugheit Lehre oder Regiment machen wollen wie Paul von Samosata, Arius[2] und sehr viele Menschen sich oft aufgeblasen haben. So sieht man zu dieser Zeit auch viele aufgeblasene Reformatoren.[3]

So sollen wir nun unsere Schwachheit, Torheit und innerliche Unreinigkeit mehr und mehr erkennen, beklagen und nicht gering achten, sondern wissen, dass Gott wahrhaft gegen die Sünde zürnt, obgleich er die Person um des Herrn Christus willen aus Barmherzigkeit angenommen hat. Er will dennoch dessen unerachtet sein Gericht vollziehen und will, dass die Sünde gänzlich zerstört werde. Dazu dienen allerlei große Betrübnis, womit die Heiligen überfallen werden wie Adam, Eva, Abraham, Isaak, Jakob, Hiob, Jeremias etc.

Solche Exempel gehören alle in diese Regel nach dem Psalm (119,71): „Es ist für mich gut, dass du mich demütigst, damit ich dein Gesetz lerne." Wir sollen es nicht anders bedenken, denn was hoch begabt ist, wird auch wiederum tief gedemütigt. Denn Gott will, dass wir unsere Sünde und sein Gericht nicht gering achten. Es muss einem jeden auch dahin kommen, dass er mit dem Herzen spreche:

---

1 Sie werden von keinem Gesetz verfolgt, noch stehen sie in Verruf.

2 Paul von Samosata und Arius zweifelten die Göttlichkeit Christi an und galten als Ketzer. Damit erscheinen sie hier als Vertreter der Denker, die Jesu Lehre für Menschenwerk erachteten.

3 Ähnlichen Verdacht hegte man gegen die reformierte Theologie, vor allem aber gegenüber den Täufern, die nach Ansicht der Lutheraner Glauben für ein eigenes Werk hielten, wie es im Artikel zur Taufe zu lesen war.

Ich bin ein Würmlein und nicht ein Mensch, ein Spott der Leute und Verachtung des Volkes.

Und es bleibt gewisslich die Regel nach Lukas 16(,15): „Was bei den Menschen hoch ist, ist ein Gräuel vor Gott.“ Dies sind so hohe Worte, dass sie keine Kreatur genugsam betrachten kann. Doch sollen wir den Herrn Christus ansehen. Dieser ist das vollkommene Beispiel der Demut. Er liegt vor Gott und fühlt den unaussprechlichen Zorn Gottes gegen deine und meine Sünde, als hätte er sie selbst getan. Er sieht gründlich des ewigen Vaters Weisheit und Willen und demütigt sich unter ihn.

Diese großen Dinge kann niemand bis ans Ende denken[1]. Aber dabei sollen wir gleichwohl lernen wie kleine Kinder, dass es Gottes gerechter Wille ist, dass wir uns unter ihn wahrhaft demütigen sollen, und sollen dem Herrn Christus im Leiden nach unserem geringen Maß folgen und hernach in Ewigkeit um seinetwillen göttlicher Weisheit, Gerechtigkeit und Freuden teilhaftig sein.

Der *dritte* Grund ist das Wüten der Teufel, die gegen die Kirche grimmiger sind als gegen andere Völker. Denn sie sind Gott und dem Herrn Christus feind und suchen, wie sie Gott lästern und schänden können und viele Menschen von Gott fortreißen und verderben können. Dies ist ein besonderer Streit. Und es soll uns tröstlich sein, wie es auch allen christlichen Menschen ist, dass der Herr Christus (Joh 10,28) spricht: „Niemand wird mir ein Schäfchen aus meinen Händen reißen.“ Darum sind uns die Teufel vornehmlich feind, um Gott und dem Herrn Christus und dem Heiligen Geist Schaden zuzufügen und weil sie ihn lästern wollen. So sollen wir dessen gewiss sein, dass Gott uns armen Menschen helfen will um

1 Bis ans Ende ausdenken – „ausreden“.

seiner Ehre willen. Denn die Teufel suchen unser Elend vornehmlich, um Gott Schande zu machen. Dies ist oft zu beobachten, und wir sollen uns trösten mit diesem Spruch (1 Joh 3,8): „Der Sohn Gottes ist uns erschienen, damit er des Teufels Werk zerstöre."

Der *vierte* Grund ist das besondere Exempel, womit nicht alle Heiligen beladen werden. Dass die hohen Häupter in der Kirche, Christus, Abel, Jesaja, Jeremias, Petrus, Paulus, etc. getötet werden, ist ein öffentliches Zeugnis, dass ein anderes Leben und Gericht nach dem jetzigen Leben folgen wird. Denn weil ihnen Gott zuvor Zeugnis gegeben hat mit vielen offenbaren und gewissen Zeichen, mit der Auferweckung der Toten und anderen Zeichen, dass es Gott gewisslich gibt, dass sie Gott gefällig sind, dass ihre Lehre recht sei und sie nun von den Feinden ermordet werden, muss folgen, dass es noch ein anderes Gericht gebe, in dem Gott wiederum erklären wird, dass seine Prediger recht sind, denen er zuvor Zeugnis gegeben hat, und dass die Feinde im Unrecht sind und gestraft werden.

Der *fünfte* Grund ist: Gott will, dass viele Heiligen Verfolgung und Tod leiden, die sie wegen ihres Bekenntnisses tragen, Zeugnis sind dafür, dass sie diese Lehre gewiss für wahrhaftig halten und nicht daran zweifeln, dass Gott hernach in Ewigkeit seiner Wahrheit Zeugnis gebe.

Denn so man sieht, dass sie wegen der Lehre solches Elend und den Tod leiden, ist daraus zu merken, dass sie die Lehre gewisslich für wahrhaftig halten. Denn wer freiwillig den Tod leidet, hofft auf ein anderes, besseres Leben.

Und so ist es *in Summa* göttlicher Rat und Wille, dass die Kirche unterm Kreuz sei. Und es ist solches durch göttliche Weisheit und Gerechtigkeit so beschlossen, auch wenn wir nicht alle Gründe durchschauen können. Doch ist die vornehmste Ursache klar, nämlich, dass Gott will, dass die sündige Natur zerbrochen werde. Von dieser Ursache redet Paulus Röm 8(,13): „Der Leib steckt im Tod der Sünde wegen."

Dies alles ist gesagt von unserem Leiden. Aber das Leiden und der ganze Gehorsam des Herrn Christus hat einen besonderen Grund, nämlich dass es die Bezahlung hat sein sollen für uns alle. Und es sollen alle Prediger vom Unterschied des Leidens Christi und unseren allgemeinen Leidens die Leute fleißig Bericht geben.

Nachdem denn nun dies gesagt ist, dass die Kirche unter dem Kreuz liegt, sollen wir auch wissen, was der vornehmste und wirksamste Trost sei. Denn die Heiden müssen auch viel leiden, und - wie zuvor gesagt - der gottlose Schächer hängt am Kreuz wie der andere. Sie haben aber keinen Trost, der Leben und Freude an Gott bringe. Nun ist es gewiss Gottes Wille, dass die Bekehrten nicht in der Angst versinken und in ewige Schmerzen fallen.

Wie nun menschliche Vernunft bei den Heiden Trost sucht, davon zu reden, würde hier zu lang werden. Aber wir sollen die diese drei Artikel ordentlich zur Kenntnis nehmen:

Der *Anfang* im Trost ist dieser: Unser Elend kommt nicht ohne Gottes Rat, wie die blinde Vernunft in den Heiden dichtet.[1] Und es ist Gottes ernstlicher Wille, dass wir ihm in der Strafe und Versuchung[2] gehorsam sind, nicht gegen ihn zürnen, sondern unsere Herzen dazu neigen, dass sie diese Last mit göttlicher Hilfe tragen wollen. So spricht Petrus (1 Petr 5,6): „Ihr sollt euch demütigen unter

1 Für die logisch schließende Vernunft kann es nicht sein, dass Gott das Elend den Gerechten gegenüber zulässt.

2 „ubung"

die gewaltige Hand Gottes." Verstehe, dass sie gewaltig strafen kann und wiederum gewaltig alle die erretten, die bekehrt werden und ihn anrufen, wie an Davids Bestrafung und Errettung zu sehen ist. Auf solche Beispiele soll man schauen.

Zum *zweiten* muss man auf das Ende sehen, warum Gott die Strafen oder Elend über uns kommen lässt. Nämlich, nicht dass wir ewiglich verstoßen werden, sondern dass wir zur Bekehrung gemahnt und getrieben werden und uns im Elend bekehren und Vergebung der Sünden um des Herrn Christus willen begehren und sie mit wahrhaftigem Glauben annehmen. Wie es in diesem Eid (Gottes) zugesagt ist (Ez 33,11): „So wahr ich lebe, spricht Gott, ich will nicht dass der Sünder sterbe, sondern dass er bekehrt werde und das Leben habe." Wie Manasse und Nebukadnezar durch große Strafen zur Bekehrung und ewiger Seligkeit berufen sind. Und dies ist der allgemeine Weg zur Bekehrung. Darum spricht Paulus (1 Kor 11,32): „So wir gestraft werden, werden wir von Gott gezüchtigt, damit wir nicht mit dieser Welt auf ewig verworfen werden." Und die ganze Kirche spricht in Micha (7,9): „Ich will des Herren Zorn tragen, denn ich habe gegen ihn gesündigt." Ich will aber in der Strafe Trost von ihm erhoffen.

Zum *Dritten*: So wir nun Vergebung der Sünden empfangen, soll der Glaube für und für stärker werden und fest daraus schließen, dass dich Gott erhören wolle, bei dir sei und dich stärke. Und diese Hoffnung soll leuchten, dass Gott das Elend auch in diesem Leben gnädig lindern wolle oder auch ganz wegnehme. Und ob du gleich in diesem Leben nicht gänzlich davon erlöst wirst, so bist du dennoch ein Erbe ewiger Seligkeit.[1]

Wer also im Elend Gottes Gegenwart, Hilfe, Befreiung und ewige Seligkeit sieht, der schaut auf das höchste Gut. Darum kann das Herz wiederum Freude haben und wird so durch Gott wiederum aus dem Tod gerissen und fühlt Leben und Linderung der Angst. Von diesem Trost wissen die Heiden und Gottlosen überhaupt nichts, aber wir sollen Gottes Verheißung anschauen und Glauben und Hoffnung damit erwecken und bestärken.

Ps 34(,19)[2]: „Der Herr ist nahe bei denen, die ein betrübtes Herz haben."

Jes 57(,15): „Gott wohnt in den betrübten Herzen, auf dass er sie wiederum lebendig mache."

Ps 59(15)[3]: „Ruf mich an in der Not, so will ich dich erretten, und du sollst mich preisen."

---

1 Das gesamte Kapitel kreist um die Prädestinationsfrage, ohne sie zu benennen. Die Wirksamkeit Gottes steht außer Frage, aber Spekulationen über einen fertigen Plan Gottes finden sich hier in keiner Weise. Eine breite Ausführung dieser Gedanken findet man in den einige Jahre später erschienenen Magdeburger Centurien, der ersten umfassenden Kirchengeschichte aus Sicht der Reformation. Benannt ist hier bereits die für die Aufklärung so wichtige Debatte um die Theodizeefrage. Es klingt ebenso der Gedanke einer Heilsgeschichte an, wie sie dann im 19. Jahrhundert von den Lutheranern Gottfried Thomasius und Theodor Kliefoth im Rückgriff auf die reformatorische Theologie ausgeführt wurde.

2 Im Text steht Ps 33 gemäß der Vulgata.

3 Auch hier folgt der Autor der Vulgatazählung.

Nahum 1(,7)[1]: „Der Herr ist gütig und stärkt in der Trübsal und erkennt, die auf ihn trauen."

Diese und dergleichen Sprüche soll man kennen, oft betrachten und als göttliche Verheißungen annehmen und nicht als vergebliches Reden in den Wind schlagen.

Wir sollen auch Beispiele ansehen, wie Gott Vielen geholfen hat: Adam, Eva, David, Manasse, Nebukadnezar, dem kanaanäischen Mädchen, etc. So will er gewisslich allen helfen, die ihn anrufen, obgleich die leibliche Hilfe nicht auf ein und dieselbe Weise geschieht.

Denn wir müssen diesen Unterschied auch merken: Die endgültige Erlösung[2] in ewiger Seligkeit sollen wir alle zugleich gewisslich erhoffen, wenn es schon Gottes Wille ist, dass wir in diesem Leben nicht leiblich gänzlich erlöst werden, wie Jonathan, Judas Makkabäus und viele andere,. Obgleich sie von Feinden erstochen wurden, sind sie dennoch Gott gefällig und Erben ewiger Seligkeit, fühlen auch Trost in ihren Herzen. So spricht Hiob im 13. Kapitel (Vers 15): „Wenn er mich gleich tötet, so will ich dennoch auf ihn hoffen."

Die zeitliche Erlösung in diesem Leben ist nicht gleich, denn Gott hat dies aus besonderem Rat so beschlossen, dass die Kirche unter dem Kreuz sein soll, auch will er den Glauben in uns erproben[3]. Darum sollen wir ihm nicht Zeit und Maß nachrechnen[4]. So will er

1 Auch hier weicht der Autor deutlich von der Lutherübersetzung ab. Wir dürfen dies als Hinweis dafür nehmen, dass der Textabschnitt ursprünglich vielleicht doch schon zumindest in Teilen vor 1534 verfasst worden sein könnte. Andererseits zitierte man häufig gerade die Bibel auch häufig etwas freier und nur sinngemäß.

2 „endliche erledigung"

3 „uben"

4 „bestimmen"

auch seine Gerechtigkeit in Strafen erzeigen und lindert dennoch den Zorn mit Barmherzigkeit.[1]

Psalm 78(,38): „Er hat nicht den gesamten Zorn angezündet."

Hos 11(8f.): „Mein Herz ist mit Barmherzigkeit bewegt, und ich will den Grimm meines Zorns nicht ausschütten."

Joel 2(,13): „Der Herr ist barmherzig und ihn reut die Strafe."

Psalm Habakuks, Vers 2: „Im Zorn gedenkst du an deine Barmherzigkeit."

Darum, obwohl die leibliche Erlösung ungleich ist, ist dennoch dein Glaube und Gebet und Hoffnung nicht vergeblich, sondern erlangt gewisslich Linderung der Strafen und des Elends und erlangt oft ganz die Befreiung (von Zorn und Strafe Gottes), wie David und Manasse wiederum zu ihrem Königtum kamen.

Und in all diesen Artikeln vom Trost sollen wir zugleich den Herrn Christus anschauen. *Erstlich* ist er das ausgezeichnete Beispiel an Demut und Geduld, da er dem ewigen Vater im schrecklichsten Leiden gehorsam gewesen ist, so sollen auch wir billig nach unserem geringen Maß gehorsam sein.

Dann sollen wir auch wissen, dass er eben darum unsere Strafe getragen hat, damit wir nicht in der Strafe versinken und ewiglich verworfen werden, sondern dass wir allein um dieses Mittlers willen Vergebung unserer Sünden und Gnade durch Glauben haben.

Zum *Dritten*: Von der Hilfe sollen wir wissen, dass der Sohn Gottes eben darum menschliche Natur angenommen hat, weil er ihr Hilfe angedeihen lassen und sie erhalten will in zeitlicher Trübsal und im

---

1 „dennoch" im alten Gebrauch (so Grimm) von adhuc praeterea [außerdem]. Dieser Satz zeigt wieder den uns ungewohnten Gebrauch des Wortes „Zorn", womit hier nicht von einer bloßen Gemütsbewegung die Rede sein kann. „Zorn" bezeichnet ein gegen etwas oder jemanden gerichtetes Verhalten.

Tod. Denn wie ein menschlicher Leib verfault und zerfällt, wenn die Seele fort ist, so wäre die ganze menschliche Natur ewiglich verdorben gewesen, wenn sie nicht der Sohn Gottes ergriffen und angezogen hätte, um ihr Leben und Gerechtigkeit zu geben. Darum ist er bei uns und unser „Immanuel" [Gott mit uns]. Und es ist dies ein hoher Trost in aller Betrübnis. Gedenke, dass deine Natur auch dem Herrn Christus am Hals hänge, der nicht allein die Strafe für dich getragen hat. Sondern er ist auch selbst der Erhalter dieser schwachen Natur, weil er sie selbst so an sich genommen hat.

Vom Gebet

Was man Gebet nennt?

Antwort:
Bitten und Danksagung. Diese zwei Werke sollen beide gleichermaßen geübt werden und bilden den höchsten Gottesdienst. Denn in ihnen betrachtet man, wer Gott ist, wie er sich geoffenbart habe und erkennt ihn als allmächtig, gnädig und einen Helfer, etc.

Zum Bitten gehörten[1] Vergebung der Sünde, Gnade, geistliche und leibliche Hilfe und Gottesgaben[2] in gutem Gewissen und Glauben um des Fürbitters Christus willen, Begehren[3] und nicht im Zweifel stecken bleiben, ob dein Gebet Gott gefällig und fruchtbar sei.

Und man mag zum Unterricht diese Ordnung halten, dass zum Bitten vornehmlich diese fünf Stücke gehören:

Das Erste

1 „Und ist Bitten"

2 „güter / von Gott /"

3 Nicht die sündliche Begierde, sondern die Zuwendung zu Gott mit all seinem Herzensanliegen.

Du sollst anfänglich betrachten, wen du ansprechen wollest, wer Gott ist und wie er sich offenbart hat. Und du sollst deine Anrufung weit von aller Anrufung der Heiden, Muslime und Sekten unterscheiden[1]. Denn so steht geschrieben: „Den Herren, deinen Gott sollst du anbeten und ihm allein dienen." Darum soll dein Herz[2] diesen wahrhaftigen Gott ansprechen, der sich durch den Herrn Jesus Christus geoffenbart hat und Zeugnis von sich gegeben hat durch seine Wundertaten, Auferweckung von Toten und andere. Und du sollst weiterhin betrachten, was er ist, nämlich ein allmächtig[3], ewig, einig Wesen voll Weisheit, Gütigkeit, Gerechtigkeit, Barmherzigkeit, wahrhaft rein und unberührt von Begierden[4], freien Willens[5]. Und dass in diesem ewigen Wesen drei Personen sind: der ewige Vater, der Sohn Jesus Christus und der heilige Geist, welche Personen alles erschaffen haben.[6] Und dass dieses wahrhaftig göttlich Wesen den Menschen gnädig sein will und will sie gewisslich erhören und selig machen, um des Herrn Christus willen.[7]

---

1 „absondern"

2 Glaube ist Herzenssache, nicht Sache des Verstandes allein.

3 Nicht „allmächtiges". Die alte Wortform markiert einen Unterschied, den wir kaum noch wahrnehmen. Ein „allmächtiges" Wesen lässt folgern, dass es eines unter anderen wäre, bzw. die Eigenschaft auch anderen zu eigen sein könnte. Die Form ohne deklinierbare Endung lässt die Eigenschaft enger an die Person gebunden sein. Die Wortform gleicht dem Adverb.

4 „keusch"

5 „freiwillig"

6 Wiederholt wird darauf hingewiesen, dass die Schöpfung nicht Gottvater allein zugeschrieben wird.

7 Die beständig wiederholte Formulierung „um des Herrn Christus willen" unterstreicht nachdrücklich den freien Willen Gottes und damit das Gnadenrecht.

Das alles ist nötig, in aller Anrufung anfänglich[1] zu betrachten. Und du magst zur Erinnerung die Taufe des Herrn Christus mit Glauben anschauen, gleich, als hättest du selbst am Jordan damals gestanden, als die drei Personen als unterschieden geoffenbart wurden.[2]

Das *Zweite* ist die Betrachtung des Gebotes vom Anrufen und warum Gott dieses Gebot gegeben habe und so groß achte. Gott selbst treibt dich zur Anrufung, denn er will uns helfen und will dabei erkannt sein, wie er sei, nämlich allmächtig, weise, gütig, etc. Das lernt man vornehmlich in der Anrufung, darum achtet Gott diesen Dienst hoch. Denn darin gibt man Gott die höchste Ehre, womit er unterschieden ist von allen Kreaturen.

Dazu sollst du etlicher Gebote gedenken:
Mt 7(,7) „Bittet, so wird euch gegeben."
Lk 18(,1) „Man soll allezeit bitten und nicht nachlassen."
Ps 50(,15)[3]: „Ruf mich an in der Not, so will ich dich erretten."

Das *Dritte*: Die Beachtung der beiden Verheißungen von der Gnade und von der zeitlichen Hilfe. Diese Sprüche reden von der Vergebung der Sünden:
Joh 3(,16) „Also hat Gott die Welt geliebt, dass er seinen eingeborenen Sohn gegeben hat, dass alle, die an ihn glauben, nicht verloren werden, sondern das ewige Leben haben."

---

1 Nicht abwertend wie eine Einführung, die man dann kennt, sondern im Sinne von vornherein, im Grunde.

2 Als hätte es dir Gott selbst persönlich gesagt.

3 Hier wird wieder nach der Lutherbibel zitiert.

Und in Apg 10(,43)[4] und Röm 3(,25)[5].
Von zeitlicher Hilfe reden folgende Verheißungen:
Mt 6(,33) „Erstlich sucht das Reich Gottes und seine Gerechtigkeit, so wird euch dieses alles hinzugegeben."
1 Tim 4(,8) „Die Gottseligkeit hat Verheißungen des jetzigen und des künftigen Lebens."
Ps 37(,19) „Zur Zeit des Hungers werden sie gespeist werden."

Das *Vierte:* Glaube und Vertrauen, wodurch beiderlei Verheißungen angenommen werden. Denn die Verheißungen sind dem, der sie nicht mit Glauben annimmt vergeblich. Und hier ist sehr wohl zu vermerken, dass dieser Glaube, (der) Vergebung der Sünden und Gnade um des Herrn Christus willen annimmt, uns allzeit vorleuchten muss.[3] Denn das Herz, das nicht Vergebung der Sünden hat, flieht vor Gott, etc. Ebenso kann auch nicht zu Gott um Hilfe schreien, wer in bösem Gewissen und bösem Vorsatz verharrt. Sondern in allem Gebet muss Bekehrung zu Gott sein und dieser Glaube von der Gnade. Darum spricht der Herr Joh 16(,23): „Wahrlich, wahrlich, ich sage euch: Alles, was ihr bitten werdet in meinem Namen, das wird er euch geben." „In meinem Namen" meint im Glauben und Vertrauen auf den Herrn Jesus Christus.

Darauf folgen die Bitten von zeitlicher Hilfe. Da zielt[4] der Glaube im Allgemeinen darauf, dass diese Anrufung nicht vergeblich sei

4 „Von diesem bezeugen alle Propheten, dass durch seinen Namen alle, die an ihn glauben, Vergebung der Sünden empfangen sollen."

5 „Den hat Gott für den Glauben hingestellt zur Sühne in seinem Blut zum Erweis seiner Gerechtigkeit, indem er die Sünden vergibt,..."

3 Im Sinn des Wortbildes ist an Ps 119,105 gedacht: Dein Wort ist meines Fußes Leuchte.

4 „bleibet"

und setzt nicht Gott Zeit oder Weise, wann oder wie er helfen solle. Denn wir wissen (um) beides, dass Gott gewisslich die Kirche in diesem Leben auch erhalten will, und dennoch will, dass sie unter dem Kreuz sei.

Und (es) muss der Glaube von der Gnade und Hoffnung auf ewige Erlösung fest bleiben, wenngleich Gott die zeitliche Strafe über uns gehen lässt. Wie die zeitliche Strafe über den bekehrten Mörder am Kreuz ging und viele Mörder, die bekehrt werden, gleichwohl die Strafe wegen göttlicher Ordnung tragen müssen. Hier muss dennoch die Regel Hiob (13,15) bleiben: „Und ob er mich tötet, so will ich dennoch auf ihn hoffen."

Das *Fünfte:* Betrachtung geistlicher und leiblicher Nöte[1], was man bitten soll.
So nämlich: Wir sollen nicht bitten, was Gott verboten hat, wie Hilfe in unrechten Dingen. Alles aber, was uns gut ist nach Gottes Geboten, das sollen wir bitten: Vergebung der Sünden, Gnade, Verstand, Stärkung durch den Sohn Gottes und heiligen Geist im Glauben und allen Tugenden, ewiges Leben, Trost in Betrübnis, Schutz gegen den Teufel etc.

Danach alle nötigen Dinge zum zeitlichen Leben: Gesundheit, Nahrung, guten Rat und im Allgemeinen eine selige Kirchenregierung, Landfrieden, die Früchte der Erde, löbliches weltliches Regiment, Wohlfahrt deiner eigenen Kinder, etc.

Dies alles will Gott beim Betenden[2] gesucht haben, damit wir lernen, dass er weise und gut ist und gebe uns darum solche Güter,

1 „notdurfft"
2 „bey im", bei ihm.

damit wir dies erkennen. Ebenso, dass er selbst wahrhaft das menschliche Leben erhalte und wolle besonders der Kirchen[1] um seines Sohnes willen Hilfe tun und erhalte und schütze sie durch seinen Sohn Jesus Christus wider alle Teufel.

Zusammengefasst ist ernstliches Gebet hohe Weisheit und solche Betrachtung lehrt einen Menschen sehr viel. Darum sollen die Prediger das Volk oft zum Gebet mahnen und ihnen die allgemeine Form, die der Herr Christus selbst gemacht hat[2] treulich erklären, damit sie ihre eigene Bedürftigkeit darin zu fassen lernen.

Zum Bitten gehört auch die Danksagung, wie Paulus spricht 1 Thess 5(17f.): „Ihr sollt allezeit beten und in allen Gaben danken." Und Psalm 50(,15): „Ruf mich an in der Not, so will ich dich erretten und du sollst mich preisen", etc.

Es ist zumal unbillig, viel zu fordern und nicht danken zu wollen. Darum sollen wir uns auch zu herzlicher Danksagung erwecken und wissen, dass Gott Dankbarkeit fordert. Und es sind zwei große Tugenden in die Dankbarkeit gefasst: Wahrheit und Gerechtigkeit. Wahrheit bekennt (den), von dem die Wohltat herkomme, Gerechtigkeit verpflichtet dich, dem Wohltäter wiederum zu dienen.

Gott fordert vornehmlich diese Wahrheit von uns, damit wir erkennen und bekennen, dass er der Helfer sei, damit wir so ihn auch erkennen lernen und wissen, dass er weise und gut ist, etc. und wissen, dass er uns um des Herrn Christus willen und durch ihn hilft.

---

1 Als sich versammelnde Christenheit in den einzelnen Kirchen vor Ort, nicht eine Organisation.

2 Das ist das Vaterunser.

Und damit sich das Volk gewöhne, zur Beachtung, wen sie ansprechen und zur Beachtung der Personen (der Trinität), mag man ihnen diese oder ähnliche Form vorsagen:[1]

Allmächtiger, wahrhaftiger Gott, ewiger und einiger Vater unseres Heilandes Jesus Christus samt deinem eingeborenen Sohn und Heiligen Geist, Schöpfer Himmels und der Erden, der Engel, Menschen und aller Kreatur, der du bist weise, gütig, gerecht, wahrhaftig und freien Willens:
Ich bekenne, dass ich leider ein armer, sündiger Mensch bin. Und es ist mir herzlich leid, dass ich dich erzürnt habe.
Ich bitte dich aber, du wollest[2] mir gnädig alle meine Sünde vergeben und mich gerecht machen um deines allerliebsten Sohnes Jesus Christus willen und durch ihn, der für unsere Sünden ein Opfer gewesen ist und am Kreuz gestorben und wiederum aus dem Tod auferstanden ist und lebt in Ewigkeit, und ist aus unaussprechlicher Weisheit und Barmherzigkeit zum Mittler, Versöhner, Fürbitter für uns und Seligmacher verordnet.

---

1 Dies Gebet zeigt in musterhafter Weise, wie man in der Reformation Beichte und Glaubenslehre als eins verstand. Es geht um wachsende und sich stabilisierende Glaubenserkenntnis. In diesem Sinn rechtfertigt der Glaube. Heiligung bedeutet, sich als Gottes Bild zu erweisen, dafür bedarf es des Bewusstseins. Die Gebete sind dann aufgenommen worden im „Betbüchlin des tewren seligen mannes Herren Philippi Melanchthonis“, Hrsg. durch Valentin Winsheim, Leipzig 1568. Dass der Text Melanchthon zugeschrieben wurde, lag an der Veröffentlichung des Examens unter seinem Namen.

2 Diese Wortform gilt uns als antiquiert, zeigt aber den Kern der Gebetsauffassung. Unser Bitten kann nur darauf hinauslaufen, dass Gott wolle, was wir erbitten. Es geht um die Entfaltung der Vaterunserbitte „Dein Wille geschehe“.

Und du wollest mich um seinetwillen und durch ihn mit dem Heiligen Geist für und für heiligen zum ewigen Leben und mich regieren, dass ich dich, wahrhafter Gott, recht erkenne und in rechtem Glauben anrufe und ich dir diene in rechtem Gehorsam und nicht in Irrtum oder Sünden falle.

Du wollest auch für und für in diesem Land dir eine rechte heilige Kirche sammeln und gnädig erhalten und seliges Regiment und Nahrung geben und allezeit unsere und unserer armen Kinder Leib und Seele bewahren.

Dies alles wollest du gnädiglich tun um deines Sohnes willen, der gewisslich unser Seufzen hört und auch für uns bittet. Und wir glauben, dass unser Gebet um seinetwillen
dir gefällig und nicht vergeblich sei.
Credo Domine, fer opem fer imbecillitati meae.
[Ich glaube, Herr, hilf meiner Schwachheit auf.][1] Amen.

Herr Jesus Christus, des allmächtige Gottes Sohn und des ewigen Vaters Ebenbild, Gott und Mensch, der du für unsere Sünde am Kreuz gestorben und wiederum aus dem Tod auferstanden bist und lebst und regierst in Ewigkeit, und bist zum Mittler und Gnadenstuhl beordnet und hast gesprochen:

1 Melanchthon gebraucht diesen Satz auch in seinem Kommentar zum Kolosserbrief von 1552, also drei Jahre später. Michael Wolter (Philipp Melanchthon, Enarratio epistolae Pauli ad Colossenses – Auslegung des Kolosserbriefs, herausgegeben und übersetzt, Bonn 2023) kommentiert dazu auf S. 56 in der Anmerkung 8: „Melanchthon meint wohl Mk 9,24 (Vulg. 9,23: credo adiuva incredulitatem meam). Vielleicht will er in seinem Zitat auch Röm 8,26 (Vulg.: Spiritus adiuvat infirmitatem nostram) mitklingen lassen.“

Kommt zu mir, alle, die ihr geängstigt und beladen seid, ich will euch erquicken:
Ich bitte dich, du wollest mir gnädig meine Sünde vergeben und für mich armem Sünder Fürbitter sein und mich gerecht machen und mit deinem Heiligen Geist mich zum ewigen Leben heiligen und regieren.
Du wollest auch für und für in diesen Landen dir eine ewige Kirche sammeln und wollest gutes Regiment geben und uns gegen den Teufel bewahren, wie es gesagt ist: Der Same der Frauen wird der Schlangen Kopf zertreten.
Und du, Herr Jesus Christus, des allmächtigen Gottes Sohn hast gesagt: Niemand wird mir meine Schäfchen aus meiner Hand reißen. Amen.

Danksagung

O, allmächtiger, wahrhaftiger Gott, ewiger und einer Vater unseres Heilandes Jesus Christus samt deinem eingeborenen Sohn und Heiligen Geist, Schöpfer Himmels und der Erden, der Engel und Menschen und aller Kreatur, der du weise bist, gütig, gerecht, wahrhaftig, rein, barmherzig und freien Willens:
Ich danke dir mit Herzen für alle Gnaden und Wohltaten, die so viel und so groß sind,
dass man sie nicht aufzählen oder genugsam bedenken kann.
Erstlich aber danke ich dir, dass du dich gnädiglich den Menschen geoffenbart hast, und hast deinen lieben Sohn Jesus Christus zum Mittler und Versöhner und Seligmacher beordnet und zu uns gesandt und willst uns durch ihn selig machen.

Du hast auch dazu dein Evangelium gegeben und sammelst eine ewige Kirche und heiligst sie mit deinem Heiligen Geist zu ewiger Seligkeit.
Du hast auch mich armen Sünder zu dieser großen Gnade berufen und vergibst mir meine Sünde gnädiglich und nimmst mich an zu Gnaden um deines Sohnes willen und neigst mein Herz mit Glauben dir zu durch den Heiligen Geist.
Du gibst uns auch Leben, Gesundheit, Nahrung, christliches Regiment, rechte Lehre und bewahrst unsere armen Kinder und unsere Häuser[1].
Für diese und alle anderen Wohltaten, die ich leider nicht alle bedenken kann, danke ich dir mit Herzen und bitte dich, du wollest mir gnädig sein um deines Sohnes willen, dass ich nicht als dein Feind und Lästerer in Ewigkeit verworfen werde, sondern in Ewigkeit Freude an dir habe und dir ewiglich danken und dich preisen möge.
Amen.

Von der Anrufung der gestorbenen Heiligen

Ist es auch recht, dass man die gestorbenen Heiligen anruft?

Antwort:
Gestorbene Menschen anzurufen ist offenbare heidnische Abgötterei und schreckliche Sünde und Verblendung der rechten Anrufung. Mt 4(,10): „Den Herren, deinen Gott sollst du anrufen[2] und ihm allein dienen."

---

1 „hüttlin"
2 Luther: anbeten, lat. adorare.

Diese Worte gebieten offensichtlich, dass man allein Gott anrufen soll. Und es folgt daraus, was die göttliche Majestät anzurufen gebietet, das ist ganz gewiss Gott. Ihn als den Herrn Christus anzubeten, gebieten die göttlichen Sprüche. Darum ist klar, dass er wahrhaftiger Gott ist.

Und dieser Grund mag zur Anleitung der Leute dabei angeführt werden: Wenn man ein unsichtbares Wesen anruft, so hält man dasselbe für allmächtig, wie nämlich[1], dass es aller Menschen Herzen erkennen und Heuchelei und Anrufung aus dem Herzen unterscheiden könne. Nun ist gewisslich, dass Gott allein allmächtig ist und er allein die Herzen erkennt und richtet. Darum ist offenbar, dass man allein Gott anrufen soll.

Der *andere* Grund ist 1 Tim 2(,5) aufgeschrieben: „Es ist ein einziger Mittler zwischen Gott und den Menschen, der Mensch Christus Jesus." Und es gehören zur Ehre[2] des Mittlers, diese zwei Ämter, dass er der Hohepriester sei, der in das Heiligtum geht, das ist, der Gottes geheimnisvollen Rat und Willen sieht, der erkennt auch aller Menschen Herzen und Seufzen. Darum ist er auch Gott.

Zum anderen, dass er uns aus göttlichem Rat zum Versöhner, Gnadenstuhl und Fürbitter beordnet sei, dass uns die göttliche Majestät um dieses Versöhners willen gnädig sei und uns erhören wolle, und dass dies uns durch Gottes Wort verkündet sei.

---

1 Das Wort „nämlich" wurde ganzen Generationen als unsinnig geradezu verboten, hat aber einen guten, tiefen Sinn in diesem Text. Dem Namen Gottes entsprechend dürfen oder sollen wir handeln und reden.

2 Die Ehre bezeichnet sein Amt. Grimm zum Stichwort Ehre: „haltung gegenüber personen, gott und göttlichen wesen, auch gegenständen religiösen kults."

Darum sollen wir in aller Anrufung diesen einen Mittler, den Herrn Jesus Christus anschauen und auf ihn vertrauen, dass uns Gott gnädig sei und erhören wolle um dieses Mittlers willen, der in das Heiligtum geht und Gottes Rat und Willen allzeit anschaut, sieht auch unsere Herzen und unser Seufzen und ist der Versöhner, nämlich der Sohn Gottes Jesus Christus.

Daraus ist nun klar, dass es grausame Abgötterei ist, andere Mittler, nämlich die gestorbenen Menschen zu erdichten und durch andere einen Zutritt zu Gott vorzunehmen und für die göttlichen Majestät eine andere Ordnung zu behaupten[1].

Der *dritte* Grund: Man soll keinen Gottesdienst und Anrufung in der Kirche einführen ohne Gottes Wort. Nun ist offenbar, dass von der Anrufung gestorbener Menschen kein Gotteswort oder Beispiel in der göttlichen Schrift ausgedrückt ist.

Der *vierte* Grund: In der Anrufung soll Glaube sein, der Gottes Wort habe, dass Gott solch Dienst gefällig sei. Das kann in der Anrufung gestorbener Heiliger auch nicht (der Fall) sein.

Aus diesem allen ist klar, dass es nötig ist, die Anrufung gestorbener Heiligen zu verurteilen und das Volk zum Herrn Christus zu weisen.[2] Und wiewohl jetzt viel Sophisterei gesucht wird, diese abgöttische, heidnische Gewohnheit zu erhalten, so ist

---

1 „machen"

2 In der Gnadenordnung der Kirche steht nichts und niemand zwischen Gott und Mensch außer Jesus Christus als Herr und Haupt der Kirche. Anrufung der Heiligen wird hier als Grund für die Hierarchie der Römischen Kirche erkannt. Wer Heilige anruft, erkennt sie als Herrschende an.

jedoch offenbar, dass dadurch das Amt des Herrn Christus verblendet wird.[1]

So auch, so jemand die heiligen Menschen auch als Helfer anruft, wie viele päpstliche Gesänge lauten, der macht öffentlich Abgötter aus ihnen, wie die Heiden allerlei Abgötter gemacht haben.

Wie aber von den Heiligen recht zu predigen sei, das werden die gelehrten Pastoren selbst wissen. Und man mag anderen davon berichten, nämlich, dass man die Historien von Beginn an lernen, welchen Menschen sich Gott geoffenbart und sein Wort gegeben hat, und welche Lehre zu ihrer Zeit die Heiligen gepredigt und darum gestritten haben, damit wir durch ihr Zeugnis gestärkt werden. So auch, wie die Kirche für und für unter dem Kreuz gewesen sei und zugleich wohl auch durch Gottes Macht erhalten wurde, etc. Und so sollen die gelehrten Pastoren auf die anderen achthaben, damit nicht in solche Predigt Irrtum eingemengt werde.[2]

Von den Zeremonie, die von Menschen in den Kirchen erdacht worden sind

Ist es auch recht, dass die Menschen erdichtet haben, einen Unterschied der Speise zu machen, bestimmte Tage zu fasten, die Ehe verboten, die Möncherei aufgerichtet, etc.?

Antwort:

Es ist unrecht und Abgötterei, was Menschen außer Gottes Wort, der Lehre von Gottes Wesen und Willen oder Gottesdienst sich

1 D.h., dass man durch ein fremdes Licht das eigentliche nicht sieht.

2 Hier wird über die Pastoren geredet, als handle es sich nicht um ein Examen der zu Ordinierenden. Wir dürfen auch dies als Anzeichen dafür werten, dass das Examen zusammengesetzt ist aus verschiedenen Quellen.

erdichten. Denn die Regel ist ganz offenbar Mt 15(,19): „Vergeblich ehren sie mich mit Menschengeboten." Gott will erkannt, abgerufen und geehrt sein, wie er selbst aus großer Barmherzigkeit durch sein Wort sich geoffenbart hat. Aber wie der Teufel die Eva im Paradies von Gottes Wort auf eigene Gedanken geführt hatte,[1] ebenso haben hernach die Heiden Gottes Wort verlassen und grausamlich eigene Fantasien von Gott erdichtet und mancherlei Götter und Werk vorgenommen, endlich auch Menschen geopfert, etc.

Also sind Ketzer und Mohammed auch vom Teufel getrieben und von Gottes Wort abgewichen[2] und haben andere Götter und anderen Gottesdienst gemacht. Und auf diese Weise schleicht allezeit sich die Abgötterei in die Welt, wo man von Gottes Wort abweicht und folgt eigenen Fantasien.

So haben (auch) Papst und Mönche Gottes Wort verlassen und eigene Gottesdienste aufgerichtet, die Ehe verboten, Unterschiede der Speise gemacht, Heiligenanrufung, das Gebot vom Sündenzählen und die Satisfaktionslehre, die päpstliche Messe, Möncherei, etc. (aufgebracht). Und sie haben an solche (Dinge) ihre Werke, d.h. die Lästerung angehängt, dass diese Werke Vergebung der Sünden verdienen. Dies raubt ganz offensichtlich die Ehre des Herrn Christus.

Diese Irrtümer soll man verurteilen und diesen Regeln (Gal 1,6-9) folgen: „Wer ein anderes Evangelium predigt, soll verflucht sein." Ebenso (Apg 5,29): „Man soll Gott mehr gehorsam sein als den Menschen."

---

1 Es war nicht von Übel, dass Eva sich eigene Gedanken machte, aber in Bezug auf Gott und dem ihm geschuldeten Gehorsam ist so etwas unsinnig.

2 Man war sich dessen sehr bewusst, dass der Islam eine nachchristliche Religionsgründung ist.

Und es soll das Bekenntnis folgen, wie die Israeliten zu Babylon des Königs Götzen nicht anbeten wollten und allezeit die Rechtgläubigen Bekenntnis abgelegt haben, wenn man sie hat zwingen wollen, Abgötterei oder falsche Lehre anzunehmen.

Darum sollen wir auch jetzt bekennen[1] (und) nicht die päpstlichen Irrtümer, das Interim[2], die Wiedertäuferei etc. annehmen, sondern in reiner göttlicher Lehre des Evangeliums bleiben.

Und es sollen Glaube und Werke durch Gottes Wort regiert werden, wie der Prophet spricht: „Lucerna pedibus meis verbum tuum." [Dein Wort ist meinen Füßen Leuchte.] (Ps 119,105) Es sind alle Gesetze unrecht, die gegen das göttliche Gebot streiten.[3]

Darum sollen alle Personen, denen der Ehestand nötig ist, in ehelicher Keuschheit[4] leben. Denn Gott zürnt ernstlich der Unzucht und aller Vermischung[5] gegen seine Gebote. Gott selbst ist rein und keusch[6] und will, dass wir ihm gleichförmig sind nach seiner

---

1 „Bekenntnis thun"

2 Das Regensburger Interim (1541), das Augsburger Interim (1548) und die als „Leipziger Interim" bezeichneten Leipziger Artikel (1548). Die Stellungnahme Melanchthons 1548 auf letzteres kann mit als ein Vortext zu unserer Kirchenordnung angesehen werden. Sie macht deutlich, dass die Kirchenordnung Mecklenburgs besonders in ihrem ersten Teil auch als Gegenreaktion auf das Leipziger Interim zu werten ist. Zitiert wird aus der Stellungnahme Melanchthons zwar nicht direkt, aber inhaltlich entspricht ihr die Ordnung.

3 Diese generelle Feststellung hätte auch von Johann Oldendorp stammen können. Man kann keine Gesetze aus dem Göttlichen Recht ableiten, aber alles Recht muss sich gegenüber Gottes Wort und Offenbarung bestehen können.

4 Keuschheit bedeutet nicht Verzicht auf Sexualität schlechthin, sondern auf als unordentlich erachtete außereheliche Sexualität. „Keusch" bedeutet, schlechter Begierde nicht nachzugeben.

5 Der „Blutschande" entsprechend den alttestamentlichen Inzestverboten.

6 frei von schlechter Begierde

Ordnung und den Unterschied merken zwischen Keuschheit und Unzucht und ihn erkennen als einen reinen Gott, der Keuschheit liebt und dagegen wissen, dass die Teufel unreine Geister sind und grausamlich zu allerlei Unzucht und Blutschanden treiben, Gott zu Schmach und Verdruss und den armen Menschen zu Schaden. Denn sie wissen, dass sehr große Strafen zeitlich und ewiglich nach der Unzucht folgen, wie die Strafen Sodoms und der Kanaanäer etc. beweisen.

Und es ist hoch zu beklagen, dass der Teufel auf mancherlei Weise die elende menschliche Natur zu grausamer Unreinlichkeit treibt. Und es ist noch mehr zu beklagen, dass solche Sünden gestärkt und vermehrt werden durch den Schein, mit dem Päpste und Mönche das Eheverbot für ein besonders heiliges Werk vorgeben, wider das klare offensichtliche Wort Gottes.

Darum soll den Priestern und Personen, die in Klöstern gewesen sind, ehelich zu werden zugelassen sein.

Und es sollen die Leute von den anderen Menschengeboten in den Kirchen auch recht unterrichtet werden, damit sie wissen, dass allein die Werke Gottesdienst sind, die Gott geboten hat, also nur, wenn sie in rechtem Glauben zum Herrn Christus geschehen. Und man möge die unnützen Zeremonien ganz unterlassen.

Aber die Sonntagsfeier und etliche andere Feste und Ordnungen der Historien der Zeit nach im Lesen[1], Singen, Predigen, wie von der Geburt Christi, Leiden, Auferstehung, Himmelfahrt, Sendung des Heiligen Geistes etc. erhalten wir, damit öffentliche, ehrliche[2] Versammlungen zur Erhaltung des öffentlichen Dienstes und

1 Die Perikopenordnung wurde nicht aufgehoben.

2 Dem Stiftungszweck entsprechende Gottesdienste.

Predigtamtes bleiben. Denn wie oben oft gesagt, ist es Gottes Wille, dass sein Evangelium öffentlich gepredigt werde, und er erhält dazu selbst gnädiglich ehrliche Versammlungen. Zeit und Stunden lässt er die Pastoren samt den Kirchen nach Gelegenheit ordnen. Und solche Ordnung soll recht verstanden werden und danach das Predigtamt, die Reichung des Sakraments, sämtliche Gebete und Danksagung, zuchtvoll gehalten werden und das Volk gern und fleißig dabei sein.

(G – Vom Recht, der Ehe und von der Obrigkeit)

Von christlicher Freiheit

Was ist christliche Freiheit?

Antwort:
Christliche Freiheit ist erstlich diese hohe unaussprechliche Gnade, dass wir ohne Verdienst um des Herrn Christus willen Vergebung der Sünden haben und gerecht sind, d.i. Gottgefällig durch den Glauben, obgleich in diesem elenden Leben noch viel Schwachheit und Sünde an uns klebt.

Weiterhin besteht diese Freiheit darin, dass der Herr Christus selbst uns aus der Hölle zieht und Trost und Leben in uns wirkt und gibt uns seinen heiligen Geist, schützt uns wider die Teufel, erhält uns wunderbarlich und gibt uns endlich ewige Seligkeit, in der wir ganz von Sünde, Tod und Teufel und allem Elend frei sind und ewiges Leben und ewige Gerechtigkeit haben .

Von all diesen Dingen spricht der Herr, als er sagt (Joh 8,36): „Wenn euch der Sohn frei machen wird, so seid ihr wahrhaft frei.“

Daraus folgt auch die Freiheit, dass Christen nicht beladen sein sollen mit den Zeremonien oder dem bürgerlichen Regiment des Mose[1]. Ebenso, dass sie nicht gefangen sein sollen mit von Menschen angeordneten Zeremonien. Sondern sie sollen wissen, dass solche Zeremonien von Menschen gemacht, nicht Gottesdienst sind und sie zu unterlassen, keine Sünde ist. Wie St. Paulus spricht zu den Kolossern im 2. Kapitel (Vers 16): „Niemand soll euch richten wegen der Unterschiede von Speise und Trank oder von Feiertagen."

Von den drei Teilen im Gesetz des Mose

Es ist hoch nötig, dass alle verständigen christlichen Menschen davon ein angemessenes Verständnis[2] haben, wie und warum Gott das Regiment Israels, also mit weltlicher Regierung an einem bestimmten Ort und auf bestimmte Zeit geordnet hat. Und dies ist der wichtigste Grund:

Gottes allergnädigster Wille ist es, dass wir seinen Sohn Jesus Christus erkennen. Darum sammelt er ihm für und für eine Kirche im menschlichen Geschlecht.

Damit nun gewiss wäre, wo der Herr Jesus Christus geboren werden sollte, predigen, leiden, aus dem Tode wieder in das Leben auferstehen und Wunder zum Zeugnis der Lehre tun sollte, hat Gott das Volk Israel von allen Heiden abgesondert und diesem Volk ein eigenes weltliches Regiment erstellt und einen Stamm darin ernannt, aus dem der Heiland, Messias, geboren werden sollte und hat ihm

---

1 Der Teil des Gesetzes, der nur für Israel zur Zeit des Alten Testamentes gegolten hatte.

2 „ziemlichen Verstand"

einen Platz gegeben, der wohl bekannt gewesen ist zwischen den bekannten und größten Königreichen Assyrien, Chaldäa, Ägypten, geradezu auf den Mittelpunkt der Erde.[1] Und Gott hat große Wunder für und für in diesem Volk öffentlich gewirkt, damit man gewisslich wüsste, dass diese einzigartige Lehre recht wäre, die in diesem Volk durch seine Propheten gepredigt worden ist, und dass in diesem Volk der Sohn Gottes erscheinen würde und sein großes wunderbares Werk ausrichte.

Dazu hat Gott also diesem Volk ein äußerliches Regiment verfasst, das vom Auszug aus Ägypten bis zum Leiden und Auferstehung Christi 1543 Jahre bestanden hat.[2]

Und es ist auch eine besondere Wohltat Gottes gewesen, dass er so eine gewisse Schule aufgerichtet und so lange Zeit erhalten hat, wodurch man gewiss sein kann, dass darin göttliche Wahrheit und etliche rechte Lehre für und für zu finden waren.

Wo nun weltliches Regiment ist, da müssen bürgerliche Gesetze sein von Gerichten und Strafen grober Laster, von Erbschaften, von Kaufen und Verkaufen, etc.

Und damit dieses Volk mit offenbaren klaren Unterschieden von den Heiden abgesondert wäre, sind dabei viele Zeremonien und Unterschiede der Speise, von Fasten und Opfern geordnet. Und weil der Messias in diesem Volk hat erscheinen sollen, sind die Zeremonien zugleich Bilder und Verinnerlichung vom Messias

---

1 So sahen die mittelalterlichen Weltkarten aus. Jerusalem bildet den Schnittpunkt von Asien, Europa und Afrika.

2 Christus als die Mitte der Zeit, vgl. Gal 4. Es muss den Reformatoren seltsam und auch bedeutsam erschienen sein, dass nach ihren Berechnungen der gleiche historische Abstand bestand wie vom Exodus zu Christus und ihrer Gegenwart.

gewesen wie das Osterlamm, etc. Und es ist insgesamt ein sehr schönes, zierliches Regiment gewesen, desgleichen sonst auf Erden kein Königreich gesehen worden ist.[1]

Neben diesen zwei Teilen der Gesetze, die man judicales und ceremoniales nennt, hat dieses Volk noch andere, weit höhere und nötigere Gebote gehabt, die nicht eine vergängliche Ordnung sind, sondern ewige Weisheit Gottes, die mit einem sehr schwachen Namen als lex moralis bezeichnet wird, das sind die Zehn Gebote. Die aber soll man verstehen, wie sie Gott selbst durch den Herrn Christus und durch die Propheten und Apostel erklärt hat.

Nun hat Gott in diesem Regiment Israel besondere Strafen und Gnade erzeigt. Und obgleich ein Teil davon abgerissen wurde[2], so ist doch Juda so lange (erhalten) geblieben, bis der Sohn Gottes und Heiland erschienen ist und diesem Volk öffentlich gepredigt hat und Zeugnis gab mit großen Wundern und ein Opfer geworden ist und aus dem Tode wiederum in das Leben auferstand und hat den heiligen Geist gesandt, etc.

Danach hat Gott dieses Regiment nicht länger erhalten. Er hat auch damit der Welt ein schreckliches Zeugnis und Erinnerung (daran) vorgestellt, wie er Unglauben und andere Sünden strafen wolle. Und es sind Jerusalem und andere Städte durch die Römer grausam zerstört worden.[3]

---

1 Alle diese Ausführungen lenken dahin, dass es nun kein abgesondertes Volk mehr geben wird, sondern alle Welt von Gottes Wort gleichermaßen angesprochen ist. Es soll also - wie Rudolph Sohm auf seine Weise es bemerkte - kein Kirchenrecht im abgewandelten Sinne des gesonderten Volksrecht Israels geben.

2 Israels Nordreich.

3 Der Autor folgt damit dem gängigen Geschichtsbild seit Augustinus.

Damit sind ihre vergänglichen Gesetze, judicales und ceremoniales gefallen. Und es ist keineswegs Gottes Wille, dass man diese wieder aufrichten solle, wie etliche Male ungelehrte und aufrührerische Männer sich unterstanden haben, die gewöhnlichen Römischen Rechte abzutun und mit den Landgütern andere Ordnung zu machen.[1] Wie Müntzer und Strauß[2] mit falschem Schein des (alttestamentlichen) Jubeljahrs vorgaben, die Äcker sollten frei sein, etc.

Auch hat der Papst[3] nach den Levitischen Zeremonien Affenwerk gemacht.[4] Er hat sich zu Aaron gemacht und Unterschiede der Speisen geboten. Er hat vorgegeben, die Mönche wären Nasiräer.[5]

Diese und allerlei dergleichen Irrtum zu verhüten, muss man dieses wahrhaftige und nötige Verständnis in den Kirchen erhalten, dass die levitischen Zeremonien und bürgerlichen Gesetze in den Mosebüchern, die nicht von Natur aus in aller Menschen Verstand eingepflanzt sind, ihr Ende hatten mit Jerusalem. Sie binden uns gar nicht.

Dies haben die Propheten zuvor so verkündet und die Apostel haben gemeinsam in Apg 15 ein ernstliches Dekret[6] davon gemacht. Und Paulus hat den Galatern und auch sonst genugsam davon erklärt.

---

1 Diese Bemerkung richtete sich gegen die Bauernkriege, die Täuferrepublik Münster, aber wohl auch die Genfer Reformationsordnung.

2 Jacob Strauß (1480 – vor 1530)

3 Nicht ein bestimmter Papst.

4 Er hat ein Zeremonialgesetz aufgerichtet, das alttestamentliche nachgeäfft.

5 Vgl. 4 Mose 6,1-21. Schon Basilius hatte in seiner 1. Homilie über das Fasten diesen Vergleich gezogen.

6 Das Apostelkonzil

So sagst du nun: Wenn nun das Gesetz des Mose gefallen ist und es jetzt keine Sünde mehr ist, Schweinefleisch zu essen, warum sind dann die Werke Sünde, die gegen die Zehn Gebote verstoßen, wie Totschlag, Ehebruch, Stehlen, falsch Zeugnis ablegen, etc.?

Dazu soll man wissen, dass es sich bei dieser Lehre, die lex moralis genannt wird oder den Zehn Geboten recht verstanden nicht um ein vergängliches Gesetz handelt. Es hat auch nicht mit Mose erst seinen Anfang genommen. Es ist die ewige, unwandelbare Weisheit in Gott selbst und die ewige Regel[1] der Gerechtigkeit in seinem göttlichen Willen. Die hat er aus unaussprechlicher Güte in die vernünftigen Kreaturen gebildet und sie hernach allezeit für und für in seiner Kirche von Adams Zeiten an mit seiner Predigt erklärt und erhalten, damit wir wissen sollen, wie er selbst ist, nämlich: weise, gütig, wahrhaftig, gerecht, frei von Begierde über das Maß hinaus,[2] und dass er will, dass die vernünftige Kreatur ihm gleichförmig sein soll. Darum hat er ihr diese hohe Weisheit mitgeteilt und zürnt hart[3] gegen alles, was dieser seiner unwandelbaren Weisheit zuwider ist und zerstört es. Und darum ist diese Weisheit und Regel in Gott für und für das wahrhaftige und schreckliche Urteil in Gott gegen die Sünde, also gegen alles, was dieser Weisheit widerspricht.[4]

---

1 Grimm zum Stichwort „Regel“: „richtschnur und verfassung“ entsprechend den Benediktinern, die dieses Wort im Deutschen eingeführt haben gemäß ihrer Ordensregel. Eine Regel in diesem Sinn ist also weder als Gesetz oder nur eine schwächere Form einer zeitweiligen Gewohnheit aufzufassen, sondern als dessen Grundlage.

2 „keusch“. Von übel ist nicht Begehren an sich, sondern wenn es das rechte Maß übersteigt, bzw. die Billigkeit verletzt.

3 „grausamlich“

4 „widerwertig ist“

Da diese Weisheit und Regel ewig in Gott ist, folgt daraus, dass Sünde und Gott in Ewigkeit nicht gefällig ist, was dieser Weisheit und Regel in Gott widerspricht, wie Abgötterei, Totschlag, Ehebruch, Stehlen, falsch Zeugnis ablegen, etc.

Und damit wir Menschen dieses Urteil gegen die Sünde wüssten und sehr achteten, hat Gott diese seine Weisheit und Regel mit so vielen großen Zeichen in dem Exodus aus Ägypten den Menschen vorgetragen und damit bezeugt, dass er gewisslich selbst so sei und zerstören wolle, was dieser seiner Weisheit und seinem Willen widerwärtig ist.

Und er hat als ein weiser Meister die Summe ordentlich in zehn Sprüche gefasst, die man aber so verstehen soll, wie er sie selbst erklärt hat.[1] Darum gebrauchen wir diese Bezeichnung „Zehn Gebote", sooft wir von diesem ewigen unwandelbaren Gesetz reden.[2]

Was nun Sünde ist gegen diese göttliche, ewige Weisheit, ist Sünde in Ewigkeit und ist Gott nicht gefällig. Dass aber dennoch Gott uns arme Menschen annimmt, heißt nicht, dass er darum die Sünde billigte, sondern er hat seinen gerechten und großen Zorn darum auf

---

1 Es kommt auf den Geist dieser Worte an, nicht auf den Buchstaben. Damit knüpft die Kirchenordnung an die altkirchliche Allegorie an, indirekt und unbewusst aber auch an die jüdische Auslegung der Gebote, die entgegen der damaligen Vorstellung von jüdischem Denken ebenfalls nicht am Buchstaben klebte, sondern nach dem Geist der Tora fragte.

2 Spätestens hier sind wir in dem Raum, den Oldendorp in seiner Schrift von Billig und Recht entfaltet hat. Das göttliche Gesetz ist in anderer Weise gefasst als alle menschlichen vergänglichen Gesetze und gilt darum auch nicht nur an bestimmtem Ort zu bestimmter Zeit. Die „Zehn Gebote" sind als Begriff verstanden, die auf Tieferes hinweisen. Christus ist der Ausleger des Dekalogs für alle Welt. Sie sind ebenfalls Bestandteil des Katechismus und gehören somit sowohl zur Grundlage des Glaubens wie der weltlichen Ordnung.

seinen Sohn Jesus Christus ausgegossen und sein Leiden, der unschuldig war, für uns zur Bezahlung angenommen.[1]

Diesen geheimnisvollen wunderbarlichen Rat werden wir in der Ewigkeit bei Gott klarer erkennen.[2] Dennoch sollen wir in diesem Leben als die Kinder (Gottes im Glauben) anfangen, diese göttliche Lehre zu lernen und zu betrachten, damit wir bedenken, dass Sünde eine harte, erschreckende Zerstörung[3] ist. Und dagegen, dass diese überschwängliche große Barmherzigkeit da ist, dass uns Gott dennoch annimmt, und zwar in dieser Weise, dass sein gerechter und großer Zorn über den unschuldigen und liebsten Sohn ausgegossen wird. Davon redet Paulus, als er sagt: Gratia exuberat supra delictum – Die Gnade ist mächtiger als die Sünde. (Röm 5,20)[4] Und so werden wir frei durch den Sohn Gottes vom ewigen Zorn, den dieses göttliche Gesetz, d.i. Gottes Weisheit und Gerechtigkeit, auf uns ausgegossen hätte, wenn der Herr Christus[5] nicht Mittler und Versöhner geworden wäre.[6]

---

1 Er hat die Sündenschuld auf sich genommen.

2 Die Satisfaktionslehre wird somit nicht als logischer Vernunftschluss angesehen. Sie erklärt das Geschehen nicht völlig, nur weil es logisch erscheint. Das Kreuz ist vielmehr ein Zeichen, das etwas bedeutet, das man zu seinem Heil verstehen kann. Eine abschließende Erklärung ist der Ewigkeit vorbehalten, kann nicht von unserer Vernunft erfasst werden, sondern widerspricht ihr auch.

3 „grausame schreckliche". Gott „zerstört" die Werke des Bösen, wie dieser seinerseits die Werke Gottes „zerstört", d.h. die Ordnung der Gegenseite verwirrt, stört.

4 Der lateinische Text wird hier nicht nach der Vulgata zitiert, sondern nach der Erasmusausgabe von 1519.

5 Der Autor beachtet in seinen Sätzen den Unterschied zwischen Christus als Gottes Sohn und Jesus Christus, wenn es vorrangig um den Menschen aus Nazareth geht.

Wenn nun St. Paulus sagt, wir sind frei von diesem Gesetz, so verstehe: von der ewigen Strafe, so wir durch Glauben an den Herrn Christus Vergebung der Sünden und Gnade erlangen und mit seiner Gerechtigkeit bekleidet werden.

Und es bleibt zugleich Gottes ewige Weisheit und Gerechtigkeit (bestehen), der wir weiterhin gehorsam sein sollen. Und es wirkt der Sohn Gottes selbst in uns Leben und gibt seinen Heiligen Geist, damit der Gehorsam angefangen werde. Und Gott zerbricht diesen sündigen Leib, damit er bezeugt, dass ihm die Sünde nicht gefällig ist, und dass er sie gewisslich zerstört.

Darum sollen die Prediger die Zehn Gebote fleißig predigen und aus Gottes Wort erklären, damit man aus göttlichem Zeugnis wisse, was Sünde sei und dagegen, welche Werke Gott gefällig sind. Und sie sollen dabei die Erlösung, Gnade und Seligkeit, die wir durch den Sohn Gottes haben, dem Volk auch treulich vortragen.

Vom Ehestand

Der Ehestand[1] ist eine Zusammenfügung durch Gott mit besonderem Rat und ausdrücklichem Wort geordnet und unzertrennlich, allein zweier Menschen, eines einzigen Mannes und einer einzigen Frau, deren Personen Gott die Sexualität[2] zugelassen

---

6 Gott hat durch und in seinem Sohn seinen berechtigten Zorn, die Strafe von uns abgewendet, abgeleitet, auf sich genommen. Er hat gewissermaßen dem Satan auch noch seine andere Wange hingehalten.

1 Nicht einfach „Ehe". Die Sexualität wird in der Rechtssphäre des Standes beheimatet, nicht vor allem als Vertragsrecht behandelt.

2 „Vermischung", nach Grimm deutsches Wort für coitus, wir würden heute Sexualität sagen.

hat zum Zweck der Geburt und um verbotene Vermischungen zu verhüten.

Die Ordnung dieses Standes ist im Paradies geschehen mit diesen Worten: Es sollen zwei ein Fleisch sein, d.i. unzertrennlich zusammengefügt. Und es ist somit im Paradies mit diesen Worten alle andere Sexualität außerhalb des Ehestandes verboten. Und der Herr Christus hat dieses Wort erhalten in Mt 19 und den Ehestand wiederum in dieser ersten Ordnung eingerichtet und als Regel bestätigt[1].

So ist nun alle Sexualität außerhalb des Ehestandes Sünde gegen Gott, die Gott gewisslich in diesem Leben und in Ewigkeit straft in allen, die sich nicht ändern[2]. So, wie es diese Worte ausdrücklich sagen - Hebr 13(,4): „Die Hurer und Ehebrecher wird Gott strafen." Und 1 Kor 6(,9): „Die Hurer, Ehebrecher, etc. werden das Reich Gottes nicht erben."

Dies alles sollen die Prediger mit großem Ernst den Leuten vortragen und alle Unzucht mit göttlichem Wort und Anzeigen der Beispiele wie David, der Stamm Benjamin, Sodoms1 und anderer verurteilen.

So soll auch durch weltliche Obrigkeit ein Ernst erzeigt werden, uneheliche Beiwohnungen und Ehebruch und andere Unzucht unnachgiebig zu verurteilen, damit weniger Leute in Unzucht leben.[3]

---

1 „reguliret"

2 „die nicht bekert werden"

3 Ein gänzliches Aufhören außerehelicher Sexualität, die hier immer als eine mit einem anderen geteilte oder an ihm verübte vorzustellen ist, erschien den Autoren wohl unrealistisch. Das passt auch zu der reformatorischen Einsicht, dass ein erzwungenes Zölibat gegen die von Gott geschaffene Natur verstoße. Der erwachsene Mensch wurde als sexuelles Wesen angesehen.

Denn das ist gewisslich wahr, dass wegen solcher Sünden das ganze Land gestraft werde, wie es mit dem Stamm Benjamin und David geschehen ist. Und so gibt es zu allen Zeiten viele Beispiele.[1]

Wer nun nicht außerhalb des Ehestands rein lebt, ist Gott diesen Gehorsam schuldig, dass er in ehelicher Keuschheit lebe.[2]

Und dies ist hier besonders anzumerken: Rechte Gesetze vom Ehestand sind allezeit in der wahrhaftigen Kirche gewesen, da der Ehestand durch (diese) besondere Gottesgabe recht erhalten ist.[3] Bei den Heiden, obgleich es dem Namen nach Ehestand geblieben ist, gibt es doch viel grausame Unzucht, öffentlich zugelassen. In unseren Zeiten verkaufen Türken ihre Frauen, wenn sie wollen.

In den Sekten haben die Teufel über die großen Maßen große Wüterei angerichtet. Etliche haben sehr heilig sein wollen und den Ehestand für Sünde gehalten und sie allen, die heilig sein wollten verboten, wie Marcion, Tatianus[4] und Hierax (von Leontopolis)[5] und andere. Marcion hat einem Diakon in Zypern die Frau

---

1 Aufgrund der hier gebotenen Theologie wird die Geschichte zum Pool an lehrreichen Beispielen für das Gute und Böse und deren Folgen.

2 Sexualität in der Ehe ist mithin als Keuschheit angesehen. Über bestimmte Sexualpraktiken lässt sich die Kirchenordnung nicht aus, wie es anderswo und zu anderen Zeiten geschah. Vorausgesetzt wird die Liebe als tragender Grund der Ehe.

3 Auch dieser Satz macht ein bestimmtes Kirchenverständnis deutlich: Die wahrhafte Kirche gibt es seit Adam, und so in aller Welt. Kirche wird hier gleichgesetzt mit einem guten Miteinander der Menschen, dem mit Gott gleich werden. Der Mensch ist zum Bild Gottes erschaffen, „ ein Bild, das uns gleich sei“ (Gen 1,26).

4 Verfasser des Diatessarons (+ ca. 170), gründete eine enkratitische Gemeinschaft, deren Anhänger nicht nur auf Fleisch, sondern auch auf jede Sexualität verzichteten.

5 Asket im 3. Jahrhundert in Ägypten, der Frauen aus seiner Gemeinschaft ausschloss.

weggenommen, die dann nach etlichen Jahren wiederum zu ihrem Ehemann kam. So ist vieles von diesen Ketzern an Unzucht angezeigt.

Dagegen haben andere Sekten wie Karpokrates[1] und andere gelehrt, ihren Anhängern sollten die Frauen gemeinsam gehören. Allerdings ist nun diese Untugend so grob, dass es den Anschein hat, als wäre solche Geschichten aus Hass erdichtet. Aber sie sind doch von solch wahrhaftigen Leuten wie von Clemens von Alexandrien so genau beschrieben, dass nicht daran zu zweifeln ist. Und es hat sich bei den Wiedertäufern auch viel grobe Unzucht zugetragen. Dies ist alles ist darum anzumerken, damit wir der Teufel große Bosheit beachten und vorsichtiger seien und dabei dieses Zeichen erkennen: Welche Sekte den Ehestand schändet, die hat des Teufels Brandmal, wie ausdrücklich 1 Tim 4(1ff.) geschrieben ist.[2] Dann hat es (auch) andere Irrtümer mehr.

Aus diesem allen ist nun offenbar, da der Papst, seine Bischöfe, Domherren, Mönche und andere, die den Ehestand (den Geistlichen) verbieten, öffentlich gegen Gott handeln und Unzucht stärken und

---

1 Gnostiker des 2. Jh.

2 „Der Geist aber sagt deutlich, dass in den letzten Zeiten einige von dem Glauben abfallen werden und verführerischen Geistern und Lehren von Dämonen anhängen, erleitet durch Heuchelei der Lügenredner, die ein Brandmal in ihrem Gewissen haben. Sie gebieten, nicht zu heiraten und Speisen zu meiden, die Gott geschaffen hat, dass sie mit Danksagung empfangen werden von den Gläubigen und denen, die die Wahrheit erkannt haben. Denn alles, was Gott geschaffen hat, ist gut, und nichts ist verwerflich, was mit Danksagung empfangen wird; denn es wird geheiligt durch das Wort Gottes und Gebet.“ L 1545) Der Umgang der Geschlechter zueinander ist ein starkes Indiz dafür, ob wir es mit einer Kirche oder einer Sekte zu tun haben, so diese Kirchenordnung.

anhäufen[1], dass sie Gottes und der rechten Kirche Feinde sind und haben (noch) viel mehr Irrtum und Abgötterei. Denn Unzucht wird gemeinhin auch mit Blindheit und Unsinnigkeit gestraft, wie es in Röm 1(,18-32) geschrieben steht.

Diesen großen Schaden, den das Eheverbot gebracht hat, kann keine Kreatur begreifen. Daraus ist so viel Unzucht erfolgt, rechte Anrufung Gottes verhindert und Gotteserkenntnis verloschen und die Herzen blind und unsinnig geworden und sind viel hunderttausend Seelen in ewigen Strafe gefallen und Gottes Zorn hat das ganze Land zerstört. Denn dies ist ganz gewiss, dass die großen Strafen wie Krieg und Verwüstungen allgemeine Blindheit und Finsternis in der Lehre, Elend der Kinder und Nachkommen durch die Welt gehen, vornehmlich wegen Abgötterei, Totschlag und Unzucht.

Und so sollen die Prediger zugleich die rechte Lehre vom Ehestand und von Gottes Zorn gegen alle Unzucht dem Volk vortragen. Und (sie sollen) dabei selbst Gott bitten und das Volk zum Gebet ermahnen, damit uns Gott, der Reinigkeit und Keuschheit liebt, gnädiglich regieren und bewahren möge, auf dass wir nicht mit Unzucht befleckt werden, sondern dass wir ihn mit gutem Gewissen anrufen können und nicht in Blindheit und Unsinnigkeit fallen und andere leibliche Strafen uns zu schwer werden. Denn so ist geschrieben im Buch der Weisheit, Kapitel 8. Dies ist auch Weisheit,

1 Die Folge von diesen Eheverboten war, dass viele Geistlichen Bordelle besuchten, in „wilder Ehe" lebten oder Ehebruch bei anderen verübten, wie Giovanni Boccaccio im 14. Jh. genüsslich beschrieb.

wissen, dass Keuschheit eine Gottesgabe ist. Und darum habe ich ihn gebeten.[1] Und im Ehestand christlich zu leben, ist auch Keuschheit.

Und es sollen die Leute oft daran erinnert werden, dass sie beachten, warum Gott diese Tugend so hoch und ernstlich geboten hat, so dass wir diese Tugend verstehen und damit einen klaren Unterschied zwischen Gott und den Teufeln machen sollen. Denn wenn wir Gott nicht mit leiblichen Augen anschauen und nicht mit unseren Händen ergreifen können, müssen wir ihn mit den Augen des Glaubens anschauen und bedenken, wie er sich geoffenbart hat und wie er sich in seinem Wort zu erkennen gibt und sich von allen anderen Dingen und besonders vom Teufel unterscheidet. Nun ist dieser Unterschied sehr klar: Die Teufel haben Lust an Unzucht, treiben zudem viele tausend Menschen und tun dies Gott zum Verdruss und zum Verderben des elenden Menschen. Dagegen ist Gott ein reines Wesen und will, dass wir ihm gleichförmig sind. Er

---

1 Keuschheit nicht als Verzicht auf Sexualität, sondern als ihre Ausübung gemäß dem Gebot Gottes. Vgl. Apologie der CA Artikel XXIII, wo es sich offenbar um ein im Mittelalter geltendes Wort handelt. Weisheit 8 gipfelt in den Versen 18b-21: „Darum ging ich umher und suchte, wie ich sie zu mir nehmen könnte. Ich war aber ein schöner junger Mann und hatte eine edle Seele empfangen, oder vielmehr: Da ich edel war, kam ich in einen makellosen Leib. Als ich aber erkannte, dass ich die Weisheit nur erlangen kann, wenn Gott sie mir gibt - und es war schon Klugheit zu wissen, von wem diese Gnadengabe kommt –, da wandte ich mich an den Herrn, betete zu ihm und sprach von ganzem Herzen,…“ Zur Weisheit gehört es, keusch zu sein. Somit spricht das Kapitel 8 auch von der Liebe überhaupt, nicht nur von der Liebe zur Weisheit. Die sprachliche Brücke könnte der Begriff der Reinheit sein, lat. purus, wie die folgenden Zeilen zeigen. Der gesamte Abschnitt legt Weisheit 8 auf bestimmte Weise aus.

will uns auch selbst Keuschheit geben und Keuschheit mit anderen Gaben zieren, wie er Joseph erzeigt hat.[1]

Diesen Unterschied sollen wir in unserem Gebet beachten, dass wir den wahrhaftigen Gott ansprechen, der rein ist und Keuschheit liebt und ihn unterscheiden von allen unreinen Dingen.[2] Wir sollen denn auch unsere eigene Unreinigkeit erkennen und beklagen.

Und viel Geheimnisvolleres und in hoher Weisheit ist in diesem Rat von der Erschaffung des Mannes und der Frau und von der Ordnung der Ehe begriffen. Denn Gott hätte wohl auch eine andere Weise gefunden, wodurch Menschen geboren würden. Er will aber, dass im menschlichen Geschlecht eine Kirche sei, darum hat er zwei Personen erstlich erschaffen, nämlich Mann und Frau, auf dass es eine herzliche, ordentliche Liebe geben möge.

Und es bedeutet der Mann den ewigen Sohn Gottes und die Frau die menschliche Natur, die er an sich genommen hat. Und die herzliche Liebe im Mann gegen die Frau bedeutet die herzliche Liebe im Sohn Gottes gegen die menschliche Natur und gegen uns.[3]

---

1 Gen 37 und 39: Auch hier handelt es sich nicht um Sexualität an sich, sondern um Ehebruch. Wenn eheliche Sexualität, „Vermischung“ hier als Keuschheit angesehen wird, bedeutet sie Ausübung einer gottgegebenen Tugend.

2 Dieser Satz macht deutlich, was die Autoren als „Reinheit“ ansahen. Es ist Unbeflecktheit von Unordentlichem, Bösem, Verwerflichem. Die Ansicht, die Erbsünde hänge irgendwie mit Sexualität zusammen, kann sich nicht auf diese Kirchenordnung berufen, im Gegenteil. Reinheit im hier gebrauchten Sinn bedeutet Güte, Liebe und Billigkeit.

3 Darin liegt keine Abwertung der Frau, wie das abschließende „uns“ deutlich macht. Das deutsche „Bedeuten“ ist auf dem Hintergrund des Wortes significatio zu verstehen, womit sich ein weites semantisches Feld eröffnet. Ein Kennzeichen - signum - ist etwas anderes als kongruente Identifikation. Nichts liegt dem Autor ferner, als zu behaupten, der Mann sei göttlicher als die Frau, oder diese entbehre ohne den Mann des Heiligen Geistes.

Und alle solche Betrachtung soll uns dazu bewegen, den Ehestand zu ehren als ein besonderes göttliches Werk, das aus hoher Weisheit so beschlossen ist, und Gottes Weisheit zu preisen. Zu dieser Ehrerbietung gehört auch, dass Eheleute für sich anständig[1] und freundlich miteinander leben und selbst auch (miteinander) Gottes Kirche sind,[2] wie es Adam und Eva, Zacharias und Elisabeth gewesen sind.

Was weiter vom Ehestand zu wissen ist, wird zum Teil hernach (im Teil von den) Kirchengerichten behandelt.

Von weltlicher Obrigkeit

Sagen die Wiedertäufer zu recht, dass weltliche Obrigkeit, Gerichte und rechtmäßige Strafen eitle Sünde seien und dass ein christlicher Mensch keine weltliche Regierung haben sollte?

Antwort:
Die Lehre der Wiedertäufer ist gewisslich teuflische Lüge und Lästerung gegen Gottes Weisheit und Gaben. Und sie ist Ursache für Aufruhr, Mord und Zerstörungen. So sollen die Leute fleißig unterrichtet werden von den beiden Ämtern, dem Predigtamt und der weltlichen Regierung und von den Unterschieden beider.

Benenne den Unterschied!

Das **Predigtamt** ist ein Befehl, den Gott ausdrücklich gegeben hat mit den Worten, das Evangelium zu predigen, die Sakramente zu reichen, Sünden zu vergeben, Prediger mit den Kirchen zu ordnen,

---

1 „züchtig" - Grimm: „selbstbeherrschtes verhalten".
2 Auch dies ist ein Hinweis darauf, wie weit der Begriff „Kirche" verstanden wurde, und entsprechend auch diese „Kirchenordnung" aufzufassen ist.

Sünden zu verurteilen allein mit Gottes Wort und nicht mit leiblicher Gewalt. Und Gott ist durch dieses Amt wirksam[1], vergibt Sünden, gibt den Heiligen Geist, Leben und Trost und ewige Seligkeit.

Von diesem Befehl spricht der Herr Christus Joh 20(,21): „Wie mich mein Vater gesandt hat, so sende ich euch." In diesen Worten ist klar ausgedrückt, zuerst, dass die göttliche Majestät selbst das Predigtamt eingesetzt hat. Er hat dazu zunächst den Sohn geweiht[2], der den Vätern und Propheten sein Wort geoffenbart hat und dann hat er sichtbar in menschlicher Natur gepredigt und die Apostel gesandt, das Mandat[3] gegeben, für und für Prediger zu berufen. Und dabei bleibt doch allezeit der Sohn Gottes Hohepriester[4], der das Predigtamt erhält. Es ist wirksam dadurch, wie Eph 4 geschrieben ist: „Er sitzt zur Rechten Hand des ewigen Vaters, dass er den Menschen Gaben sende, Propheten, Apostel, Hirten und Lehrer."

Weiterhin ist in den Worten Joh 20 inbegriffen, dass die göttliche Majestät durch die Apostel und die Predigt aller Berufenen wirksam sein will, wie sie selbst durch die Predigt des Herrn Christus selbst kräftig gewesen ist.

---

1 „krefftig" - Nicht durch die Person, nicht durch Dinge, sondern durch das Amt, mithin bleibt Gott selbst das Subjekt der Handlung.

2 Grimm zum Stichwort „weihen": „sacrare, benedicere, dedicare, sancire, benedicere, initiari, ordinari, exorcizare, offerre". Gottes Sohn spricht bereits durch die alttestamentlichen Propheten, wie man auch stets davon ausging, dass Gottsohn die Worte der Schöpfung sprach. Hier ist von der Weihe Christi gemäß der Worte "Dies ist mein Sohn" die Rede. In Bezug auf Pastoren spricht die Kirchenordnung an keiner Stelle von Weihe.

3 „Befehl" im Sinne von mandatum, praeceptum. Mandare - anvertrauen, übergeben, überlassen.

4 Das Amt Aarons. Er konnte im Unterschied zu Mose gut reden.

Zum *Dritten* ist in diesen Worten auch angezeigt, dass das Predigtamt nicht weltliche Macht und leiblicher Zwang ist.

Zum *Vierten*, was das Predigtamt predigen soll, nämlich, was der Herr Christus selbst gepredigt hat. Dies alles ist zusammengefasst in dem Satz: „Wie mich mein Vater gesandt hat…“

Weltliche Obrigkeit ist ein Amt, das Gott im ganzen menschlichen Geschlecht geordnet hat und selbst erhält, stark oder schwach, in größeren oder kleineren Zerrüttungen zu Erhaltung äußerlicher Zucht nach allen Gottesgeboten, und die Ungehorsamen zu strafen mit leiblichen Strafen und mit dem Schwert.[1] Dadurch richtet Gott beides aus: Erinnert alle Menschen mit diesen Strafen daran, dass er weise und gerecht ist und räumt die Bluthunde weg, wodurch die Teufel gern das ganze menschliche Geschlecht zerstören wollten.[2]

Und hier ist beides wohl anzumerken: Es gibt leider viel große, jämmerliche Unordnung, Unruhe und Zerrüttung im ganzen menschlichen Geschlecht,[3] Stolz, Unzucht, Raub, Mord, unrechte

---

1 Für uns klingt das ziemlich logisch als Aufgabe des Staates. Aber im Ausgang des Mittelalters war dies nicht selbstverständlich, denn es gab noch keinen Staatsanwalt. Unser modernes Staatsdenken war den Menschen unbekannt. In diesem theologisch begründeten Gedanken der Reformationszeit finden sich entscheidende Wurzeln kommender „Polizeiordnungen“, also des modernen Staates. Die Obrigkeit verfolge von Staatswegen das Unrecht.

2 Der fleißige Staat „predigt“ mit seinem gerechten Handeln und der Verfolgung des Bösen die Gerechtigkeit Gottes. Er stellt sie nicht her, aber künde von ihr, handle in dieser Richtung. Es gehört zum Amt der Obrigkeit, Repräsentantin der göttlichen Ordnung zu sein, die Böses verfolgt und verhindert. Ihre Herrschaft diene nicht sich selbst, sie ist Verpflichtung, Amt vor Gott.

3 Der Horizont der Überlegungen sind nicht einzelne Landschaften, was nicht mit dem späteren Nationalstaat verwechselt werden darf oder das christliche Europa, sondern die gesamte Menschheit, einschließlich aller Heiden, Muslime oder Juden. Entsprechend ist in dieser Theologie auch an eine Heilsgeschichte

Kriege, etc. Denn die sündige Natur ist wild und frevelhaft. Dabei treiben die Teufel viele Menschen und wollten gern alles verwüsten, bringen Tyrannen hervor, Aufrührer, Mörder, etc.[1]

Diese bösen Dinge sind nicht von Gott,[2] sondern von Teufeln und von der sündigen menschlichen Natur, die wider Gottes Ordnung streiten. Wie wenn viele Wölfe unter die Schafe kommen und der Hirte mit den Hunden wehrt, so viel er kann und errettet etliche Schäflein.

Also, obgleich solcher Jammer groß ist, so sind[3] doch die rechten Gesetze göttliche Weisheit. Gericht und Strafen und Erhaltung des menschlichen Geschlechts sind Gottes Werk, damit[4] nicht alles wüst werde. Er ist der Hirte, und es sind etliche treue Regenten seine

---

der Menschheit gedacht, für die diese Kirchenordnung einerseits ein kleiner Baustein ist, andererseits universal Gültigkeit haben sollte, also grundsätzlich recht sein.

1 In spätmittelalterlicher Frömmigkeit lag der Akzent des teuflischen Wirkens auf der einzelnen Seele, die es zu erretten galt. Hier verschiebt sich der Akzent: Der Teufel will das menschliche Geschlecht insgesamt verderben. Die Kirchenordnung spricht relativ wenig vom Seelenheil des Einzelnen. Indem die Seelenangst des Einzelnen durch die Gnadenlehre überwunden wird, kommt die Frage nach dem gemeine Wohl (wieder) mehr zum Tragen.

2 Böses kann nicht von Gott kommen. Es bleibt bei dem Paradox, dass Gott wohl die Menschen straft, ihnen aber nichts Böses antut. Die Gewalt gegen das Böse durch die Obrigkeit selbst ist nicht böse. Das Strafhandeln Gottes oder Schicksalsschläge werden so gedeutet, dass auch sie letztlich dem Heil der Menschen dienen. Dieses Denken, dass auch der harsche Umgang mit anderen Herrschaften, Obrigkeiten und Ländern letztlich dem Guten zu dienen hat, führte auch zur Entwicklung von Völker- und Kriegsrecht. Wir haben es hier mit einer sehr weitgespannten Rechtstheologie zu tun. Eine der die Reformatoren bewegenden Fragen war demnach auch die, ob zum Beispiel Soldaten selig werden könnten.

3 Im Sinne von entsprechen.

4 „so fern“

Knechte,[1] damit er die Wölfe wegtreibe. So wurden durch David Goliath, die Edomiter und Syrer weggetrieben.

Und wir sollen dieses Werk Gottes erkennen und wissen, so dein Leib, Weib, Kinder, Wohnung, Nahrung, Stadt, Kirche, Regiment (bestehen) bleiben, dass solcher Schutz gewisslich Gottes Werk ist. Und ihr sollt ihm dafür danken, ihn preisen und ihm gehorsam sein.[2] Und ihr sollt darum desto treulicher den Regimenten gehorsam sein, zumal Gott dies geoffenbart und bezeugt hat, dass rechte Gesetze seine Weisheit sind und dass Gericht und Strafe seine Werke sind,[3] und dass es sein Wille ist, dass die Menschen so regiert werden, und dass diese Ordnung in der vernünftigen Kreatur gelte: Obrigkeit und Untertanen, und dass wir nicht ohne Ordnung alle gleich frei sein sollen und wie die Wölfe durcheinander laufen.[4]

---

1 Die Beamteten sind Werkzeuge, Instrumente Gottes, aber daraus darf man nicht schlussfolgern, dass Gott auf sie angewiesen wäre. Solch ein Amt ausführen zu dürfen, ist Gnade.

2 Angesprochene Bürger dieser Kirchenordnung waren die mit Rechten versehene Männer. Frauen und Kinder empfand man nur als ihnen zugeordnet, anvertraut. Juden waren in Mecklenburg nach den Ereignissen von Sternberg 1492 noch vertrieben und Fremde waren als nicht zur Landschaft gehörig nicht im Blick.

3 So wurden dann Gerichtsurteile über Jahrhunderte im Namen Gottes verkündet.

4 Eine Gleichheit und Freiheit aller konnte man sich nicht anders als Anarchie vorstellen. Eine Ordnung unter diesen Prämissen, zusammengebunden durch Brüderlichkeit konnte man sich nicht anders denken als mit Untertanenstrukturen. Die diesbezüglichen Versuche der Täufer, Bauern oder Sekten, das zu ändern, erwiesen sich damals in den Augen der meisten als tyrannisch und zuchtlos. Wir sollten aus unserer Sicht nicht vorschnell die Rede von „Obrigkeit und Untertanen" abtun. Jede Ordnung beruht auf Macht und Herrschaft, auch wenn sie völlig anders begründet oder strukturiert ist. Auch Demokratie ist eine Herrschaftsform, ebenso jegliche Wirtschaftsordnung oder Regelstruktur.

Und hier ist es notwendig, den Unterschied zu bemerken zwischen Gottes Ordnung und den Personen, wie es auch für viele andere Dinge gilt. Gold und Silber sind Gottes Kreatur, obgleich viele Menschen das Gold und Silber missbrauchen. Der Ehestand ist gewisslich Gottes Ordnung, obgleich viele den Ehestand missbrauchen und Geld dadurch suchen, etc. Ebenso sind Gesetz, Gericht und rechtmäßige Strafen gewisslich Gottes Werk, obwohl es sehr viele böse Regenten gibt, die ihren Stand und ihre Hoheit missbrauchen.

Nero und Caligula und sehr viele andere Tyrannen sind als Personen gewisslich pure[1] Teufelsgruben. Gleichwohl ist es Gotteswerk, dass die Welt in jener Zeit in eine solche Monarchie gefasst war. Und es gab rechte Gesetze, Gerichte und rechtmäßige Strafen im (Römischen) Reich, auch Gottes Werke (geschahen) und es gab etliche treue Männer in der Landesregierung.

Dass aber Nero Paulus und Timotheus und andere Heilige töten ließ und viel grausame Laster ausübte, das sind Werke seiner eigenen Person und der Teufel in ihm. Dies sollte nicht der ordentlichen Regierung angerechnet werden, die über sie hinaus Bestand hatte, auch wenn Nero sich selbst erstochen hat, etc.

Es ist nötig, den Unterschied zwischen den Personen und der göttlichen Ordnung in diesen Dingen zu sehen, damit man beides erkenne, die Ursache der großen Zerrüttungen und Zerstörungen in diesem Leben und der Erhaltung des menschlichen Geschlechts in solchem Elend.

Diese Betrachtung ist auch eine besondere Weisheit, die in der göttlichen Lehre geoffenbart ist. Menschliche Weisheit kann diese

1 „eitel“

ungleiche Sache ohne Gottes Offenbarung nicht finden, wie in solchen grausamen und täglichen Stürmen aller Teufel und böser Menschen in den Regimenten das menschliche Geschlecht dennoch erhalten wird.

Nun zweifelt die menschliche Vernunft ohne Gottes Wort, wenn sie so viele und mancherlei Zerrüttung, Krieg und Zerstörung anschaut, (dessen) gedenkt, was übrig bleibe, das (alles) geschehe[1] demnach ohne Gottes Zutun. Dagegen sollen wir etliche Sätze wissen und fest glauben, dass Gott der Erhalter, Hirte und Schutzherr sei, wenn noch Menschen übrig bleiben in bürgerlichem Leben und haben rechte Gesetze, Gericht, rechtmäßige Strafen, Zucht, Kirchen: Und dass diese Gaben, soviel davon übrig ist, Gottes Gaben und Werk sind, wenn auch das Ansehen der guten Ordnung viel geringer erscheint als die großen Zerrüttungen und Zerstörungen. Wir sollen aber Gottes Gegenwart aus seiner Lehre erkennen.[2]

Und es ist dieser Artikel insbesondere mit vielen Worten durch Röm 13 erklärt. Diese Sätze zeigen, dass rechtes Gesetz, Gericht und rechtmäßige Strafe Gottes Weisheit und Werk sind. Denn da nennt Paulus das Amt der weltlichen Regierung ausdrücklich Gottes Ordnung und die Regierung Gottes Dienerin[3] und sagt, das Amt, so lange es bleibt, ist von Gott geordnet.[4]

---

1 „bleibe"

2 Man soll mithin nicht darüber spekulieren, wann etwas Menschenwerk oder Gottes Tun ist. Maßstab für solche Erkenntnis ist die Lehre Gottes und dass Gott niemals Ursache von Bösem ist.

3 Die Regierenden sind Gottes Diener, die Regierung als Institution Gottes Ordnung.

4 Hier wird indirekt auch das Amt der Prediger bestimmt: Diese Einrichtung, Investitur ist von Gott, die amtierenden Personen Gottes Diener, das Amt

2 Chr 19(,8) „Das Richteramt, das euch befohlen ist, ist nicht der Menschen, sondern Gottes Amt."[1]
Dan 2 Dies sind Gottes Werke, die Reiche andern zu geben und zu erhalten.[2]
Ps 127(,1) „Wenn Gott die Stadt nicht bewahrt, so wacht der vergeblich, der sie bewahren will."
Spr 16(,11) „Waage und Gericht sind Gottes Ordnung."[3]
Jes 1(,17) „Richtet recht den Waisen," etc.

Mit diesen Sprüchen sollen wir den Glauben stärken, damit wir wissen, dass Gott der Erhalter guter Regimenter ist und ihn darum

---

somit in dieser Weise von Gott geordnet. Dem entsprach auch zunächst die mittelalterliche Ordnung: Ein Bischof wurde von Menschen gewählt, übte somit das Amt des Administrators aus. Dann bestätigte der Papst als „Kirche" die Wahl und es erfolgte daraufhin die Weihe, die „Investitur", die „Einkleidung" des Bischofs mit den geistlichen Gewändern. Die Reformation verstand diese Rolle einer „Kirche" als vermessen, denn die Investitur im Weihesinn war für sie allein Gottes Sache, der Papst erschien ihnen umso mehr als rein menschliche Einrichtung, als sie sich gegen die Erkenntnisse der Reformation zur Wehr setzte und dann auch die Lutheraner im Konzil gerade verdammte. Die Kirchenordnung Mecklenburgs reagierte auf die ersten Beschlüsse des Konzils in Trient, indem sie nicht nur den Papst, sondern auch „die Kirche" im Sinne Roms und eines Klerus juristisch aufhob. Damit aber hob sie mitnichten die Kirche als Gottes aktuelles Werk auf.

1 V: Et praecipiens iudicibus videte ait quid faciatis non enim hominis exercetis judicium, sed Domini et quodcumque judicaveritis, in vos redundabit. (Und sprach zu den Richtern: Sehet zu, was ihr tut!) denn ihr haltet das Gericht nicht den Menschen, sondern dem HERRN; (und er ist mit euch im Gericht.) L 1545.

2 Kein wörtliches Zitat, sondern eine Interpretation des ganzen Kapitels, bzw. von Vers 37: „Du, König, bist ein König aller Könige, dem der Gott des Himmels Königreich, Macht, Stärke und Ehre gegeben hat." L 1545 - V: „tu rex regum es et Deus caeli regnum fortitudinem et imperium et gloriam dedit tibi."

3 „Rechte Waage und Gewicht ist vom HERRN." (L 1545) Hier aber folgt man der Vulgata: „pondus et statera iudicia Domini sunt."

bitten, und in allen Ämtern und in Gehorsam desto demütiger und fleißiger sein.

Aus diesem allen ist nun klar, dass das weltliche Regieramt ein gutes Werk ist, denn es ist von Gott geordnet und geboten, und es können christliche Menschen mit gutem Gewissen darin leben. Ja, diese große Last wird ein hoher Gottesdienst, wenn das Herz dabei rechten Glauben hat und richtet seinen Dienst zur Ehre Gottes wie David, Ezechiel, Josias, etc.

Welche Werke hat Gott als wichtigste[1] der weltlichen Obrigkeit befohlen?

Antwort:
Obgleich die weltliche Obrigkeit selbst über Gesetz und die Vernunft verfügt, wie sie ihr Amt führen soll, so sollen wir im Allgemeinen anzeigen, welche Werke ihr Gott vornehmlich befohlen hat.

Das *erste* Werk aller weltliche Obrigkeit soll die Stimme des ganzen göttlichen, ewigen Gesetzes, lex moralis genannt, bzw. die Zehn Gebote zur Erhaltung äußerliche Zucht sein. Alle Obrigkeit ist diesem göttlichen Gesetz selbst unterworfen und vor allen anderen Werken dazu verordnet, dass sie diese göttliche Weisheit und Gerechtigkeit den Menschen vortrage und bekannt mache: Jes 3(,14) „Gott wird die Fürsten vor sein Gericht führen."

Das *zweite* Werk ist, dass sie exekutiv tätig sei und ernstlich alle strafe mit leiblichen Strafen, die äußerlich gegen jenes göttliche Gesetz handeln, Röm 13. Dazu trägt sie das Schwert.

Nun wissen auch die Heiden, dass es um des Friedens willen nottut, unrechte Totschläger, Diebe, Räuber zu bestrafen, und es sind

1 „als die fürnemsten"

die heidnischen Gesetze davon auch wohl bekannt. Aber dies ist nur ein Teil des Amtes. Die weltliche Obrigkeit ist Gott diesen Dienst schuldig, und zwar im gesamten göttlichen, ewigen Gesetz, das sind vor allem sämtliche äußerlich erkannte Abgötterei, Zauberei, Ehebruch, Gotteslästerung und öffentliche Ketzerei. Sie sollen sie abtun, bestrafen und dagegen rechte Lehre von Gott pflanzen lassen und erhalten helfen. Dtn 7(,5): „Ihr sollt die Abgötterei vertilgen, ihre Altäre einreißen", etc. Lev 24(,16): „Wer Gottes Namen lästert, soll getötet werden."[1]

Darum ist auch der weltlichen Obrigkeit geboten, dass sie (selbst) rechte Erkenntnis Gottes und rechte Anrufung lerne. Ps 2(,10-12) „Und nun, ihr Könige und Richter auf Erden, lernt und küsst den Sohn Gottes," etc.

Danach soll auch die Strafe wegen Ungehorsam in anderen göttlichen Geboten folgen. Zusammengefasst: Die Obrigkeit soll beide Tafeln der Zehn Gebote handhaben und in der Erhaltung äußerlicher Zucht mit ernstlicher Exekutive Gott zu ehren.

Für diese Exekutive in allen Geboten hat Gott der weltlichen Obrigkeit Macht, Güter und Waffen gegeben und den Untertanen

---

1 Auch hier wird deutlich, dass es sich bei der Kirchenordnung nicht nur um eine innerkirchliche Angelegenheit nach unserem Verständnis handelt, sondern um einen landesherrlichen Gesetzestext mit Verfassungsrang. Alle Exekutive galt nun als bürgerliches Gesetz, auch die betreffs der Ersten Tafel der Gebote. Der Grund für die Schärfe der Formulierung lag im festen Willen, dem Bösen zu wehren. Das Böse wurde schnell mit Teufel und Häresie in Verbindung gebracht. In Bezug auf die Hexenverfolgung ist daran zu erinnern, dass die verurteilenden weltlichen Instanzen an die Realität der Zauberei glaubte und diese darum weniger als Aberglauben, sondern vor allem als schweres Kriminalverbrechen verfolgte. Die Missetäter erschienen ihnen als Diener des Bösen schlechthin, was freilich diesen juristischen Irrsinn nicht entschuldigt.

zur Erhaltung von Zucht und Frieden Gehorsam geboten.[1] Und Gott selbst ist der oberste Feldhauptmann und Schutzherr, gebraucht aber treue Regenten als seine Werkzeuge. Denn er will so das menschliche Geschlecht nicht unmittelbar[2], sondern durch unsere Arbeit regieren, so dass wir ihn auch erkennen lernen und ihm dienen.[3]

Das *dritte* Werk besteht darin, dass die hohe Obrigkeit in ihren Herrschaften[4] auch Macht hat, eigene Gesetze in weltlichen Dingen zu machen, die jedoch göttlichen Gesetzen nicht widersprechen, sondern helfen, diese zu erhalten, wie Gott spricht: „Du sollst nicht stehlen." Da mag und soll die Obrigkeit auf vernünftige Weise ordnen, wie es mit den Landesgütern gehalten werde, was Eigentum oder Lehen ist, etc. Dazu haben die Herrschaften eigene Bücher, wie das Römische Reich sein kaiserliches Recht hat.[5]

---

1 Hier wird die Grundlage der alten Lehnsordnung bestätigt und im Ständestaat verankert. Mecklenburg blieb auch dank dieser Kirchenordnung noch auf Jahrhunderte Ständestaat.

2 „nicht one Mittel" - Grimm: „ohne Mittel" bedeutete auch „immediate, sine intervallo, sine intermissione", ohne Unterbrechung. Dies unterscheidet weltliche Herrschaft von der göttlichen Herrschaft durch Christus im Gottesdienst. Dort regiert Christus durch seine Gegenwart unmittelbar und nicht, wie es der Klerus ansah, durch Mittlerschaft von Menschen und Ämtern, wie es die Konsekrationsliturgien von Priester und Bischöfe aussagten. Beim Fürsten sprach Oldendorp von Statthalterschaft Gottes auf Erden, nicht aber in Bezug auf Papst oder Bischöfe.

3 Gott braucht seine Diener nicht, ist nicht auf ihre Hilfe angewiesen, aber wer dient, verstehe etwas von dem, was er tut. Der Autor will jene Irrlehre vermeiden, die heute modern sagen will: Gott hat keine Arme, nur unsere. Es bleibt Gottes Entscheidung, wen er wie wofür gebraucht.

4 Auch das Fürstentum Johann Albrechts war mehrfach in Herrschaften geordnet, wie sein langer Titel es verrät. Hier ist aber prinzipiell von Landesebenen, Fürstentümern oder Königreichen im Allgemeinen die Rede.

5 Das Recht war noch nicht hierarchisch geordnet. Was für die Ebene des Reichs galt, musste nicht im konkreten Rechtsbereich vor Ort gelten. Erst der

Und es ist wahr, dass weltliche Obrigkeit für diese leibliche Regierung und zum Frieden vernünftige Gesetze zu machen Macht hat.[1] Sie soll aber nicht einen Götzen aufrichten wie Nebukadnezar und eine eigene Lehre von Gott oder Interim[2] oder Gottesdienst außer Gottes Wort errichten, denn damit greift sie zu weit, (das liegt) außerhalb ihres Mandats.

Das *vierte* Werk ist, dass die Obrigkeiten treulich und gleichermaßen Exekutive ausüben soll, auch was die eigenen Gesetze von leiblichen Sachen betrifft.[3] Denn Gesetz ohne Exekutive und ohne Gericht und ohne ernste Strafen ist nur Spott. Gottes Wille ist dagegen, dass gegen Untugend Eifer und Entschiedenheit[4] in der

---

Erbvergleich von 1755 brachte zum Beispiel für beide Teile Mecklenburgs Rechtsgleichheit zustande, aber noch nicht im Sinne eines modernen Staats. Bis zum Deutschen Reich 1871 als Staat mit einheitlicher Verfassung war es noch ein sehr langer Weg.

1 Im Unterschied zur geistlichen Regierung der Predigt durch Gott. Die weltliche Regierung hat sich auf die leiblichen, äußeren Dinge zu beschränken. Die Vernunft wird hier bereits als Maß des Rechts eingeführt. Die im Augsburger Religionsfrieden 1555 gefundene Formel „Cuius regio, eius religio" findet sich in dieser Kirchenordnung noch nicht, ergibt sich aber aus dem Anspruch der Rechtgläubigkeit der Lutheraner. Diese Kirchenordnung war Landesordnung und hatte Geltung für alle Landeskinder. Das Problem des Gewissenszwangs war ihr Resultat, obgleich die Kirchenordnung selbst nicht vorsah, dass jemand äußerlich zu einem bestimmten Glaubensbekenntnis gezwungen werden sollte. „Abgötterei" und Ketzerei konnten zwar gemäß dieser Kirchenordnung im Prinzip verfolgt werden, aber dafür gab es keine durchführbaren konkreten Gesetze.

2 Die drei Interim 1541 und 1548.

3 „Das vierte Werck ist, dass sie treulich, und gleiche Execution thun sol, auch dieser irer eigenen Gesetz, von leiblichen Sachen." Der Satz wendet sich gegen Willkür und spricht sich für Gleichheit vor dem Recht aus. Ist hier von Sachen oder Dingen die Rede, steht das lateinische Wort „res" im Hintergrund, womit auch Rechtshändel gemeint sind.

4 „Zorn"

Herrschaft sei. Und es ist der alte Spruch gewisslich wahr: „Nulla est civitas, quae non habet nervos contra iniusta facientes." [Eine Gesellschaft taugt nichts, die gegenüber Übeltätern keine Vorbehalte hat.]

Es soll auch die Obrigkeit selbst mit den göttlichen Gesetzen gleichförmig leben[1] und den Rechten, die durch ordentliche Autorität[2] zu Zucht und Frieden gemacht sind.

Nachdem nun geredet worden ist von den Pflichten und Werken der Obrigkeit, soll man auch dem Volk die Regel des Paulus vortragen, dass die Untertanen der weltlichen Obrigkeit Gehorsam schuldig sind in der Weise, dass Ungehorsam Sünde gegen Gott sei und das Gewissen unrein mache.[3]

Dies ist das göttliche Band, womit die Regierungen gefasst und bewahrt sind.[4] Und dies Band hält alle gottesfürchtigen Menschen in

---

1 Sie mögen als Souveräne über den Gesetzen stehen, die sie erlassen oder aufheben können, nicht aber über den „göttlichen Gesetzen", dem lex moralis.

2 Adelung: „Gewalt, Ansehen, bestimmender Einfluss auf andere."

3 Das bleibt solange logisch, wie es klar erscheint, dass das Volk kein Souverän ist, als inkompetent für den Gesetzgebungsvorgang angesehen wird. Es gibt zwar die salvatorische Klausel, mit der vorausgesetzt wird, dass alle Gesetze und ausgeübte Macht der Obrigkeit an das lex moralis gebunden ist und somit sich auch ein gewisses Widerstandsrecht ergibt, aber der Spielraum der Obrigkeit wurde sehr weit gezogen. Eine konstruktive Kritik ist nicht im Blick, geschweige denn die Kompetenz der Legislative durch das Volk. Die Verpflichtung der Obrigkeit auf die Vernunft freilich öffnet da eine erste Tür, wie sich in der Aufklärung zeigen wird.

4 Damit sind die Gewissen auch im Lutherischen gebunden, aber nicht in geistlicher Hinsicht in Bezug auf den Erhalt ewigen Lebens und der Erlösung, sondern im leiblichen Bereich des öffentlichen Lebens. Es gibt einen direkten Zusammenhang zwischen dem Begriff vom Leiblichen, Äußeren und der sich ausbildenden Öffentlichkeit, die zum entscheidenden Faktor der Emanzipation werden wird.

willigem Gehorsam gegenüber der Obrigkeit und gegenüber Gottes Willen. Dazu bedroht es alle Gottlosen, dass Gott die Ungehorsamen strafen und stürzen werde. Denn wie der Heilige Geist sagt, dass Ungehorsam das Gewissen unrein mache, ist dies so zu verstehen, dass Gott wahrhaftiglich zürne gegen solche Ungehorsamen und er werde sie ewiglich strafen, so sie nicht bekehrt werden.[1]

Auch hat der Herr Christus diese Regel von zeitlicher Strafe gegeben, die beide betrifft, die Tyrannen wie die Aufrührer. Alle, die das Schwert nehmen, werden durch das Schwert umkommen, d.i., wer das Schwert selbst außerhalb der göttlichen Ordnung ergreift, als Tyrannen, wenn sie Leute gegen das göttliche Gesetz töten, oder als Aufrührer, die schuldigen Gehorsam nicht halten wollen. Sie werden (allesamt) auch in diesem zeitlichen Leben gestraft und gestürzt.

Diese Erinnerung und Anleitung ist hiermit gesetzt, damit die zu Ordinierenden und Andere wissen, worüber das Examen vornehmlich gehalten wird und damit die Prediger und die Zuhörer sich daran gewöhnen, die christliche Lehre zusammenzufassen und die Hauptartikel für sich selbst oft und fleißig zu betrachten.

---

1 Vorausgesetzt ist, dass die Obrigkeit ihr Amt im guten Sinn ausübt und ihr höchstens verzeihlichen Irrtum zubilligt wird, nicht aber Willkür, die die Ordnung selbst von oben her missachtet, über die zu wachen ihr Amt ist. Zuvor war darum davon die Rede, dass etliche Obrigkeiten übel sind. Es herrschte mithin die gleiche Logik, die wir heute auch gegenüber Gesetzen haben, nämlich dass sie einzuhalten sind, solange sie gelten, selbst wenn sie im konkreten Fall unrecht erscheinen. Eine Lösung solcher Probleme wurde in der Gnadenbefugnis des Fürsten gesehen. Um der Billigkeit willen konnte der Fürst sich für seine Untertanen auch über das Gesetz hinwegsetzen.

Denn die christliche Lehre ist eine hohe Weisheit, die keine Kreatur ergründen kann. Auch werden wir davon in der ewigen Anschauung Gottes lernen. (1 Kor 13,12) Gleichwohl will Gott Christus[1] so eine Kirche sammeln, und nicht anders, als dass in diesem elenden, schwachen Leben der Anfang dieser Weisheit in uns durch Gottes Gnade leuchte. Dazu ist es hoch nötig, die Lehre fleißig zu hören, zu lesen und zu betrachten. Dies ist der einige Weg zu Gottes Erkenntnis, nämlich seine Lehre recht zu lernen.

Unser Ansinnen[2] ist auch nicht, ein andere Lehre anzunehmen oder vorzugeben, denn allein die einige ewige Lehre, die Gott seiner Kirche durch seinen eingeborenen Sohn geoffenbart hat, die in den Schriften der Propheten und Apostel gefasst ist, und in dem Verständnis, das in den Symbolen, dem Apostolischen, Nizänischen und Athanasischen Glaubensbekenntnis ausgedrückt ist. Mit ihnen stimmen auch Luthers Katechismus und Luthers Konfession[3], sowie die Confessio, die dem Kaiser zu Augsburg im Jahre 1530 überantwortet wurde und wie diese Lehre durch Gottes Gnade einträchtig in den Kirchen der sächsischen Lande, wie zu Lübeck, Hamburg, Lüneburg und anderen dergleichen gepredigt wird. Mit ihnen ehren wir Gott und begehren sie zu vieler Menschen Seligkeit einträchtig zu halten.

---

1 „im" - ihm, d.h. Christus.

2 „gemüt"

3 Schmalkaldische Artikel von 1536/7. Diese Zeilen der Kirchenordnung mögen dazu beigetragen haben, dass die Landeskirche als eine „Lutherische" bezeichnet wurde. Der Sinn diese Bezeichnung bezöge sich dann auf die hohe Wertung der dezidiert lutherischen Bekenntnisse noch vor der Confessio Augustana. Das gesamte Konkordienwerk von 1580 stand ja noch aus.

So bitten wir den Herren Jesus Christus, er wolle uns gnädiglich regieren, auf dass wir eins sind in ihm, zu Gottes Ehre und uns zu ewiger Seligkeit, wie er selbst für uns in seinem Leiden gebeten hat. Amen.
Deo gratia!

Der Zweite Teil

Von der Erhaltung des Predigtamtes, oder Ministerii Evangelici [Dienst am Evangelium]

Wir armen schwachen Menschen können den hohen Rat göttlicher Majestät nicht ergründen, wie Gott den Menschen erschaffen hat und mit seinem Licht und seiner Weisheit und Gerechtigkeit so schön geziert und danach ihn wiederum nach dem Fall wegen seines Sohnes angenommen und den Sohn zum Mittler gemacht hat, und gibt uns durch ihn wiederum seine Weisheit, Gerechtigkeit und ewiges Leben.

Obgleich nun solches alles weit über unserem Verstand liegt, so sollen wir doch mit dem Herzen und im Glauben die göttlichen Offenbarungen anschauen. Darin hat sich Gott selbst für und für den Menschen gewisslich geoffenbart, damit wir erkennen und wissen sollen, dass er ihm (Jesus Christus) eine ewige Kirche im menschlichen Geschlecht sammelt. Und sie (die Menschen der Kirche, bzw. des menschlichen Geschlechts) sollen ihm demütig danken für alle seine Offenbarungen. So hat er (Gottes Sohn im

Paradies) da im Anfang[1] Adam und Eva wiederum angenommen[2] und hernach dem Noah, Abraham, Moses, Josua und anderen Propheten Zeugnis[3] gegeben. Und er (der dreieinige Gott) hat seinen Sohn Jesus Christus gesandt, der Tote auferweckte, etc. Und hernach hat er die Apostel das Evangelium in der ganzen Welt mit vielen Wunderwerken predigen lassen.

Dies alles sollen wir ordentlich betrachten und den Glauben mit allen Zeugnissen bestärken und Gott um Erleuchtung bitten, damit wir ihn für und für mehr erkennen, sein Gesetz und Evangelium besser verstehen und in herzlicher Anrufung preisen.

Nun ist es wahr, dass Gott den Menschen wohl ohne Mittel zu sich wieder umkehren hätte lassen können und ihn alsbald sichtbar in ewiges Leben setzen und wiederum[4] Menschen hätte schaffen können.[5] Er hat aber diesen Rat beschlossen, dass er ihm (Jesus Christus) eine ewige Kirche so sammeln will durch sein Wort, wodurch er wirken und kräftig sein will. Und es sollen die

---

1 „erstlich“

2 Bei der Ausweisung aus dem Paradies, als er sie mit der Strafe zugleich segnete. Nach der festen Vorstellung des Mittelalters schuf Gottes Wort, also Christus die Erde und den Menschen. So sieht man es zum Beispiel auch auf dem berühmten Grabower Altar von Meister Bertram in der Kunsthalle zu Hamburg.

3 Für Testimonium, Aussage wie vor dem Gericht. Dies war auch der Sinn der Rede vom Alten und Neuen „Testament“. Die Bücher bezeugen Gottes Offenbarung.

4 „andere“

5 Diese Einsicht hat Konsequenzen für die Satisfaktionslehre: Die Notwendigkeit des Opfers liegt nicht in Gott, so dass vor allem er besänftigt werden musste, sondern im Menschen und der Barmherzigkeit Gottes. Gott kann auch dem Menschen ohne das Kreuz barmherzig sein. Das Kreuz dient der Erkenntnis des Menschen, die er braucht, wie der Schächer am Kreuz.

Menschen[1] zu ewiger Seligkeit auserwählt aus dieser armen schwachen Natur (wieder)geboren werden und in diesem zeitlichen Leben zur Erkenntnis Gottes berufen und bekehrt werden. Dies alles ist also von Gott beschlossen und geoffenbart[2], das sollen wir betrachten und mit Glauben annehmen.

Da nun Gott die Kirchen durch sein Wort sammeln will, hat er auch Personen dafür gegeben und verordnet, die im Predigtamt sein sollen. Und der erste Prediger ist im Paradies der Sohn Gottes, indem er Adam und Eva aus dem Tode errettete und sie wiederum in Gottes Gnade (auf)genommen sind. Da ist erstlich die wunderbare Verheißung aus dem geheimnisvollen göttlichen Rat eröffnet: Der Same (Nachkomme) der Frau wird den Schlangenkopf zertreten.[3] Durch diese Verheißung ist hernach die Kirche für und für erbaut worden. Von diesem ersten Prediger spricht Johannes: Der Sohn, der in des Vaters Schoß ist, hat es uns offenbart. (Joh 1,18)

Und dieser Sohn Gottes erhält für und für das Predigtamt gewaltiglich gegen die Teufel, Tyrannen und Ketzer.[4] Obgleich es bisweilen schwach und eng wird, so richtet er es wiederum auf. So hat er für und für Propheten gesandt und ist hernach Mensch geworden, hat sichtbarlich gepredigt und Zeugnis gegeben, Tote auferweckt und ist selbst aus dem Tod wiederum in das Leben

---

1 Nicht nur einige von ihnen.

2 Aller Menschheit gesagt. Die Offenbarung Gottes schafft Öffentlichkeit im Sinne einer Menschheit und fasst damit das menschliche Geschlecht in einen Begriff.

3 In der Tradition wird Gen 3,15 als Protevangelium bezeichnet.

4 Das sind die drei Richtungen, gegen die sich das Evangelium wendet: der Teufel als unsichtbare Macht, die sich gegen den Menschen mit dem Bösen richtet, die verdorbene, verkehrte öffentliche Macht der Menschen und die Irrlehre, die die Wahrheit zur Lüge macht.

erstanden und hat viele Menschen miterweckt, hat die Apostel ausgesandt mit ausdrücklichem Befehl: „Wie mich mein Vater gesandt hat, so sende ich euch."(Joh 20,21)

Und es haben die Apostel weiter befohlen, dass die Prediger mit den Kirchen[1] anderen tüchtigen Personen das Predigtamt befehlen[2] sollen. Wie Paulus zu Timotheus spricht: „Die Lehre, die du von mir gehört hast unter vielen Zeugen, sollst du treuen Menschen befehlen, die tüchtig sind, andere zu lehren." (2 Tim 2,2) Und an Titus schreibt er auch, er solle in den Städten umher Prediger einsetzen. (Tit 1,5)

Also bleibt durch die überschwängliche Barmherzigkeit Gottes aus göttlicher Ordnung und Macht das Predigtamt für und für, wie Gott selbst in Jesaja 51(,16) spricht: „Ich lege mein Wort in deinen Mund, und mit dem Schatten meiner Hand bedecke ich dich, damit du mir den Himmel pflanzt," d.i. dass du mir eine ewige Kirche sammelst[3], damit der Himmel erfüllt werde wie ein schöner Garten mit Pflanzen, etc.

Und es ist der Erhalter des Predigtamtes der Christus selbst für und für. Er wirkt kräftiglich durch das Evangelium, damit viele Menschen zu Gott bekehrt[4] und erleuchtet werden und in ihnen

---

1 „sampt der Kirchen" - Darunter verstehe man sowohl die Menschen an den jeweiligen Orten als auch ihre weltliche Obrigkeit. An eine institutionalisierte Kirche oder einen Klerikerstand als Kirche dachte man im lutherischen Lager nicht. Vorbild dafür war die neutestamentliche und Alte Kirche, wo es so etwas auch nicht gab.

2 Das Mandat erteilen.

3 Gott sammelt für Christus, also dem Menschen Jesus Christus die Kirche, wie dann umgekehrt Menschen vor Gott sich als Kirche sammeln. Sie kommen zueinander. Grimm zum Stichwort sammeln: „zerstreutes auf einen ort zusammenbringen".

4 Die Bekehrung ist das Pendant zur Gnade, der Hinwendung Gottes zum Menschen. Das Evangelium bewirkt die Bekehrung, nicht als Buch, sondern als

ewiges Leben und Gerechtigkeit angefangen werde, wie dies klar ausgedrückt ist in Eph 4(,1-16), wo Paulus spricht: „Der Herr Christus sitzt zur rechten Hand des ewigen Vaters und gebe den Menschen seine Gaben, Propheten, Apostel, Evangelisten, Hirten und Lehrer."

So ist nun gewiss die Erhaltung und Kraft des ministerii evangelii [Dienstes am Evangelium] nicht unser menschliches Werk, sondern des Herrn Christi. Er gebraucht[1] aber in diesem Leben Personen dazu und beruft etliche von ihnen unmittelbar, wie Propheten und Apostel, so wie er auch Paulus unmittelbar berufen hat (Apg 9). Andere aber beruft er durch Gliedmaßen der Kirche. Und es ist sein Wille, dass wir diesen unseren Gehorsam dabei erzeigen, dass die Kirche selbst für und für tüchtige Personen suche und erwähle, denen das Predigtamt nach Examen[2] und mit dem (Ordinations)gebet (an)befohlen werde.

Und es ist der Herr Christus auch (dann) kräftig durch sein Evangelium und Sakrament, wenn diese Personen nicht unmittelbar, sondern durch die Gliedmaßen der Kirche[3] berufen worden sind.

Predigt Christi.

1 „braucht" - aber in der Bedeutung von „gebraucht" heute, denn es liegt - wie der Satz zuvor zeigt - der Kirchenordnung der Gedanke völlig fern, Christus könne ohne uns nichts tun.

2 „verhör"

3 Und nicht unmittelbar durch das Haupt selbst. Es gibt kein anderes Haupt der Kirchen als Christus, auch keinen Vorgesetzten. Von einer solchen Struktur findet sich in der Kirchenordnung keine Spur. Der Superintendent visitiert nur und vermeidet Streit. Der Fürst ordnet die Kirche äußerlich und achtet auf Bekenntnistreue durch sein Konsistorium, er ist nicht ihr Haupt. Er ist Summepiskop, nicht indem er die Kirche beherrscht, sondern indem er Unrecht abwehrt und zum Beispiel mittels des Superintendenten die Kirchen visitieren lässt.

Und so soll das Volk oft[1] erinnert werden, diese göttliche Ordnung und die Gaben (Gottes) zu betrachten und Gott und dem Herrn Christus zu danken, dass er so das Predigtamt erhält und dadurch wirksam ist, bei uns wohnt, hilft und uns erhört und uns zu Erben ewiger Seligkeit macht. So sollen wir das Amt und die treuen (Amts-)Personen lieben und ehren. Wir sollen (Gott) auch ernstlich darum bitten, die Kirche nicht zerstören zu lassen durch Teufel, Türken[2], Tyrannen, Päpste, falsche Lehre, etc., dass Gott uns tüchtige Personen geben wolle und wolle sie und uns mit seinem heiligen Geist regieren.

Denn ein wahrlich seliges[3] Kirchenregiment ist nicht ein Werk menschlicher Weisheit oder Macht, wie viele tolle[4] Reformatoren es sich denken, sondern es ist des Herrn Christi Werk, wie er selbst in Joh 15(,5) sagt: „Ohne mich könnt ihr nichts tun." Dabei sollen wir aber diesen Gehorsam einhalten, indem wir treue, tüchtige Personen zum Amt suchen und wählen.

---

1 Die Begriffe „für und für", sowie „oft" werden immer wieder in der Kirchenordnung verwandt, denn Kirche und Lehre bedürfen der fortwährenden Wiederholung im wörtlichen Sinn, der Reformation. Reformation, Visitation und Beichte gehören untrennbar zusammen. Die Lehre des Glaubens lässt sich nicht in einem abhaken, ebenso wenig ist es bei den Sakramenten mit der einmaligen Taufe getan.

2 Dabei ging es dem Autor hier nicht so sehr um islamische Mission, sondern um die damals stattfindende Invasion der muslimischen Türken in Südosteuropa von Ungarn bis Moskau, die auch die Kirche (in unterschiedlicher Härte) unterdrückten.

3 Im Sinn des beatus der Seligpreisungen Mt 5,1ff.

4 Des Verstandes beraubt, unvernünftig.

Darum ist es zunächst unser ernster Wille und Befehl, dass man nicht gestatte, dass unberufene und nicht examinierte Personen sich von selbst ins Amt drängen.[5]

Und es mag uns hier nicht nachgesagt[2] werden, als machten wir damit ein Menschengebot. Denn es ist gewisslich wahr, dass der Beruf, das Examen[3], die öffentliche Verkündigung bei der Kirche[4] und dem Gebet göttliche Ordnungen sind. Es ist tröstlich, dass wir wissen, dass der Herr Christus so das Ministerium auch durch diese Berufung erhalten will. So ist es auch bald nach der Apostelzeit gehalten worden. Denn so heißt es im Nizänischen Konzil, dass die Kirche wählen soll und der Bischof zur Wahl gezogen werde.

Es gehört diese Lehre in den Artikel (des Glaubensbekenntnisses) - Ich glaube, dass eine heilige Christliche Kirche sei, d.i., dass der Herr Christus gewiss wirksam sei, wo das heilige Evangelium recht gepredigt und mit Glauben angenommen wird und die Sakramente in rechtem Gebrauch sind.[5] Hier wird geredet von der immerwährenden[6] Kirche, die Prediger hat, die laut des Befehls der

---

5 Niemand „bewarb“ sich zu so einem Amt, man stellte sich höchstens dafür zur Verfügung und musste dann nachweisen, dass man dazu taugte. Eine Bewerbung zum Beispiel für das Propstamt - in der Nordkirche das dem Superintendenten entsprechende Amt - heute, hätte dem Geist dieser Kirchenordnung widerstrebt.

2 „ufferlegt“

3 Das „Verhör“ war zum einen zwar auch der Nachweis theologischer Bildung, aber in der Hauptsache Abfrage der Rechtgläubigkeit im Sinn dieser Kirchenordnung.

4 „bei der Kirche“: nicht in ihr, nicht an ihr.

5 „christlich“ für das griechische „katholisch“ bedeutet hier nicht nur die Christenheit, sondern auch, dass Christus das tätige Haupt der Kirche sei und nicht ein Papst oder eine Synode.

6 „für und für“

Apostel durch Gliedmaße der Kirche berufen und zum Amt zugelassen sind. Es ist ein einziges Evangelium Gottes, so man es recht predigt, (ganz gleich ob) Jesaja, Johannes oder Polycarp, der nach Johannes durch die Kirche zum Ministerium berufen wurde, predigt. Und wer solche Berufung und Wahl verwirft, der streitet gegen den Artikel: Ich glaube, dass eine heilige Kirche sei.

Zum *Zweiten:* Nachdem wir niemandem seine alte Gerechtigkeit[1] an der Kirchen[2] Bestellung oder dem Patronatsrecht[3] zu nehmen begehren, vermahnen wir doch alle, dass sie zu diesem hohen Amt, wofür der Sohn Gottes sein Blut vergossen hat[4] - so weit es möglich ist - tüchtige Personen zu suchen und (zur Wahl) zu präsentieren, nämlich gottesfürchtige Männer, die nicht in öffentlichen Lastern leben und die christliche Lehre geziemend gelernt haben und die reine Lehre des Evangeliums bekennen und nicht falsche Lehre, die unserem Bekenntnis entgegen gerichtet[5] ist, mit Untermengungen unsere Kirche zu zerrütten und Spaltungen anzurichten.

Zum *Dritten*: So jemand zum Predigtamt berufen wird, soll er den Superintendenten präsentiert werden, wo (dann) die Ordination in den nächstliegenden Städten gehalten wird.[6] Und er soll (vor Ort)

1 Berufung und Wahl vorreformatorischer Zeit

2 Das uns naheliegende Adjektiv „kirchlich" finden wir im Gegensatz zu „christlich" an keiner Stelle in der Kirchenordnung.

3 „Ius Patronatus"

4 Es gibt eine direkte Entsprechung zwischen den Ämtern Christi gemäß der Dogmatik und dem Priesteramt.

5 „widerwertig"

6 Dies bedeutet: Die Ordination erfolgt nach dem Examen, die Wahl bei der Gemeinde nach der Präsentation. Die Superintendenturen mit entsprechenden mehreren Kirchenkreisen waren noch nicht fest installiert. Man kann diesem Satz entnehmen, dass noch nicht (wieder) unterschieden wurde zwischen der ersten Ordination und späteren Einsetzungen in folgende Pfarrämter. Die

ausdrücklich von seinem Beruf und seinen Sitten Zeugnis geben. Denn die päpstliche Gewohnheit ist Ursache vieler großer Irrtümer und Abgötterei, dass die Bischöfe (Priester) weihen unabhängig vom (konkreten) Predigtamt, allein dem Bauch zugute Messe zu halten.[1]

Zum *Vierten*: Wenn jemand ein Zeugnis von seinem Beruf und seinen Sitten vorbringt, soll er vom Superintendenten in derselbigen Stadt, sowie von etlichen anderen Predigern[2], die dabei sein sollen, ordentlich und sittsam[3] examiniert werden in Bezug auf die wichtigsten[4] Artikel christlicher Lehre. Und so die Verhörenden befinden, dass er über geziemendes Verständnis der christlichen Lehre verfügt und nicht mit falscher Lehre befleckt ist, sollen sie ihn zur Ordination zulassen.[5]

Wenn sie ihn jedoch ungeschickt oder in der Lehre verurteilenswert befinden, sollen sie ihn zur Ordination nicht zulassen und ihm entweder[6] ihre Bedenken anzeigen, falls er noch zu unterrichten ist oder ihm sogleich den Weg weisen.

Ordination wurde nach dieser Kirchenordnung als Einsetzung in ein konkretes Pfarramt verstanden, nicht als Weihe eines Menschen.

1 Priester hatten im Mittelalter Pfarrämter, Pfründen, inne, ohne sich dort aufhalten zu müssen. Die Pfarre war ihnen eine Einkommensquelle, wo sie sich wiederum gegen Geld vertreten lassen konnten.

2 Es handelte sich somit um ein halböffentliches Kolloquium.

3 „sittiglich“: „Sitte“ und „sittig“ hatten ein weites semantisches Feld. Es konnte gleichgesetzt werden mit zivilisiert, aber auch einfach die Gewohnheit im juristischen Sinn bezeichnen. Das konnte also einfache Bedeutung haben wie das Familienverhältnis, aber auch das öffentliche Verhalten im Blick haben. Es ist hier auf jeden Fall nicht identisch mit einer Charakterprüfung oder einem psychologischen Eignungstest.

4 „furnemsten“

5 Nicht der Superintendent allein, sondern der Konvent nahm mit ihm gemeinsam das Lehramt wahr.

6 „nach gelegenheit“

Zum *Fünften:* Wenn jemand für tüchtig erachtet wird, soll er vermahnt werden, dass er vornehmlich diese zwei Dinge bedenken wolle, nämlich dass dieses Amt ein Dienst sei, in dem der Herr Christus selbst wirkt und damit eine ewige Kirche sammle, und zum anderen, dass menschliche Weisheit und Kraft dazu nicht genügt, sondern wie Paulus spricht 2 Kor 3(,5): „Dass wir tüchtig sind, ist von Gott."

Dabei fordert Gott, dass wir treue Diener seien. Wie St. Paulus auch spricht: „Hoc requiritur ut fideles simus." [Dass wir treu sind, wird vorausgesetzt.] (1 Kor 4,2)[1]

Nun begreift Treue in sich *erstlich,* dass wir die Lehre recht lernen, denn der Arzt, der seine Kunst nicht beherrscht ist nicht treu, sondern ein Betrüger, rühmt er sich seiner Kunst.

Zum *anderen* ist Treue, dass wir beständig in rechter Lehre bleiben.

Zum *Dritten,* dass wir fleißig im Dienst sind, der Kirche zu gewohnter Zeit dienen, etc. und im Übrigen anständig[2] leben.

Nach dieser Vermahnung soll eine Christliche Zusage ihm abgenommen werden, nämlich, dass er in diesem heiligen Amt mit Gottesfurcht dem Glauben und der Anrufung zu Gott dienen, anständig leben und fleißig lernen wolle.

1 V: Hic jam quæritur inter dispensatores ut fidelis quis inveniatur. „Nun sucht man nicht mehr an den Haushaltern, denn dass sie treu erfunden werden."

2 „züchtiglich"

Ebenso, dass er in der reinen Christlichen[1] Lehre, die er im Examen bekannt hat und die durch Gottes Gnade in diesen[2] Kirchen einträchtig gepredigt wird, mit Gottes Hilfe beständig bleiben und im Amt treu und fleißig sein wolle.

Darauf spricht der zu Ordinierende, er wolle durch Gottes Gnade dies treulich tun und halten.[3]

Und damit die zu Ordinierenden wissen mögen, wann sie zum Examen und zur Ordination kommen sollen, ist es unser Wille[4], so oft zu Ordinierende sich melden[5], dass sie in der selben oder folgenden Wochen examiniert werden, wie sie es begehren. Und wenn sie sich als tüchtig erweisen, sollen sie am Sonntag nach der (Vorstellungs-)Predigt öffentlich ordiniert werden und nicht mit großen Kosten durch Aufschub[6] belastet werden.

Wenn man aber Kandidaten[7] noch besser unterrichten will, mag man sie eine bis drei Wochen damit aufhalten. Dies mögen die Patrone bedenken und den armen Männer, die sie präsentieren,

---

1 „Christlich" wird in der Kirchenordnung im Original durchweg mit einem Großbuchstaben begonnen. Das Adjektiv hat stets im Blick, wer darin wirkt, es ist kein Eigenschaftswort im üblichen Sinn, das sich auf Gegenstände bezieht. Christlich kann man nicht sein, wie man verschiedene Gaben oder Eigenschaften besitzt.

2 Den Kirchen des Kirchenkreises, damals noch des entsprechenden Landesteils.

3 Es handelt sich hier um einen Rechtsakt. Wie oben geschrieben wurde, setzt Gott auch durch Menschen Prediger ein.

4 Der Wille des Herzogs, der diese Ordnung erlässt, der regierenden weltlichen Obrigkeit.

5 „ankomen"

6 „zerung durch den verzug": Die Zeitspanne zwischen Anfrage und Bestallung soll möglichst kurz sein.

7 „etliche geringe"

Nahrung geben.[1] Dieses Amt soll schließlich anständig und seriös[2] begonnen werden.

Und es soll sich der Kandidat zum Gebet und zur Kommunion bereiten. Und es soll die Form gehalten werden, wie sie der ehrwürdige Herr Dr. Martin Luther erstellt hat, nämlich:

Lesung / Gebet / Auflegung der Hände und Mandatierung des Dienstes[3].

Weiter sollen keine Zeremonien oder Verpflichtungen hinzugefügt werden. Denn diese Ordination ist eine öffentliche[4] Bezeugung bei der Kirche, dass diese Person berufen sei und Befehl habe, das Evangelium zu predigen und die Sakramente zu reichen. Und es ist recht, dass die ganze Versammlung zu Anfang dieses großen Werkes Gott anrufe und für diese Person gemeinsam um Erhaltung des Ministeriums und der Erhaltung der Kirchen ernstlich bitte. Dies haben die Apostel auch so gehalten, und es ist ohne Zweifel bei den Kirchenvätern auch auf diese Weise zuvor so gewesen. Die Päpste haben neue, unrechte Zeremonien und Verpflichtungen angehängt. Die sollen in unseren Kirchen ganz abgetan werden.

---

1 Das Verfahren ist mithin so zu denken: Die Patrone, ob Stadt oder Grundherr, präsentierten den Kandidaten dem Superintendenten, bzw. der Kandidat stellt sich zur Verfügung. Das war soweit ganz mittelalterlich gedacht. Auch da gehörte es zum Ritus, sich dem Willen des Berufenden zu beugen. Klerus bedeutete Berufung, nicht seinen eigenen Willen kundzutun. Ein Untertan ist seinem Herren zu Willen, der Pastor ist Christus zu Willen. Auch der Pastor ist im Weltlichen Untertan, aber in seinem Predigen allein Christus zu Willen.

2 „züchtiglich und ernstlich"

3 „befehlung des Ministerii"

4 D.h. rechtliche Berufung an der Kirche, wo er seinen Dienst tun soll. Von einer Gemeindewahl oder Zustimmung finden wir in der Kirchenordnung noch nichts, wohl aber konnte das zuständige Patronat den Kandidaten vorschlagen, was dem Text nach vermutlich der übliche Weg war.

Form der Ordination, zusammengestellt durch den Ehrwürdigen Herrn Dr. Martin Luther

Zunächst singe man Veni sancte Spiritus, etc.
Darauf wird die Kollekte gelesen.

So schreibt St.Paulus 1 Tim 3(1-7):

Das ist gewisslich wahr: So jemand ein Bischofsamt begehrt, der begehrt ein köstlich Werk. Es soll aber ein Bischof unsträflich sein, eines Weibes Mann, nüchtern, mäßig, sittig, gastfrei, lehrhaft, nicht ein Weinsäufer, nicht raufen, nicht unehrliche Hantierung treiben, sondern gelinde, nicht zänkisch, nicht geizig, der seinem eigenen Hause wohl vorstehe, der gehorsame Kinder habe mit aller Ehrbarkeit, so aber jemand seinem eigenen Hause nicht weiß vorzustehen, wie wird er die Gemeinde Gottes versorgen? Nicht ein Neuling, auf dass er sich nicht aufblase und ins Urteil des Lästerers falle. Er muss aber auch ein gutes Zeugnis haben von denen, die draußen sind, auf dass er nicht falle dem Lästerer in Schmach und Strick.

So ermahnt St. Paulus die Ältesten der Gemeinde in Ephesus, Apg 20(,28-31):

So habt nun acht auf euch selbst und auf die ganze Herde, unter welche euch der heilige Geist gesetzt hat zu Bischöfen, zu weiden die Gemeinde Gottes, welche er durch sein eigen Blut erworben hat. Denn das weiß ich, dass nach meinem Abschied werden unter euch kommen gräuliche Wölfe, die die Herde nicht verschonen werden.

Auch aus euch selbst werden aufstehen Männer, die da verkehrte Lehren reden, die Jünger an sich zu ziehen. Darum seid wach und denket daran, dass ich nicht abgelassen habe drei Jahre, Tag und Nacht, einen jeglichen mit Tränen zu vermahnen.

Hier hört ihr, dass uns, so Bischöfe, d.i. Prediger und Pfarrherrn berufen sind und sein sollen, nicht befohlen wird, Gänse oder Kühe zu hüten, sondern die Gemeinde, die Gott durch sein eigen Blut erworben hat, damit wir weiden sollen mit dem reinen Wort Gottes, auch wachen und zusehen, dass sie nicht Wölfe und Rotten unter die armen Schafe einreißen. Darum nennt er es ein köstliches Werk.

Auch für unsere eigene Person sollen wir züchtig und ehrlich leben, unser Haus, Frau, Kind und Gesinde Christlich halten und ziehen.

Seid ihr nun solches zu tun bereit, so sprecht: JA.
Dann lege der Superintendent und die anderen anwesenden Diener des Wortes dem Ordinanden die Hände aufs Haupt. Dann spreche er:

Lasst uns beten: *Vater unser im Himmel,…*

Barmherziger Gott, himmlischer Vater, du hast durch den Mund deines lieben Sohns, unseres Herrn Jesus Christus zu uns gesagt:
Die Ernte ist groß, aber wenig sind der Arbeiter. Bittet den Herrn der Ernte, dass er Arbeiter in die Ernte sende.
Auf solchen Göttlichen Befehl hin bitten wir von Herzen, du wollest diesen deinen Diener samt uns und allen, die zu deinem Wort berufen sind, deinen heiligen Geist reichlich geben, dass wir gemeinsam[1] *deine Evangelisten*

1 „mit grossen hauffen"

seien, treu und fest bleiben wider Teufel, Welt und Fleisch[1]*, damit dein Name geheiligt, dein Reich gemehrt, dein Wille vollbracht werde.*[2]
Du wollest auch dem leidigen Gräuel des Papstes und Mohammeds, samt anderen Ansammlungen[3]*, die deinen Namen lästern, dein Reich zerstören, deinem Willen widerstreben, endlich steuern und ein Ende (damit) machen.*
Dieses unser Gebet – wie du es geheißen, gelehrt und (uns damit) getröstet[4] *hast - wollest du gnädiglich erhören.*
Das glauben wir, darauf vertrauen wir durch deinen lieben Sohn, unseren Herren Jesus Christus, der mit dir und dem Heiligen Geist lebt und herrscht in Ewigkeit. Amen.

So geht nun hin und weidet die Herde Christi, wie euch befohlen ist und seht wohl zu, nicht gezwungen, sondern williglich, nicht um schändlichen Gewinnes willen, sondern von Herzensgrund, nicht als die über das Volk herrschen, sondern werdet Vorbilder für die Herde.
So werdet ihr – wenn der Erzhirte erscheinen wird - die unverwelkliche Krone der Ehren empfangen.

Benedicat vobis, ut faciatis fructum multum.
[Er segne euch, auf dass ihr viel Frucht bringet.][5]

---

1 „Fleisch" meint aus eigenem und nicht göttlichem Willen.

2 Die Formel bietet die entsprechenden Gegensätze: Teufel – Gottes Name / Welt – Reich Gottes / Fleisch – Gottes Wille.

3 „anderen Rotten" – Eine Rotte war eine Kriegsabteilung, Mannschaft, zwar auch oft wie hier ein negativ besetzter Begriff, aber nicht derart, wie wir es wahrnehmen. Im Gebet hat Verachtung keinen Platz, wohl aber das, was Gefahr benennt und Angst auslöst, darum meine Formulierung.

4 „vertröstet"

5 Die lateinische Formel nimmt den Plural, weil die Gemeinschaft aller Anwesenden, vornehmlich der Ordinierten im Blick ist. Selbst wenn es vorkommen konnte, dass mehrere Ordinanden in einem Gottesdienst verpflichtet wurden, dürfte dies nicht der Normalfall gewesen sein, wie der

Es folgt das Abendmahl.

Und es sollen hernach dem Ordinierten schriftliche oder gedruckte rechtlich bindende[1] Zeugnisse übergeben werden, unterschrieben durch den Superintendenten und etlichen anderen Personen, damit man wisse, dass sie zum Predigtamt zugelassen sind und keine falschen Lehrer sind.

Von den Kirchengerichten

Zweierlei muss man wissen: Es gibt große Unterschiede zwischen weltlichen Gerichten mit ihren Urteilen und Kirchengerichten und deren Urteilen. Und dass die Kirche gleichermaßen besondere Gerichte und Strafen haben muss, wie der Herr Christus diese Gerichte selbst verordnet, Mt 18 (muss man wissen).[2] Und es hat ohne Zweifel zuvor in der Kirchenväterzeit[3] solche besonderen Kirchengerichte gegeben.

Text zuvor und danach zeigt, wenn die Rede von einem jeweiligen Kandidaten gesprochen wird. Zudem handelt es sich hier um die formelle Übernahme von Luthers Ordnung.

1 „öffentliche"

2 Das Kapitel 18 bei Matthäus behandelt nichts, was im weltlichen Sinn justiziabel war.

3 „in der ersten Veter kirchen" - Die Kirchenväterzeit, sprich: vormittelalterliche, spätantike Kirche, hatte durchweg positive Bewertung durch die Reformation gefunden, was sich auch in der vorbehaltlosen Anerkennung der drei altkirchlichen Glaubenssymbole zeigt, sowie in der Hoffnung, den Schulterschluss mit der Ostkirche zu finden.

Dahinein gehören vornehmlich zweierlei Dinge:[1] Der Streit um die Lehre und das Urteil gegen die, die in äußerlichen Sünden leben und nicht davon ablassen wollen.[2] Von solchen Gerichten schreibt Paulus an die Korinther.

Es haben hernach die Bischöfe etliche Fälle von Ehesachen in diese Gerichte einbezogen, denn die Heiden haben öffentliche Unzucht und mutwillige Ehetrennung zugelassen. Um derartige Sünden zu strafen und zu verhüten, hatte die Kirche sich solcher Sachen annehmen müssen,[3] wobei hernach auch etliche Gesetze[4] gemacht worden sind, die zu verurteilen sind, wie sich (halt) in diesem menschlichen Leben leicht Irrtum und böse Gewohnheiten einschleichen, wenn man eigenen Gedanken und nicht Gottes Wort folgt.

Nun befindet man leider in diesem elenden Leben, dass in Bezug auf Ehegelübde viele Irrungen vorfallen, danach auch oft leichtfertige Scheidungen, etc. Und es sind dieser Angelegenheiten so viele, dass sie eines besonderen Konsistoriums[5] bedürfen, worin

1 Genannt sind nicht Rechtsstrukturen der Kirche.

2 Es gilt, Rechtfertigung und Lehramt gesondert rechtlich zu fassen.

3 Die Kirche nahm sich dieser Aufgabe nicht gern an. Wenn es aber kirchliche Trauungen gibt, so muss nach Recht und Ordnung verfahren werden, es muss ein Eherecht geben, wie es das Kanonische Recht vorgab. Dass die weltliche Seite sich dessen völlig annehme, konnte man sich vermutlich damals noch schlecht vorstellen, weil es dazu einer anderen Staatsauffassung bedurfte. Überhaupt drückt dieser Satz Zweifel daran aus, ob so etwas wie andere Gesetze regelbar ist.

4 „canones"

5 Adelung: „Das Consistōrium, ... aus dem mittlern Latein. Consistorium, locus in quo consistitur, und hernach ein jeder Ort, in welchem über öffentliche Angelegenheiten berathschlaget wird."

gottesfürchtige Gelehrte und verständige Männer sitzen.[1] Darum bedenken wir auch, dass diese Sachen bei dem Kirchengericht bleiben sollen.[2]

Darum ist beschlossen worden, ein neues, ständiges Konsistorium des Kirchengerichts mit Gottes Hilfe in Rostock einzurichten, denn dort sind in der Universität dafür fähige Personen beisammen. Und es werden Personen aus beiden Fakultäten dafür eingesetzt, der Theologen und Juristen, eine Instruktion dazu gegeben von der Ordnung dieses Konsistoriums, deren Besoldung, dem Eigentum des Konsistoriums, einer Prozess- und Ausführungsordnung[3].

Wenn es nun zum Streit in Bezug auf die Lehre kommen sollte, soll der zuständige[4] Superintendent dies dem Konsistorium in Rostock anzeigen. Dies soll zügig die Parteien zu sich rufen und zitieren und darüber Christlichen Prozess laut der Instruktion halten.[5]

---

1 Die Vorstellung, dass hier auch Frauen urteilen könnten, war noch sehr entfernt. Von amtierenden Pastoren ist hier nicht einmal die Rede, gedacht war nur an Juristen und Theologen. Es waren zwar die Theologieprofessoren in der Regel auch Pastoren an den Stadtkirchen, aber hier ist ihre Rolle als Professoren, „Gelehrte", im Blick.

2 Das Konsistorium ersetzte mithin das Bischofsgericht mit Domkapitel, die Superintendenturen die Archidiakonate. Bei letzteren lag ebenfalls ein Teil der mittelalterlichen kirchlichen Gerichtsbarkeit.

3 „vom Process / und forma der Execution".

4 „des selbigen Ortes"

5 Die Einrichtung des Konsistoriums erfolge also mit einem besonderen Gesetz, in dem auch festgelegt werde, wie zum Beispiel ein Lehrprozess vonstatten gehen solle. Das Konsistorium ist eines der Abschnitte, die ein spezielles Gesetz erst in Aussicht stellte. So zeigt auch diese Passage, dass wir es bei der Kirchenordnung um einen juristischen Text im Verfassungsrang zu tun haben. Die Konsistorialordnung ließ freilich noch einige Jahre auf sich warten, ebenso wie die angeplante neue Satzung der Universität. Alle Gesetzen und Anordnungen in Bezug auf Kirche oder Schule der folgenden Jahrhunderte gingen auf unsere Kirchenordnung in bestimmter Weise zurück.

Vernimmt das Konsistorium selbst etwas von einer derartigen Uneinigkeit, soll es von sich aus[1] alsbald die Parteien zu sich zitieren, um Irrtum und Spaltungen in den Kirchen[2] abzuwenden. Und wenn die Dinge sehr gewichtig sind, sollen sie der Herrschaft darüber Bericht geben, die weitergehenden Rat geben wird.[3] Und wenn es

---

1 „ex officio" - Diese Bemerkung weist in die Richtung künftiger Polizeiordnungen bis hin zur Einrichtung einer Staatsanwaltschaft im 19. Jahrhundert. Erste praktische Schritte dahin bildeten ausgerechnet auch die Hexenverfolgung, für die z.B. auf Fehmarn ein Kommissar eingesetzt wurde, der solchen „Verbrechen" nachging. Das Konsistorium sollte, wenn es denn gegründet sein würde, auch dann tätig werden, wenn etwas ihnen zu Ohren gekommen wäre. Von sich aus nach Problemen oder Verstößen suchen, sollten sie noch nicht.

2 Hier hat der Plural offensichtlich die Superintendenturen im Blick. Diese bilden zwar unter dem Dach des Fürsten eine Landes-Kirche, aber in geistlichem Sinn handelte es sich um Einzelkirchen und Kirchen-Kreise im wörtlichen Sinn. Der Fürst als Summepiskop bekleidet kein geistliches Amt, d.h. er nahm nicht die entsprechenden Aufgaben des Superintendenten wahr, predigte nicht, war nicht ordiniert und reichte kein Abendmahl.

3 Die Entscheidung selbst lag demnach in Lehrstreitigkeiten nicht bei der jeweiligen weltlichen Herrschaft, wie zum Beispiel dem Magistrat von Wismar oder Rostock, bzw. dem Landesherren selbst. Beim Lehramt handelt es sich um eine bischöfliche Aufgabe. Das Konsistorium übernimmt diese Funktion, wenn es dabei um „großwichtige" Fragen geht, die ein einzelner Superintendent nicht zu entscheiden vermag. Bemerkenswert ist, dass bei diesen Fragen auch die berufenen Juristen mitzureden haben, obgleich von einem gesonderten Kirchenrecht nicht die Rede ist und das Kanonische Recht ad acta gelegt worden ist. In der Kirchenordnung werden nicht entsprechende allgemeine, theoretische Antworten gegeben, die sich aus dem Problem ergeben, dass Fragen, die Mt 18 behandelt vor einem Gericht verhandelt werden müssen, sondern es wird völlig darauf gebaut, dass sich bei paritätischer Zusammensetzung des Konsistoriums durch Juristen und Theologen der Landesuniversität sich schon angemessene Lösungen finden werden.
Der Fokus von Lehrentscheidungen liegt darauf, Streit und Spaltung

Not tut, sind Synoden zu halten, und man berufe und bitte dazu verständige Männer aus anderen (Landes-)Kirchen.

Von Lastern, Ehebruch oder anderer Unzucht, Verachtung Christlicher Lehre und der Sakramente

Lebt jemand in öffentlicher Sünde[1], soll der Ortspastor ihn ernstlich vermahnen, sich zu Gott zu bekehren, etc.[2] Hilft diese Vermahnung[3] nicht, soll der Pastor dem Superintendenten davon Bericht geben, der dies dem Konsistorium weiterleitet. Das Konsistorium soll den Beklagten zu sich zitieren. Gehorcht er nicht oder unterlässt er nach dem Verhör das öffentliche Ärgernis nicht, soll er laut der Instruktion in den Bann getan werden.[4]

---

abzuwehren, was nur durch „rechte" Lehre garantiert schien. Mit dem Konsistorium überschneiden sich weltliche und geistliche Ebenen.

1 Es gab noch kein neues Gesetz, das festschrieb, was in diesem Sinn als „öffentliche Sünde" (peccata publica) galt. Darum wird darunter verstanden worden sein, was das Kanonische Recht dafür hielt. Aus konkreten Festlegungen des Mittelalters wurde nun ein allgemeiner Begriff, der sich zunehmend daran festmachte, was man später ein öffentliches, andauerndes Ärgernis nannte, aber nicht im weltlichen Sinn justiziabel war. Zur Bestimmung des Begriffs gehörte auch, dass es ob der Offenkundigkeit keinen Beweises bedurfte, die Sünde war „notorisch".

2 Das ist gleichbedeutend mit Änderung zum Besseren. Sich Gott wieder zuzuwenden wurde als identisch damit angesehen, von dieser „Sünde" zu lassen. Auch an dieser Stelle zeigt sich deutlich, dass der Begriff „Bekehrung" in der Kirchenordnung nicht mit dem späterer, pietistischer Frömmigkeit zu verwechseln ist.

3 Es gab kein juristisches Mahnwesen. Hier ist an Predigt und persönliche, ggf. auch öffentliche Ermahnung gedacht. Der Pastor sollte, anders als z.B. im Kurland, wo vor der Kirche Strafen vollzogen wurden, keinerlei rechtliche exekutive Macht besitzen.

4 Im Blick war hier nur noch der Kleine Bann, also ein zeitweiliger Ausschluss von der Kommunion.

Verachtet der Verbannte auch dies, soll es im Amt angezeigt werden, wo er der leiblichen Strafe[1] überführt wird. Denn weltliche Obrigkeit ist auch vom göttlichen Gebot her schuldig, öffentliche Laster zu strafen.[2]

Was den Ehestand belangt, sollen die Pastoren in ihren Predigten dem Volk eine rechte Lehre davon oft vortragen und sie daran erinnern, dass alle Sexualität[3] außerhalb der Ehe Sünde sei, und dass Gott seinen Zorn dagegen mit Strafen in diesem Leben und in Ewigkeit erzeige gegen die, die sich nicht davon bekehren.[4]

Sie sollen auch keine uneheliche Beiwohnung gestatten. Und es soll der Ehestand mit öffentlicher Verlobung[5] und Gebet im Beisein etlicher[6] Rechtspersonen[7] als Zeugen angefangen werden.

---

1 Also der weltlichen Gerichtsamkeit. Sie behandelte z.B. im Bereich des Jütischen Rechts auch Zauberei als Kriminalverbrechen. Nach dieser Ordnung verfüge das Konsistorium über keine Exekutivrechte im Sinne öffentlicher Strafen. Erst wenn die Beklagten keine Einsicht zeigten, sollte ein weltliches Gericht sich der Sache annehmen.

2 Die Frage stellt sich, warum man nicht von vornherein diesen Komplex dem weltlichen Arm überlässt. Bedenkt man dies, zeigt sich, dass diese Regelung hier einem nachsichtigen Umgang geschuldet ist, dem Übeltäter Zeit zur Änderung einräumt. Freilich hat dies Verfahren auch die andere Seite, wenn der Pastor zum Anzeigen verpflichtet ist und so indirekt doch Macht ausübt.

3 „vermischung"

4 Pastoren als Sittenwächter wurde hier zum einen als positiv angesehen, zum anderen handelt es sich hier um eine Verfügung des Landesherren. Wir bewegen uns hier im Bereich der lex moralis, von der man glaubte, sie sei unveränderlich. Dies freilich glauben auch heute Verfechter bestimmter moralischer Werte.

5 „Desponsatio"

6 „etlich" ist eine unbestimmte Mengenangabe.

7 „ehrlicher Menschen"

Vor jeder Hochzeit soll zuvor dreimal die Abkündigung geschehen, wer öffentlich getraut werden soll. Und so jemand von Gründen der Verhinderung weiß, der soll solches anzeigen.[1]

Kommt es zu Irritationen, soll der Pastor die Personen an das Konsistorium verweisen und soll sie nicht trauen, sondern das Urteil abwarten. Er soll ihnen auch verbieten, vor dem Urteil einander näher zu kommen.[2]

Dergleichen, wenn eheliche Personen einander verlassen haben und wiederum heiraten wollten, soll dies der Pastor nicht zulassen, sondern sie an das Konsistorium verweisen und das Urteil abwarten. Er soll ihnen auch gebieten, vor dem Urteil die Ehe nicht zu vollziehen.[3]

Die Pastoren auf dem Land sollen sich nicht zu Richtern machen, weil sie keinen ordentlichen Prozess abhalten können. So ist es aber nicht völlig zu sehen, denn[4] sobald sie den Personen geboten haben, die Sache vor das Konsistorium zu bringen, sollen sie die Namen verzeichnen und den Fall im Amt oder dem Bürgermeister anzeigen. Dann sollen die Amtleute oder Bürgermeister alsbald diesen Personen gebieten, die Sache unverzüglich vor das Konsistorium zu bringen. Und die sollen vor dem Urteil und vor der öffentlichen Christlichen Feier der Hochzeit keinen ehelichen Vollzug zulassen.[5]

---

1 Es gab noch kein weltliches Personenstandswesen, das diese Aufgabe hätte erfüllen können.

2 „einander nicht berüren“

3 „Heirat zu machen“

4 „So ist es auch nicht aller verstand. Sondern...“

5 Der Anweisung des Pastors hat die örtliche untere Obrigkeit Folge zu leisten. Das Amt des Pastors selbst ist weder ein gerichtliches, noch Exekutive, aber er ist in den Rechtsvorgang einbezogen. Aus späterer Sicht würde man sagen, er übte standesamtliche Funktionen aus. Von der Funktion her entspricht dies

Und wenn jemand, der Pastor, Amtmann oder Bürgermeister oder die Personen, die der Fall betrifft, gegen diesen unseren (herzoglichen) Befehl handeln würde, soll er ernstlich bestraft werden. Denn wir wissen, dass alle Regenten diesen Gehorsam Gott schuldig sind, unrechte Vermischung mit großem Ernst zu verhüten und dagegen alle gute Ordnung handhaben, die zur Erhaltung des Christlichen Ehestandes dient.

Weiterhin gehören vor dieses Konsistorium die Irritationen[1], die sich zwischen Pastoren, Diakon und Küster untereinander zutragen.

Ebenso, wenn jemand gegen sie eine Klage hat.

Ebenso, wenn Kirchen etwas von ihrem Einkommen oder Gütern entzogen wird.

Ebenso, wenn Pastoren, Diakone oder Küster nicht bezahlt werden. Dann soll das Konsistorium an das Amt oder an den Rat oder endlich an die (zuständige) Herrschaft schreiben, damit den Kirchen und Kirchenpersonen geholfen werde.[2]

---

den Rechten und Pflichten von späteren Standesbeamten, die mit der Ziviltrauung betraut wurden, die es damals nicht gab. Das Verbot ehelichen Verkehrs vor der Ehe hatte auch Schutzfunktion gegenüber Übergriffen, wie z.B. dem immer wieder verbotenen „Fenstern“ auf der Insel Fehmarn, womit Männer Ehen sich erzwingen konnten.

1 „irrungen“ Es geht um das ius circa sacra, das sich schützend um das Heilige legt.

2 In heutigem Verständnis: Das kirchliche Verwaltungsrecht wird durch das Konsistorium gedeckt, aber nicht geboten. Kirchliches Eigentum lag so dem besonderen Schutz des Landesherren anheim. Man bewahrte alte Schenkungen und Stiftungen und erkannte somit alte, kanonische Rechtsverhältnisse an, setzte aber kein neues Stiftungsrecht. Dafür sollten Kastenordnungen ausreichen.

Andere Angelegenheiten, die nicht Kirchen oder Kirchenpersonen belangen, wie Schuldenangelegenheiten zwischen Laien[3] sollen keineswegs in die Angelegenheiten des Konsistoriums einbezogen werden. So ist es vor der Reformation[4] großer Missbrauch der Bischofsgerichte und des Bannes gewesen.[5]

Was außerdem in Bezug auf das Konsistorium zu bedenken ist, ist in die Instruktion (des Konsistoriums) gefasst.

Von der Visitation

Des Hausvaters Augen und Fußtritt machen den Acker fett. So sagt das alte Sprichwort zur Erinnerung daran, dass es in allen Regierungen nötig ist, dass die Personen, denen vornehmlich das Regieren befohlen ist, selbst fleißig aufsehen und merken sollen, wie man haushält.

Darum ist es sehr nötig, dass treue Aufseher1 bisweilen die Kirchen besuchen und sich erkunden von der Lehre und den Sitten der Pastoren, vom Verstand und der Besserung des Volkes, von öffentlichen Lastern, Ehebruch und anderer Unzucht, von der

3 Die Sprachregelung war nun nicht mehr Klerus und Laien, sondern „Kirchenpersonen", wodurch sich auch der Begriff des Laien von Grund auf änderte. Er definierte sich nicht mehr als Nichtklerus. Auch Diakone (in den Armenhäusern) und Küster („custos") erhielten keine niederen Weihen mehr.

4 „vor dieser zeit"

5 Der „Missbrauch" bestand entsprechend der Gedanken Oldendorps darin, dass sich kirchliche Gerichte sich Kompetenzen angemaßt hatten, die weltlicher Ordnung zugehören.

Verachtung der Christlichen Lehre und Sakramenten, von Uneinigkeit der Pastoren und dem Volk, vom Schutz der Pastoren und ihrem Einkommen[1], den Gebäuden, vom Einkommen der Kirchen, von dem man die Pastoren, Diakone, Schulen, Hospitäler und arme Leute, denen die Kirche hilft Unterhalt geben soll.[2]

Nun kann nicht jedes Jahr eine ganze Generalvisitation stattfinden. Darum wollen wir - mit Gottes Hilfe - verordnen, dass in jedem Jahr in einigen Ämtern[3] die Kirchen visitiert werden. Das Konsistorium soll daran erinnern und ein Register darüber führen.

Zunächst jedoch wollen wir eine allgemeine (umfassende) Visitation im gesamten Fürstentum mit Gottes Hilfe vornehmen.[4] Dazu sollen neben den Gelehrten einige Personen des Adels und der Landräte einbezogen[5] werden. Die Kosten sollen aus den Klostergütern bestritten werden, das gilt auch für die (zukünftigen) Partikularvisitationen, damit die armen Leute so weit wie möglich (von Kosten) verschont werden.

---

1 „unterhaltung“

2 Diakonie oder Schule sind dieser Ordnung nach keine Zutaten zur Tätigkeit der „Kirchen“ ad libitum, sondern eher selbstverständliche Aktivitäten einer Pfarre, bzw. einer (kommunalen) Gemeinde oder von Gilden vor Ort. Sie gehörten in den Bereich der Selbstverwaltung, sie waren keine Einrichtungen einer Obrigkeit. Wenn also nach Ursprüngen einer Kirchengemeinde im späteren Sinn gefragt wird, gilt es auf das damals bestehende Genossenschaftswesen, bzw. mittelalterliche Ordenswesen zu schauen. Überschneidungen gab es darum vor allem in den Städten, deren Obrigkeiten sich durch Selbstverwaltung definierten.

3 Hier ist an weltliche Verwaltungsstrukturen gedacht.

4 Diese erste Generalvisitation ist mithin als eine Kooperation von weltlicher Herrschaft und den Superintendenten gedacht.

5 „verordnet“. Landräte waren in Mecklenburg Vertreter der adligen Ritter- und Landschaft, also nicht zu verwechseln mit unseren heutigen Ämtern.

Der Notar des Konsistoriums, der die ordentlichen Register von allen Kirchen und den wichtigsten Handlungen erstellt, soll dabei sein. Dieses Register soll beim Konsistorium verwahrt werden. Die (so ins Land) Gesandten werden selbst entscheiden[1], wo der Anfang zu machen ist und wie in den Ämtern die Dorfschaften den nahe liegenden Städten durch die Amtleute (zur Meldung) zuzuordnen sind.[2]

Und wo sie an einen Ort kommen, soll zunächst der Prediger vor den Visitatoren einmal predigen, wodurch dem Volk angezeigt wird, dass dieser Besuch zur Erhaltung der rechten Lehre und christlichen Zucht vorgenommen werde, ihnen und ihren Nachkommen zugute. Darum sollen sie auch Gott zum Lob und ihnen selbst zur Besserung gehorsam erscheinen und dazu beitragen, dass diese Visitation gute Frucht bringe.[3]

Danach sollen bei einer Kirchenvisitation zunächst Pastor und Diakon in Bezug auf die Lehre in allen Hauptartikeln fleißig befragen.

---

1 „bedenken"

2 Es handelt sich also bei diesen ersten Visitationen um die Vorbildungen der späteren Kirchenkreise, sowie um eine allgemeine staatliche Erhebung zur kirchlichen Lage, was sich auf fünf ineinander verwobene Sachgebiete bezieht: Die Lehre der Pastoren, die wirtschaftliche Situation der Pfarren, das Armenwesen, die Schulen, sowie die Einhaltung der lex moralis, soweit es „öffentliche Ärgernisse" betraf. Historisch zu bedenken ist, dass solche Erhebungen zu den Grundlagen der späteren Staatsbildung gehören, wie die Wortgeschichte der „Statistik" zeigt. Mit der Visitationsordnung wird ein dauerhaftes statistisches Verfahren eingeleitet, das über bloße Steuerlisten weit hinausreicht.

3 Die Reformatoren sahen Gehorsam gegenüber der Obrigkeit als Gebot Gottes an. Hier fordert der Fürst sein Volk als Akt des Gehorsams ihm gegenüber, zum Gottesdienst zu kommen.

Danach sind Pastoren und Diakone und die hinzugezogenen Leute aus dem Volk zu befragen zu folgenden Artikeln:[1]

Zum *Ersten*: Was der Pastor und die Diakone lehren, ob sie ihres Amtes walten, zu gebührlicher Zeit predigen und die Sakramente reichen und zu den Kranken kommen, wenn sei dazu gebeten werden, weiterhin, ob sie die Jugend im Katechismus abhören, ebenso, ob sie die Privatabsolution erhalten und mit einem jeden einzelnen vor der Kommunion sprechen.[2]

Zum *Zweiten*: Ob Einigkeit zwischen den Kirchenpersonen herrsche.

Zum *Dritten*: Von den Sitten der Pastoren und Diakone.

Zum *Vierten*: Vom Volk, ob es in der Stadt oder im Dorf Personen gibt, die in öffentlichen Sünden leben wie Ehebruch, uneheliche Beiwohnung[3] oder andere Unzucht.

Zum *Fünften*: Ob jemand dort Zauberei treibe.[4]

Zum *Sechsten*: Ob es noch Wallfahrten oder andere offenbare Abgötterei an diesem Ort gäbe.

Zu *Siebenten*: Ob jemand lästerlich gegen Gott oder Christliche Lehre rede.

---

1 Diese Anordnung galt für die Generalvisitation. Es ist sehr bemerkenswert, dass hier ein Landesfürst solche Fragen stellt und eine allgemeine Erhebung veranlasste. Auch dies gehört zur Beurteilung der historischen Bedeutung der Reformation.

2 Hier findet sich also der Gesetzestext, der Grundlage war für die lutherischen Beichtstühle der Neuzeit auch in Mecklenburg, wobei hier offen bleiben muss, wie weit sich diese Anweisung durchgesetzt hatte.

3 Gemeint ist die „Wilde Ehe", wie man sich später ausdrückte.

4 Dies war ein überaus folgenreicher Paragraph. Zauberei wurde als Kriminalverbrechen angesehen und behandelt. Die weltliche Macht sah sich als befugt an, die Zauberei gerichtlich zu verfolgen, befragte dafür höchstens bei Unklarheiten auch die Theologen an der Universität.

Zum *Achten*: Ob jemand nicht zur Christlichen Kommunion gehen wolle.

Zum *Neunten*: Ob einige falscher Lehre und Sekten anhängen, wie die Wiedertäufer oder andere gäbe, die unserer Kirche lästern und Spaltungen hervorrufen.

Zum *Zehnten*: Ob es Wucherer gäbe.[1]

Zum *Elften*: Ob es mutwillige[2] Leute gibt, die dem Pastor und den Diakonen drohen, sie schmähen oder prügeln[3].

Zum *Zwölften*: Ob einige eheliche Personen getrennt leben[4].

Zum *Dreizehnten*: Ob einige Ehepaare in Uneinigkeit zueinander leben.

Zum *Vierzehnten*: Ob einige Kinder ihre Eltern prügeln oder schlagen, etc.[5]

Zum *Fünfzehnten*: Wie es mit dem Begräbnis gehalten werde.[6]

---

1 Geldverleih gegen Zinsen, mit denen man Geld verdiente ohne zu arbeiten, war im Mittelalter verboten und als Sünde und Wucher gewertet. Wegen der vielfältigen Risiken waren Zinsen gewöhnlich sehr hoch.

2 Mutwillig: (Grimm) „voll leichtfertiger bosheit, frevelhaften eigensinnes oder übermutes".

3 „pochen"

4 „auseinander gelauffen sind" – praktisch als geschiedene Leute lebten.

5 Das Umgekehrte erschien rechtens.

6 Zu einer Begräbnisordnung und -liturgie schweigt sich die Kirchenordnung aus. „Die protestantischen Kirchenordnungen … übernahmen die äußeren Grundformen der römisch-katholischen Exequien. In der protestantischen Totenliturgie war die Leichenprozession zur Kirche der wichtigste Akt, daneben erschien die kirchliche Feier von sekundärer Bedeutung." Linda Brüggemann, Herrschaft und Tod in der Frühen Neuzeit: Das Sterbe- und Begräbniszeremoniell preußischer Herrscher vom Großen Kurfürsten bis zu Friedrich Wilhelm II. (1688–1797), München, 2015, S. 40.

Zum *Sechzehnten*: Wie die Schule regiert werde und die Personen[1] versorgt sind.

Zum *Siebzehnten*: Von der Versorgung des Pastors und der Diakone.

Zum *Achtzehnten*: Ob jemand der Kirche etwas entzogen habe wie Acker, Wiese, Holz oder andere Güter, oder Zins[2], und ob jemand den Pastor und den Diakon nicht bezahlen wolle, was er ihm schuldig sei.

Zum *Neunzehnten*: Von den Gebäuden der Kirche und der Behausung von Pastor, Diakonen, Schulen und Küsterwohnung.

Zum *Zwanzigsten*: Von den Hospitalen und den Armen, denen die Kirche zu helfen hat.

Von allen diesen Artikeln soll man die Pastoren, Diakone und Männer befragen, die aus den Städten und Dörfern hinzu beordert wurden. Und nach dieser Erkundung[3] soll Christliche Besserung in allen nötigen Dingen von den Visitatoren bedacht werden, die auch von Amtleuten und Bürgermeistern im Namen ihrer Herrschaft Befehl geben sollen, damit die Laster gestraft und abgewendet werden und Christliche Zucht erhalten werde.

Und diese Fragen sollen die Pastoren dem Volk zweimal im Jahr, nämlich am Sonntag nach Ostern und zu Michaelis (am 29. September) vorlesen und die Leute erinnern, damit sie sich zur Visitation rüsten. Denn alle Menschen sind schuldig, jeder

1 Hier ist offenbar an die Lehrer gedacht.

2 Aus Verpachtung.

3 Wir sprechen heute von Erhebung.

entsprechend seinem Stand, zur Erhaltung Christlicher Lehre und Zucht beizutragen.

Danach sollen die Visitatoren selbst einige von den Alten und von den Jungen aus den Dörfern[1] im Katechismus abhören und erkunden, ob sie rechtes Verständnis von der Christlichen Lehre haben und Gott recht anrufen.[2]

Besonders soll in der Visitation Befehl gegeben werden, dass in allen kleinen Städten und Dörfern die Pastoren oder Diakone am Sonntag zur Vesper die Kinder ordentlich unterweisen im Katechismus[3], indem sie die Kinder nacheinander befragen und öffentlich in der Kirche Antwort von ihnen erwarten. Und den Hausvätern soll durch die Visitatoren ernstlich geboten werden, dass sie ihren Kindern gebieten, zu diesem Katechismusverhör alle Sonntage zu kommen. Dazu sollen die Pastoren und Amtleute die Hausväter vermahnen.[4]

Die Amtleute und Bürgermeister sollen auch ernstlich darauf halten, dass den Pastoren, Diakonen und Schulmeistern nicht

---

1 „Dorfschaften“ bezeichnete - wie damals auch noch „Landschaften“ - eine Gruppe von Menschen. Das, was wir später eine Landgemeinde nennen, war die „Dorfschaft“.

2 Es handelt sich bei der Kirchenordnung mithin um nichts weniger als einen Christlichen Gesellschaftsentwurf, der zwar nicht eine Idealgesellschaft vorsieht, aber doch ein hochgestecktes Mindestmaß an qualifiziertem gesellschaftlichen Frieden einforderte. Wie weit dieser als realistisch zu bezeichnen ist, sei dahingestellt.

3 Ein allgemeines Schulwesen war zumindest angedacht.

4 Dies kennzeichnet die „Allianz“ vor Ort. Pastoren und Amtleute sollten gemeinsam dazu aufrufen. Es war im Blick, dass das Volk, die „Leute“, sich in ihrer Lebensführung an den Maßstäben des Katechismus orientierten. Besondere Bedeutung kam dabei den „Hausvätern“ zu, die Verantwortung für die „Häuser“, d.h. die Familien trugen, den Urelementen der „Landschaft“.

mutwillig Leid angetan wird[1], sondern dass sie treulich und zu gebührender Zeit bezahlt werden.

Sie sollen auch die Stadt und Dorfschaften dazu anhalten, dass sie die Kirchen und die Behausungen der Kirchenpersonen, Schulen und Küsterwohnungen nicht zerfallen lassen, sondern dass sie diese (bei Bedarf) treulich (neu) bauen oder wieder herrichten. Und wenn die Amtleute, Bürgermeister, Städte oder Dorfschaften zu diesem notwendigen Werk unwillig sein sollten, sollen die Superintendenten oder das Konsistorium sie der Herrschaft (deswegen) anzeigen.[2] Und die Herrschaft wird dann durchsetzen[3], dass Städte und Dorfschaften in diesem billigen Gehorsam nicht säumig werden. Zu dem wird die Herrschaft zu allen notwendigen Gebäuden an solchen Orten, wo es die Notdurft erfordert, Holz beisteuern.

Was auch den Kirchen entzogen worden ist, ob Äcker, Holz oder Zins, das soll ihnen ohne jeden Verzug wiederum erstattet werden.

Die Visitatoren sollen auch den Stiften und Klöstern ernstlich befehlen, dass sie sich den Pfarrkirchen gleichstellen mit Predigten, der Kommunion und mit anderen Christlichen Zeremonien und dem Ablegen der (papistischen) Missbräuche, der Opfermesse, der Heiligenanrufung, der Gelübde und Ordenskleider1, etc. Sie sollen auch nicht mit den Stundengebeten2 belastet sein.

---

1 „beleidigt werden". So etwas kam offensichtlich mehrfach vor, sonst hätte es dieser Satz nicht bis in die Kirchenordnung geschafft. Eine Beleidigung nannte man aber auch ganz allgemein, wenn jemandem Schaden zugefügt wurde, er benachteiligt wurde.

2 Superintendent und Konsistorium hatten keine eigenen Strafbefugnisse und sollten sie auch nicht bekommen.

3 „erzeigen"

Und wo in den Stiften oder Klöstern es noch keine Christlichen[1] Prädikanten gibt, sollen alsbald dorthin solche beordert werden. Und es soll ihnen aus den Stiften und Klöstern eine gewisse Besoldung gereicht werden.

Man soll auch erkunden, wie es um Güter und Einkommen bestellt ist. Niemand soll es gestatten, etwas davon fortzunehmen[2]. Denn von diesen Gütern muss mit der Zeit den Pfarrkirchen, der Bildung[3] und den Hospitalen Hilfe geschehen.

Wer außerhalb der Klöster im Ehestand oder ledig leben will, dem soll erlaubt sein, sich aus dem Kloster zu lösen. Und wenn sie heiraten werden, soll das Kloster sie dabei unterstützen.

Wo in Frauenklöstern die Äbtissin junge Frauen zu Christlicher Zucht und Unterweisung annehmen will, mag sie es tun. Sie sollen aber nicht mit Gelübden oder Tracht belastet werden, sondern dort lesen und schreiben lernen, Predigten hören, den Katechismus auswendig lernen[4], zum täglichen Gebet angehalten werden mit solcher Unterweisung, dass sie rechtes Verständnis der ganzen Christlichen Lehre erlangen und sich an rechte Anrufung Gottes und alle Tugenden gewöhnen.

In die Mönchsklöster soll niemand fortan aufgenommen werden. Denn obgleich sie vorgeben, Schulen einzurichten, so haben sie dafür doch keine dazu befähigten Personen. Dazu muss es viele

1 Hier im Sinne von lutherischen Predigern, weil sie allein dieses Attribut mit dem "reinen Evangelium" aus Sicht des lutherischen Fürsten verdienten.

2 „dauon zureissen"

3 „studiis", dat. pl. von studium

4 „Catechismum sprechen". Zumindest angedacht wurde hier also eine allgemeine Bildung auch für Mädchen.

Fähigkeiten[1] beieinander geben, soll man Sprachen und die Artes (liberales) lehren.

Wo es aber noch alte Personen in Stiften und Klöstern gibt, sollen sie Unterhalt genießen und nicht verstoßen werden, soweit sie sich - wie gesagt - den Pfarrkirchen einfügen.

Von den Synoden ist bedacht, dass ein jeder Superintendent im Jahr, und zwar auf den Montag nach Michaelis alle Pastoren zu sich einbestellen soll, die zu seiner Superintendentur gehören. Dafür soll ihnen allen von ihren Patronen[2] Reisegeld[3] gegeben werden. Der Superintendent soll sie zur Einigkeit in der Lehre und guter Sitte vermahnen und danach hören, was sie anzuzeigen haben von der Lehre, von den Sitten der Gemeindeangehörigen[4] und sonst von ihrem Einkommen[5] und Schutz[6]. Jeder Superintendent soll dem Konsistorium schriftlichen Bericht dazu geben.

Sind außerdem allgemeine Synoden erforderlich, soll dies geschehen durch Anregung der Herrschaft oder des Konsistorium.[7]

---

1 „ingenia"

2 „Kirchuetern"

3 „zerung"

4 „Nachbarn"

5 „unterhaltung" – Bestallung. Ihren Unterhalt bestritten Patrone und Dorfschaften.

6 Sie standen unter dem Schutz ihrer Patrone, Städte oder Dorfschaften. Bei den Synoden hatten sei die Möglichkeit, sich über mangelnden Schutz zu beschweren.

7 „Wenn andere gemeine Synodi zu erfordern sind / das sol stehen zu der Herrschafft bedencken / uff des Consistorii erinnerung."

Teil III (Von den Zeremonien)

Von der Ordnung der Lesungen und dem Gesang in den Kirchen

Alle Menschen[1] sollen mit herzlicher Dankbarkeit diesen gnädigen Willen Gottes erkennen, dass er nun eine Kirche in diesem schwachen menschlichen Geschlecht sammelt, dass er öffentliche ehrliche Versammlungen erhält, damit sein Sohn und das heilige Evangelium in aller Welt bekannt werde. Wie der Psalm spricht: „Ihre Stimme ist ausgegangen auf die ganze Erde." (Ps 19,5 / Röm 10,18) Und: „Sein Lob geschieht in der Versammlung der Heiligen, etc." (Ps 149,1)

Und es ist zur Versammlung eine besondere, liebliche Verheißung gegeben: „Wo zwei oder drei in meinem Namen versammelt sind, da will ich mitten unter ihnen sein." (Mt 18,10) Weiterhin: „Was sie bitten werden, das soll geschehen." (Mt 18,19) Darum sollen wir alle diese öffentlichen, Christlichen Versammlungen, worin reine Lehre des Evangeliums gepredigt und Gott recht erkannt und recht angerufen wird, herzlich lieben, ehren und erhalten helfen. So ist es auch wahr, dass es auf Erden nichts Schöneres gibt als solche Versammlungen in den Kirchen. Sie sind ein Bild und Gleichnis der ewigen Versammlung im Himmel.[2] Darum ist es eine große

1 Nicht nur lutherische Christen Mecklenburgs.

2 Dies ist das Grundverständnis der Orthodoxen und mittelalterlichen Liturgie. Zu bedenken ist auch, dass die Kirchen im Allgemeinen nicht nur die

Untugend, solche Christlichen Versammlungen nicht zu achten, sie zu erhalten nicht zu helfen, sondern sie zu zerstören, wie einige grobe Menschen selten zur Kirche kommen, etc.

Nachdem es nun gewisslich Gottes unwandelbares Gebot ist, dass in diesem Leben das Ministerium Evangelii in öffentlichen[1] Versammlungen erhalten werde, sollen und wollen wir Gott durch seine Gnade hierin mit herzlicher Dankbarkeit gehorsam sein.[2] Und es ist die Erhaltung der öffentlichen ehrlichen Versammlungen kein menschliches Gebot. Die Zeiten aber und Lesungen lässt Gott die Pastoren nach Gelegenheit ordnen.

Dieweil nun die Kirchen in diesen Landen (Mecklenburg) diese folgende Ordnung größtenteils gewohnt sind, lassen wir sie so bleiben.[3]

---

schönsten und kostbarsten Räume in Dorf und Stadt waren, sondern hier auch Malerei und Musik sich von anderem spürbar abhob. Die Unterhaltungs- und Eventkultur von heute war nicht gegeben. Die Volkskultur mochte beachtlich sein, aber die Hochkultur jener Zeit konzentrierte sich wesentlich auf Kirchen und Obrigkeit, die beiden Pole, um die es in der Kirchenordnung geht. Die Obrigkeit war Gipfel der Welt, der Himmel Haupt der Kirche.

1 Die Liturgie waren nicht nur öffentlich, sie stellten auch eine Öffentlichkeit her, und zwar die der Christenheit einerseits und die konkrete Gemeinschaft der Menschen vor Ort. Sie bildeten das Fundament der Dorfschaft wie des Landes und das Verständnis eines „menschlichen Geschlechts" auf Erden.

2 Das Feiertagsgebot ist Grundlage der Kirche im engeren Sinn, kein Ereignis am Rande oder frommer Zusatz zum Leben, sondern in der Mitte, zentral, grundlegend.

3 Weil man die konkrete Ordnung für „äußerlich", d.h. veränderlich ansah, konnte sie wie das Gewohnheitsrecht behandelt werden, das zwar den ewigen Gottes Gebot und Wort zu folgen hat, aber zeitlich, veränderlich ist. Das beginnt schon mit der Sprache: Mit der Deutschen Messe entfällt eine heilige, unabänderliche lateinische Liturgie. Die deutschsprachigen Ordnungen weisen eine gewisse Vielfalt auf. Das Folgende sei bereits „größtenteils" in Gebrauch, ist also nicht erst für diese Kirchenordnung neu verfasst worden ist. Gedacht

Wir wollen zudem hiermit daran erinnert haben, dass wir damit das rechte Verständnis von menschlichen (liturgischen) Ordnungen in der Kirche nicht verdunkeln wollen. Wir wollen keines Menschen Gewissen daran binden, als sollte eine Veränderung dieser Ordnung Sünde sein. Sondern wir wollen solches miteinander um der armen Jugend und des Volkes willen gleich halten.[1] Denn wenn man etwas oft hört und von Jugend auf gewohnt ist, kann man es besser bedenken und betrachten. Es wäre zu wünschen, dass alle Menschen die ganze Christliche Lehre mit gleichen Worten und Sätzen ausdrücken könnten. Dazu sind auch die (drei altkirchlichen) Symbole gemacht worden.

Ordnung der Zeremonien in Pfarrkirchen der Städte und wo es Schulen gibt

Sonnabends und andere heilige Abende[2] und Feiertage nachmittags

Man soll die Vesper zur gewohnten Zeit singen, und zwar so: Die Schüler singen einen bis drei Psalmen und die Antiphon vom Sonntag oder dem aktuellen Festtag.[3]

---

ist wohl vor allem an die Messordnung Rieblings von 1545. Die neue Einheitlichkeit ist eine innere und klebte nicht am Buchstaben.

1 Feste und Feiern schaffen eine Gemeinschaft.

2 Der Tag begann nach alter liturgischer Ordnung und damaliger Vorstellung am Abend des Vortags.

3 Man nutzte also weiterhin auch mittelalterliche liturgische Bücher, einschließlich der Perikopenordnung, soweit sie nicht der Reformation widersprachen.

Darauf folgt ein zugehöriges Responsorium oder ein Hymnus.[1]
Dann soll ein Knabe eine Lesung aus dem Neuen Testament auf Latein[2], ein weiterer dieselbe Lesung auf Deutsch vortragen.
Nach der Lesung singe man das Magnificat (Lk 1,46-55), mal auf Deutsch, ein andermal auf Latein, auch mit einer Antiphon vom Sonntag oder dem Fest.
Darauf lese der Priester ein Kollektengebet[3] und es beschließe der Chor mit dem Benedicamus Domino oder „Erhalt uns Herr bei deinem Wort“ und „Verleih uns Frieden gnädiglich“.

Nach der Vesper soll der Priester von den Leuten, die am folgenden Tag am Abendmahl teilnehmen wollen, die Beichte anhören und sie mit der Absolution trösten.

An allgemeinen Sonntagen und Feiertagen

Früh zur Mette soll man die Schüler ein bis drei Psalmen singen (lassen) mit der Antiphon des Sonntags oder des Festes. Danach trage ein Knabe eine Lesung aus dem Alten Testament vor auf Latein, ein anderer auf Deutsch. Dann singe man das Benedictus, auf Deutsch oder Latein. Dann beschließe man die Mette mit einer Antiphon und einem Kollektengebet.

Messe oder Kommunion

---

1 „die da rein sind“
2 Die Unterrichtssprache der höheren Schule und der Universität.
3 Das Kollektengebet, heute Tagesgebet genannt, benannte in einer zusammenfassenden Bitte das Thema des Festes.

Dies soll, wie es vordem in diesem Land geordnet[1] und in Gebrauch ist, mit der allgemeinen oder öffentlich (genannten) Beichte, Gebet und Absolution angefangen werden. Folgendermaßen:

Meine Allerliebsten in Gott! Öffnet eure Herzen!
Lasst uns Gott unsere Sünden bekennen und um Vergebung im Namen unseres Herrn Jesus Christus bitten.
Sprecht mir nach in herzlichem Begehren zu Gott im Glauben an den Herrn Jesus Christus durch den Heiligen Geist.

Dann kniet der Priester nieder vor dem Altar und ein anderer Kirchendiener oder der Küster neben ihm.

Und es spricht mit lauter Stimme der Priester:
Unsere Hilfe steht im Namen des Herrn.

Der Chor antwortet;
Der Himmel und Erde geschaffen hat.

Der Priester:
Ich armer, sündiger Mensch bekenne dir, o allmächtiger Gott, meinem Schöpfer und Erlöser, dass ich gesündigt habe nicht allein mit Gedanken, Worten und Werken, sondern dass ich auch von Natur sündig und unrein bin, in Sünden empfangen und geboren.

1 In der von Brandenburg 1540 übernommenen Kirchenordnung von 1533 heißt es lediglich: „Wenn der Priester zum Altar kumbt / mag er das Confiteor / oder was ine sein andacht erinnert / sprechen.“ Gemeint ist somit die Messordnung von 1545, siehe Sehling, Die evangelischen Kirchenordnungen des 16. Jahrhunderts V, Leipzig 1913, S. 150f. Auch dies weist darauf hin, dass die Kirchenordnung von 1552 nicht dafür vorgesehen und geeignet war, als Altaragende genutzt zu werden.

Ich habe aber Zuflucht zu deiner grundlosen Barmherzigkeit, suche und begehre Gnade um des Herrn Jesus Christus willen. Herr, sei gnädig mir armem Sünder.

Der andere Diener antwortet auf dieses Gebet:
Allmächtiger, barmherziger Gott, der du deinen eingeborenen Sohn für uns in den Tod gegeben hast, wollest dich unser erbarmen und um dieses, deines geliebten Sohnes willen uns alle unser Schuld vergeben, auch deinen heiligen Geist uns geben, der in uns wahre Erkenntnis deines göttlichen Wesens und Willens, wahren Gehorsam gegen dich anzünde und vermehre, auf dass wir das ewige Leben durch deine Gnade um des Herrn Jesus Christus erlangen.
Amen.

Der Priester spricht danach diese Absolution:
Der allmächtige, barmherzige Gott hat sich unser erbarmt, vergibt uns wahrhaft alle unsere Sünde
um seines lieben Sohnes willen, den er um unseretwillen in den Tod gegeben und allen Macht gegeben hat, Gottes Kinder zu werden, die an seinen Namen glauben.
Er gibt uns dazu seinen Heiligen Geist. Wer glaubt und getauft wird, soll selig werden.
Das verleihe Gott uns allen.
Amen.

Während diese Beichte mit Gebet und Absolution gesprochen wird, soll die ganze Kirche still sein und solches anhören, mit dem Priester es (dann) ebenso bekennen, beten und die Absolution im Herzen fassen, gut lernen und oft vor Gott so sprechen.

Danach singt der Chor den Introitus des Sonntags oder Festes.
Darauf folgt das Kyrie eleison, Gloria in excelsis, et in terra pax, oder Allein Gott in der Höh sei Ehr.

Dominus vobiscum, oder: *Der Herr sei mit euch.*
Chor: *Et cum spiritu tuo*, oder: *Und mit deinem Geist.*

Dann lese der Priester das Kollektengebet deutsch, fein deutlich, damit die ganze Kirche Amen sprechen und zugleich mit dem Priester zu Gott schreien kann.
Die Kollektengebete findest du hernach beieinander verzeichnet.
Dann wendet sich der Priester zum Volk und lese auf Deutsch die Epistel.
Darauf singe man eine Sequenz oder einen anderen geistlichen Gesang, wie es die Zeit (im Kirchenjahr) erfordert.
Dann lese der Priester das Evangelium des Sonntags oder Festes auf Deutsch, zum Volk gerichtet.
Und dann singe (er) das Credo in unum Deum.[1]
Darauf singt der Chor Patrem omnipotentem nach den gewöhnlichen Noten, die wir hier auch aufführen.[2]
Danach singe die ganze Kirche: Wir glauben alle an einen Gott.
Es folgt die Predigt. Darin soll das Evangelium des Sonntags oder Festes dem Volk abermals vorgelesen werden und danach durch Christliche Auslegung, die zur Erbauung der Kirche und zu Trost und Besserung der Zuhörer dienstlich sei, erklärt werden, ungefähr eine Stunde lang.

1 Noten siehe Anhang.
2 Noten siehe Anhang.

Zum Ende der Predigt soll das Volk zu Gebet und Danksagung vermahnt werden und insgesamt für die Erhaltung der Kirchen Gottes und rechter Lehre, dazu der treuen und wahrhaftigen Lehrer (gedacht), ebenso für die Obrigkeit und alle andere Not gebetet werden.

Auch soll der Prediger die Leute vermahnen, dass sie in der Kirche während des Abendmahls bleiben[1] und Gott anrufen, dass er ihm allezeit unter uns eine Kirche sammeln und sein heiliges Wort und rechten Gebrauch des Sakraments bei uns erhalten wolle, auch allen Feinden und Ketzern wehren und uns mit seinem Heiligen Geist regieren und stärken.

Wenn die Predigt geendet hat, sollen die, die zur Kommunion gehen wollen, alsbald in den Chor vor den Altar kommen, dort niederknien, die Männer an einem, die Frauen an einem anderen Ort.[2]

Wenn es die Zeit hergibt,[3] mag der Priester die Präfation singen auf Deutsch oder Latein, beginnend mit den Worten Dominius vobiscum – Der Herr sei mit euch. Du findest die Präfationen auch hernach an ihrem Ort (in dieser Kirchenordnung) beisammen mit den gewohnten Noten verzeichnet.

---

1 Im Mittelalter waren Predigt, Abendmahl (des Klerus im Hohen Chor) und Austeilung (im Kirchenschiff) drei auch zeitlich versetzte verschiedene Akte. Nun wurden sie zwar wieder zusammengefügt, aber nur einige, so sie zuvor gebeichtet hatten, nahmen am Abendmahl teil. Hier wird nun erwartet, dass die Ungebeichteten dennoch während des Abendmahls in der Kirche bleiben sollten.

2 Die Kirchen waren noch nicht bestuhlt. Die Männer standen gewöhnlich auf der Südseite, die Frauen im Norden. Nach diesen Worten blieben sie auch beim Abendmahl getrennt.

3 „So es die zeit leidet“

Darauf wird das Sanctus lateinisch gesungen, wie es auch nach der täglichen Präfation gesetzt ist, oder auf Deutsch das Lied „Jesaja, dem Propheten das geschah", wie es im Gesangbuch steht.[1]
Wenn es die Zeit hergibt, mag der Priester auch eine (Abendmahls-)Vermahnung und Unterricht vom Hochwürdigen Sakrament dem Volk verlesen[2], wie es auch nach den Präfationen (hier) verzeichnet ist.
Nach der Vermahnung, oder wenn wegen der Kürze der Zeit die Vermahnung und die Präfation unterlassen werden,[3] singe der Priester bald nach der Predigt das Vaterunser und die Worte des Testaments nach diesen gewohnten Noten folgendermaßen:[4]

"Unser Herr Jesus Christus, in der Nacht, da er verraten war, nahm das Brot, dankte und brach's und gab's seinen Jüngern und sprach: Nehmet hin und esset, das ist mein Leib, der für euch gegeben wird. Solches tut zu meinem Gedächtnis. Desgleichen nahm er auch den Kelch nach dem Abendmahl, dankt, gab ihn und sprach: Nehmet hin und trinket alle draus, dieser Kelch ist das neue Testament in meinem Blut, das für euch vergossen wird zur Vergebung der Sünden. Solches tut, so oft ihr's trinket, zu meinem Gedächtnis."

1 Luthers Lied. Alles, was in den Messvertonungen der Neuzeit vorkommt, entsprach auch vollständig dieser lutherischen Liturgie, einschließlich der lateinischen Sprache. Insofern gab es keine Konfessionsunterschiede. Bekannt sind ja zum Beispiel die Messvertonungen des Lutheraners Johann Sebastian Bach.

2 An eine freie Rede ist hier nicht gedacht, es handelt sich um ein festes liturgisches Element.

3 Es wurde freigestellt, ob man Präfation und Sanctus überhaupt vorkommen ließ. Die Abendmahlsvermahnung ersetzte auf lutherische Weise den Canon Missae in seiner vollen Form.

4 Noten siehe Anhang.

Und nachdem die Elevation aus guten und gewichtigen Gründen[1] abgetan ist, soll sie überall unterlassen werden, damit die Ungleichheit kein Gezänk hervorruft.
Nachdem die Worte des Testamentes gesungen sind, kommuniziere man das Volk in beiderlei Gestalt entsprechend der Einsetzung des Herrn Christus und nicht anders.
Während der Kommunion singe man „Christus unser Heiland“[2], ebenso „Gott sei gelobet“ (EG 214) und das Agnus Dei, „Jesaja, dem Propheten“. Und wenn es viele Kommunikanten gibt, singe man Psalm 111: „Ich danke dem Herrn von ganzem Herzen“, wie er im deutschen Gesangbuch[3] steht, desgleichen andere deutsche Lieder. Und zum Beschluss: Christe, du Lamm Gottes.
Nach der Kommunion lese der Priester dieses Kollektengebet:

Wir danken dir, allmächtiger Herr Gott, dass du uns durch diese Gabe erquickt hast und bitten deine Barmherzigkeit,dass du uns solches gedeihen lässt zu starkem Glauben an dich und zu brennender[4] Liebe unter uns allen.

Benediction zum Volk:

Der Herr segne dich und behüte dich.
Der Herr erleuchte sein Angesicht über dir und sei dir gnädig.
Der Herr erhebe sein Angesicht auf dich und gebe dir Frieden.

---

1 Die Erhebung der Hostie seit 1200 diente im Spätmittelalter der Schaukommunion, was von den Lutheranern vehement als Missbrauch angesehen wurde. Die Elevation wurde abgelehnt, weil man mit ihr die Vorstellung einer magischen Verwandlung verband.

2 „Jesus Christus, unser Heiland, der von uns den Gotteszorn wandt“, Abendmahlslied vermutlich von Martin Luther 1524.

3 Luthers Gesangbuch Nr. 19.

4 „brünstiger“

Amen.

Dann singe man zum Beschluss: „Erhalt uns Herr, bei deinem Wort" (EG193). Oder „Verleih uns Frieden" (EG 421).

An Sonntagen und Feiertagen, wenn keine Kommunikanten da sind.[1]

Der Priester spreche zuerst die Beichte, dann Gebet und Absolution, wie oben angezeigt.
Danach singe man einen oder zwei deutsche Psalmen, „Allein Gott in der Höhe sei Ehr" oder andere geistliche Gesänge.
Danach ein Kollektengebet.
Dann die Epistel.
Dann aber einen Psalm.[2]
Danach das Evangelium.

---

1 Am Samstag also niemand zur persönlichen Beichte gekommen ist. Die allgemeine Beichte des Gottesdienstes reichte nicht hin für die Vorbereitung zum Abendmahl. Das hing auch damit zusammen, dass die Einsetzungsworte als wahre Absolution durch Christus direkt und unvermittelt angesehen wurden. Es sollte auf jeden Fall der Eindruck vermieden werden, der Priester, bzw. Pastor könne aus eigenem Ermessen heraus Vergebung erteilen. Der Pastor sprach zwar die Absolutionsworte, aber das Siegel der Vergebung geschah im Abendmahl. Dass man diesen Zusammenhang in jenen Jahren thematisierte, zeigt das Tridentiner Konzil in seiner 13. Sitzung vom 11. Oktober 1551 Sacrosancta oecumenica (3) in den Kapiteln 2 und 3, sowie in der Verwerfung im 5. Kanon: „Si quis dixerit, vel praecipuum fructum sanctissimae Eucharistiae esse remissionem peccatorum, vel ex ea non alios effectus provenire; anathema sit." [Wenn jemand sagt, entweder die vorzügliche Frucht des heiligsten Altarsakramentes sei die Nachlassung der Sünden oder es gehen aus ihm keine andere Wirkungen hervor, der sei im Bann.]

2 Dies ist der Ort für das Halleluja - Versikel, aber hier wird mit Psalm auch einfach ein Hymnus gemeint sein.

Das Credo[1].
Wir glauben.[2]
Dann die Predigt mit dem Gebet, wie oben angezeigt.

Und wenn dann keine Kommunikanten da sind, soll der Prediger dies zur Ursache nehmen, das Volk zu vermahnen, damit sie öfter zur Kommunion kommen wollen, aus vielen Gründen (ist dies gut und nötig):

Zum Ersten ist es gewisslich wahr, wo das Herz kalt ist in der Betrachtung der Sünden[3] und in der Anrufung, da wird auch der Trost und die Kommunion weniger geachtet. Und aus diesem Grund ist vornehmlich diese[4] Gewohnheit geändert worden.[5] Denn da das Volk faul und kalt geworden ist, haben ihre Sünden nicht geachtet und rechte Anrufung nicht verstanden, haben sie Kommunion auch unterlassen.[6]

Nun sollen wir täglich für und für unsere Sünde betrachten und herzlich vor Gottes Zorn erschrecken und ernstlich bitten, dass uns Gott gnädig sein wolle um seines Sohnes willen. Und wo nicht herzliche Begier besteht zur Kommunion, da ist gewiss keine ernsthafte Reue und kein Erschrecken vor der Sünde. Zudem sind

1 „Patrem" (Omnipotentem) - Latein.
2 „Wir glauben all an einen Gott", EG 183 von Martin Luther.
3 Wer nicht zur Kommunion kommt, hat auch in der Beichte gefehlt.
4 „die erste gewonheit"
5 Zuvor im Spätmittelalter war die Beichte keine Bedingung mehr, am Abendmahl teilzuhaben, so zumindest sahen es die Reformatoren. Man nahm ja im Spätmittelalter auch nicht wirklich am Abendmahl teil, sondern bekam nur die Oblaten an einem Seitenaltar.
6 Im Mittelalter hatte die Häufigkeit der Kommunion nachgelassen, es reichte die Schaukommunion.

auch das Gebet und die Danksagung kalt und faul, wo man der Kommunion nicht achtet.

Und weil es ein allgemeines Phänomen ist[1], dass einige zum Schein sagen, dass sie nicht zur Kommunion kommen wollen, weil sie in Uneinigkeit leben mit einigen Anderen, so ist das noch mehr zu verurteilen und es häufen sich viele Sünden an[2], in diesem Fall[3] der Hass gegen den Nächsten und die Unterlassung der Kommunion. Und wie die Uneinigkeit die Kommunion verhindert, hindert sie auch das Gebet und die Anrufung. Nun ist dies das äußerste Übel, wenn ein Mensch Gott nicht anrufen kann. Darum sollen alle Menschen in solchen Fällen recht unterwiesen sein, damit sie sich nicht selbst von Gott abreißen und am Ende in Verzweiflung fallen, sondern dessen gedenken, wie das Gewissen gegen Gott und dem Nächsten gegenüber zu stehen kommen soll. Wer unrecht hat, soll Versöhnung suchen. Wer nicht unrecht hat, soll noch weniger Gott zürnen. Sein Gewissen und Herz sollen Frieden begehren und soll sich die Anrufung nicht selbst irr machen und hindern. Er soll auch davon weiteren Rat von seinem Pastor annehmen[4], etc.

---

1 „dieweil es gemein ist"

2 „Und komen viel grosser sünd uff einen hauffen."

3 „nemlich"

4 „bericht hören" – Die persönliche Beichte war keine Ohrenbeichte in dem Sinn, dass dem Beichtenden Bußen auferlegt wurden, nachdem er entsprechend der Bußkataloge Sünden aufzählte, sondern das Beichtgeschehen entwickelte sich einerseits zum seelsorgerlichen Gespräch, zum anderen zur allgemeinen Beichte. Das Einzelgespräch war offenbar durch persönliche, aber weitgehend stereotypisierte Vermahnung und Nachsprechen von Glaubenssätzen geprägt, aber durch persönliche Handauflegung bei der Absolution ausgezeichnet. Dafür konnten auch zwei oder mehr gleichzeitig beichten, so zumindest ist der erhaltene lutherische Beichtstuhl in Libau/Liepaja in der Dreifaltigkeitskirche gestaltet. Die Kirchenordnung jedenfalls setzte hier an die Stelle der

Nach der Predigt singe man die Litanei (EG 192, Martin Luther) oder einige Psalmen und andere deutsche Gesänge. Danach lese der Priester ein Kollektengebet. Ebenso die Benediktion: Der Herr segne dich, etc. Zum Ende singe man: „Erhalt uns Herr“ und „Verleih uns Frieden“.

An Sonntagen und hohen Festen nachmittags in den Städten

Nachmittags um ein Uhr sollen die Schüler anfangen, einen oder zwei Psalmen zu singen. Oder sie singen „Dies sind die heilgen Zehn Gebot“ (Luther 1524), „Vaterunser im Himmelreich“ (EG 344 Luther 1539), „Christ, unser Herr, zum Jordan kam“ (EG 202, Luther 1541) und dergleichen.

Danach unterweise der Prediger die Kinder im Katechismus so, dass er sie nacheinander frage und er lasse alle[1] die Zehn Gebote auswendig sagen, ebenso die Erklärung[2], die die Kinder Wort für Wort aus dem Kleinen Katechismus Dr. Martin Luthers lernen und aufsagen sollen. Desgleichen nehme er jedes mal ein anderes Stück des Katechismus sich vor, bis er damit ans Ende kommt und alsdann soll man wieder vorn beginnen.

Danach singe man das Magnificat.
Dann geht der Prediger auf die Kanzel und spricht mit lauter Stimme die Zehn Gebote, das Glaubensbekenntnis, das Vaterunser und die Einsetzungsworte fürs Abendmahl.

Bußauflagen den seelsorgerlichen Rat.

1 „i(h)m“

2 „Auslegung“

Dann nimmt er sich ein Stück des Katechismus vor, um es mit viel Fleiß dem Volk vorzutragen und zu erklären.
Am Ende der Predigt vermahnt er das Volk zu beten.
Nach der Predigt singt man „Mit Fried und Freud ich fahr dahin" (EG 519 Luther 1524)[1]. Darauf wird ein Kollektengebet gelesen und mit dem Benedicamus Domino beschlossen.
In großen Städten soll um drei Uhr wiederum gepredigt und die Epistel des Sonntags oder Festes sollen behandelt und ausgelegt werden.
Mit dem Gesang halte man es dabei wie oben von der Vesper geschrieben.

Von den besonderen Festen oder Feiertagen, die man im Jahr halten soll

Über die allgemeinen Sonntage hinaus sollen die hohen Hauptfeste des Herrn Christus gehalten werden, als da sind:
Der Tag Nativitatis oder der Geburt Christi samt dem Zweiten und Dritten Festtag.
Der Tag Circumcisionis oder der Beschneidung Christi.
Der Tag Epiphanie, d.i. der Erscheinung oder Offenbarung Christi, den man den Dreikönigstag nennt.
Der Tag der Opferung Christi im Tempel, genannt Purificationis Mariae.
Der Tag Coenae Domini, den man den grünen Donnerstag nennt, an dem von des Herren Abendmahl gepredigt werden soll.
Der Tag Passionis Domini, oder des Leidens und Sterbens Christi, der Karfreitag genannt wird.

1 „Herr nu lest du deinen Diener im Friede faren"

Der Ostertag oder Pasca, der Tag der Auferstehung Christi samt dem folgenden Montag und Dienstag.
Der Tag Ascensionis oder Himmelfahrt Christi.
Der Pfingsttag samt dem folgenden Montag und Dienstag.
Der Tag Trinitatis am Sonntag nach Pfingsten.

Auf diese Feste soll es mit der Ordnung der Lesungen, Gesängen, Predigten und Kommunion wie an den allgemeinen Sonntagen gehalten werden, nur dass Introitus, Sequenz und Präfationen de tempore[1] gesungen werden.

Ebenso die deutschen alten Liedlein wie auf Nativitatis „Ein Kindlein so löbelich“[2]. Zu Ostern „Christ ist erstanden“ (EG 99). Auch: „Also heilig ist der Tag“[3]. Zu Pfingsten: „Nun bitten wir den Heilgen Geist“ (EG 124). Und es sollen die Prediger diese Lieder von der Kanzel aus zu Beginn der Predigt mit dem Volk singen.

Über diese vornehmsten Feste hinaus sollen auch gehalten werden:
Die Tage der Apostel.
Der Tag St. Johannes des Täufers.
Der Tag Visitationis, da Maria ihre Muhme Elisabeth heimsucht.
Der Tag Michaelis, an dem die Lehre von den heiligen Engeln dem Volk vorgetragen werden soll.

An diesen Tagen soll man vormittags predigen und wenn Kommunikanten da sind, die Kommunion wie an den Sonntagen

1 Offenbar hatte man noch die alten Texte und Kantionale vorrätig.
2 Strophe 2 von „Der Tag, der ist so freudenreich“ EG Baden 546
3 Bei Valentin Triller 1555. Text:
Also heilig ist der Tag, / das ihn niemand mit loben erfüllen mag, / denn der einige Gottes Sohn, / der die helle überwand, / und den leidigen Teuffel darinnen band, / damit erlöst der Herr die Christenheit, / das war Christ selber. Kyrie eleison.

halten. Nachmittags mag man wohl der gewohnten Arbeit nachgehen. Ausgenommen sind der Tag Michaelis, an dem vor- und nachmittags gepredigt werden soll. Das Fest der Assumptionis oder Himmelfahrt Mariae soll hinfort ganz abgetan sein und an seiner statt das Fest St. Michaelis als ein Viergezeitenfest[1] gehalten werden.

Es soll auch das Volk mit Fleiß vermahnt und dahingehend angehalten werden, dass es die Feiertage nicht missbrauche zur Völlerei und anderen Lastern, die aus dem Müßiggang folgen, sondern dass ein jeder (Hausvater) darin Gottes Wort und Gebet sucht und die Seinen dies auch lehre oder lernen lasse. So aber daneben Zeit übrig ist, mag jeder anstatt Müßiggang seiner Arbeit nachgehen.[2]

An Werktagen

In Städten soll an wenigstens zwei Tagen in der Woche, Mittwoch und Freitag gepredigt werden, des Morgens Glockenschlag Sieben. Die Predigt soll währen bis zum achten Schlag und nicht darüber.[3]

Da sollen die Prediger mit gutem Rat aus der Heiligen Schrift solche Bücher oder Stücke wählen und sich vornehmen,[4] die vornehmlich zum notwendigen Unterricht und Trost aller Menschen dienstlich sind, wie da sind die schönsten auserlesenen Psalmen wir Psalm 51 Miserere mei. Auch De profundis (Ps 130); Quare

---

1 Vier-Tagzeiten-Fest. Ein Fest mit vier Stundengebeten am Tag.

2 „fur müssiggehen wol seiner arbeit warten."

3 Der Wochengottesdienst soll nicht der Arbeit im Wege stehen. Mit „Predigt" ist der gesamte Gottesdienst gemeint.

4 Also kein Perikopenzwang, aber am Zweck des Gottesdienstes orientiert, - den Menschen zu raten, Oldendorp hätte formuliert: dem gemeinen Nutzen zugute.

fremuerunt gentes (Ps 2); Dixit Dominus (Ps 110); Beati quorum (Ps 32); Benedicam Dominum (Ps 34); Confitemini (Ps 105) u.ä.

Außerdem einige Epistel von St. Paulus.

Es sollen auch die Diakone nach dem Rat und Zustimmung[1] ihrer Pastoren solche Themen[2] sich zum Predigen vornehmen.

Wenn solche Tage anfallen, die man nicht zu feiern pflegt, die aber dennoch in den Geschichten der Evangelien beschrieben sind wie der Tag der Bekehrung des Paulus, Maria Magdalena, St. Johannis Enthauptung, etc. mögen die Prediger diesen Text und die Geschichte an einem solchen Werktag, also mittwochs oder freitags, der solchem heiligen Tag am nächsten ist, in der Predigt lesen und behandeln.

An solchen Tagen sollen vor und nach der Predigt deutsche geistliche Lieder gesungen werden, damit sie dem Volk bekannt und gemein werden und die Herzen dadurch zum Gebet erweckt werden. So insbesondere: „Vater unser im Himmelreich" (EG 344); „Wo Gott, der Herr nicht bei uns wär" (EG 297 Justus Jonas 1524); „Ein feste Burg" (362 Luther), etc.

Nach der Predigt soll die Litanei gesungen werden.

In den Fasten (der Passionszeit) soll man die Geschichte des Leidens Christi an solchen Werktagen predigen und den Fleiß aufbringen, diese Geschichten dem Volk gut einzubilden. Es wird solches für gut angesehen, dass bald nach Lätare angefangen wird, das Büchlein vom Leiden Christi (von Bugenhagen), das aus den vier

1 „mit rat und vorwissen"

2 „materien". Die mittelalterlichen Breviere, die sich an den Heiligegedenktagen orientierten, wurden mithin nicht mehr genutzt. Einen biblischen Tagesleseplan gab es nicht. Erst Theodor Kliefoth im 19. Jahrhundert führte einen solchen ein.

Evangelien zusammengezogen ist, der Ordnung nach zu lesen, damit man Zeit habe, alle Stücke fleißig zu behandeln und zu betrachten.

Es sollen auch die Predigten an den genannten beiden Werktagen, wenn sie auf Feiertage fallen, auf andere Werktage übertragen werden und so nicht unterlassen werden.[1]

Kirchenordnung auf den Dörfern

An allen Sonnabenden nachmittags um zwei Uhr und alle heiligen Abende (vor Festen), wenn am folgenden Tag die Versammlung des Volkes (in der Kirche zur Messe) geschehen wird, soll auf den Dörfern der Küster zur Vesper läuten. Und wo der Pfarrherr im Dorf wohnt,[2] soll er gleich nach dem zweiten (Uhr-)Schlag in die Kirche kommen und mit seinem Küster auf Deutsch einen Psalm mit klarer Aussprache[3] singen, damit man ihn gut verstehen könne. Daraufhin eine Antiphon, dann den Hymnus „O lux beata" auf Deutsch[4] oder andere gute Gesänge nach der (besonderen) Gegebenheit des Kirchenjahres, des jeweiligen Festes und der Sonntage.[5] Dann folgt das Magnificat auf Deutsch und das Kollektengebet, auch

1 „umb der feiertag willen / so uff andere wercktage in der Woche gefallen / nicht unterlassen werden"

2 Es gab Pfarren mit mehr als einer Kirche.

3 „unterschiedlich". Psalmsingen in deutscher Sprache war neu. Die acht Psalmtöne freilich beherrschten die Pastoren, die folgenden Generationen erlernten sie in den Lateinschulen.

4 EG 470 „Der du drei bist in Einigkeit" Martin Luther 1543

5 „nach gelegenheit der zeit / der Fest / und der Sonntage"

Benedicamus (Segen). Dann „Erhalt uns Herr“ (EG 193 Luther 1543), etc. und „Verleih uns Frieden gnädiglich“ (EG 421).

Wenn aber Männer und Frauen in die Kirche kommen[1] - wozu der Pfarrherr sie fleißig vermahnen soll - so soll man eine deutsche Lektion lesen aus dem Alten oder Neuen Testament und einen Psalm auf Deutsch singen.

Dann soll der Pfarrherr die Leute abhören, die des anderen Tages zur Kommunion gehen wollen.

Es sollen die Pfarrherren dieser vorgeschriebenen Ordnung in dieser Weise nachkommen, damit sie nicht am Sonnabend aufs Feld gehen und den ganzen Tag kein Buch in die Hand nehmen, wie bei einigen üblich, sondern stets sonnabends ihre Lehre und Lesung ansehen und nachmittags ihre Vesper und das Beichthören abhalten und daran keinen Fleiß sparen.

Dadurch werden die Leute daran gewöhnt, dass sie am Abend ihre Beichte tun und ihr Gebet zu Gott und zur Betrachtung seines göttlichen Willens und Wohltat immer besser ausüben und auf diese Weise das heilige Sakrament recht und seliglich gebrauchen.

Dieser Gebrauch ist nützlich und nötig zu halten, damit nicht allein die Leute (in der Beichte) abgehört werden, sondern auch der Pfarrherr sich selbst vorbereite, um anderntags gut zu lehren und sein ihm befohlenes Amt treulich auszurichten.

Wenn kein Pfarrer im Dorf (selbst) wohnt, sollen die Leute morgens, wenn der Pfarrer zu ihnen kommt, Beichte haben.

---

1 Was zur Vesper auf dem Dorf nicht immer der Fall war, denn die Vesper war der Anlass für die persönliche Beichte.

Die Messe oder Kommunion

Die Messe sollen Pfarrherr und Küster mit der allgemeinen Beichte beginnen. Gebet und Absolution sind wie oben bei den Zeremonien in Städten zu halten hier ausgedruckt ist.
Dann soll man einen deutschen Psalm singen für den Introitus.
Danach das deutsche Kyrie.
Dann „Allein Gott in der Höh` sei Ehr".
Dann wende sich der Pfarrherr zum Volk und spreche: *Der Herr sei mit euch.*
Antwort des Küsters: *Und mit deinem Geist.*
Darauf folgt das Kollektengebet, bzw. das Gebet des entsprechenden Sonntags und Festes.[1] Die liest der Priester gegen den Altar gerichtet.

Dann wendet er sich wieder dem Volk zu und liest auf Deutsch die Epistel mit lauter Stimme ohne Noten[2], damit die Kirche[3] die Worte vernehmen könne. Und er beginnt mit den Worten: „Diese Epistel schreibt der heilige Paulus..."
Nach der Epistel singt man einen deutschen Psalm.[4]
Dann wende sich der Pfarrherr abermals dem Volk zu und lese das Evangelium des Sonntags oder Festes - auch ohne Noten - und fange so an: „Das heilige Evangelium schreibt St. Matthäus..."

---

1 Hieraus geht hervor, dass einige wenige (stets gesungene) Kollektengebete ständig verlesen wurden und es nur auf bestimmte Sonntage oder Feste besondere Gebete gab. Freies Beten war an dieser Stelle nicht üblich.

2 Hieraus geht vor, dass alle „Lektionen" und Gebete im Regelfall in den Städten im Unterschied zu Dörfern gesungen wurden. In den Städten sangen stimmlich ausgebildete Lateinschüler die biblischen Texte.

3 „Kirche" meint auch hier die Gemeinde.

4 Hieraus können wir schließen, dass mit „Psalm" sowohl ein Kirchenlied als auch ein biblischer Psalm gemeint sein konnte.

Dann wende er sich wieder gegen den Altar und singe „Credo in unum Deum“ nach den oben abgedruckten Noten.
Darauf singe die ganze Kirche: „Wir glauben all an einen Gott,...“ (EG 183)
Darauf folgt die Predigt, in der das Evangelium abermals gelesen und danach erklärt werden soll.[1] Zum Ende der Predigt geschieht das allgemeine Gebet[2]. Und er ermahnt dazu, bei der Kommunion in der Kirche zu bleiben, wie oben beschrieben.

Nach der Predigt beginnt[3] der Pfarrherr auf der Kanzel einen Psalm an zu singen: „Es woll uns Gott gnädig sein,...“ etc. (EG 280 Martin Luther nach Psalm 67 1524)

Danach singe der Pfarrherr vor dem Altar das Vaterunser und die Einsetzungsworte nach den oben abgedruckten Noten. Und es soll die Elevation unterlassen werden, wie ebenfalls oben angemerkt.

Nach den Einsetzungsworten soll man singen: „Jesus Christus, unser Heiland“ (EG 215 Martin Luther 1524). Währenddessen sollen die Leute kommunizieren.

Wenn es viele Kommunikanten gibt, singe man dabei auch andere Gesänge wie „Gott sei gelobet“ (EG 214 Martin Luther 1524), so auch den Psalm „Ich danke dem Herrn“ (Psalm 111, von Schütz später gesetzt SWV 284), etc. und zuletzt „O Lamm Gottes unschuldig“ (EG

1 Die Predigt wird als Erklärung des Evangeliums verstanden. Grimm zum Stichwort „erklären“: „purgare, declarare, explicare, rein, hell, klar, offenbar machen.“

2 Kirchengebet. Das Gebet „geschieht“!

3 Orgeln auf den Dörfern gab es noch nicht unbedingt. In der Gregorianik war und ist es üblich, dass der Kantor den Gesang mit der ersten Zeile beginnt und dann die anderen einstimmen. So darf man sich dies hier auch vorstellen.

190.1 Nicolaus Decius 1523) oder Christe, du Lamm Gottes (EG 190.2).

Nach der Kommunuion spreche der Pfarrherr das Kollektengebet „Wir danken dir, allmächtiger Gott etc.“ So auch die Benediktion „Der Herr segne dich etc.“, wie dies alles oben verzeichnet ist.

Zuletzt singe man „Erhalt uns Herr bei deinem Wort“ (EG 193) und „Verleih uns Frieden gnädiglich“ (EG 421).

Nachmittags an Sonn- und Feiertagen auf den Dörfern

Die Leute sollen stets dazu angehalten werden, dass sie wiederum in die Kirche kommen und den Katechismus vorgelesen und behandelt bekommen.

Dabei sollen sie davor und danach singen: „Dies sind die heiligen Zehn Gebot“ (EG 231 Luther 1524) und „Vater unser im Himmelreich“ (EG 344).

Wo dies aber aus gewissen Gründen nicht möglich ist, soll ihnen an allen Sonn- und Feiertagen vormittags nach der Predigt und vor der Kommunion ein Stück aus dem Kleinen Katechismus Luthers Wort für Wort vorgelesen werden.[1] Und es sollen die Pastoren stets vornehmlich darauf bedacht sein, dass sie die Lehre des Katechismus mit höchstem Fleiß bei ihren Pfarrkindern treiben und pflanzen, denn wie nützlich und nötig dies sei, ist nicht auszusprechen.

Wenn keine Kommunikanten da sind, soll es mit dem Gesang und der Lesung vor der Predigt in allem so gehalten werden, wie oben

1 Zwischen Predigtgottesdienst und Abendmahl gab es eine Unterbrechung, in Conow bei Ludwigslust so lange, dass die Männer (kurz) ins Wirtshaus einkehren konnten. So erzählte man es später, in Wahrheit wird es jedoch wohl so gewesen sein, dass die Männer ins Wirtshaus einkehrten, während einige wenige noch ohne sie Abendmahl feierten.

beschrieben. Auch soll in der Predigt daran erinnert und dazu gemahnt werden, dass man öfter zur Kommunion kommen wolle, wie oben angemerkt.
Nach der Predigt soll nur die Litanei gesungen werden.

(Gebete und Texte)

Es folgen einige Collecten / oder Gebete, die in den Kirchen bei dem Amt der Kommunion, vor der Epistel und sonst gelesen[1] werden

Im Advent

Lieber Herr Gott, erwecke uns,
damit wir bereit sind,wenn der Sohn kommt,
ihn mit Freuden zu empfangen
und dir mit reinem Herzen dienen,
durch diesen deinen Sohn Jesus Christus, unseren Herren.[2]
Amen.

Zu Weihnachten, von der Geburt Christi

Hilf, lieber Herr Gott,
dass wir der leiblichen Geburt deines Sohnes
heute[3] *teilhaftig werden und bleiben,*

1 Die Formulierung „lesen" ist hier nicht gleichbedeutend mit „sprechen". Sie wurden gesungen.
2 Zu ergänzen ist jeweils die trinitarische Formel „... der mit dir lebt und regiert durch den Heiligen Geist von Ewigkeit zu Ewigkeit."
3 Das liturgische „heute" – wörtlich hier „newen". Grimm: „erst oder unlängst entstanden, geschehen, gemacht, beginnend; erst der neueren zeit oder

und von unserer alten sündlichen Geburt frei werden[1]*,*
durch diesen, deinen Sohn Jesus Christus, unseren Herrn. Amen.

Zu Purificationis (Lichtmess – 2. Februar)

Allmächtiger ewiger Gott,wir bitten dich herzlich,
gib uns, dass wir deinen lieben Sohn erkennen und preisen
wie der heilige Simeon ihn leiblich gesehen und bekannt hat,
durch diesen deinen Sohn Jesus Christus, unsern Herrn.

Von dem Leiden Christi (Passionszeit)

Barmherziger ewiger Gott,
der du deinen einzigen Sohn nicht verschont hast,
sondern für uns alle dahingegeben,
so dass er unsere Sünde am Kreuz tragen sollte.
Verleihe uns, dass unser Herz in solchem Glauben
nimmer mehr erschrecke noch verzage.
Durch diesen deinen Sohn Jesus Christus, unsern Herrn. Amen.

Zu Ostern

Allmächtiger Gott,
der du durch den Tod deines Sohnes
die Sünde und den Tod zunichte gemacht hast
und durch dein Auferstehen
Unschuld und ewiges Leben wiedergebracht hast,
auf dass wir von der Gewalt des Teufels erlöst

---

gegenwart angehörend oder davon handelnd.“

1 Der Erbsünde.

in deinem Reich leben.[2]
Verleihe uns, dass wir dies von ganzem Herzen glauben
und in diesem Glauben beständig dich allezeit loben und dir danken.
Durch diesen deinen Sohn Jesus Christus, unsern Herrn.
Amen.

Zu Pfingsten

Herr Gott, lieber Vater,
der du – an diesem Tage – die Herzen deiner Gläubigen
durch deinen heiligen Geist erleuchtet und gelehrt hast:
Gib uns, dass wir auch durch diesen Geist
rechtes Verständnis gewinnen[2]
und zu aller Zeit seines Trostes und seiner Kraft uns freuen.
Durch diesen deinen Sohn Jesus Christus, unsern Herrn.
Amen.

Wenn man diese Collecte auf andere Zeit außer Pfingsten lesen will, mag man die Paranthesin (den Einschub) - an diesem Tage - auslassen.

Zu Trinitatis

Allmächtiger ewiger Gott,
der du uns gelehrt hast,in rechtem Glauben zu wissen und zu bekennen,
dass du ein einiger, ewiger Gott und dafür anzubeten bist:
Wir bitten dich, du wollest uns bei solchem Glauben allezeit fest erhalten

---

2 Dies dürfen wir als Definition der Kirche nehmen: Wir leben im Reich Gottes, unter seinem Befehl und in Gehorsam zu ihm. Er ist König.

2 „verstand haben"

gegen alles, was uns dagegen anfechten mag.
Der du lebst und regierst von Ewigkeit zu Ewigkeit. Amen.

Allgemeine Kollekte

Allmächtiger Herr Gott, der du ein Beschützer bist aller, die auf dich hoffen,
ohne dessen Gnade niemand etwas vermag, noch etwas vor dir gelte,
lass deine Barmherzigkeit uns reichlich widerfahren,
auf dass wir durch deine heilige Eingebung
denken, was recht ist und durch deine Kraft es auch vollbringen.
Um Jesus Christus, unseres Herrn willen. Amen.

Eine weitere (Collecte)

Herr Gott, himmlischer Vater,
von dem wir ohne Unterlass viel Gutes im Überfluss erfahren
und täglich vor allem Übel ganz gnädiglich behütet werden,
wir bitten dich um deinen Geist,
um dies alles mit Herzen in rechtem Glauben zu erkennen,
auf dass wir deiner milden Güte und Barmherzigkeit
hier und dort ewiglich danken und dich loben
durch diesen deinen Sohn Jesus Christus, unsern Herrn. Amen.

Ein anderes Gebet - um Frieden

Herr Gott, himmlischer Vater,
der du heiligen Mut, guten Rat und rechte Werke schaffst,
gib deinen Dienern Frieden, den die Welt nicht geben kann,
auf dass unser Herz an deinen Geboten hange
und wir in unserer Zeit durch deinen Schutz

still und sicher vor Feinden leben,
durch Jesus Christus, deinen Sohn, unsern Herrn. Amen.

Ein anderes Gebet – bei allgemeiner Not

Herr, allmächtiger Gott, der du der Elenden Seufzen nicht verschmähst
und der Betrübten Verlangen nicht verachtest,
siehe doch an unser Gebet, das wir zu dir in unserer Not vorbringen
und erhöre uns gnädiglich, dass alles, was von Teufel und Menschen wider uns strebt
zunichte (werde) und nach dem Rat deiner Güte zerfalle[1]*,*
auf dass wir von aller Anfechtung unversehrt
dir in deiner Gemeinde[2] *danken und dich allezeit loben*
durch diesen Jesus Christus, deinen Sohn, unsern Herrn. Amen.

Eine weitere (Collecte)

Herr Gott, himmlischer Vater,
der du nicht Lust hast an der armen Sünder Tod,
lässt sie auch nicht gern verderben,
sondern willst, dass sie bekehrt werden und leben:
Wir bitten dich herzlich,
du wollest die wohlverdiente Strafe unserer Sünde
gnädiglich abwenden und uns hinfort zu bessern,
deine Barmherzigkeit mildiglich verleihen
um Jesus Christus unseres Herrn willen. Amen.

---

1 „zertrennet werde“
2 Nur hier, in diesem zitierten Text habe ich in der Kirchenordnung dieses in der Bibel überaus häufige Wort gefunden, aus dem dann später der Begriff der „Gemeinde“ erwachsen ist. Es handelt sich um ein Zitat aus Ps 35,18.

Ein anderes Gebet – für die allgemeine Christenheit[1]

Allmächtiger ewiger Gott,
der du durch deinen Heiligen Geist die ganze Christenheit heiligst und regierst,
erhöre unsere Bitte und gib gnädiglich,
dass sie mit allen ihren Gliedern in reinem Glauben
durch deine Gnade dir diene.
Durch Jesus Christus, deinen Sohn, unseren Herrn. Amen.

Es folgen die Präfationen, die nach der Predigt vor der Kommunion gesungen werden

Quotidiana [„täglich", d.h. allgemein][2]

Dominus vobiscum. [Der Herr sei mit euch.]
Et cum spiritu tuo. [Und mit deinem Geist.]
Sursum corda, [Erhebet eure Herzen,]
Habemus ad Dominum. [Wir haben sie beim Herrn.]
Gratias agamus Domino Deo nostro. [Wir bringen Dank unserem Herren Gott.]
Dignum et iustum est. [Würdig und recht ist es.][3]

Vere dignum et iustum est, aequum et saltuare. Nos tibi semper et ubique gratias agere.

1 Vgl. die Übersetzung von „katholisch" im Credo in „christlich", die sich schon in der Schweriner Liturgie von 1516 findet.
2 Mit Noten siehe Anhang.
3 Diese Einleitung dürfen wir uns im Wechsel gesungen vorstellen, sie gehörte (samt der nächsten zwei Zeilen) auch vor die weiteren Präfationen.

[Wahrhaft würdig und recht, billig und heilsam, allezeit und überall bringen wir dir Dank.]

Domine sancte, Pater omnipotens, Aeterne Deus,
Christum Dominum nostrum, per quem Maiestatem tuam laudant Angeli, adorant dominationes, tremunt potestatis,
Coeli coelorum virtutes ac beata Seraphim, socia exultatione concelebrant.
Cum quibus et nostras voces ut admitti iubeas te precamur,
suplici confessione dicentes.
[Heiliger Herr, allmächtiger Vater, Ewiger Gott, unseren Herrn Christus,
durch den deine Majestät loben die Engel, anbeten die Herrschaften, fürchten die Mächte, die Himmel und aller Himmel Kräfte dich samt den seligen Seraphim mit einhelligem Jubel preisen. Mit ihnen lass auch unsere Stimmen sich vereinen, so singen wir deiner Herrlichkeit einen Lobgesang und lobsingen anbetend ohne Ende:]

Sanctus, Sanctus, Sanctus Dominus Deus Zebaoth.
Pleni sunt coeli et terra gloria tua. Osianna in excelsis.
Benedictus qui venit in nomine Domini. Osianna in excelsis.[1]
[Heilig, heilig, heilig ist Gott, der Herre Zebaoth. Voll sind Himmel und Erde seiner Herrlichkeit. Hosianna in der Höhe. Gelobet sei, der da kommt im Namen des Herren. Hosianna in der Höhe.]

Nativitatis [Geburt (Christi)][2]

1 Die Noten dazu sind nicht in der Kirchenordnung abgedruckt.

2 Die Noten dazu siehe Anhang. Der Text ist – wie bei den nächsten lateinischen Präfationen - alt und wurde auch in der Römischen Liturgie verwandt. Melodien und Texte setzen jeweils nach der allgemeinen Einleitung ein, die die Pastoren noch auswendig zu singen wussten.

Aeterne Deus, quia per incarnati verbi mysterium nova mentis nostrae oculis lux tuae claritatis infulsit, ut dum visibiliter Deum cognoscimus, per hunc invisibilium amorem rapiamur. Et ideo cum Angelis et Archangelis cum thronis et dominationibus, cumque omni militia coelestis exercitus, Hymnum gloriae tuae canimus sine fine dicentes.

[Ewiger Gott. Denn die geheimnisvolle Menschwerdung des Wortes zeigt dem Auge unsres Geistes das neue Licht Deiner Herrlichkeit. Indem wir Gott so mit leiblichem Auge schauen, entflammt Er in uns die Liebe zu unsichtbaren Gütern. Darum singen wir mit den Engeln und Erzengeln, mit den Thronen und Herrschaften und mit der ganzen himmlischen Heerschar den Hochgesang Deiner Herrlichkeit und rufen ohne Unterlass…][1]

Epiphanias[2]

Aeterne Deus, Quia cum unigenitus tuus in substantia nostrae mortilitatis apparuit, nova nos immortalitatis suae luce reparavit. Et ideo cum Angelis et Archangelis cum thronis et dominationibus, cumque omni militia coelestis exercitus, Hymnum gloriae tuae canimus sine fine dicentes.

[Ewiger Gott. Dein Eingeborener ist ja in der Gestalt unseres sterblichen Fleisches erschienen und hat uns so in seiner neuen, lichtvollen Unsterblichkeit wiederhergestellt. Darum singen wir mit den Engeln und Erzengeln, mit den Thronen und Herrschaften und mit der ganzen himmlischen Heerschar den Hochgesang Deiner Herrlichkeit und rufen ohne Unterlass...]

1 Bei dieser und den folgenden Übersetzungen folge ich dem Marienwalder Messbuch.

2 Noten im Anhang.

Paschae [Ostern][1]

Vere dignum et justum est, æquum et salutare: Te quidem, Domine, omni tempore, sed in hac potissimum die gloriosius prædicare, cum Pascha nostrum immolatus est Christus. Ipse enim verus est Agnus, qui abstulit peccata mundi. Qui mortem nostram moriendo destruxit et vitam resurgendo reparavit. Et ideo cum Angelis et Archangelis, cum Thronis et Dominationibus cumque omni militia cælestis exercitus hymnum gloriæ tuæ canimus, sine fine dicentes:
[Es ist in Wahrheit würdig und recht, billig und heilsam, Dich, Herr, zu jeder Zeit, vornehmlich aber an diesem Tage mit besonders festlichem Jubel zu preisen, weil Christus als unser Osterlamm geopfert ist. Er ist in Wahrheit das Lamm, das hinwegnimmt die Sünden der Welt. Durch Sein Sterben hat Er unsern Tod vernichtet und durch Seine Auferstehung neues Leben uns erworben. Darum singen wir mit den Engeln und Erzengeln, mit den Thronen und Herrschaften und mit der ganzen himmlischen Heerschar den Hochgesang Deiner Herrlichkeit und rufen ohne Unterlass.]

Ascensionis [Himmelfahrt][2]

Per Christum, Dominum nostrum. Qui post resurrectionem suam omnibus discipulis suis manifestus apparuit et, ipsis cernentibus, est elevatus in cælum, ut nos divinitatis suæ tribueret esse participes. Et ideo cum Angelis…
[Nach Seiner Auferstehung ist Er allen Seinen Jüngern im Lichtglanz erschienen: vor ihren Blicken hat Er Sich in den Himmel erhoben, um

---

1 Noten im Anhang.
2 Noten im Anhang.

uns Teilnahme an Seinem göttlichen Leben zu gewähren. Darum singen wir mit den Engeln...]

Pentecostes [Pfingsten][1]

Qui, ascendens super omnes cælos, sedensque ad dexteram tuam, promissum Spiritum Sanctum hodierna die in filios adoptionis effudit. Quapropter profusis gaudiis totus in orbe terrarum mundus exsultat. Sed et supernæ Virtutes, atque angelicæ Potestates, hymnum gloriæ tuæ concinunt, sine fine dicentes...
[Aufgefahren in den Himmel, thronend zu Deiner Rechten, hat Er am heutigen Tage, wie er verheißen, den heiligen Geist über die Gnadenkinder ausgegossen. Darum frohlockt das ganze Erdenrund in überströmender Freude. Aber auch die überweltlichen Kräfte und die Engelsmächte singen einhellig den Hochgesang Deiner Herrlichkeit und rufen ohne Unterlass…]

Trinitatis[2]

Vere dignum et justum est, æquum et salutare, nos tibi semper et ubique gratias agere: Domine sancte, Pater omnipotens, æterne Deus: Qui cum unigenito Filio tuo et Spiritu Sancto unus es Deus, unus es Dominus: non in unius singularitate personæ, sed in unius Trinitate substantiæ. Quod enim de tua gloria, revelante te, credimus, hoc de Filio tuo, hoc de Spiritu Sancto sine differentia discretionis sentimus. Ut in confessione veræ, sempiternæque Deitatis, et in personis proprietas, et in essentia unitas, et in majestate adoretur æqualitas. Quam laudant Angeli atque Archangeli,

1 Noten im Anhang.
2 Noten im Anhang.

Cherubim quoque ac Seraphim: qui non cessant clamare quotidie, una voce dicentes...

[Es ist in Wahrheit würdig und recht, billig und heilsam, Dir immer und überall dankzusagen, heiliger Herr, allmächtiger Vater, ewiger Gott. Mit Deinem eingeborenen Sohne und dem Hl. Geiste bist Du ein Gott, ein Herr: nicht als wärest Du nur eine Person, Du bist vielmehr in drei Personen ein Einziger. Was wir auf Deine Offenbarung hin von Deiner Herrlichkeit glauben, dasselbe glauben wir ohne irgendeinen Unterschied auch von Deinem Sohne, dasselbe vom heiligen Geiste. Und so beten wir beim Lobpreis des wahren und ewigen Gottes in den Personen die Verschiedenheit, in der Natur die Einheit, in der Majestät die Gleichheit an. Diese preisen die Engel und Erzengel, die Cherubim und Seraphim, die nicht aufhören, wie aus einem Munde Tag um Tag zu rufen…]

Vermahnung; Absolutio, Danksagung und Gebet vor der Kommunion

Liebe Freunde!

Ihr als Christliche Menschen, die ihr (nun) Bericht (erhalten) habt von Gott, von Gottes ernstem Willen und Gesetz, von der Erschaffung der menschlichen Natur und danach von unserer Sünde und von der Erlösung durch den Heiland Jesus Christus und von allen Artikeln des Glaubens, und (die ihr) dies alles[1] glaubt, erscheint

1 „die selbigen"

hier und kommt zu diesem hohen Trost, den uns der Herr Christus im Genuss[1] seines Leibes und Blutes gibt:

Nun kennt ihr den Eid des allmächtigen ewigen Gottes, worin er sagt: „So wahr ich lebe, ich will nicht, dass der Sünder sterbe, sondern dass er bekehrt werde und das Leben habe." (Ez 33,11)

Diesen Eid hat Gott mit seines eingeborenen Sohnes Jesu Christi Blut und Auferstehung bekräftigt. Und es ist beides darin gefasst, die Bekehrung und die Vergebung der Sünden. Gott hat geschworen, dass es sein Wille ist, dass wir nicht in Sünden wider das Gewissen bleiben sollen, sondern wir sollen uns zu ihm bekehren, vor seinem gerechten Zorn erschrecken und Schmerz im Herzen fühlen[2] wegen unseres Ungehorsams und unserer Undankbarkeit und erschreckenden Verachtung ihm gegenüber.

Wer nun ein solches Herz darbringt, wie Gott selbst spricht, er wolle in den zerschlagenen Herzen wohnen und in denen, die sein Wort fürchten: Die sollen die große Gnade, die uns um des Herren Christus willen geschenkt wird betrachten, begehren und annehmen und sollen fest glauben, dass ihnen alle Sünde um des Herrn Christus willen aus Gnade ohne unseren Verdienst vergeben sind, wenn sie diesen Trost mit Glauben und Vertrauen auf den Herren Christus annehmen. Und sie sollen nicht im Zweifel stecken bleiben, sondern wahrhaft verstehen[3], dass sie so Vergebung der Sünden empfangen und Gott gefällig und Erben ewiger Seligkeit sind, und dass der Herr Christus gewiss ihnen seinen Heiligen Geist geben will, und dass Gott in ihnen gnädiglich wohnen, sie regieren und

1 „Niessung"
2 „herzlichen schmertzen haben"
3 „schließen"

bewahren will zu ewiger Seligkeit, und sie sollen fortan im Glauben und in gutem Gewissen ihm gehorsam sein.

Dies alles sollt ihr täglich betrachten und besonders, wenn ihr zum Genuss des Leibes und Blutes unseres Herrn Christus kommt. Da erinnert uns unser Herr Christus (an) beides, nämlich dass Gottes Zorn so groß ist gegenüber unseren Sünden, das der Zorn nicht auf andere Weise hat versöhnt werden sollen, als allein durch den Gehorsam und Tod seines allerliebsten Sohnes, dass er auch gewiss alle, die bekehrt werden und auf den Sohn vertrauen, gnädig annimmt.

Und zum gewissen Zeugnis dieses seines unwandelbaren Willens, hat der Herr Christus diese Ordnung eingesetzt, dass er uns mit diesen äußerlichen sichtbaren Dingen gewisslich sein wahrhaftig Leib und Blut gibt und hiermit seine Zusage bestätigt, dass uns die Sünden gewisslich um seines Leidens willen vergeben werden, und dass er wahrhaft bei uns sein wolle, wie er spricht: „Ich bin in ihnen und ich gebe ihnen ewiges Leben." (Joh 15,4; Joh 10,28)

Darum, alle hier Erschienenen, die sich zu Gott bekehren und vor Gottes Zorn gegen ihrer Sünde erschrocken sind und glauben, dass ihnen um des Herrn Christus willen ihre Sünde vergeben werde und den Vorsatz haben, von Sünden gegen ihr Gewissen abzulassen, euch verkünde ich Vergebung der Sünde laut dem Wort Christi: „Wem ihr die Sünden vergebt, denen sind sie vergeben." (Joh 20,23)

Durch diesen Befehl des Herrn Christus spreche ich euch diese Absolution: *Dass euch eure Sünden vergeben sind um des Herrn Christus willen. Und diese Stimme des Evangeliums sollt ihr annehmen*[1] *und am*

1 Es wird sehr genau beachtet, dass nicht der Eindruck entsteht, der Priester, bzw. Pastor würde von sich aus etwas tun. Er dient nur der Stimme des

Herrn Christus wahrhaftigen Trost haben und fortan im Glauben und guten Gewissen Gott gehorsam sein.

Und zum Zeichen, dass euch selbst diese Gnade geschenkt und angeheftet[1] wird, sollt ihr den Leib und das Blut des Herrn Jesus Christus empfangen und wissen, dass der Herr Christus am Kreuz ein Opfer für euch gewesen ist und seinen Leib für euch gegeben und sein Blut für euch vergossen hat, und dass der Herr Christus euch zu seinen Gliedmaßen macht und in euch kräftig sein will.[2]

Hier[3] sollt ihr auch dem allmächtigen Gott, des Vaters unseres Herrn Jesus Christus und dem Herrn Jesus Christus für solche große Gnade danken[4] und Trost und Freude am Herrn Christus haben, denn er will bei euch sein, euch regieren und bewahren. Ihr sollt

---

Evangeliums.

1 „adplicirt“

2 In diesem Abschnitt der Lossprechung wird der zwingende Zusammenhang von Beichte und Abendmahl in den lutherischen Kirchenordnungen klar. Er ist nicht in erster Linie in der Reinheit des Abendmahlsgastes zu suchen, sondern darin, dass so Christus selbst der Rechtfertigende und Lossprecher ist: Für die Sünden vieler ist das Blut vergossen, wie es in den lutherischen Spendeformeln gesagt ist: „Christi Leib für dich gegeben, Christi Blut für dich vergossen.“ Diese Worte binden Beichte und Abendmahl ineinander, Christus vergibt die Sünden selbst mit Brot und Wein. Ohne die vorgesetzte Beichte ist man sich nach diesem Verständnis das Abendmahl nicht nur zum Gericht, sondern auch die Beichte verliert ohne ihre Anbindung an das Abendmahl ihren sakramentalen Charakter.

3 „Hie“ – vor demselben Tisch des Herrn, dem Altar dieser Kirche.

4 Mit diesen Worten ist die Präfation aufgenommen, deren Inhalt der Dank an Gott den Vater für die Gabe der Menschwerdung Christi ist.

auch hierbei von Herzen beten für die allgemeine Kirche[1] und Herrschaft[2], für euch und für eure Kinder.

***Allmächtiger wahrhaftiger Gott**, ewiger und einiger Vater unseres Heilandes Jesus Christus samt deinem einigen Sohn Jesus Christus und heiligem Geist, Erschaffer aller Kreaturen, der du weise, wahrhaftig, gütig, gerecht, ohne eigene Begierde[3] und Richter bist[4] und zürnst wider die Sünde.[5]*

Ich bekenne, und es ist mir leid[6], dass ich Sünde an mir habe[7] und ich habe dazu viel Sünde wissentlich und unwissentlich getan, und es ist mir herzlich leid, dass ich dich, wahrhaftiger Gott, erzürnt habe und bitte dich, du wollest mir durch deine große Barmherzigkeit um deines allerliebsten Sohn Jesus Christus willen alle meine Sünde vergeben, mir gnädig sein und mich um des Herrn Christus willen und durch ihn gerecht und dir

1 „gemeine Kirchen" als Übersetzung von „katholisch" aus dem Credo, bzw. der Christenheit, hier völlig ökumenisch gedacht, ganz sicher nicht konfessionell. Man dachte überhaupt nicht „konfessionell" in dem Sinn, dass es verschiedene, nebeneinander gültige Konfessionen gäbe. Darum auch die berüchtigten Verdammungen auf allen Seiten, ob im Tridentinum, Konkordienbuch und von Reformierter Seite.

2 Die Obrigkeit.

3 „keusch"

4 Die Gerechtigkeit Gottes will nichts für sich. Weil er ganz Liebe ist, also alles für den zu Richtenden und dessen Heil will, ist er gnädig, ohne freilich darum Unrecht zu ignorieren, im Gegenteil. In dieser Art von Beichthandlung ist somit der Geist des römischen Messkanons in lutherischer Weise aufgenommen.

5 Im Sinne von: Stellst du dich gegen alle Sünde.

6 „dass ich leider..."

7 Die Sünde haftet an mir, sie wird mir in Absolution und Abendmahl weggenommen, und die Gnade mir angeheftet.

wohlgefällig machen und wollest mich mit deinem Heiligen erleuchten, reinigen und regieren.[1]
Ich glaube auch deinem heiligen Evangelium und deiner gnädigen Verheißung, in der du uns um deines lieben Sohnes Jesus Christus willen Vergebung der Sünden, Gerechtigkeit und ewiges Leben zusagst[2].
Und ich bitte dich, du wollest mein Herz im Glauben und in der Erkenntnis deines lieben Sohnes stärken. Ich danke dir auch, allmächtiger Gott für alle Wohltat und besonders, dass du dich gnädiglich uns geoffenbart hast und hast uns deinen lieben Sohn zum Mittler und Versöhner für uns verordnet und uns durch ihn vom ewigen Zorn errettet und wiederum zu ewiger Seligkeit angenommen.
Und ich bitte dich, du wollest um deines Sohnes Jesus Christus willen uns armen[3]*, elenden*[4]*, schwachen*[5] *Menschen gnädig sein und dir für und für unter uns eine ewige Kirche sammeln und diese Lande und Herrschaft bewahren und uns Frieden und seliges Regiment geben und mich und meine armen Kinder gnädiglich regieren und behüten.*
Amen.

---

1 Die Gabe des Heiligen Geistes ist nicht als eine quasi religiöse Sondergabe angesehen, sondern fest eingebunden in die Herrschaft Christi, die uns befähigt, gut zu handeln und Sünde zu unterlassen.

2 Bezeichnend ist hier der Wechsel von der ersten Person Singular zum Plural. Wir dürfen dies getrost als Bestimmung von „Kirche" im Sinne von Gemeinde ansehen. Die Vergebung und die Gabe des Heiligen Geistes ist es, die uns zu einer Gemeinde werden lässt.

3 Vgl. Mt 5,2.

4 Hier klingt noch die - allein schon durch die verbreiteten Gildennamen der „Elenden" präsente - Bedeutung der Fremden mit: „Nun sind wir nicht mehr Fremdlinge, sondern Mitbürger der Heiligen und Gottes Hausgenossen." Eph 2,19.

5 Vgl. 2 Kor 12,9.

Auch danke ich dir*, allmächtiger, eingeborener Sohn Gottes Jesus Christus, dass du aus großer Liebe der armen menschlichen Kreatur gegenüber für uns gebeten hast und hast menschliche Natur an dich genommen, damit die Menschen nicht völlig in Ewigkeit verworfen würden, sondern durch dich wiederum von Sünden errettet und zu ewiger Gerechtigkeit und ewigem Leben gebracht würden.*

Und du hast den großen unaussprechlichen Zorn der göttlichen Majestät auf dich gewendet in allem deinem Gehorsam, Leiden und Sterben und bist wiederum vom Tod erstanden und bleibst Mittler und Fürbitter für uns und sammelst die eine ewige Kirche durch dein Evangelium und den Heiligen Geist, und bist Immanuel, d.i. „Gott mit uns",[1] *gibst ewige Seligkeit allen, die zu dir bekehrt werden und glauben, dass ihnen Gott um deines Leidens und deiner Fürbitte willen gnädig sei und willst gewisslich diese armen schwachen Menschen in deiner Kirche bewahren.*

Ich bitte dich *mit herzlichem Seufzen, du wollest mir gnädig sein und alle meine Sünde vergeben*

und deinen ewigen Vater für mich bitten und mir deinen Heiligen Geist geben, mich regieren und bewahren wider deine Feinde, das sind die gotteslästerlichen, lügenhaften, unreinen Teufel.

Auch wollest du, allmächtiger Gottessohn Jesus Christus, der du am Kreuz gestorben bist und am dritten Tag wiederum lebendig auferstanden bist, und bist gerecht, wahrhaft, ohne unrechte Begierde[2] *und barmherzig, (wollest du) dir für und für unter uns eine ewige Kirche sammeln und*

1 Im Sinne der trinitarischen Auslegung des alttestamentlichen Gottesnamen.

2 Unrechte Begierde für „keusch"

dieses Land[1] und seine Herrschaft[2] bewahren und uns Frieden und seliges Regiment geben und mich und meine bedürftigen Kinder[3] gnädiglich regieren und behüten.
Amen.

Danach singt der Priester das Vaterunser und die Worte vom Leib und Blut Christi, wie oben aufgezeichnet.[4]

Von der Taufe

Auf die nachfolgende Weise soll der Taufende die Leute[5] anreden und vermahnen[6], so sie Kinder zur Taufe tragen

Liebe Freunde[7] in Christus!

---

1 „Landschaft" - im alten Sinn, was in etwa meint, was wir heute Gesellschaft nennen. Das Wort ist parallel zu Mannschaft oder eben auch Gesellschaft gebildet und meinte nicht Natur.

2 Das Gefüge von Regierungen, also der Gesellschaftsstruktur.

3 „arme Kindlin"

4 Bei diesem Text handelt es sich mithin um nichts Geringeres als eine freie Übertragung, bzw. Aufnahme des Messkanons nach lutherischem Verständnis.

5 Als Übersetzung von populus [Volk], aber als Pluralform mit dem Einzelnen im Blick.

6 Entsprechend dem neutestamentlichen παρακαλεῖν, was ermahnen, aber auch trösten, also zu Herzen reden meint.

7 Auch diese Anrede ist ernst zu nehmen: Die „Leute" sind in Freundschaft miteinander verbunden, wie sie Christus gebietet. Vgl. dazu die entsprechenden Briefe von Pavel Florenskij in den „Säulen der Wahrheit". Auf dieser Anrede lässt sich eine Gemeindebegriff besser als mit einer Mitgliederliste und entsprechender Rechtskonstruktion aufbauen. Dann entfällt auch die Diskrepanz zwischen sichtbarer und unsichtbarer Kirche. Freunde in diesem Sinn werden wir durch unseren gemeinsamen Glauben an

Wir hören täglich aus Gottes Wort und erfahren es auch an unserem Leben wie am Sterben, dass wir von Adam her allesamt in Sünden empfangen[1] und geboren werden, darin wir denn unter Gottes Zorn[2] in Ewigkeit verdammt und verloren sein müssten, wenn uns nicht durch den eingeborenen Gottessohn da heraus geholfen wäre.

Weil denn dieses Kind hier in seiner Natur mit der gleichen Sünde wie wir vergiftet und verunreinigt ist,[3] weswegen es auch des ewigen Todes und der Verdammnis ist und bleiben müsste, nun aber Gott der Vater aller Gnade und Barmherzigkeit seinen Sohn Christus der ganzen Welt, und so demnach auch den Kindern um nichts weniger als Erwachsenen[4] verheißen und gesandt hat.

Er hat auch der ganzen Welt Sünde getragen und die armen Kindlein nicht weniger als die Älteren von Sünden, Tod und Verdammnis erlöst und selig gemacht und befohlen, man sollte sie zu ihm bringen, auf dass sie gesegnet würden und die er auch auf das gnädigste annimmt und ihnen das Himmelreich verheißt.

Christus, unsere Jüngerschaft.

1 Das meint nicht, dass der Akt der Sexualität Sünde wäre. Gegen dieses Missverständnis wehrt sich die Kirchenordnung an anderer Stelle ausdrücklich.

2 Wiederum nicht als Emotion zu verstehen, was eine Ungerechtigkeit von Gottes Seite bedeuten würde, denn wir können im moralischen Sinn gerade für die Erbsünde nichts. Sie setzt uns zu Gott in eine Gegnerschaft, die im Wort „Zorn“ zum Ausdruck kommt, wie oben bereits angemerkt. Grimm zum „Zorn“: „als ursprüngliche bedeutung dürfte aber nicht die gemüthsbewegung als solche anzusehen sein, sondern 'kampf, streit mit thaten und worten'“

3 In Gegnerschaft zu Gott geraten ist.

4 „als die Alten“ – Der Grund für die Aufnahme dieses Abschnittes war die Täuferbewegung. Deutlicher als dogmatische Argumentation dagegen erschien hier eine entsprechende Ansprache, die sich direkt an die Leute wandte.

Darum wollet (ihr) aus christlicher Liebe euch auch dieses armen Kindleins hier vor Gott dem Herrn mit Ernst annehmen und es auch vor den Herrn Christus bringen[1], um Vergebung der Sünden (bitten), und dass es in das Reich der Gnaden und Seligkeit auch aufgenommen werden möge und für es beten[2].

Es ist ohne Zweifel unsere Zuversicht,[3] dass unser lieber Herr Jesus Christus solche eure Werke der Liebe, die ihr gegenüber dem bedürftigen[4] Kindlein erzeigt in allen Gnaden von euch annehmen und euer Gebet auch gewisslich erhören wird, zumal er selbst gebot[5], die Kindlein zu ihm zu bringen und sie in sein Reich aufzunehmen verheißen hat.

Nun soll der Priester fragen:

Wie soll das Kind heißen?

Die Paten antworten: *N. oder N.*[6]

Danach spreche der Priester:

Fahr aus, du unreiner Geist und gib Raum dem Heiligen Geist![7]

Dann zeichne er ihm ein Kreuz an die Stirn und an die Brust und spreche:

Nimm das Zeichen des heiligen Kreuzes an der Stirn und an der Brust. Lasst uns beten:

Allmächtiger, ewiger Gott! Vater unseres Herrn Jesus Christus!

---

1 „vortragen"
2 „vorbieten helffen" - durch Fürbitten helfen.
3 „Ungezweiuelter zuuersicht"
4 „armen"
5 „befohlen"
6 Vorname.
7 In diesem Kontext ist der Exorzismus auf die Erbsünde bezogen.

Ich rufe dich an über diesen N., deinen Diener – oder: deine Dienerin -,
der – oder: die - deine Taufgnade erbittet
und deine ewige Gnade durch die Geistliche Wiedergeburt begehrt:
Nimm ihn[1] *auf, und wie du gesagt hast:*
Bittet, so werdet ihr nehmen, sucht, so werdet ihr finden, klopft an, so wird euch aufgetan.
So reiche nun das Gut dem, der da bittet und öffne die Tür dem, der da anklopft,
auf dass er den ewigen Segen dieses himmlischen Bades erlange
und das verheißene Reich deiner Gabe empfange.
Durch Christus unseren Herren,… Amen.

Lasst uns beten:[2]

Allmächtiger ewiger Gott,
der du durch die Sintflut nach deinem strengen Gericht verdammt hast und den gläubigen Noah mit den Seinen[3] *nach der deiner großen Barmherzigkeit erhalten hast und den verstockten Pharao mit all den Seinen im Roten Meer ersäuft hast und dein Volk Israel trocken hindurch geführt hast und damit dieses zukünftige Bad der Heiligen Taufe vorgezeichnet*[4] *hast und durch die Taufe deines lieben Kindes, unseres Herren Jesus Christus, den Jordan und alle Wasser zur seligen Sintflut und ausreichender Abwaschung der Sünden geheiligt und eingesetzt hast:*

---

1 Ich habe im Folgenden für diese Textübertragung auf die Femininbildungen verzichtet, die aber in der Kirchenordnung selbst für die Taufe stets vorausgesetzt werden.

2 Es folgt das bekannte altkirchliche „Sintflutgebet“ nach Luther.

3 „selb acht“: Noah, seine Frau, sowie die drei Söhne und ihre Frauen. Noah war zwar ein Gerechter, aber das gilt nicht in gleichem Maße für seine Söhne und die Frauen.

4 „bezeichnet“

Wir bitten dich, durch die (Taufe um) deine grundlose Barmherzigkeit, du wollest diesen N. gnädiglich ansehen und ihn mit rechtem Glauben im Geist beseligen, auf dass durch diese heilsame Sintflut an ihm ertrinke[1] *und untergehe alles, was von Adam angeboren ist und er selbst dazu getan hat und er aus der Zahl der Ungläubigen ausgesondert (sei), in der heiligen Arche der Christenheit trocken und sicher erhalten (bleibe), allezeit brennend*[2] *im Geist, fröhlich in Hoffnung deinem Namen*[3] *diene, auf dass er mit allen Gläubigen das ewige Leben deiner Verheißung zu erlangen würdig werde durch Jesus Christus, unseren Herren… Amen.*

Ich beschwöre dich, du unreiner Geist bei dem Namen des Vaters + und des Sohnes + und des Heiligen Geistes +, dass du ausfährst und weichst von diesem Diener Jesu Christi N.[4] *Amen.*

Lasst uns hören das heilige Evangelium (nach) St. Markus (10,13-16)

Und sie brachten Kindlein zu ihm, dass er sie anrührte. Die Jünger aber fuhren die an, die sie trugen. Da es aber Jesus sah, ward er unwillig und sprach zu ihnen: Lasset die Kindlein zu mir kommen und wehret ihnen nicht; denn solcher ist das Reich Gottes. Wahrlich ich sage euch: Wer das Reich Gottes nicht empfängt als ein Kindlein, der wird nicht hineinkommen. Und er herzte sie und legte die Hände auf sie und segnete sie.[5]

1 „ersaufe"
2 „brünstig"
3 Der Name Gottes im Gegenüber zum Namen des Getauften.
4 Vgl. die Geschichte vom besessenen Gerassener und die Versuchung Jesu.
5 Übersetzung Luther 1545.

Zu diesem Evangelium, so Zeit dafür ist und das Kind nicht schwach ist, soll der Priester diese kurze Unterrichtung und Vermahnung aus dem Evangelium anbringen:

Liebe Freunde Christi!

Wir hören in diesem kurzen Evangelium den höchsten Jammer und Not von uns selbst und diesem Kind und zugleich auch höchsten Trost. Denn erstens sind wir alle durch Adams Fall so verderbt, dass wir in Sünden empfangen und geboren sind. Wir sind also als Kinder des Zorns geboren und (gehören) der Sünde wegen in das Reich des Teufels in Tod, Hölle und Verdammnis. Denn alles, was aus Fleisch geboren ist, ist Fleisch und wird das Himmelreich nicht besitzen, es werde denn neu geboren und komme in das gnädige Reich unseres Herren. Solches haben zu seiner[1] Zeit die Menschen[2] erkannt und darum für ihre Kinder bei ihm das Himmelreich, ewigen Segen und Gnade gesucht und erbeten.

Zum Zweiten hören wir der Kinder und unseren (eigenen) höchsten Trost, (nämlich,) dass Christus, Gottes Sohn, unser Herr, so ganz bereit und willens ist, den Kindern, die vor ihn gebracht werden und uns allen, die zu ihm kommen, gnädiglich zu helfen, in der Weise, dass er auch darüber unwillig wird, hindert man sie und nicht treulich ihm anbefiehlt[3].

Zum Dritten versorgt er sie nun aufs Allergnädigste und nimmt sich ihrer aufs Freundlichste an, als wäre er - wie er es denn (auch) ist - ihr rechter natürlicher Vater. Er nimmt sie in den Arm und herzt

1 Jesu Zeit
2 „diese Leutlin"
3 „zu ihm foddert"

sie, errettet und erlöst sie aus der Sünden, Teufels, Todes und Höllen Reich und legt seine allmächtige göttliche gnädige Hand auf sie, nimmt sie in Schutz, Schirm und Verteidigung gegen alles Unglück und segnet sie, so dass sie nun mit ihm seines himmlischen Vaters Kinder, Erben und seine Miterben sein sollen. Und er warnt[1] uns Ältere, dass wir ja zusehen, dass wir auch in einfachem[2] Glauben bleiben und wie die Kinder im Himmelreich, d.i. im Reich der Gnaden und des Lebens vor ihm wandeln und in Unschuld und Reinigkeit anfangen und fortfahren, ewig[3] zu leben, damit wir nicht (auf) ewig verstoßen werden.

Da uns nun aber all dies, wie die Errettung von den Sünden und des Teufels Reich[4] durch Christus mit dem Auflegen seiner Hände, Herzen, Segnen und Zusicherung des Himmelreichs gemäß dieser seiner Worte dem Kind wie uns allen auch in einem äußerlichen Zeichen, nämlich der Taufe und dem Wort Gottes im Namen des Vaters und des Sohnes und des Heiligen Geistes überantwortet[5], zugeteilt und das Kind dadurch versichert wird, so wollen wir nun dieses (Kind) auch in des Herren Namen taufen und zuvor über unser (eigenes) Gebet hinaus[6] auch das Vaterunser beten.

Hier lege der Priester seine Hände auf das Haupt des Kindes und bete das Vaterunser, mitsamt den Paten kniend.

---

1 „drawet"
2 „einfeltigem"
3 d.h., dem Himmel gemäß.
4 „Reich" immer im Sinne von Regierung: Im Reich des Teufels ist dieser befehlender, gebietender Herr.
5 Im rechtlichen Sinn: der Herrschaft Gottes anvertrauen.
6 „uber die gesprochene Gebet". Das Vaterunser ist das Gebet Jesu.

Vater unser, der du bist im Himmel,
Geheiligt werde dein Name.
Zukomme (uns) dein Reich.
Dein Wille geschehe,
wie im Himmel, also auch auf Erden.
Unser tägliches Brot gib uns heute.
Und verlasse uns unser Schuld,
wie wir verlassen unsern Schuldigern.
Und führe uns nicht in Versuchung,
sondern erlöse uns von dem Übel.[1]
Amen.

Danach leite man das Kind zur Taufe[2], und der Priester spreche:

Der Herr behüte deinen Eingang und Ausgang von nun an bis zu ewigen Zeiten.

Danach lasse der Priester durch seine Paten dem Teufel absagen[3] und sprechen:

N., entsagst du dem Teufel?

Antwort: *Ja.*

Und allen seinen Werken?

Ja.

---

1 So hier einmal die Übersetzung, wie sie im 16. Jahrhundert üblich war. Der uns vertraute Schluss des Vaterunsers fehlt.

2 Der Taufstein befand sich im Westteil der Kirche. Wenn man dort hinzugehen hatte, darf daraus gefolgert werden, dass man zuvor sich - stehend, weil die Kirchen noch nicht bestuhlt waren - vor dem Altar befand.

3 Der Exorzismus wurde von den Reformatoren nicht in den Ritus eingefügt, sondern beibehalten, nun aber in den Kontext der lutherischen Erbsündeauffassung und Rechtfertigungslehre gestellt. Dass jemand bevollmächtigt anstelle eines Unmündigen spricht, wurde nicht als Unrecht empfunden.

Und all seinem Wesen[1]*?*

Ja.

Danach frage er:

Glaubst du an Gott, den Allmächtigen Vater,
Schöpfer Himmels und der Erden?

Antwort: *Ja.*

Glaubst du an Jesus Christus, seinen einigen Sohn, unseren Herrn,
geboren von Maria, der Jungfrau, gekreuzigt, gestorben und begraben,
auferstanden von den Toten, sitzend zur Rechten Gottes,
zukünftig zu richten die Lebenden und die Toten?

Antwort: *Ja.*

Glaubst du an den Heiligen Geist, eine heilige Christliche Kirche,
Gemeinde[2] *der Heiligen, Vergebung der Sünde,*
Auferstehung des Fleisches und nach dem Tod ein ewiges Leben?

Antwort: *Ja.*

N., willst du getauft sein?

Antwort: *Ja.*

Dann nehme der Priester das Kind und tauche es in die Taufe[3] und spreche:

---

1 Theologisch Übersetzung von essentia. Das deutsche Wort hatte auch den Ort im Sinn, wie heute noch im Anwesen. Das Wesen des Teufels konnte somit auch als seine Hofhaltung angesehen werden. „Entsagen" bedeutet hier mithin Treuebruch gegenüber dem Bösen, also Treue und Gehorsam Gott gegenüber.

2 „gemeine" - als Zitat aus dem Credo und der hier vorgegebenen Liturgie Luthers. Die „gemeine der Heiligen" meint die gesamte erlöste Christenheit, nicht eine Kirchengemeinde.

3 Eingetaucht wurden sinnbildlich die Füße, wie auf Renaissancebildern Jesus mit seinen Füßen im Jordan stand.

Und ich taufe dich im Namen des Vaters und des Sohnes und des Heiligen Geistes.

Dann sollen die Paten das Kind halten in der Taufe[1] und der Priester spreche, während er das Westerhemd[2] anzieht:

Der allmächtige Gott und Vater unseres Herrn Jesus Christus, der dich von neuem[3] geboren hat durch Wasser und den Heiligen Geist und hat dir alle deine Sünde vergeben, der stärke dich mit seiner Gnade zum ewigen Leben. Amen.

Friede sei mit dir!

Antwort: *Amen.*

Von der Nottaufe

Die Pfarrherren sollen das Volk in den Predigten (davon) unterrichten, dass sie nicht leichtlich zur Nottaufe eilen sollen. Wenn es aber die hohe Notdurft erfordert, dass man taufen soll und muss, dass die, die dabei sind, unseren Herrn Gott zuvor anrufen und ein Vaterunser beten, (und) wenn dies geschehen ist, (das Kind) dann taufen im Namen des Vaters und des Sohnes und des Heiligen Geistes. Und dass man dann nicht (daran) zweifle, dass das Kind

1 Im Sinn ist der „Taufumgang", ein abgetrennter Bereich um den Taufstein herum.

2 Taufkleid, seit der alten Kirche war diese symbolische Brauch üblich. Eph 4,24: „und zieht den neuen Menschen an, der nach Gott geschaffen ist in wahrer Gerechtigkeit und Heiligkeit."

3 „anderweit" - zum zweiten Mal.

recht und genugsam getauft sei, und es soll nicht wiederum in der Kirche oder sonst getauft werden.

Doch wenn man will, so mag man ein solches Kind in die Kirche tragen, damit der Pfarrherr die Leute frage, ob sie auch gewiss seien, dass das Kind recht getauft sei und auf welche Weise und mit welchen Worten sie es getauft haben. Und wenn sie dann sagen werden, dass sie Gott über dem Kind in der Not angerufen haben und nach geschehenem Gebet im Namen des Vaters und des Sohnes und des heiligen Geistes getauft haben, und dass sie nicht Zweifel haben, sondern dessen gewiss sind, wenn das Kind bald darauf gestorben ist, dass es dennoch rechtschaffen getauft wäre, so soll der Pfarrherr es nicht wieder taufen, sondern es bei solcher Taufe bleiben lassen und es da[1] in der Gemeinde und Zahl der rechtschaffenen Christen[2] annehmen, das Evangelium Mk 10, wie man es bei der Taufe zu lesen pflegt, über dem Kind lesen und es durch das Gebet Gott, dem allmächtigen befehlen und im Namen des Herrn gehen lassen, auf folgende Weise:

Der Pfarrherr frage also:

Liebe Freunde Christi! Weil wir allesamt in Sünden unter Gottes Zorn zum ewigen Tod und Verdammnis geboren werden und keine anderen Mittel haben, wodurch wir die Sünden los, vor Gott gerecht und selig werden mögen, als durch unseren einen Mittler und Heiland Jesus Christus, und dieses Kind hier in solchen Nöten auch steckt, so frage ich euch, ob es dem

1 „alda", also in dem Kirchengebäude.

2 Im Blick ist hier die eschatologische Gemeinde und die Zahl meint das, was in der Offenbarung des Johannes angesprochen ist, denn dieser Satz betrifft ja auch die verstorbenen Kinder.

Herrn Christus zugetragen und durch die Taufe auch (in den Leib Christi) eingeleibt sei oder nicht?

Wird nun geantwortet: *Ja.*

So frage der Pfarrherr ferner:

Durch wen ist dies geschehen, und wer ist dabei gewesen?

Spricht dann jemand:

Die und die Person N. und N. sind dabei gewesen,
und die Person hat dem Kind die Taufe gegeben.

Darauf frage der Pfarrherr weiter:

Habt ihr auch den Namen des Herrn angerufen und gebetet?

Und wird geantwortet:

Ja, wir haben Gott angerufen und das Vaterunser gebetet.

So frage er weiter:

Womit habt ihr getauft?

Antworte man:

Mit Wasser.

So fragt der Priester:

Mit welchen Worten habt ihr getauft?

So man dann sagt:

Ich taufe dich im Namen des Vaters,
des Sohns und des Heiligen Geistes.

So frage er endlich:

Seid ihr sicher[1]*, dass ihr das Wort nach dem Befehl Christi gebraucht habt?*

Und wenn sie daraufhin antworten:

Ja, wir sind sicher.[2]

---

1 „wisset ir"
2 „wir wissens"

So sagt er:

Nun, mein lieben Freunde! Weil ihr denn im Namen und auf den Befehl unseres lieben Herrn Gottes solches alles getan habt, so sage ich, dass ihr recht und wohl getan habt, zumal die armen Kindlein der Gnade bedürfen und unser Herr Jesus Christus ihnen die Gnade nicht abspricht, sondern sie aufs aller freundlichste zu sich bittet[1], wie solches der nachfolgende Text des heiligen Evangeliums tröstlich bezeugt, die der Evangelist so beschrieben hat:

Markus 10:
Und sie brachten Kindlein zu ihm, dass er sie anrührte. Die Jünger aber fuhren die an, die sie trugen. Da es aber Jesus sah, ward er unwillig und sprach zu ihnen: Lasset die Kindlein zu mir kommen und wehret ihnen nicht; denn solcher ist das Reich Gottes. Wahrlich ich sage euch: Wer das Reich Gottes nicht empfängt als ein Kindlein, der wird nicht hineinkommen. Und er herzte sie und legte die Hände auf sie und segnete sie.

Und weil wir aus den eben gehörten Worten unseres Herrn Christus dessen gewiss und sicher sind, dass dies Kind zum Reich der Gnaden auch angenommen ist, wollen wir bitten, dass es darin zur ewigen Seligkeit beständig erhalten werde.

Lasst uns beten:

Der allmächtige Gott und Vater unseres Herrn Jesus Christus, der dich durch Wasser und den heiligen Geist von Neuem geboren hat und dir alle

1 „dazu foddert“

deine Sünde vergeben hat, der stärke dich mit seiner Gnade zum ewigen Leben. Amen.

Friede sei mit dir.

Würden aber die Leute, wenn sie das Kind zur Taufe bringen, auf die Fragen des Pfarrherrn ungewiss Antwort geben und sagen, sie wüssten nicht, was sie gedacht und noch weniger, was sie in solch großer Not getan haben, - wie es bisweilen zu geschehen pflegt - so mache man nicht viel Disputierens, sondern nehme das Kind als ungetauft und bitte es zur Taufe, so wie man alle Ungetauften zur Taufe bittet und zu taufen pflegt.[1]

Und wenn man (dann) die Gebete samt dem Exorzismus gesprochen hat und die Kinder durch die Paten dem Teufel entsagen und das Glaubensbekenntnis hat tun lassen, so taufe denn der Pfarrherr die Kinder ohne alle Bedingung im Namen des Vaters und des Sohns und des heiligen Geistes.

Wie mit den Leuten in der Beichte zu handeln[2] ist

Weil es zweierlei Leute gibt, die zur Beichte kommen, einige, die nicht verstehen und wenig Gewissen haben, aber doch nicht

1 Hinter dieser Ordnung steht der Wunsch, den Eltern die Gewissheit einer gültigen Taufe zu geben.

2 Das Wort „handeln" entspricht hier dem lateinischen agendum. Bei diesem Abschnitt handelt es sich nicht so sehr um eine Agende im strengen Sinn als wörtlich nachzuvollziehende Liturgie, sondern um eine beispielhafte Anregung, die dem Sinn nach befolgt werden sollte.

verdorben[1] sind, wie man (deren) etliche findet, was daher kommt, dass die Leute unter dem Papsttum gar nicht unterrichtet oder gelehrt waren, was Sünde sei, was daraus erfolge, wie man ihrer ledig werde und Gnade erlangen soll, etc. Sie sind so im Unverstand aufgewachsen, wollten Gott wohl gern recht tun und schämen sich doch, im Alter zu lernen, und es will ihnen auch schwer und nur kümmerlich eingehen, so bleiben sie deshalb oftmals der Beichte und dem Sakrament fern, solange sie es immer verziehen und verschieben können.

Wenn nun solche Leute (zur Beichte) kommen, die das gern auf rechte Weise tun wollen und doch nicht wissen wie, denen sollte man ernstlich an das Gewissen rühren und sie erkennen und fühlen lehren, dass sie arme Sünder seien und der Gnade bedürfen, ungefähr auf folgende Weise.

Wenn einer kommt und so spricht: Würdiger, lieber Herr! Ich komme und wollte mich auch gern, wie es einem gottesfürchtigen frommen Christenmensch gebührt erzeigen, so weiß ich nicht, wie ich mich dazu schicken soll und was zu tun ist. Darum bitte ich, ihr wollt mich doch aufs Beste hin unterrichten.

So spreche der Pfarrherr:

Lieber Freund! Weißt du die Zehn Gebote und was Gott in ihnen von allen Menschen fordert, das sie tun und lassen sollen?

Antwort:

---

1 „verrucht" - Adelung: „einen hohen Grad der Fertigkeit in muthwilliger Übertretung göttlicher und menschlicher Gesetze besitzend, und darin gegründet."

Nein, Herr, ich kenne sie leider nicht – wie denn unter dem Papsttum nur wenige Pfaffen, von armen Laien zu schweigen die Zehn Gebote können.

So sage der Beichtvater weiter:

Lieber Freund!

Weil du die Zehn Gebote nicht weißt, so ist es gewiss, dass du sie viel weniger gehalten hast. Das ist aber die größte Sünde, die ein Mensch tun mag, so gar nichts nach Gott fragen, der du zwanzig, dreißig oder vierzig etc. Jahre vor dich hin gehst, täglich so vieler Gaben Gottes und Güter gebrauchst und lässt dir Leib, Seele, Sinne, Vernunft, Essen, Trinken und alles, was nottut geben, ja du lässt dir seinen lieben Sohn (Christus) dienen mit seinem Leiden und Tod zu deiner Erlösung und Seligkeit, lässt dir davon alle Tage predigen und gehst gleichwohl so vor dich hin, dass du nicht einmal denkst oder danach fragst, was du doch dem lieben barmherzigen Gott zu Lob, Dank und Dienst für solche große und mannigfaltige Wohltat auch schuldig und verpflichtet seist. Denn da muss gewiss der Teufel allen seinen Willen haben und dein Herz, das so gar nichts von Gott weiß noch lernen will, mit Gewalt treiben und reißen, immerzu von einer Sünde zur anderen. Darum denke, wenn du jetzt sterben solltest, dass du solch gräuliche Verachtung Gottes und seines heiligen Wortes vor seinem gestrengen Gericht gewiss nimmer mehr verantworten können würdest, sondern du müsstest darin verzweifeln und ewiglich verloren sein.

Und weil dir aber unser lieber Gott dein Leben (noch) fristet, so denke, dass du dir solch gräuliche Sünde herzlich leid sein lässt, bittest Gott um Vergebung und Gnade, lässt deinen Fleiß auch dabei (walten), sein heiliges Wort und Evangelium mit Ernst und Andacht hören und lernen, entsprechend auch zu leben und fromm zu sein, etc.

Auf solche Weise - sage ich[1] - muss man, die von Gottes Wort gar nichts wissen und in einem so gar bösen rohen Leben hingegangen sind erinnern, wenn sie zur Beichte kommen und damit auch zur Erkenntnis ihrer Sünden gebracht werden und in ihnen das Gewissen erweckt[2] werde. Denn wenn die Sünde nicht erkannt und das Gewissen nicht gerührt wird, da achtet man auch Christus nicht, gedenkt nicht, dass das Evangelium ein solch teurer Schatz, ein solch seliges Gnadenwort allen Heils ist und - wie Paulus es nennt - gewisser, reicher, ewiger Trost sei, auch mitten im Tod.

Wenn aber den Leuten ihre Sünde auf diese Weise offenbar wird oder sonst ohne besondere Erinnerung des Beichtvaters für sich selbst vor Augen tritt[3] und sich als arme Sünder bekennen und aus Gottes Wort Unterricht und Trost begehren, damit sie der Sünden ledig werden mögen, die soll man ungefähr auf solche Weise unterrichten und trösten:

---

1 Dies eingeschobene „(sage ich)" dürfen wir wiederum als einen Hinweis darauf nehmen, dass es sich bei der Verfassung der Kirchenordnung um eine redaktionelle Arbeit handelt, mit der ganze Textblöcke aus anderen Schriften entnommen wurden.

2 Der Schreiber geht davon aus, dass jedem das Gewissen von Natur gegeben ist, es aber wie aus dem Schlaf erst durch die Gebote erweckt werden muss. Das Bild wurde in der späteren „Erweckung" aus dem „Sündenschlaf" mächtig.

3 „für sich selbst komen"

Lieber Freund!

Dass du dich als armen Sündern erkennst, ist gut und ein gewisses Zeichen, dass du noch einen gnädigen Gott hast. Denn wo man die Sünde nicht erkennt, keine Reue hat und es einem nicht leidtut, ist es ein böses Zeichen und besorgniserregend, dass der Teufel die Herzen gar besessen und verstockt habe. Darum sollst du gewisslich dafür halten, dass du deine Sünde somit erkennst, darüber Reue verspürst und es dir leidtut und du begehrst, dies loszuwerden, solches sei eine besondere große Gnade Gottes und Werk des heiligen Geistes, wofür du Gott dem Herren zu danken schuldig bist.

Noch mehr aber sollst du Gott, dem Herren dafür danken, dass er dich in deinen Sünden, der Reue und dem, dass es dir leidtut, nicht völlig verzweifeln lässt, sondern dir so gnädig ist, dass er dich lehrt, bei seinem heiligen Evangelium um seines Sohnes Jesus Christus willen Trost und Vergebung zu suchen.

Auf dass du aber solcher Gnaden um so mehr gewisser und sicherer sein magst, will ich dir auch das Wort der Absolution mitteilen, dadurch die Gnade, die sonst durch die öffentliche Predigt des Evangeliums aller Welt gemeinhin gepredigt wird, dir für deine Person in Sonderheit verheißen und dieser Stunde (nun) gegeben wird. Und, mein lieber Freund, dies Wort der Absolution, das ich dir auf Gottes Verheißung hin mitteile, sollst du achten, als ob Gott durch eine Stimme vom Himmel Gnade und Vergebung deiner Sünde (dir) zusagt. Und du sollst Gott herzlich danken, der solche Gewalt der Kirche und den Christen auf Erden gegeben hat.

Form der Absolution

Der allmächtige Gott und Vater unseres Herrn Jesus Christus will dir gnädig und barmherzig sein und will dir all deine Sünde vergeben um dessen willen, dass sein lieber Sohn Jesus Christus dafür gelitten hat und gestorben ist.
Und im Namen dieses, unseres Herren Jesus Christus, auf seinen Befehl und in kraft seines Wortes, als er sagt:
Denen ihr die Sünde erlasst, denen sind sie erlassen etc. spreche ich dich aller deiner Sünden frei, ledig und los, dass sie dir allzumal vergeben sein sollen, so reichlich und vollkommen, wie Jesus Christus das durch sein Leiden und Sterben verdient und durch das Evangelium in alle Welt zu predigen befohlen hat.
Und diese tröstliche Zusage, die ich dir jetzt im Namen des Herrn Christus getan habe, wollest du als Trost[1] *annehmen, dein Gewissen daraufhin zufrieden stellen und fest glauben:*
Deine Sünden sind dir gewisslich vergeben im Namen des Vaters und des Sohnes und des heiligen Geistes.

Gehe hin im Frieden!

---

1 „tröstlich“

Wie man zu kranken Leuten reden[1] und sie trösten soll

Lieber Freund!

Weil euch unser Herrgott mit Schwachheit heimgesucht, damit ihr es Gottes Willen anheimstellt, sollt ihr wissen:

Zum *Ersten,* dass solche unseres Leibes Krankheit uns von Gott aus keinem anderen Grund als allein um der Sünde willen zugeschickt wird, und dass die Erbsünde, die von Adams uns vererbt ist, den Tod und alles, was in des Todes Reich gehört und Gebrechen, Krankheit, Elend, Jammer, etc. mit sich bringt. Denn wenn wir ohne Sünde blieben, so hätte auch der Tod, (und noch) viel weniger andere Krankheit an uns etwas zu schaffen vermocht.

Zum *Zweiten,* damit wir aber in unseren Sünden, in Krankheit und allerlei Anfechtung, auch Todesangst und Not nicht verzweifeln müssen, so lehrt uns das heilige Evangelium, dass uns Christus, Gottes Sohn von den Sünden los und selig machen will, wenn wir an seine Verheißung glauben. Und dies geschieht auf zweierlei Weise: Zuerst, indem er uns hier auf Erden unsere Herzen durch das Evangelium und die heiligen Sakramente reinigt. Apg 15(,8): „Er hat ihre Herzen durch den Glauben gereinigt." Zum anderen, wenn aber unser Gewissen dergestalt von Sünden gereinigt (ist) und (wir) mit Gott dem Vater durch den Glauben versöhnt sind, muss auch die

1 Sie „berichten": „Unterricht" und „berichten" haben als Stamm den Begriff des „Richtens" nicht im Sinne von Urteil, sondern von der Ausrichtung. Diese Worte haben ihr Pendant in der „Bekehrung".

Sünde aus unserer Natur und Wesen ausgefegt und vertilgt werden[1] und wir endlich von allen Sünden gereinigt und in göttlicher Gerechtigkeit und Reinigkeit vollkommen werden, damit wir mit Gott ewig leben sollen.

Zum *Dritten*: Damit nun solches geschehe und in uns vollbracht werde, so schickt uns unser lieber Herrgott Krankheit, ja auch den Tod zu, nicht in dem Sinn, dass er mit uns zürne und uns verderben wollte, sondern aus großen Gnaden, dass er uns in diesem Leben zu wahrer Buße und Glauben treiben will und endlich aus den Sünden, in denen wir noch stecken und aus allem Unglück, ob leiblich oder geistlich frei machen will, wie dies die heilige Schrift reichlich bezeugt, denn so sagt St. Paulus 1 Kor 11(,32): „Wenn wir vom Herrn gerichtet werden, so werden wir gezüchtigt, auf dass wir nicht mit der Welt verdammt werden."

Ebenso Röm 8(,28): „Denen, die Gott lieben, müssen alle Dinge zum Besten dienen, und nichts kann sie von der Liebe Gottes in Christus Jesus abscheiden, sei es Feuer, Schwert, Hunger, Tod oder Leben."

Zum *Vierten*: Weil nun dem so ist und du aus dem heiligen Evangelium durch den Mund des Sohnes Gottes, unseres Herren Jesus Christus gepredigt und mit seinem Tod und Auferstehung bezeugt, dessen auf das aller Gewisseste sicher bist, dass alle deine Sünde von dir auf Christus, ja nun auch von Christus ganz und gar hinweg getan und auf ewig vertilgt ist und so vor Gottes Angesicht kein Grund des Zorns und Verdammnis über die Gläubigen vorhanden ist, sondern Gnade, Trost, Leben und Seligkeit. Unser

1 Hier klingt die Fegefeuerlehre nach, bzw. sie wird lutherisch gewandelt, in die Beichte zurückgeholt.

lieber Herr Gott hat dich nun in seinen Augen nicht als einen bösen, verdammten Sünder von Adam geboren, sondern als ein gänzlich gerechtes liebes Kind in Christus. In solch Gerechtigkeit und Leben sollst du gewisslich ewiglich leben und selig sein, sofern du es glaubst, wie er gewiss und wahrhaftig nicht in seinen eigenen, sondern in deinen Sünden Gottes Zorn getragen hat und gestorben ist.

So siehe: Tröste dich solcher Gnaden und wisse, dass die Sünde, Gottes (Straf-)Gericht, Tod und Hölle nichts mehr mit dir zu schaffen haben, sondern Christus, das einige Lamm Gottes trägt sie - Joh 1(,36). Er hat sie auf sich genommen und nicht allein dies, sondern auch durch sich selbst überwunden und (auf) ewig getilgt. Darum sollst du dich durch ihn und in ihm deinem Herrn Jesus Christus aller Gnaden des Trostes und Heils und Seligkeit zu Gott dem Vater versehen und in solcher tröstlicher Zuversicht (dich) in seinen gnädigen väterlichen Willen ergeben und sagen: „Der ist mein Licht, vor wem sollte ich mich fürchten?“ (Ps 27,1) „Mein Vater im Himmel, dein Wille geschehe, in deine Hände befehle ich meinen Geist.“ (Ps 31,6) Amen.

Vom Krankenabendmahl[1]

Wenn der Kranke zuvor durch Gottes Wort unterrichtet und mit dem Wort der Absolution getröstet ist, bereite man den Tisch würdig[2] mit Brot und Wein, aufgelegtem Tuch etc. zur Kommunion. Und wenn das geschehen ist, spreche man dem Kranken einen feinen tröstlichen Betpsalm vor wie Psalm 25.

Nach dir, HERR, verlangt mich. Mein Gott, ich hoffe auf dich;
lass mich nicht zu Schanden werden, dass sich meine Feinde nicht freuen über mich.
Denn keiner wird zu Schanden, der deiner harret; aber zu Schanden müssen sie werden, die leichtfertigen Verächter.
HERR, zeige mir deine Wege und lehre mich deine Steige; leite mich in deiner Wahrheit und lehre mich!
Denn du bist der Gott, der mir hilft; täglich harre ich dein.
Gedenke, HERR, an deine Barmherzigkeit und an deine Güte, die von der Welt her gewesen ist.
Gedenke nicht der Sünden meiner Jugend und meiner Übertretungen;
gedenke aber mein nach deiner Barmherzigkeit um deiner Güte willen!
Der HERR ist gut und fromm; darum unterweist er die Sünder auf dem Wege.
Er leitet die Elenden recht und lehrt die Elenden seinen Weg.
Die Wege des HERRN sind eitel Güte und Wahrheit denen,
die seinen Bund und seine Zeugnisse halten.

1 „Wie man die krancken Communicieren soll."
2 „ehrlich"

Um deines Namens willen, HERR, sei gnädig meiner Missetat, die da groß ist.
Wer ist der, der den HERRN fürchtet? Er wird ihn unterweisen den besten Weg.
Seine Seele wird im Guten wohnen, und sein Same wird das Land besitzen.
Das Geheimnis des HERRN ist unter denen, die ihn fürchten; und seinen Bund lässt er sie wissen.
Meine Augen sehen stets zu dem HERRN; denn er wird meinen Fuß aus dem Netze ziehen.
Wende dich zu mir und sei mir gnädig; denn ich bin einsam und elend.
Die Angst meines Herzens ist groß; führe mich aus meinen Nöten!
Siehe an meinen Jammer und mein Elend und vergib mir alle meine Sünden!
Siehe, dass meiner Feinde so viel sind und hassen mich aus Frevel.
Bewahre meine Seele und errette mich,
lass mich nicht zu Schanden werden; denn ich traue auf dich.
Schlecht und Recht, das behüte mich; denn ich harre dein.
Gott, erlöse Israel aus aller seiner Not!

Will man, mag man einen kürzeren Psalm nehmen wie den 130. „Aus der Tiefe…“ etc.
Nach dem Psalm lese man dem Kranken einen tröstlichen Text aus dem Evangelium, wie ungefähr diesen:

Joh 3(,16-18)
Also hat Gott die Welt geliebt, dass er seinen eingeborenen Sohn gab, auf dass alle, die an ihn glauben, nicht verloren werden, sondern das ewige

Leben haben. Denn Gott hat seinen Sohn nicht gesandt in die Welt, dass er die Welt richte, sondern dass die Welt durch ihn selig werde.
Wer an ihn glaubt, der wird nicht gerichtet; wer aber nicht glaubt, der ist schon gerichtet, denn er glaubt nicht an den Namen des eingeborenen Sohnes Gottes.

Folgt Joh 6(,37-39)
Alles, was mir mein Vater gibt, das kommt zu mir; und wer zu mir kommt, den werde ich nicht hinausstoßen. Denn ich bin vom Himmel gekommen, nicht dass ich meinen Willen tue, sondern den Willen des, der mich gesandt hat. Das ist aber der Wille des Vaters, der mich gesandt hat, dass ich nichts verliere von allem, was er mir gegeben hat, sondern dass ich's auferwecke am Jüngsten Tage.

Nach dem Evangelium bete man mit dem Kranken das Vaterunser und spreche darauf die Einsetzungsworte:

Unser Herr Jesus Christus, in der Nacht, da er verraten ward, nahm er das Brot, dankt' und brach's und gab's seinen Jüngern und sprach: Nehmt hin und esset, das ist mein Leib, der für euch gegeben wird. Solches tut zu meinem Gedächtnis.

Auf diese Worte hin reiche man dem Kranken den Leib des Herren, so sprechend:

Der Leib unseres Herrn Jesus Christus, für dich in den Tod gegeben, stärke und bewahre dich im Glauben zum ewigen Leben. Amen.

Danach nehme er den Kelch und spreche:

Desgleichen nahm er auch den Kelch nach dem Abendmahl und sprach: Nehmt hin und trinket alle daraus, dieser Kelch ist das neue Testament in meinem Blut, das für euch vergossen wird zur Vergebung der Sünden. Solches tut, so oft ihr's trinkt, zu meinem Gedächtnis.

Und auf diese Worte hin reiche man dem Kranken denn auch das Blut des Herrn, sprechend:

Das Blut unseres lieben Herrn Jesus Christus, für deine Sünde vergossen[1], *stärke und bewahre dich in rechtem Glauben zum ewigen leben. Amen.*

Danach spreche man mit dem Kranken Psalm 117:

Lobet den HERRN, alle Heiden! Preiset ihn, alle Völker!
Denn seine Gnade und Wahrheit waltet über uns in Ewigkeit. Halleluja!

Oder so man will, mag man Psalm 103 sprechen: „Lobe den Herrn, meine Seele, etc."

Benedictio:

Der Herr segne dich und behüte dich.
Der Herr erleuchte sein Angesicht über dir und sei dir gnädig.
Der Herr erhebe sein Angesicht auf dich und gebe dir Frieden. Amen.

Man mag auch nach der Kommunion und sonst einige schöne Trostpsalmen dem Kranken, so er Lust und Andacht dazu hat aus dem Psalter vorlesen wie den 91. Psalm „Wer unter dem Schirm des Höchsten sitzt…". Ebenso Psalm 118, das schöne Confitemini.[2]

---

1 Hier findet sich expressis verbis die eigentliche Absolution, durch Christus selbst vollzogen.

2 Vgl. „Das schöne Confitemini" Martin Luthers von 1530.

Bräutigam und Braut zu trauen und zu segnen[1]

Erstlich sollen die, die heiraten wollen[2], drei Sonntage vor der Gemeinde öffentlich verkündigt und aufgeboten werden mit diesen Worten:

Hans N. und Greta N. wollen nach Göttlicher Ordnung[3] in den heiligen Stand der Ehe eintreten und begehren dafür ein gemeines Christliches Gebet für sie, damit sie dies in Gottes Namen anfangen und es wohl gerate.
Und hätte jemand darein zu reden[4], der tue es beizeiten oder schweige danach.
Gott gebe ihnen seinen Segen.

Danach, wenn sie (von ihren Eltern[5]) zusammengegeben werden, mag man sie vor der Kirchen(tür) oder daheim[6] mit folgenden Worten trauen:

Hans, willst du Greta zum ehelichen Gemahl[7] haben?
Er sage: *Ja.*
Greta, willst du Hans zum ehelichen Gemahl haben?

---

1 Der Text folgt Luthers Traubüchlein von 1529, ist aber ausführlicher.
2 „so zur Ehe greiffen wollen"
3 In dieser Formulierung wird das Eheverständnis deutlich: Es handelt sich nicht in erster Linie um einen Vertrag, bzw. privates Bündnis, sondern um einen Stand, nach dem man „greifen", nach späterer Formulierung „eintreten" kann. „gemein" ist hier im Sinn des Öffentlichen zu verstehen.
4 Eine Einrede war eine juristische Handlung im Prozessrecht.
5 Das dürfte der Normalfall gewesen sein.
6 Also im (einfachen) Normalfall damals noch nicht vor dem Altar.
7 Es gab noch nicht die feminine Form. Gemahle waren sie bereits als Verlobte, darum das Adjektiv ehelich.

Sie sage: *Ja.*

Dann lasse der Priester sie die Trauringe einander geben und füge ihre beiden rechten Hände zusammen und spreche:

Was Gott zusammenfügt[1]*, soll kein Mensch scheiden.*

Danach spreche er vor allen in der Gemeinde[2]:

Weil denn Hans N. und Greta N. einander zur Ehe begehren[3] *und solches hier öffentlich vor Gott und der Welt bekennen, darauf sie die Hände und Trauringe einander gegeben haben, so spreche ich sie (nun) ehelich zusammen*[4] *im Namen des Vaters und des Sohnes und des heiligen Geistes.*[5] *Amen.*

Wenn sie ihren öffentlichen Kirchgang halten wollen, mag man in den Kirchen nach (folgender) beschriebener Zeremonie verfahren:[6]

---

1 Heute wird die Bibel zitiert und das Verb im Perfekt gesprochen. Nach dem Verständnis der Kirchenordnung geschieht dies aber im Augenblick der Trauung.

2 Auch hier ist nicht eine Kirchengemeinde im heutigen Sinn im Blick, sondern die anwesende Öffentlichkeit.

3 Die Ehe war ein Stand, in den man eintrat, dafür bedurfte es eines Gemahls. In einen Stand trat man ein, aber man verließ ihn nicht.

4 Dies ist nicht so zu deuten, dass der Pastor der Handelnde ist und nicht das Brautpaar, sondern in dem Sinn zu verstehen, dass der Pastor den Rechtsakt bestätigt, wie heute der Standesbeamte eine Trauung „vollzieht". In einen Stand kann man sich nicht selbst erheben, sondern man wird dazu öffentlich erhoben.

5 Dies besagt nicht, dass der Priester der sei, der die beiden verheiratet hat, sondern Subjekt ist Gott, wie die Trauformel und die trinitarische Formel es besagen. Der Priester ist nur der den Rechtsakt vollziehende Diener im Amt Gottes, nach dem ausdrücklichen Willen des Ehepaares.

6 Dieser Teil der Trauung erfolgte nach der eigentlichen Eheschließung vor der Kirchentür darauf in der Kirche, so es gewünscht wurde. Die Trauung selbst in

Zunächst singe man Psalm 127 auf Latein oder Deutsch wiefolgt:

Wo der HERR nicht das Haus baut, so arbeiten umsonst, die daran bauen.
Wo der HERR nicht die Stadt behütet, so wacht der Wächter umsonst.
Es ist umsonst, dass ihr früh aufstehet und hernach lange sitzet
und esset euer Brot mit Sorgen; denn seinen Freunden gibt er's schlafend.
Siehe, Kinder sind eine Gabe des HERRN, und Leibesfrucht ist ein Geschenk.
Wie die Pfeile in der Hand des Starken, also geraten die jungen Knaben.
Wohl dem, der seinen Köcher derselben voll hat!
Die werden nicht zu Schanden, wenn sie mit ihren Feinden handeln im Tor.

Oder Psalm 128:

Wohl dem, der den HERRN fürchtet und auf seinen Wegen geht!
Du wirst dich nähren deiner Hände Arbeit; wohl dir, du hast es gut.
Dein Weib wird sein wie ein fruchtbarer Weinstock drinnen in deinem Hause,
deine Kinder wie Ölzweige um deinen Tisch her.
Siehe, also wird gesegnet der Mann, der den HERRN fürchtet.
Der HERR wird dich segnen aus Zion, dass du sehest das Glück Jerusalems dein Leben lang
und sehest deiner Kinder Kinder. Friede über Israel!

Nach dem Psalm mag eine dienliche Lesung aus dem Evangelium folgen wie diese:

---

der Kirche zu halten, getraute man sich nicht. Dazu fehlte ihnen das biblische Mandat, bzw. man wagte sich nicht mit dieser „fleischlichen" Angelegenheit vor den Altar. Auf der anderen Seite empfand man das Standesrecht als göttliche Ordnung.

Joh 2(1-11)

Es ward eine Hochzeit zu Kana in Galiläa; und die Mutter Jesu war da. Jesus aber und seine Jünger wurden auch auf die Hochzeit geladen. Und da es an Wein gebrach, spricht die Mutter Jesu zu ihm: Sie haben nicht Wein. Jesus spricht zu ihr: Weib, was habe ich mit dir zu schaffen? Meine Stunde ist noch nicht gekommen. Seine Mutter spricht zu den Dienern: Was er euch sagt, das tut. Es waren aber allda sechs steinerne Wasserkrüge gesetzt nach der Weise der jüdischen Reinigung, und ging in je einen zwei oder drei Maß. Jesus spricht zu ihnen: Füllet die Wasserkrüge mit Wasser! Und sie füllten sie bis obenan. Und er spricht zu ihnen: Schöpfet nun und bringet's dem Speisemeister! Und sie brachten's. Als aber der Speisemeister kostete den Wein, der Wasser gewesen war, und wusste nicht, woher er kam (die Diener aber wussten's, die das Wasser geschöpft hatten), ruft der Speisemeister den Bräutigam und spricht zu ihm: Jedermann gibt zum ersten guten Wein, und wenn sie trunken geworden sind, alsdann den geringeren; du hast den guten Wein bisher behalten. Das ist das erste Zeichen, das Jesus tat, geschehen zu Kana in Galiläa, und offenbarte seine Herrlichkeit. Und seine Jünger glaubten an ihn.

Danach singe man: „Nun bitten wir den Heilgen Geist“ (EG 124)

Dann trete der Pfarrherr oder Kaplan[1] vor den Altar, lässt Bräutigam und Braut auch hinzutreten, lese über ihnen Gottes Wort wiefolgt: (1 Mose 2,18-24)

Und Gott der HERR sprach: Es ist nicht gut, dass der Mensch allein sei; ich will ihm eine Gehilfin machen, die um ihn sei. Denn als Gott der HERR gemacht hatte von der Erde allerlei Tiere auf dem Felde und allerlei Vögel

1 Hier wurde vermutlich auch an höfische Verhältnisse gedacht. Ein Kaplan war im späten Mittelalter ein Priester ohne Ortsgemeinde.

unter dem Himmel, brachte er sie zu dem Menschen, dass er sähe, wie er sie nennte; denn der wie Mensch allerlei lebendige Tiere nennen würde, so sollten sie heißen. Und der Mensch gab einem jeglichen Vieh und Vogel unter dem Himmel und Tier auf dem Felde seinen Namen; aber für den Menschen ward keine Gehilfin gefunden, die um ihn wäre. Da ließ Gott der HERR einen tiefen Schlaf fallen auf den Menschen, und er schlief ein. Und er nahm seiner Rippen eine und schloss die Stätte zu mit Fleisch. Und Gott der HERR baute ein Weib aus der Rippe, die er vom Menschen nahm, und brachte sie zu ihm. Da sprach der Mensch: Das ist doch Bein von meinem Bein und Fleisch von meinem Fleisch; man wird sie Männin heißen, darum dass sie vom Manne genommen ist. Darum wird ein Mann Vater und Mutter verlassen und an seinem Weibe hangen, und sie werden sein ein Fleisch.

Dann wende der Priester sich ihnen beiden zu und rede sie so an:

Weil ihr euch beide in den Ehestand begeben habt in Gottes Namen,
so hört aufs Erste das Gebot Gottes über diesen Stand:

So spricht Paulus: (Eph 5,25-29; dann 22-24)

Ihr Männer, liebt eure Weiber, gleichwie Christus auch geliebt hat die Gemeinde und hat sich selbst für sie gegeben, auf dass er sie heiligte, und hat sie gereinigt durch das Wasserbad im Wort, auf dass er sie sich selbst darstellte als eine Gemeinde, die herrlich sei, die nicht habe einen Flecken oder Runzel oder des etwas, sondern dass sie heilig sei und unsträflich.
Also sollen auch die Männer ihre Weiber lieben wie ihre eigenen Leiber. Wer sein Weib liebt, der liebt sich selbst. Denn niemand hat jemals sein

eigen Fleisch gehasst; sondern er nährt es und pflegt sein, gleichwie auch der HERR die Gemeinde.
Die Weiber seien untertan ihren Männern als dem HERRN.[1] *Denn der Mann ist des Weibes Haupt, gleichwie auch Christus das Haupt ist der Gemeinde, und er ist seines Leibes Heiland. Aber wie nun die Gemeinde ist Christo untertan, also auch die Weiber ihren Männern in allen Dingen.*

Zum Zweiten hört auch das Kreuz, das Gott auf diesen Stand gelegt hat:

So sprach Gott zum Weib: (1 Mose 3,16)
Ich will dir viel Schmerzen schaffen, wenn du schwanger wirst; du sollst mit Schmerzen Kinder gebären; und dein Verlangen soll nach deinem Manne sein, und er soll dein Herr sein.

Und zum Mann sprach Gott: (1 Mose 3,17-19)
Dieweil du hast gehorcht der Stimme deines Weibes und hast gegessen von dem Baum, davon ich dir gebot und sprach: Du sollst nicht davon essen, verflucht sei der Acker um deinetwillen, mit Kummer sollst du dich darauf nähren dein Leben lang. Dornen und Disteln soll er dir tragen, und sollst das Kraut auf dem Felde essen. Im Schweiße deines Angesichts sollst du dein Brot essen, bis dass du wieder zu Erde werdest, davon du genommen bist. Denn du bist Erde und sollst zu Erde werden.

Zum Dritten:
So ist das euer Trost, dass ihr wisst und glaubt, wie euer Stand vor Gott angenehm und gesegnet ist.

Denn so steht es geschrieben: (1 Mose 2, 27f. 31)

1 Dies wurde im üblichen Ständedenken verstanden, das auf Gehorsam beruhte. Gleichrangige Verhältnisse wären nur als bloßes Nebeneinander erschienen. Gute Ordnung bedurfte einer Unterordnung.

Gott schuf den Menschen ihm zum Bilde, zum Bilde Gottes schuf er ihn; und schuf sie ein Männlein und ein Fräulein. Und Gott segnete sie und sprach zu ihnen: Seid fruchtbar und mehrt euch und füllt die Erde und macht sie euch untertan und herrscht über die Fische im Meer und über die Vögel unter dem Himmel und über alles Getier, das auf Erden kriecht.
Und Gott sah alles an, was er gemacht hatte; und siehe da, es war sehr gut.

Darum spricht auch Salomo: (Spr 18,22)
Wer eine Ehefrau findet, der findet etwas Gutes und schöpft Segen vom Herren.

Dann strecke der Priester die Hände über sie und bete:

Herr Gott, der du Mann und Weib geschaffen und zum Ehestand verordnet hast, dazu (auch) die Früchte des Leibes mit gesegnet hast und das Sakrament deines lieben Sohnes Jesus Christus und die Kirche als seine Braut darin bezeichnet hast:
Wir bitten deine grundlose Güte, du wollest diese deine Schöpfungsordnung und deinen Segen nicht verrücken, noch verderben lassen, sondern in uns gnädiglich bewahren.
Durch Jesus Christus, unseren Herren,… Amen.

Wenn man will, mag man auch das Te Deum laudamus lateinisch oder deutsch singen lassen und zuletzt mit dem gemeinen Segen über sie (den Kirchgang) beschließen.

Der Vierte Teil (Von Schulen)

Von der Erhaltung Christlicher Schulen und Christlichem Studium[1]

Der allmächtige Gott hat sich aus großer Barmherzigkeit gegen den Menschen um seines lieben Sohnes willen für und für mit sicherer Bezeugung[2] geoffenbart und seine gnädigen Verheißungen gegeben und hat diese seine Offenbarung und seine Lehre durch die Propheten und Apostel in verlässliche[3] Schriften fassen lassen. Er hat auch selbst die Zehn Gebote in steinerne Tafeln geschrieben und geboten, dass man die Bücher der Propheten und Apostel lesen und (von ihnen) lernen soll.

Ja, wir sind also daran gebunden, dass es keine Kirche Gottes gibt, in der nicht diese einige Lehre, die in den Büchern der Propheten und Apostel gefasst ist, bekannt und angenommen ist und für und für anderen vorgetragen und verkündigt wird.

So man nun aus diesen Büchern die Lehre erlernen muss, ist es hochnötig, dass etliche lesen können, und wer andere unterrichten soll, der muss selbst zuvor bei sich eine ordentliche Summe der ganzen Lehre haben und wissen, wo und wie alle Artikel (der Lehre) in göttlicher Schrift nacheinander gegründet und erklärt sind.

---

1 „Christlicher Schulen und Studien“
2 „gewissen gezeugnis“
3 „gewisse“

Und damit man gewiss sei im Verstehen[1] Göttlicher Schrift, muss es Viele geben, die die Sprache der Propheten[2] und Apostel verstehen und vom gründlichen Verstehen berichten und Zeugnis geben können.

Und in Summa: Wer andere Leute recht und ordentlich unterweisen soll, der muss gerüstet sein mit löblichen Künsten[3], die solchem Werk dienlich sind.

Und es ist vom Lesen in 1 Tim 4(,13) ausdrücklich geboten: „Du sollst anhalten mit Lesen, Trösten und Lehren."[4] In diesem Spruch ist das Lesen nicht umsonst zuerst genannt, denn das Evangelium ist sehr weit zu unterscheiden von allen anderen Künsten, Religionen und Sekten. Die anderen Künste nehmen ihren Anfang aus natürlichem Verstand, wie Zählen, Messen, als wenn sie nicht in Schrift gefasst wären.[5] Aber die Göttliche Verheißung von der Gnade ist nicht ein Licht, das uns angeboren ist wie Zählen oder (Natur-)Gesetzeslehre, sondern sie ist ein wunderbarlicher Rat Gottes überhalb und außerhalb aller Kreaturen Verstand und ist gesondert geoffenbart und durch die Propheten und hernach durch Apostel in Schrift gefasst ist. Darum liegt der Anfang der Christlichen Lehre im Lesen.[6]

1 „vom verstand"

2 Man rechnete Mose auch zu den Propheten, was sich auch in der Bezeichnung der Tora als „Bücher Mose" spiegelt.

3 Artes liberales

4 Luther 1545: „Halte an mit Lesen, mit Ermahnen, mit Lehren, bis ich komme."

5 Die Naturwissenschaften (Quadrivium mit Mathematik, Astronomie, Musik und Geometrie, die auch die Naturgeschichte und Geographie umfasste) nehmen ihren Anfang in den wortlosen Dingen.

6 „ist...vom Lesen"

Und 2 Petr 1[1] ist so geschrieben: „Ihr tut recht daran, dass ihr Fleiß anwendet in den Schriften der Propheten und euch daran haltet wie zu einem Licht in Finsternis, etc."

Paulus schreibt an die Galater (1,8): „So jemand ein anderes Evangelium predigt, als ich gepredigt habe, der sei verflucht." Nun hat Paulus seine Lehre selbst in Schrift gefasst, die muss man lesen und betrachten, will man wissen, was seine Lehre ist.

Aus diesen und vielen anderen Sprüchen ist offenbar, dass es Gottes ernster Wille ist, dass es etliche Menschen gibt, die im Lesen, Schreiben, Sprachen und Künsten andere unterweisen und etliche besondere Zuhörer da sind, die lernen und der Erhaltung der Bücher, Sprachen und Christlicher Lehre und der Wissenschaft[2] dienen.

Und dies ist den Lehrern und Zuhörern tröstlich, dass sie wissen, dass diese ihre Arbeit von Gott geboten und Gott gefällig ist, und dass Gott dabei sein will, will Verstehen und Gnade geben und auch sonst für sie sorgen, wie er zu den Leuten spricht: (Num 18,20) „Ich bin euer Erbe, etc..."[3]

---

1 Das ganze Kapitel.

2 „Künsten" entsprechend den artes liberales als Geisteswissenschaften.

3 „Und der HERR sprach zu Aaron: Du sollst in ihrem Lande nichts besitzen, auch kein Teil unter ihnen haben; denn ich bin dein Teil und dein Erbgut unter den Kindern Israel." - V: „dixitque Dominus ad Aaron in terra eorum nihil possidebitis nec habebitis partem inter eos ego pars et hereditas tua in medio filiorum Israhel" Das Zitat will sagen, dass Gott nur im Wort zu fassen ist, es aber sein Wort bleibt. Das „Erbe" ist geistig. Gott ist Erbe, bleibt Eigentümer seines Wortes. Ihm gebührte nach Num 18 darum der Zehnte. Übertragen auf das Thema hier bedeutet dies die Verpflichtung zum achtungsvollen Studium des Wortes Gottes, das uns erhält.

Gott hat auch stets diese Weise erhalten, dass bei den vornehmsten Kirchen ehrsame Schulen gewesen sind, wie bei dem Tabernakel in Israel,[1] hernach zu Antiochia, Alexandria,[2] etc.

Und es ist der Apostel Johannes selbst ein Lehrender[3] gewesen, danach (auch) Polycarp, Irenäus und andere.

Diese Erinnerung soll man dem Volk vorhalten und gottesfürchtige Leute vermahnen, dass sie ihre Kinder gerne lernen lassen und Freude daran haben, dass die Kinder in christlicher Lehre und Zucht erzogen werden und an die Kirche gewöhnt und im Gottesdienst[4] helfen, Gott zu preisen und anzurufen, und deren viele danach zum Predigtamt und zu anderen ehrlichen nötigen Ämtern in Christlicher Regierung seliglich dienen. Dazu die Eltern ihre Kinder aufzuziehen, so weit es ihnen möglich ist, sind sie schuldig, wie an Titus geschrieben ist: (3,14) „Die Unseren sollen lernen, damit sie zur Regierung in guten Werken tüchtig sind, zu nötigen Sachen und nicht unfruchtbar sind."[5]

Ebenso zu den Ephesern: (6,4) „Ihr Väter sollt eure Kinder aufziehen in göttlicher Zucht und Unterweisung."[6]

Demnach wissen nun alle Verständigen, dass nicht allein Kinderschulen, wo man die lateinische Grammatik und den Katechismus lernen muss, nötig sind. Auch muss man die Sprachen

---

1 Auch hier wird in Bezug auf das Alte Testament selbstverständlich von Kirche gesprochen.

2 Die beiden einander auch bekämpfenden Schulen der Kirchenväterzeit.

3 „legent" - Lehrender.

4 „heiligen Versammlung"

5 Luther 1545: „Lass aber auch die Unsern lernen, dass sie im Stand guter Werke sich finden lassen, wo man ihrer bedarf, auf dass sie nicht unfruchtbar seien."

6 Luther 1545: „Und ihr Väter, reizet eure Kinder nicht zum Zorn, sondern zieht sie auf in der Vermahnung zum HERRN."

Hebräisch und Griechisch erhalten für die Erwachsenen, die Schriften der Propheten und Apostel auslegen, ebenso Historien und Geschichtsdaten kennen.[1] Dies alles muss man im Kirchenregiment haben,[2] und so bedarf man es auch sonst im menschlichen Leben, den schönen Schatz der Arznei, die Gott den Menschen zugute geschaffen hat, wovon man nichts wüsste, wenn Gott nicht auch etliche erweckt hätte, die für die Nachkommen dieses Erbe und die Lehre davon in Büchern gefasst hätten.

Weiterhin ist es auch Gottes Wille, dass man in den Landen[3] vernünftiges sicheres Recht habe. Darum hatte der hochlöbliche Sächsische Kaiser Lothar III. das alte, gut geschriebene Römische Recht wiederum zu gebrauchen und zu lesen geboten.[4]

Zu den jetzt genannten Sprachen und Künsten sind auch besondere löbliche Schulen für die Erwachsenen nötig, die man Universitäten nennt.

Deshalb ist der Herzog zu Mecklenburg ernstlich gesonnen,[5] Gott zum Lobe die Universität zu Rostock zu erhalten und mit tüchtigen

---

1 „Historien und Mathematica zum Calender wissen"

2 Dies bedeutet: Die weltliche Regierung versteht sich als „Kirchenregierung" im Sinne einer „Christlichen" Regierung. Der Fürst regiert einen Teil der Christenheit, er bekleidet ein gottgegebenes Amt zur Erhaltung der „Kirche".

3 Die Formulierung ist sehr weit gefasst und machte es möglich, dass man diese Kirchenordnung auch anderswo einführen konnte. Es handelt sich hier bewusst um eine übertragbare Musterordnung. So soll es recht und billig sein, ein Land zu regieren und zu ordnen.

4 Lothar III. regierte in den Jahren 1133-1137. Die Kirchenordnung setzte damit ein Signal in Richtung auf eine neu zu erstellende Reichsverfassung, sowie zur Begründung einer Juristenfakultät an der Landesuniversität auf der Grundlage des Römischen Rechts. Von dem Kanonischen Recht schweigt die Kirchenordnung. Dies konnte offensichtlich vom Lehrprogramm der Universität gestrichen werden.

5 „gemüt"

Personen, Lehrstühlen[1], Ordnung der Studien, Disziplin, Einkommen und Schutz durch Gottes Hilfe beständig zu versorgen.[2]

Wie es wohl nun leider in diesem menschlichen schwachen Leben keine Versammlung gibt ohne viel und mancherlei Gebrechen und Unkraut, und wahr ist (auch), dass die weltliche Obrigkeit ernster und schärfer in der Erhaltung der Disziplin sein sollte, so ist es dennoch diese vornehmste nötige Arbeit in recht geordneten Universitäten hoch und groß zu achten, darin die Sprachen, das Verständnis der Propheten und Apostel, der Symbole[3] und Geschichte[4] und alle löblichen Künste[5]. Und wo dieses Prinzip gilt[6],

---

1 „lectio"

2 Auch hier sprengt die Ordnung eine interne Kirchenordnung im späteren Sinn. Der Text hat einen weiten, allgemeinen Horizont, ganz wie die CA. Es geht nicht nur um eine Partikularverordnung, sondern um das Rechtsverständnis überhaupt. Im Land sollte gelten, was überall in der Christenheit gelten könnte.

3 Sprich: Theologie, Dogmatik aufgrund der Glaubensbekenntnisse.

4 „Historien": Die Kirchengeschichte wurde noch nicht von allgemeiner Geschichte getrennt angesehen, schon gar nicht als eines ihrer Spezialgebiete. Eine Geschichtsfakultät gab es freilich noch nicht, aber die bald folgenden Magdeburger Centurien setzten deutliche Zeichen in dieser Richtung. David Chyträus knüpfte in Rostock an das Werk von Albert Krantz an.

5 Übersetzt in spätere Kategorien: Philologie mit Logik, Sprachwissenschaft und Rhetorik, sowie Astronomie, Mathematik, Naturwissenschaften, die als Entfaltung der sieben artes liberales zu verstehen sind, einschließlich der Medizin. Bemerkenswert ist hier, dass die späteren Naturwissenschaften nicht nur als bloße Propädeutik, als Vorstudium angesehen werden. Bei den Sprachen war an die biblischen Sprachen gedacht, nicht an Fremdsprachen, die man außerhalb der Universität lernte und auch nicht Latein, weil dies zuvor erlernt worden war und die lingua franca der Universitäten Westeuropas überhaupt war.

6 „Principal": Das Wort hatte nach Grimm vom Französischen her eine doppelte Bedeutung. Einerseits bedeutete es das Prinzip, den vornehmsten Grundsatz, zum anderen bezeichnete das Wort das Haupt.

da sind auch etliche gottgefällige Gliedmaßen der Kirche,[1] obgleich etliches Andere damit nicht Übereinstimmendes[2] untergemengt ist, wie es neben Zacharias und Simeon Pharisäer und Sadduzäer gegeben hat.[3] So steht es auch um die Versammlung in einer geziemenden recht geordneten Universität,[4] worin etliche gottesfürchtige, gelehrte, verständige Männer sind, die sämtlich und einträchtig miteinander zur Erkenntnis Gottes und rechter Anrufung[5] und zur Erhaltung guter Zucht und Künsten arbeiten. Und wo so viel Sprachen und Künste gekannt und eine Zier der Kirchen werden,[6] ist es den Landen tröstlich[7].Die Landschaft1 und (ihre) Nachbarn2 werden ohne Zweifel zu diesem notwendigen, nützlichen, löblichen und tröstlichen Werk Hilfe leisten.

Es soll auch die Christliche Lehre in dieser Universität3 rein und unverändert in den Vorlesungen, Disputationen und Predigten[8] erhalten werden, wie oben oft angesprochen, wie sie in den Schriften der Propheten und Apostel und in den drei Symbolen, dem

---

1 Wird das Wort Gottes recht verstanden, ist auch die menschliche Gesellschaft mit allem Weltlichen wohlgeordnet.

2 „ungleiche"

3 Diese Anmerkung deute ich im Hinblick auf die Vielfalt der Studien, die trotz ihrer Verschiedenheit in Eintracht miteinander lehren sollen.

4 Man verstand die Universität noch nicht als eine verordnete Bildungseinrichtung, sondern als ein Kollegium, eine Versammlung aus Lehrenden und Zuhörern, wie oben auch beschrieben.

5 Im Sinn der oben aufgeführten Zeremonien, des rechten Gottesdienstes.

6 „bekand sind". „Kirche" wird hier wieder im Sinne der gesamten Gesellschaft gebraucht.

7 Grimm: beruhigend, hilfreich, nützlich.

8 Die Universitätspredigten waren kein Zusatz ad libitum, sondern als obligatorischer Teil der Universitäts-, bzw. Lehrstruktur anzusehen. Hier war auf Gottes Stimme zu hören, hier ereignete sich das Wort Gottes und war nicht nur Gegenstand der Analyse.

Apostolischen, Nizänischen und Athanasischem Credo gefasst ist,[1] und damit übereinstimmend mit dem Katechismus und Bekenntnis Luthers[2] und die Confessio Augustana vom Jahre 1530, die dem Kaiser überantwortet wurde, und wie diese Lehre durch Gottes Gnade jetzt auch in den Kirchen unseres[3] Landes, in Lübeck, Hamburg, Lüneburg gehalten wird. Und falls ein Lehrender einen oder mehrere Artikel (davon) anfechten und eine Spaltung hervorrufen wollte, soll er von der Universität (daran) erinnert werden, und so er nicht nachlässt, soll die Sache an das Konsistorium verwiesen werden und (durch) Konsistorium und Universität an die Herrschaft gelangen, die bedenken wird, ob eine Synode zu halten sei, etc. mit Einberufung der Christlichen Prediger aus den Städten oder anderen Landen.[4]

1 Die Theologie bewegt und entfaltet sich mithin im Rahmen der Dogmen.

2 Die Schmalkaldischen Artikel.

3 „dieser"

4 Das Konsistorium (und nicht die Universität) wird also mit der Aufgabe eines Lehramtes betraut, auf der Grundlage der genannten Bekenntnisse und natürlich der Heiligen Schrift selbst, allerdings mit dem Vorbehalt der fürstlichen Entscheidung mithilfe einer Generalsynode, parallel gedacht zu den Debatten um ein allgemeines Konzil der Christenheit, nun nicht der Ökumene, sondern des Landes, bzw. zusammen mit anderen lutherischen Ländern. Letzteres freilich hat nie stattgefunden, aber es kam immerhin 1580 zur Annahme des Konkordienbuchs über die Landesgrenzen hinaus. Erst im 19. Jahrhundert kam es zu ersten Zusammenschlüssen von Lutherischen Landeskirchen. Angemerkt sei hier jedoch, dass es bei unserem Text lediglich um Lehrfragen ging, in keiner Weise aber um Verwaltungsangelegenheiten. Auch darum ist hier nur von Predigern die Rede, aufschlussreicher Weise auch nicht von Professoren.

Wie es aber in den Kinderschulen gehalten werden soll, davon soll jeweils in der Visitation ernstlicher Befehl ergehen.[1]

Weil aber oft neue Schulmeister angenommen werden und einige Lust zu Veränderungen und zur Ungleichheit haben, aber mancherlei Veränderung und Ungleichheit den Kindern Verhinderung am Lernen einbringen und auch sonst mancherlei Ungleichheit daraus folgt, ist bedacht, dass allgemein und ungefähr die folgende Form in Kinderschulen eingehalten werden soll. Doch soll in den Visitationen die (jeweilige) Besonderheit[2] in allen Städten und Flecken bedacht und bewogen werden.

Von den Kinderschulen[3]

Zunächst sollen die Kinder ordentlich in drei oder vier Klassen[4] nach Gegebenheit eingeteilt werden.

Die *erste Klasse* sind die Jüngsten, die anfangen, die Buchstaben zu kennen und lesen lernen. Sie sollen zunächst die üblichen Handbüchlein erlernen, worin das Alphabet, das Vaterunser, das

1 Schulaufsichtsbehörde war entsprechend dann der Superintendent in Person, zusammen mit der Stadtobrigkeit, wie alle Visitation stets paritätisch besetzt war. Diese Kirchenordnung ordnet noch keine allgemeine Schulbildung auf den Dörfern und im einfachen Volk an. Bei den „Kinderschulen" ist im Folgenden nur an Lateinschulen der Städte gedacht.

2 „gelegenheit"

3 Ich habe diesen folgenden Abschnitt etwas freier übertragen.

4 „heuflin"

Glaubensbekenntnis, die Zehn Gebote[1] zusammen abgedruckt sind. Es sollen im Anfang den Kindern keine anderen Bücher vorgelegt werden.

Danach soll man ihnen den „Donat und Cato"[2] zusammen vorlegen, so dass der Schulmeister täglich einen oder zwei Verse vorstellt, die die Kinder danach in der folgenden Stunde aufsagen, damit sie anfangen, etliche lateinischen Wörter zu kennen und sich einen Wortschatz aneignen, um auf Latein reden zu können. Und es ist nützlich, den „Donat und Cato" nicht nur einmal, sondern wiederholt zu lesen.

Dabei soll man sie lehren zu schreiben und sie ernstlich dazu anhalten, dass sie täglich ihre Schrift dem Schulmeister vorzeigen.

Damit sie um so mehr lateinische Worte erlernen, soll man ihnen täglich zwei lateinische Wörter daheim zu lernen aufgeben, damit sie sie behalten und morgens dem Schulmeister aufsagen sollen. Diese sollen sie in ein extra (Vokabel-)Büchlein schreiben oder sich schreiben lassen, wie Deus - Gott / Caelum - Himmel, etc.

Die Kinder dieser Klasse sollen auch zur Musik angehalten werden und mit anderen zusammen singen, wie hernach ausgeführt wird.

Die *zweite Klasse* ist nun im Lesen sicher und fängt mit den Grammatikregeln an. Täglich sollen die Knaben die erste Stunde am Nachmittag sich in der Musik üben. Danach soll man dieser Klasse, die nun lesen kann - die man auch die Secunda Classis nennt - an zwei Tagen, montags und dienstags, die Fabeln Äsops darlegen, die

1 „Oratio dominica / Symbolum / Decalogus"

2 „Donat und Cato" war eine in Frage und Antwort abgefasste lateinische Elementargrammatik.

Joachim Camerarius[1] (aus dem Griechischen) ins Lateinische übertragen hat. Der Schulmeister soll mit ausgewählten Schülern auch die Colloquia des Erasmus lesen, sowie sein Büchlein „De civilitate morum“[2], auch das Büchlein von Joachim Camerarius mit dem Titel „Praecepta morum“[3] u.a. Doch Äsop soll in der Schule nicht fehlen.

Donnerstags und freitags soll man in dieser Klasse Terenz behandeln, den sollen die Knaben Wort für Wort auswendig lernen. Aus dem Grund soll man davon nicht zu viel auf einmal aufgeben.

Nach der Schule soll man ihnen als Hausaufgabe auftragen, einen nützlichen Spruch aufzuschreiben und ihn zu erklären, was sie dann auch in ein extra Büchlein schreiben und daheim zu erklären lernen und ihn so bedenken, dass sie ihn morgens aufsagen wie „Timor domini, initium sapientiae“ [Gottesfurcht ist der Anfang der Weisheit], „Omnibus in rebus, modus est pulcherrima virtus“ [Mäßigkeit ist allewege die schönste Tugend] und dergleichen.

Morgens früh sollen die Knaben, was sie gerade im Äsop oder Terenz gehört haben wiederum aufsagen. Der Lehrer soll dann nach Zusammenhang und entsprechend der Schüler einig Nomina deklinieren und Verben konjugieren lassen, sowie die Regeln[4] De

1 Der Humanist Johannes Kammermeister (1500-1574) stand in regem Briefwechsel mit seinem Freund Philipp Melanchthon und hatte in Wittenberg studiert.

2 Colloquia familiaria („Vertraute Gespräche“) von 1518, sowie De civilitate morum puerilium von 1530.

3 „Praecepta morum ac vitae ... itemque de gymnasiis dialogus“ von 1549.

4 Vgl. z.B Grammatica Jacobi Henrichman sectae recentioris quam modernorum vocant gymnasio Tubingen si moderatoris. Ars condendorum carminum Henrici Bebelij Iustingensis Poetae Laureati. Syllabarum quantitates: Racemationes: & exquisitiores obseruationes eiusdem. Straßburg, 1507

generibus, Casibus, Praeteritis und Supinis [Über Geschlecht, Fälle, Zeiten und Supinum I und II] fleißig abfragen. Wenn die Kinder auch die Konstruktionsregeln erlernt haben, soll er sie auch abfragen.

Die anderen Vormittagsstunden an den vier Tagen der Woche – Montag, Dienstag, Donnerstag und Freitag – sollen so gebraucht werden, dass dann die Knaben zunächst ein Stück der Etymologia[1] auswendig rezitieren. Danach soll der Lehrer diese Regeln mit Beispielen erklären.

Und wenn sie die Etymologie gelernt haben, sollen sie in dieser Stunde danach die Syntax(regeln) ebenfalls auswendig rezitieren, und der Lehrer soll hernach diese Regeln mit Beispielen erklären und die Knaben auf Deutsch fragen, damit diese dann lateinische Beispiele für die Syntaxregeln erstellen, wie man sie (dann auch) auf Latein sagt. Beispiel: Auf die Missachtung göttlicher Gebote erfolgt gewisslich Strafe – Poena comitatur certo contemtum divinarum Legum.

Die Schulmeister sollen stets fleißig darin sein, die Jugend anzutreiben, die grammatischen Regeln auswendig lernen zu lassen. Es soll die Torheit, dass einige die Regeln nicht beachten und Latein ohne sie lehren wollen, nicht geduldet werden.

Auch ist es nützlich, dass im ganzen Land die gleichen und nicht unterschiedliche Etymologie- und Syntaxbücher gebraucht werden.

Den Mittwoch und Sonnabend soll man zum Katechismusunterricht gebrauchen für alle Klassen. Und es sollen die

---

1 Vgl. Johann Spangenberg: Grammaticae Latinae Partes, Orthographia, Prosodia, Etymologia & Syntaxis; Wittenberg 1538. „Quid est etymologia? Est recte interpretandi et intelligendi scientia“ [Was ist Etymologie? Die rechte Interpretation und Verstehens.]

Lehrer jeden Jungen nacheinander abhören, so dass sie vollständig und deutlich den Dekalog, das Credo[1] und Vaterunser[2] sprechen. Die Größeren soll man weiter abfragen im Katechismus: Quot sint paersonae divinitatis? [Wie viel göttliche Personen gibt es?] Quid sit lex? Quid peccatum? Quid Evangelium? Quid poenitentia? [Worin besteht das Gesetz, Sünde, Evangelium, Buße?] Quomodo homo accipit remissionem peccatorum? [Auf welche Weise erhält man Vergebung der Sünden?] Und es soll ernstlich befohlen werden, dass ein gleichlautender Katechismus im ganzen Land gebraucht werde.

An diesen Tagen soll man den Knaben eine Lesung aus der göttlichen Schrift erklären, mittwochs aus Matthäus oder den Sprüchen Salomos, am Sonnabend aus dem 1. Brief an Timotheus, dem Kolosserbrief oder einen bekannten Psalm wie Ps 51, 130, 1, 2, 24, 33, 126, 132.[3]

Auch sollen die Schulmeister die (lateinische) Grammatik fleißig an dieser Auswahl demonstrieren und ihre eigentliche Bedeutung[4] den Jungen deutlich sagen und keine befremdliche Disputationen einführen. Die Jungen sollen auch einige dieser Psalmen auswendig lernen, um ihr (eigenes) Gebet daran zu üben.[5]

Etliche Schulmeister wollen lediglich die heilige Schrift lehren, andere gar nicht. Beide Ansichten sind sträflich, dagegen ist diese Ordnung hier - wie gesagt - der Jugend nützlich.

---

1 „Symbolum" in Einzahl, es wird also das Apostolische Glaubensbekenntnis im Sinn gewesen sein.

2 „praecatio dominica"

3 Im Text sind die Psalmen jeweils mit den lateinischen Anfängen versehen.

4 „und die einig eigentlich meinung" - das einfache, zutage liegendes Verständnis.

5 Der Psalter ist das Gebetbuch der Heiligen Schrift.

Die *dritte Klasse* soll man in größeren Schulen dadurch bilden, dass man die Knaben dazu auserwählt, die bereits geziemend Grammatiker zu nennen sind.[1]

In der Stunde nach dem Mittag sollen diese mit den anderen in der Musik ausgebildet werden, wie zuvor gesagt. Danach soll man mit ihnen montags und dienstags Vergil durchgehen, die anderen zwei Tage, donnerstags und freitags etliche ausgewählte Briefe, Laelius „De amicitia" [Laelius über die Freundschaft], Cato „Maior de senectute" [Cato der Ältere über das Alter], (Briefe) von Cicero oder Sallust.

Abends (behandle man) dann die Regeln der Versformen[2] und etliche liebliche Poeme, Ovids „Epistulae de ponto" [Briefe vom Schwarzen Meer][3], die Heroiden von Helius Eobanus Hessus[4], Elegien von Georg Sabinus[5] oder Johannes Stigelius[6].

Morgens früh sollen diese Jungen - wie es die Zeit hergibt - Vergil oder die Briefe Ciceros auslegen, und der Lehrer diese Auslegungen sie selbst konstruieren und dann ihre Arbeiten syntaktisch analysieren lassen. Der Lehrer soll sich dieser langwierigen Arbeit nicht verdrießen lassen und auch unregelmäßige Deklinationen und Konjugationen üben lassen.

1 Als „Grammatiker" galt nach Gerhard Köbler ein sich auf Lesen und Schreiben und auf die lateinische Sprache Verstehender, darin bereits in gewissem Sinn gelehrt.

2 „regulas prosodiae"

3 46 in elegischen Distichen gehaltene Dichtungen.

4 Eoban Koch (1488-1540), evangelischer Humanist und neulateinischer Dichter, von Martin Luther hochgeschätzt. Die von ihm verfassten Heroides sind fiktive Briefe Heiliger von Maria bis Kunigunde (Gemahlin Heinrichs II.).

5 Georg Schuler (1508-1560)

6 Johann Stigel (1515-1562)

Danach soll man die dritte Klasse auch die Etymologie[1] und Syntax wiederholen lassen und jeder soll einzeln die Regeln auswendig vortragen. Diese Wiederholung von Etymologie und Syntax ist nötig. Die Schulmeister mögen auch die beiden Klassen - die zweite und dritte - in dieser Stunde gemeinsam unterrichten, so dass sie in dieser Stunde gemeinsam üben und abgehört werden.

Zu dem allen ist es nötig, dass der Schulmeister selbst ein sicherer Gelehrter sei. Denn was einer selbst nicht gelernt hat, dazu hat er keine Lust und hält die Jugend dazu nicht an. Er soll auch selbst mit den Schülern lateinisch reden und die Schüler dazu anhalten, untereinander Latein zu reden.

In jeder Woche sollen die Knaben der dritten Klasse[2] sonnabends dem Schulmeister (eigene) lateinische Schriften übergeben, Briefe, Geschichten oder Verse. Und der Schulmeister soll den Knaben auf Deutsch etliche schöne Geschichten diktieren, die diese in der folgenden Woche ins Latein übersetzen sollen, wie von Joseph, Samson, David oder dem Verlorenen Sohn. Oder auch aus anderen Büchern, wie von Odysseus und Polyphem, von Herkules und Omphale[3], von Kyros, von dem Richter Sisamnes und Kambyses II., der die Haut des korrupten Richters auf den Richtstuhl spannen ließ, von Midas, der (beim Musikstreit) nicht recht urteilte zwischen Apollo und Pan und seine Ohren darum in Eselsohren verwandelt wurden, etc., sowie andere nützliche Dichtungen, worin die Jungen zugleich die Sprache üben und Historien lernen und Tugend sich

1 Wiederholung des entsprechenden Stoffes der zweiten Klasse.

2 Die Zuordnung der Schüler in die jeweiligen Klassen ergab sich nach diesem Abschnitt offenbar weniger aus ihrem Alter als an ihren Fähigkeiten.

3 Lukas Cranach malte diese Szene mehrfach. Herkules diente Omphale als Sklave ein Jahr lang, als sie erfuhr, wer ihr Sklave war, heiratete sie ihn,...

verinnerlichen und merken mögen. Die Schulmeister sollen Fleiß an den Tag legen, dass sie sich einen Vorrat an solchen Historien und Dichtungen aneignen.

Und wenn die Jungen ihre Schriften übergeben haben, sollen die Schulmeister ihnen anzeigen, wo etwas falsch ist, und die fehlerhaften Worte und Konstruktionen verbessern.

Wo es in den Städten so viele Jungen gibt, dass man eine *vierte Klasse* bilden kann, dann aus solchen, die sicher sind in der Etymologie[1] und der Syntax. Diese lasse man in derselben Stunde die Regeln der Dialektik[2] rezitieren, die der Schulmeister mit leichten nützlichen Beispielen erkläre. Danach gebe man ihnen eine Einführung in die Rhetorik.

Man soll sie auch eine Stunde in der Woche die Regeln der griechischen Grammatik rezitieren lassen und am nächsten Tag eine Stunde heranführen an (das Lehrgedicht des) Phokylides[3], danach an Hesiod[4] und Isokrates ad Demonicum[5].

Der Schulmeister soll bisweilen bei der Grammatik den Knaben einen nützlichen Spruch vorschreiben, damit ihnen einige Wörter bekannt und gemein werden, und dass sie die (griechischen)

---

1 Gemeint ist ein reichhaltiges Vokabular.

2 Logik - eine der sieben Künste.

3 Pseudo-Phokylides – ein langes griechisches, jüdisches Spruchgedicht aus der Zeit zwischen 50 vor bis 50 nach Christi Geburt, das vorgibt, von Phokylides von Milet (6. Jh. v. Chr.) verfasst worden zu sein und im 16. Jahrhundert als Lehrstoff gern und viel verwendet wurde.

4 Seine Werke (um 700 v.Chr.) sind eine Hauptquelle unserer Kenntnis griechischer Mythologie.

5 Isokrates (436 - 338 v. Chr.) war Rhetor in Athen. Die hier empfohlene Rede wurde vielleicht von einem Schüler des Isokrates verfasst und stellt eine Antwort auf eine Schrift des Aristoteles dar.

Buchstaben recht schreiben lernen, und es sollen die Schulmeister selbst auch darin fleißig sein, die Buchstaben in guter Weise zu schreiben.[1] So schreibt Homer: „Betet, liebe Kinder, wir bedürfen alle Gottes." Ευχεσθαι, πάντες δὲ δεω χατέουσι ανθρωποι. Ebenso: YYY „Gott sieht alle Werke und straft das Unrecht." Auch: „Böser Anfang bringt böses Ende" und andere dergleichen Sprüche.[2] Denn diese Sprache ist sehr reich an allerlei schönen Sprüchen und es ist nützlich, dass die Jugend früh viele solcher Redewendungen hört und sich merkt. Es sind allgemeingültige Lebensregeln, die Verinnerlichung von Tugend mit sich bringen, und es ist eine Zier, wenn so die Dinge, wovon wir reden, auf solche Sprüche passend gezogen werden. Auch helfen sie den Jungen im Schreiben bei der (Ausbildung ihrer) Erfindungsgabe[3] und ordentlicher und akkurater ihren (Lehr-)Stoffe[4] zu fassen.

Nun mag jemand hier sagen, der anders darüber denkt,[5] diese Ordnung sei vergeblicher Kinderkram[6], das ist wahr, aber an diesem Kinderkram ist (uns) hoch und deutlich[7] gelegen, und es ist eine große Vorbereitung zu guter Zucht und Künsten, wenn die jungen Leute im Katechismus recht unterwiesen sind und sichere Gelehrsamkeit erworben[8] haben. Bei allen Gebäuden ist es hoch

1 Die Ausbildung im Griechischen war auch manchen Lehrern offenbar noch neu und ungewohnt.

2 Die vier Sprüche sind in der Kirchenordnung auch auf Griechisch zu lesen.

3 „zur Inuentio"

4 „zierlicher", „materien"

5 „der ubrige Klugheit hat"

6 „eitles Kinderwerk"

7 „mercklich"

8 „gewisse Grammatici worden"

nötig, ein gutes Fundament zu legen, und so soll dieses Fundament auch nicht gering geachtet werden.

Weil auch ein guter Baumeister dazu gehört, soll befohlen werden, dass wenn man einen Schulmeister in Städten dieses Herzogtums annehmen will, dass dieser zu Rostock von Personen, die dazu bestimmt werden, zuvor ein Examen ablege und Zeugnis davon vorlege, dass er zu solchem Amt tauge.[1]

Das Fünfte Teil (Unterhaltung der Beamten)

Von der Unterhaltung und dem Schutz der Pastoren, Prädikanten und Lehrer[2] in der Universität und anderen Schulen.

Im Psalm (113,25) ist geschrieben: „Non mortui laudabunt te, Domine - Die Toten preisen Gott nicht“ mit Predigen, Lehren und Anrufen, so dass sie mit ihrer Arbeit und ihrem Bekenntnis den Lebenden dienen (könnten). Sondern so und nicht anders will Gott Christus[3] eine ewige Kirche sammeln, dass seine Erkenntnis in diesem Leben im menschlichen Geschlecht durch das Evangelium angefangen werden soll.[4] Und wer in diesem elenden schwachen

1 Hier ist (noch) keine Institution benannt, man kann sich die Universität dafür vorgesehen denken.

2 „Legenten“

3 „im“ - ihm.

4 Aus diesem Satz geht hervor, dass man die ewige Kirche weniger als eine unsichtbare - aber gegenwärtige, nur unerkannte oder unerkennbare - ansah,

Leben nicht zu Gott bekehrt wird, der ist ewiglich verdammt, wie es klar in 2 Kor 5(,3) ausgedrückt ist: „So wir nicht bloß befunden werden, werden wir mit der Seligkeit bekleidet werden."

Ebenso: „Selig sind, die im Herren sterben," (Offb 14,13) denn, wer aus diesem Leben scheidet ohne Bekehrung und Glauben an den Herrn Christus, ist gewisslich verdammt.

Ebenso 2 Kor 5(,10): „Wir müssen alle vor dem Gerichtsstuhl des Herrn Christus offenbar werden, auf dass ein jeder empfange, wie er in seinem LEIB getan hat, gutes oder böses."[1]

Derweil nun die Kirche in diesem jetzigen sterblichen Leben versammelt und das ewige Leben durch das Evangelium angefangen werden muss, so ist es hoch nötig, wie es auch Gottes ernstliches Gebot ist, Predigt und Prediger zu erhalten. Und weil die Prediger leben, bedürfen sie Essen, Trinken, Kleidung und Hilfe zum Studieren. Auch ist es Gottes Gebot, dass man ihre armen Frauen und Kinder nicht des Hungers sterben lasse.

Und weil Gott bei sich weiß, dass die Welt voll Unordnung ist und der größere Haufen Gott und das Evangelium verachtet, hat er selbst Trost und Verheißung gegeben, dass sie dennoch Nahrung durch ihn haben sollen und etliche Personen, die durch Gottes Gnade zu diesem Werk einen guten Willen haben werden, wie die arme Witwe in der Bergstadt Sarepta (1.Kön. 17,8–24) und wie Abdias in der

---

sondern sie sich vor allem eschatologisch dachte. Die „ewige Kirche" setzt das Jüngsten Gericht voraus.

1 In der Formulierung abgewandelt, um das Leibliche hervorzuheben. Im Druck sind die vier Buchstaben darum auch mit Großbuchstaben zu sehen. Luther übersetzte 1545: „Denn wir müssen alle offenbar werden vor dem Richtstuhl Christi, auf dass ein jeglicher empfange, nach dem er gehandelt hat bei Leibesleben, es sei gut oder böse."

Verfolgung die gottesfürchtigen gelehrten Männer bekleidet und gespeist hat[1] und wie die fromme Elisabeth ihren lieben Sohn Johannes (den Täufer) in der Flucht über den Jordan gepflegt hat[2], etc. als Herodes die jungen Kinder hatte ermorden lassen, und wie Maria den Herren Christus bei der Flucht nach Ägypten gepflegt hat, etc.

Darum spricht der Herr Christus (Mt 6,33): „Erstlich sucht das Himmelreich und Gottes Gerechtigkeit, so wird euch das andere alles zugegeben."

Diese Verheißung und Beispiele sind ein sicherer Trost, wenn auch der größere Teil in der Welt die rechte Lehre verachtet und verfolgt, denn der Herr will seine Kirche nicht ganz vertilgen lassen. Dabei ist dennoch allen Regenten und Menschen, und besonders denen, die Gliedmaßen der Kirche sein wollen, ernstlich geboten, dass sie Gott auch Dankbarkeit erzeigen und zum Unterhalt der Lehrer und Prediger helfen. Ja, darum lässt Gott gnädiglich die Erde jährlich Früchte tragen und erhält diese Welt, weil er noch Gliedmaßen der Kirche sammelt. Und es wachsen alle Früchte vornehmlich um der armen Menschen willen, ob jung oder alt, die Gliedmaßen Christi sind oder werden sollen. So ist es ja billig (und recht), dass treue Lehrer und Prediger dies auch genießen sollen, wie an Timotheus (2

1 Gemeint sein kann Abdias von Babylon, eine apokryphe Geschichte der Apostel, die 1552 in Basel herausgegeben worden war mit dem Titel „Babyloniae episcopi et apostolorum discipuli de historia certaminis apostolici libri decem" [Zehn Bücher des babylonischen Bischofs und der Schüler der Apostel und die Geschichte des Kampfes der Apostel]

2 So die entsprechende Heiligenlegende.

Tim 2,6) geschrieben ist: „Der Bauer, der arbeitet, soll von den Früchten zuerst zu Essen bekommen."[1]

Gott selbst hat im Gesetz Moses als Quelle aller Weisheit, Gesetz und Gerechtigkeit einen besonderen Stamm (unter den Israeliten) zum ordentlichen Predigt- und Kirchenamt[2] verordnet, den Stamm Levi, und hat sie mit gebührendem[3] Einkommen an Opfern, Erstlingen, Zehnten, eigene Wohnungen, etc. versorgt.

Wiewohl es nun hoch nötig zu wissen ist, dass wir nicht an die levitischen Zeremonien[4] gebunden sind, so ist doch anzumerken, dass diese Ordnung ein Zeugnis dafür sein soll, dass es Gottes Wille sei, dass man zur Erhaltung der Lehre und des Predigtamtes den Kirchendienern Unterhalt gewähre und wir eben dies dabei wissen sollen, dass Gott ihm aus großer Barmherzigkeit eine ewige Kirche in diesem Leben durch das Predigtamt und nicht auf andere Weise sammeln wolle.

Und 1 Kor 9(,14) spricht Paulus mit klaren Worten: „Also hat es der Herr verordnet, dass die, welche das Evangelium verkünden vom Evangelium leben,"[5] was bedeutet, leibliche natürliche Nahrung zu haben. Dies Gebot ist oft wiederholt worden.

Aus alledem ergibt sich klar, dass alle schwer gegen Gott sündigen und durch ihre Undankbarkeit Gott hoch erzürnen, die zum Unterhalt des Predigtamtes gemäß ihres Standes und Vermögens

1 Luther 1545: „Es soll aber der Ackermann, der den Acker baut, die Früchte am ersten genießen."

2 Gemeint ist der Gottesdienst, das liturgische Amt.

3 „ziemlichem"

4 Das Heiligkeitsgesetz des Leviticus.

5 Luther 1545: „Also hat auch der HERR befohlen, dass, die das Evangelium verkündigen, sollen sich vom Evangelium nähren."

nicht helfen wollen und lästern außerdem mit teuflischen Reden, klagen über den Geiz der armen Priester, wo doch diesen und ihren armen ehelichen Hausfrauen und Kindern der Hunger aus den Augen schaut. Etliche rauben auch von den Kirchen und Pfarrgütern[1], was sie können. Dazu gibt es noch die Heuchler, die den groben Irrtum festgeschrieben haben, Priester sollten kein Eigentum haben.[2] Und es laufen viele Wiedertäufer im Land irre umher, die die Leute gegen die armen Pastoren aufhetzen, rühmen sich, selbst umsonst predigen zu können und viel zu leiden, etc.

Gegen solchen Irrtum und Lästerung des göttlichen Amtes, in dem Christus selbst der höchste Priester und Pastor ist und durch sein Evangelium kräftiglich wirkt, viele Menschen zur Seligkeit bekehrt, sollen die Leute gut unterrichtet werden, so dass sie das Evangelium und den Herrn Christus und seine Gliedmaßen, die armen Pastoren, lieben und ehren.

Es soll auch die Obrigkeit die Lästerer und Räuber, die den Kirchen Güter entziehen, in Strafe nehmen.

Zu Apostelzeiten hat man allgemeine Almosen gesammelt, von denen die Prediger unterhalten wurden, so ist den armen Leuten dadurch geholfen worden. Dann hat Kaiser Konstantin den Kirchen gesonderte Einkommen zukommen lassen, aber keine (lokale) Herrschaft, keine Stadt, keine weltliche Regierung (sonst hat etwas dazugetan). Julian (Apostata 360-366) aber hat dieses Einkommen den Kirchen wieder genommen, die Christen verspottet und gesagt, unsere Lehre behaupte: „Selig sind die Armen, auf diese Weise helfe

1 Die Ländereien teilten sich in Stiftungsgüter für die Kirchengebäude und für die Einkommen der Pfarrherren, heute Pfarr- und Kirchenländereien.

2 Insofern Priester im Mittelalter Ordensangehörige waren, galt für sie der klösterliche Eigentumsverzicht.

er uns (so) zur Seligkeit," wie jetzt auch viele spotten. Dann haben Kaiser Jovian (363-364) und Theodosius (379–395) die Kirchen wieder mit Gütern versorgt, wenn auch in geringerer Höhe. Und dann ist diese Ordnung durch die Goten, Wenden und Hunnen im Abendland und den Sultan im Orient zerrissen worden.

Dann hat Karl der Große wiederum eine neue Stiftung in Italien, Gallien und Germania gemacht. Dadurch ist der Papst in Rom mächtig geworden und die Christliche Lehre ist verdunkelt worden, und es haben für und für Papst, Bischöfe und Kanoniker nach weltlicher Hoheit getrachtet und haben die Studien, das Predigtamt, die Examen und Unterweisung in der Ordination und Visitation vernachlässigt.[1] Sie haben große Fürstentümer mit List und Betrug und mancherlei großen Kriegen an sich gezogen. Weil nun (durch die Reformation) offenbar ist, dass der Herr Christus weltliche Herrschaft und Kirchenregiment unterschieden hat und die Päpste und Bischöfe ihre Berufung verlassen hatten[2], sollten sie ihr (eigentliches) Amt betrachten und zu Gottes Ehre und zu ihrer (eigenen) und des Volkes Seligkeit mit gutem Rat dienen helfen. Wiewohl wir nun das päpstliche Betrügen, ihre Abgötterei, Unzucht und allerlei Untugend öffentlich mit unserem Bekenntnis verurteilen[3], so ist doch uns nicht zumute, mehr zu tun oder zu raten, als zu unserer Berufung[4] wir zu tun schuldig sind. Gott wird seine Zeit finden, wann er die päpstliche Abgötterei und ungebührliche Hoheit zu Boden stoßen und die geraubten Güter wieder zerreißen lassen wird, etc. Davon ist hier genug geredet, indem wir unser

1 „fallen gelassen"
2 „ausser irem beruff getretten sind"
3 „in unser und unser (?) bekenntnis straffen"
4 „Vocation" als Landesfürst.

Bekenntnis (hier) wiederholen. So viel aber Kirchengüter unter der aktuellen[1] Herrschaft sind: Stifte, Klöster, Praebenden[2], will die Herrschaft sie nicht zerreißen, damit nach den Gegebenheiten der Städte und Dörfer daraus der Universität und den Kirchen mit gutem Rat Zulagen verordnet werden. Denn dies ist Christlich und den geschriebenen Rechten gemäß, dass diese Gaben, die vorzeiten zur Erhaltung der Christlichen Ämter gedacht sind, noch zur Erhaltung Christlicher Lehre, der Kirchen, Schulen und Hospitäler angewendet werden.[3] Die Visitatoren sollen die Kirchen(gebäude) anzeigen, die vornehmlich der Hilfe bedürfen. So ist offenbar, dass die Ordination mit dem Examen ebenso bestellt werden muss, dass man den armen Ordinanden helfe, die man erhalten und unterweisen muss, denn Examen und Unterweisung sind hoch nötig. So bedarf man für Konsistorium[4] und Visitation[5] auch entsprechende Mittel[6], wie alle Verständigen wissen. Und dazu sind in erster Linie die Bistümer mit Gütern reichlich versehen, und es ist äußerst unbillig, wenn die Bischöfe und Kanoniker diese Almosen[7] jetzt unnütz verschwenden und die armen verlassenen Pastoren sollen die Arbeit mit der Ordination[8], Konsistorien und Visitation tragen.[9]

---

1 „dieser"
2 d.i. Pfründen, Stiftungen, Benefizien.
3 Dieser Satz beschreibt, wie man in Mecklenburg die Säkularisierung verstand.
4 „den Consistorien"
5 Die Superintendenturen
6 „etwas stadlichs"
7 Rechtlich gesehen mithin Stiftungen.
8 Und was dazu führt, also Studium und Universität.
9 Zu beachten ist, dass hierdurch in den Landeshaushalt nun zweckbestimmte Gelder kommen, für die gewissermaßen das fürstliche Säckel durch eine Art Durchgangsposten ist, dem Herrscher im tieferen Sinn also nicht gehört. Die Pastoren, bzw. Pfarren sollten (und konnten wohl auch nicht) andererseits

Sie haben ja nicht so viel, wie die Notwendigkeit dieser Angelegenheiten erfordert.

Darum ist die Herrschaft willens und gesinnt, zu dieser Notwendigkeit die Stiftungs- und Klostergüter anzuwenden, denn sie erkennt sich schuldig, den Kirchen Hilfe zukommen zu lassen, wie im Propheten Jesaja 49(,23) geschrieben ist: „Die Könige werden deine Nährer sein und die Königin deine Säugamme,"[1] d.i., die Könige und Fürsten sollen die Kirchen als treue Väter[2] und Ernährer schützen und zum Predigtamt die Versorgung verordnen. Dergleichen sollen auch alle Städte und ehrsamen (lokalen) Herrschaften[3] treulich Förderung und Hilfe gewähren, als ihre Säugammen[4].

Diesem Göttlichen Befehl will die Herrschaft durch Gottes Gnade gehorsam sein, und weil der Spruch von allen Regenten spricht, sollen die Städte selbst auch zu diesem nützlichen Werk willig sein.[5]

Man soll auch aller Feiertage in allen Pfarren öffentlich in den Kirchen oder vor ihnen Almosen sammeln, um den armen Leuten den Umständen entsprechend[6] damit zu helfen.

Konsistorium, allgemeine Ausbildungskosten und Superintendenturen nicht finanziell mit tragen. Es gab keine Umlagen aus den Kirchengemeinden für allgemeinkirchliche Aufgaben oder Leitungsgremien, wie wir es heute ausdrücken würden.

1 Latein: et erunt reges nutricii tui et reginae nutrices tuae.

2 Nicht nur im Sinne eines Landesvaters, sondern auch des Patronats.

3 „ehrliche Regiment"

4 Lateinisch: nutrices.

5 Der Herzog erlässt die Kirchenordnung als Landesgesetz und erteilt hier nun den Befehl an die Städte.

6 „nach gelegenheit" - Bis ins 19. Jahrhundert hinein war die einzige Kollektenbestimmung die Armenfürsorge. Als nächster Kollektenzweck kamen dann die innere und äußere Mission dazu. Es handelt sich bei dieser

Weiterhin soll in jeder Stadt, klein oder groß, durch den Rat ein Gemeiner Kasten verordnet werden für die Einkünfte und den Vorrat der Kirchen. Dem gemäß hat es Kapellen, Praebenden und Bruderschaften, etc. (die) in den Städten von alters her gegeben. Ihr Einkommen soll alles in einen gemeinsamen Kasten dem Kirchenbau, der Entlohnung der Diakone und Schulmeister, sowie als Almosen für die Armen zugeschlagen werden.[1] Es sollen (dazu) treue Leute zur Einnahme, Ausgabe und Rechnung erwählt werden.[2] Gelangt ein solcher Kasten zu einem Guthaben[3], ist dies der ganzen Stadt nützlich. Darum, wenngleich Privatpersonen in Städten Patronate über Praebenden ausüben, sollen sie dennoch solche Praebenden nicht an sich ziehen und so gemeinen Nutzen verhindern, zumal solche Praebenden zuvor von ihren Vorfahren[4] der Kirche zugeeignet worden waren, wie auch die Herrschaft selbst (nun) Stifte und Klöster nicht zu sich zieht, sondern sie allein zur Hilfe des Kirchen, dem Studium, dem Konsistorium, der Ordination und Visitation insgesamt erhalten will.

Und es wolle ein jeder den gemeinen Nutzen bedenken und die gnädige Verheißung unseres Herrn Christus, der spricht: „Wer dem Geringsten unter den Meinen einen Trunk Wasser gibt“ um der

---

Verordnung um einen Teil der Finanzierung der Armenhäuser in Stadt und Land. Ansonsten standen schon seit dem Mittelalter zumeist neben hölzernen kleinen Spendenladen gut verschlossene Spendentruhen für die Almosen bereit.

1 Das entsprach der mittelalterlichen Institution der „Kirchenfabrik“ und danach dem „gemeinen Kasten“, entsprechend der ersten lutherischen Kastenordnung von Leisnig von 1523.

2 Dann Juraten genannt.

3 „vorrat“

4 „Eltern“

Lehre willen, dem wird solches belohnt werden.[1] Diese Verheißung sollen wir groß achten und nicht bezweifeln. Gott wolle gegen solche Almosen viel Strafe lindern und seine Gaben reichlicher geben.[2] Wir wollen also rechten Glauben üben und zu dieser gemeinsamen Hilfe willig sein. Es will auch die Herrschaft mit Gottes Hilfe solche Christlichen Verordnungen des Gemeinen Kastens ernstlich schützen und erlassen[3].

Auch soll der Rat in jeder Stadt viermal im Jahr treue Männer anweisen, in allen Häusern Almosen zum Gemeinen Kasten zu sammeln, nämlich zur Weihnacht, zu Ostern, Pfingsten und zu Michaelis, und es sollen die Leute zuvor durch den Pastor nach der Predigt vermahnt werden, willig und mildiglich zu geben. Denn es ist ja billig und Gottes Wille, dass ein jeder Mensch zur Erhaltung der Christlichen Lehre und Versammlung für seine Person auch helfe und erzeige, dass er Gott dankbar sei für diese allergrößte Gabe, dass er sich offenbart hat, seinen Sohn gesandt, uns seine Lehre gegeben hat, den schönen Gottesdienst[4] erhält und uns darin unterweisen lässt und gnädiglich erhört, etc. Und damit er eine ewige Kirche in diesem Leben sammle, erhält er auch das leibliche Leben, Nahrung und Regiment[5], etc.

Es sollen auch die Leute fleißig und oft daran erinnert werden, dass diese menschliche Natur nicht allein zu diesem elenden

1 Deutung des Weltgerichtsgleichnisses Mt 25.

2 Also keine Seligkeit verdienen, aber doch Gottes Lohn in diesem Leben erhoffen.

3 „handhaben" Adelung: „Eigentlich, in der Hand führen, mit der Hand bewegen und regieren. Ein Werkzeug handhaben, es in der Hand führen und vermittelst derselben regieren."

4 „versamlung"

5 d.i. die öffentliche Ordnung.

sterblichen Leben geschaffen ist, sondern zum ewigen Leben, in dem die zu Gott Bekehrten ewiglich das göttliche Wesen anschauen und mit göttlicher Weisheit, Licht und Gerechtigkeit erfüllt werden, und weil der Anfang nicht anders als allein durch das Predigtamt und die Darreichung des Sakraments in diesem sterblichen Leben geschieht, so dass sie diese große Gottesgabe betrachten wollen, die Kirchenämter lieben und darin Gott und den Herrn Christus preisen und Gott um die Erhaltung rechter Lehre bitten und ihm danken als für die höchsten Gaben auf Erden. So ist die Herrschaft zu diesem höchsten Werk geneigt, dass Gottes rechte Erkenntnis und Anrufung gepflanzt wird und wolle ein jeder selbst nach seinem Vermögen dazu helfen. Dies hat Gott selbst oft befohlen und gegen solche Wohltaten gnädiglich Hilfe in aller Not verheißen, wie er auch gewisslich mit der Tat erzeigt, wie viele Beispiele zu allen Zeiten beweisen, wie die Witwe zu Sarepta und der löbliche Mann Ebed-Melech, der einige Male Jeremia errettet hat, davon Gott spricht: „Wenn auch Jerusalem zerstört werden soll, so soll doch Ebed-Melech nicht umkommen, sondern erhalten werden," etc., wie geschrieben steht Jer 38f. Und im Psalm 122 ist das Gebot und die Verheißung zusammengefasst: „Ihr sollt Frieden und Heil Jerusalem wünschen. Und allen, die Jerusalem lieben, wird Gott auch Glück und Heil geben." Dies geschieht gewisslich so, wenn gleich sie auch mit der Kirche das Kreuz tragen und eine Zeit lang leiden. So erfahren sie dennoch, dass sie von Gott nicht verlassen sind. Und diesen Glauben sollen wir alle in diesen Wohltaten an der Kirche üben. Dazu wolle uns der Herr Christus, der Sohn Gottes gnädiglich mit seinem heiligen Geist stärken.

Amen.

Gedruckt zu Wittenberg durch Hans Lufft Im Jahr 1552.

Anhang

Der Ablauf der Deutschen Messe nach der Kirchenordnung vom 16. Juni 1545[1]

Der Gottesdienst wird im Messgewand und vor nur ein und demselben Altar der Kirche gehalten. Der Pastor wendet sich vom Altar zur Gemeinde (dem „Volke" zu).

Pastor:
Meine Allerliebsten in Gott, erhebt eure Herzen!
Lass uns Gott unsere Sünde bekennen und sprecht mit mit herzlichem Begehren nach:

Im Namen des Vaters, des Sohns und des Heiligen Geistes. Amen.

Dann knie er vor dem Altar zusammen mit dem Küster oder einem anderen Gemeindeglied. Dann sage der Kirchherr:

Unsere Hilfe sei im Namen des Herrn!
(Antwort:) *Der Himmel und Erde geschaffen hat.*
Bekennt (euch) dem Herren, denn er ist gut
(Antwort:) *und seine Barmherzigkeit ist ewig.*

---

1 Die Ordnung ist abgedruckt bei Sehling, Kirchenordnungen V, Leipzig 1913, S. 150-161. Dem Original sind mehr Gebete also dort abgedruckt beigefügt, sowie eine ganze Reihe von Noten. Das Buch diente also sowohl der Visitation, als auch als Agende auf dem Altar für die Pastoren.

Und ich armer, sündiger Mensch, bekenne Gott, dem Allmächtigen, meinem Schöpfer und Erlöser, dass ich nicht nur gesündigt habe mit Gedanken, Worten oder werken, sondern auch in Sünden empfangen und geboren bin, so dass alle meine Natur und mein Wesen seiner Gerechtigkeit gegenüber sträflich und verdammlich ist.
Darum flehe ich zu seiner grundlosen Barmherzigkeit, suche und begehre Gnade, er sei mir armem Sünder gnädig.

Küster:
Der allmächtige, barmherzige Gott, der für unsere Sünde seinen eigenen Sohn in den Tod gegeben hat, wolle sich unser erbarmen und uns um seinetwillen uns unsere Sünde vergeben und den Heiligen Geist verleihen, dass wir dadurch seinen göttlichen Willen erfüllen und das ewige Leben empfangen.

Der Priester spreche danach diese Absolution:
Der barmherzige Gott hat sich unser erbarmt und seinen einigen Sohn in den Tod gegeben und uns um seinetwillen unsere Sünde vergeben.
Auch all denen, die am seinen heiligen Namen glauben, Gottes Kindern zu werden Gewalt gegeben und den Heiligen Geist verheißen.
Wer glaubt und getauft wird, soll selig werden. Das verleihe uns allen Gott. Amen.

Bei diesen Worten soll die Kirche still sein und diese Beichte anhören, und auf diese Weise mit dem Priester ihre Sünde bekennen und dies Gebet mit der Absolution mit der Zeit lernen und auch sonst oft vor Gott bringen.
Danach soll in den Städten Kantor oder Schulmeister nach Gegebenheit auch mit Schülern auf Latein den **Introitus** anstimmen

oder auch einen deutschen Psalm je nach der Zeit singen, wie „Erbarm dich meiner, lieber Gott“[1], etc.
Man mag auch andere Gesänge nehmen, die nicht gegen die Heilige Schrift sind. (Es folgen Beispiele.)
Dann folgt das **Kyrie**, auch nach dem Kirchenjahr, auf Latein oder Deutsch, auch das deutsche „Kyrie summum“ - „Ach Vater, Allerhöchster Gott“. Der Küster soll sich dabei nicht vor dem Altar niederwerfen, sondern sich als Vorsinger betätigen. Es folgen Notenbeispiele.
Danach folgt das „**Allein Gott in der Höh sei Ehr**“.

Priester zum Volk: *Der Herr sei mit euch!*
Antwort: *Und mit deinem Geist!*
Priester zum Altar spricht oder singt das **Kollektengebet** nach vorliegender Ordnung, die Gemeinde antwortet mit Amen.

Nach dem Kollektengebet liest der Priester sprechend die **Epistel** und **Evangelium** auf Deutsch gemäß der Perikopenordnung, wobei auch alttestamentliche Lesungen unter die Epistel fallen.
Zwischen den Lesungen mögen Kinder ein **Halleluja** singen, bzw. ein Lied, ggf. auch auf Latein. Es folgen diverse Beispiele. Auch von Orgelbegleitung ist die Rede, wo eine solche vorhanden ist.
Nach dem Evangelium singt der Priester in Richtung zum Altar auf Deutsch oder Latein das **Nizänum**[2]. Die Gemeinde antwortet mit dem Glaubenslied: „**Wir glauben all an einen Gott**“ von Martin Luther.
Es folgt die **Predigt**. Sie beginne mit Worten wie diesen:

1 Erbarm' Dich mein o Herre Gott! Erhart Hegenwalt.
2 Nicht das Apostolikum!

Andächtige liebe Freunde!

Wenn wir nun das heilige, göttliche Wort behandeln und lernen wollen, möge es Frucht bringen. Gott möge dadurch gelobt und wir gebessert werden. So wollen wir um seine Gnade bitten, dass er uns auch den Heiligen Geist gebe. So sprechen wir das ***Vaterunser****.*

Oder man singe „Nun bitten wir den Heiligen Geist" oder ein anderes Gebet.

Dann werde das Evangelium nochmals gelesen, und es folge eine „kurze, deutliche Auslegung, nicht über eine Stunde lang", und zwar nicht was den Prediger bewegt, sondern der „Wahrheit nach mit reinen Worten, dass die Gemeinde[1] ihn verstehen kann". Aller „Bitterkeit und Schelte" soll er sich enthalten, niemanden namentlich verurteilen.

Danach soll der Kirchherr das Volk vermahnen, zum Abendmahl zu bleiben und fleißig bitten, dass der „Allmächtige Gott sein Wort in unsere Herzen pflanze und durch seinen Heiligen Geist bei uns im rechten Gebrauch bleiben lasse".

Danach vermahne er das Volk zur **Fürbitte** für alle Prediger, dass Gott uns treue Diener verleihen wolle und dem Bösen wehre. Man bete weiterhin für die Obrigkeit, insbesondere den Fürsten, „dass Gott ihnen die Gnade verleihe, selig zu regieren, damit wir in Frieden, Eintracht und Stille geruhsam leben können. Gott beschirme

---

1 Wir dürfen auch in diese Messordnung nicht unser Gemeindeverständnis mischen. Gedacht ist einfach an die Menschen, die zum Gottesdienst sich versammeln, nicht an eine besondere Gruppe von Menschen im Unterschied zu anderen. Wenn es denn Gemeindegrenzen gab, dann höchstens die der Parochie. Ob man in diesem Sinn zur „Gemeine", wie man damals schrieb, gehörte, wurde durch den Wohnort entschieden.

uns durch sie und er vergönne uns, dass das heilige Evangelium seinen Lauf nehmen kann. Dann bete man für die Not aller Anderen. Zum Beschluss der Fürbitte:

*Diese und andere nötigen Dinge wollen wir dem Allmächtigen Gott, unserem Vater im Namen Jesu vortragen und sprechen das heilige **Vaterunser**[1]...*

Es folgen ein weiteres Lied und auch ggf. Katechismusunterricht. Zum darauf gehaltenen **Abendmahl**: Es möge mit der Präfation beginnen auf Latein oder Deutsch, aber nicht „Durch alle Ewigkeit", „wie Etliche es aus Unverstand tun, das sich doch auf nichts reimt".[2]

Ablauf des Abendmahls:
Präfation
Sanctus (auf Latein, oder deutsch - „Jesaja dem Propheten",...)
Abendmahlsvermahnung (mit drei Beispielen. Das zweite ist der niederdeutschen Ausgabe der Brandenburger Ordnung von 1533 entnommen, das dritte der veränderten Ausgabe von 1540)
Vaterunser (vom Priester gesungen)
verba consecrationis (auf Deutsch)

1 Das Vaterunser konnte auch wiederholt im Gottesdienst vorkommen.

2 Elevation, Epiklese, Anamnese, sowie eingebundene Fürbitten und Anrufung der Heiligen kamen nach lutherischem Verständnis außer Gebrauch. Alles, was den Priesterstand hervorhob, mit der Anbetung der Hostie verbunden war, Heiligenverehrung am Altar, eine fürbittende Kraft der Messe oder einen Opfercharakter des Abendmahls erahnen lassen könnte, wurde entfernt und nicht ersetzt. Man beschränkte sich auf das, was mit Sicherheit von Christus an Worten eingesetzt wurde, umrahmt von Präfation, Sanctus und Agnus dei. Diese drei Texte heben allein auf das Opfer Christi ab.

Zur Elevation: Einige Synoden[1] haben sie abgeschafft, weil sie aber andernorts noch üblich ist, möge sie um der Eintracht willen noch gehalten werden, denn noch war Mecklenburg nicht einheitlich evangelisch.

Abendmahlslied (während der Austeilung)

Kommunion (so viele um den Altar herum gemeinsam stehen können. Erst wenn für sie der Segen gesprochen ist, mag der nächste „Tisch" sich füllen.)

Zu jedem Kommunikanten:
Der Leib[2] Christi bewahre dich in Ewigkeit. Amen.
Das Blut des Herrn Jesus bewahre dich in Ewigkeit. Amen.[3]

Christe, du Lamm Gottes

Postcommunio:

Priester: *Der Herr sei mit euch! Sagt Dank dem Herren!*
(Antwort:) *Gott sei Lob und Dank!*
Lasst uns beten!
Wir danken dir, allmächtiger Herre Gott, dass du uns durch diese heilsame Gabe deines Leibes und Bluts und erquickt hast, und bitten deine Barmherzigkeit, dass du uns solches gedeihen lässt zu starkem Glauben an dich und zu feuriger Liebe unter uns allen, durch unseren Herren Jesus Christus. Amen.

---

1 Gedacht war vermutlich an die Zusammenkunft von Predigern in einem Bereich, z.B. einer Stadt.

2 „licham"

3 Nur hieraus geht hervor, dass das Abendmahl in beiderlei Gestalt gefeiert wurde. Thematisiert wurde das nicht.

Oder: *O Herre, allmächtiger Vater, verleihe uns in unserem Gemüt und Herz, dass wir durch den zeitlichen Tod deines Sohnes, der uns dieses würdiges Geheimnis bedeutet und anvertraut hat, dass du uns das ewige Leben gegeben hast durch Jesus Christus, unseren Herren. Amen.*

Oder: *Ach, du lieber Herre Gott, der du uns bei diesem wunderbarlichen Sakrament deines Leidens zu gedenken und predigen befohlen hast, verleihe uns, dass wir solchen, deines Leibes und Blutes Sakrament so gebrauchen mögen, dass wir deine Erlösung in uns täglich fruchtbringend erfahren*[1]*, durch Jesus Christus. Amen.*

Der Herr sei mit euch!
Und mit deinem Geist.

Aaronitischer Segen.
Schlusslied: „Erhalt uns Herr, bei deinem Wort" und „Verleih uns Frieden gnädiglich"

(dann vom Priester gesungen:) *Herr Gott, gib Frieden in deinem Land, Glück und Heil allen Ständen.*
oder: *Erzeige uns Herr, deine Barmherzigkeit, wie unser Hoffen auf dir ruht.*
dann: *Herr Gott, himmlischer Vater, der du heiligen Mut, guten Rat,....*[2]

Finis.

---

1 „erfinden"

2 „Herr Gott, himmlischer Vater! der du heiligen Mut, guten Rat und rechte Werke schaffst, gib deinen Dienern Friede, den die Welt nicht kann geben, auf dass unsere Herzen an deinen Geboten hängen, und wir unsere Zeit durch deinen Schutz stille und sicher vor Feinden leben, durch Jesus Christus, deinen Sohn, unsern Herrn. Amen."
Martin Luther.

Die in der Kirchenordnung 1552 eingefügten Musikstücke

Credo

Mecklenburgische Kirchenordnung 1552

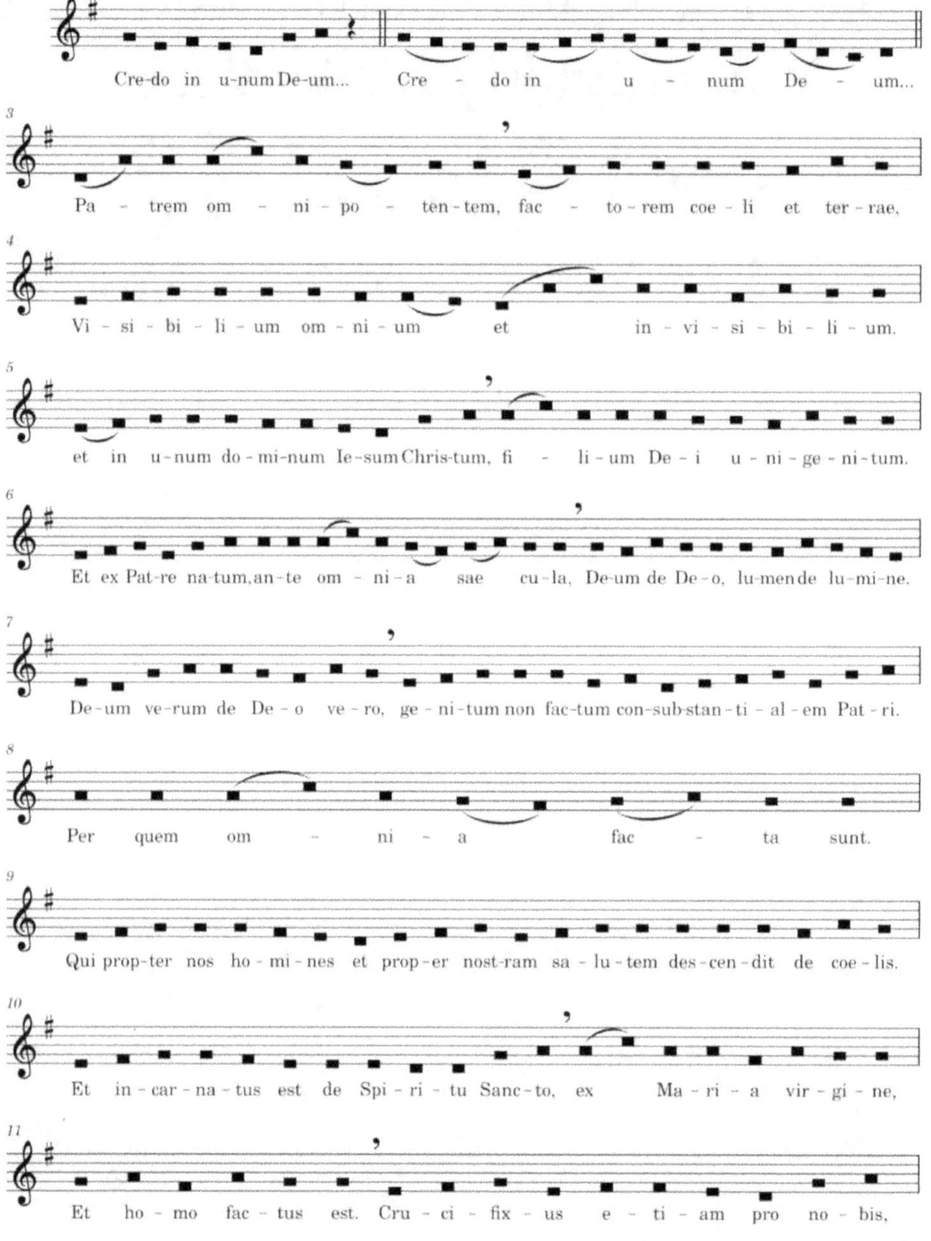

12 sub Pon - ti - o Pi - la - to pas - sus et se - pul - tus est,

13 Et re - sur - rex - it ter - ti - a di - e, se - cun - dum scrip - tu - ras. Et as - ce - dit in coe - lum.

14 Se - det ad dex - ter - am pat - ris. Et i - te - rum ven - tu - rus est cum glo - ri - a, iu - di - ca - re vi - vos et mor - tu - os.

15 Cu - ius reg - ni nos e - rit fi - nis. Et in spi - ri - tum Sanc - tum Do - mi - num et vi - vi - fi - can - tem.

16 Qui ex Pat - re Fi - li - o - que pro - ce - dit.

17 Qui cum Pat - re et Fi - li - o si - mul a - do - ra - tur et con - glo - ri - fi - ca - tur.

18 Qui lo - cu - tus est per Pro - phe - tas et u - nam sanc - tam cath - o - li - cam et A - pos - to - li - cam Ec - cle - si - am.

19 Con - fi - te - or u - num Bap - tis - ma in re - mis - si - o - nem pec - ca - to - rum,

20 Et ex - pec - to re - sur - rec - ti - o - nem mor - tu - o - rum et vi - tam ven - tu - ri se - cu - li.

21

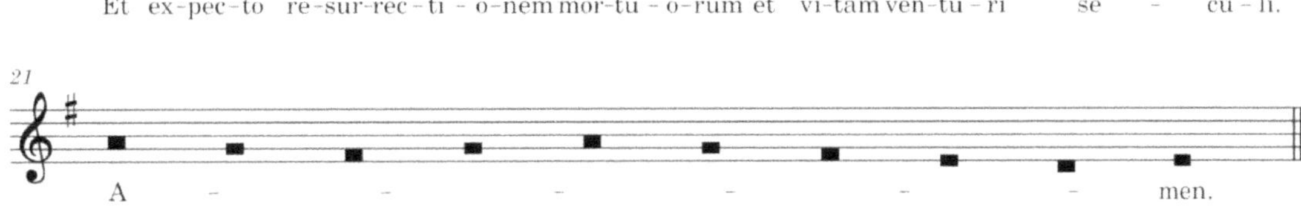

Vater Unser

Kirchenordnung Mecklenburg 1552

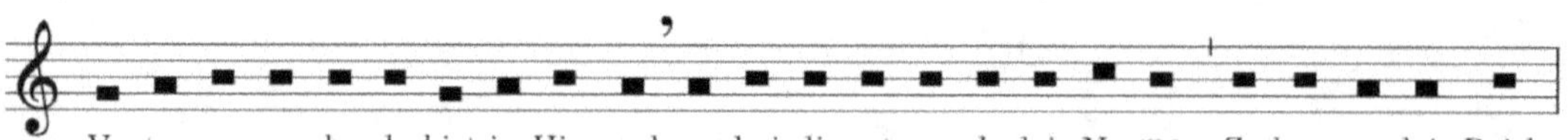

3

Dein Will ge-sche-he als im Him-mel auch auf der Er-den. Un-ser täg-lich Brot gib uns heut

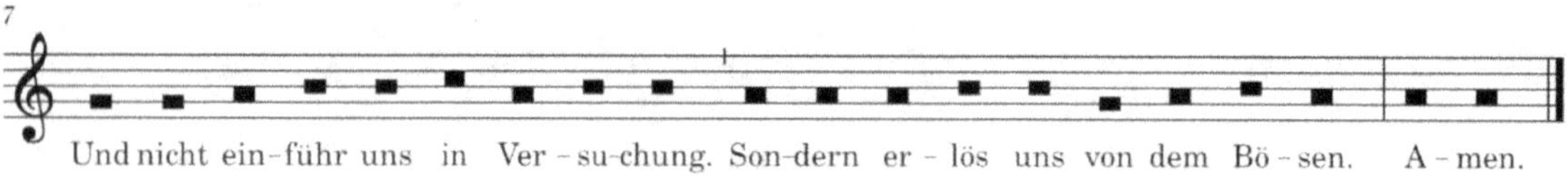

Einsetzungsworte

Kirchenordnung Mecklenburg 1552

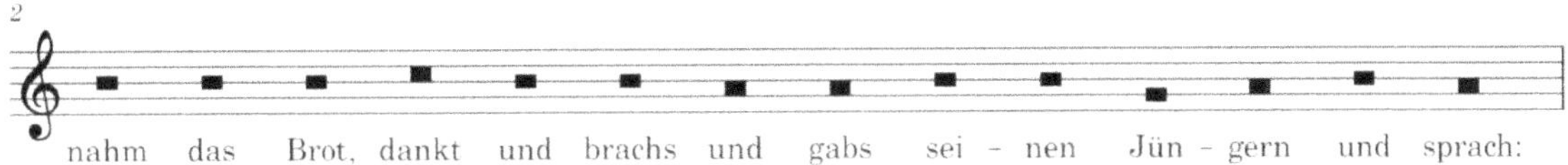

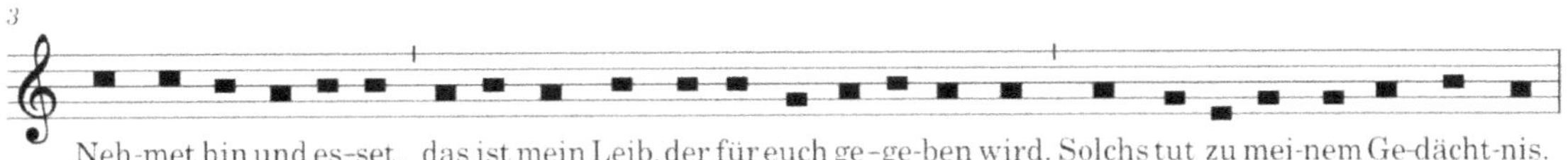

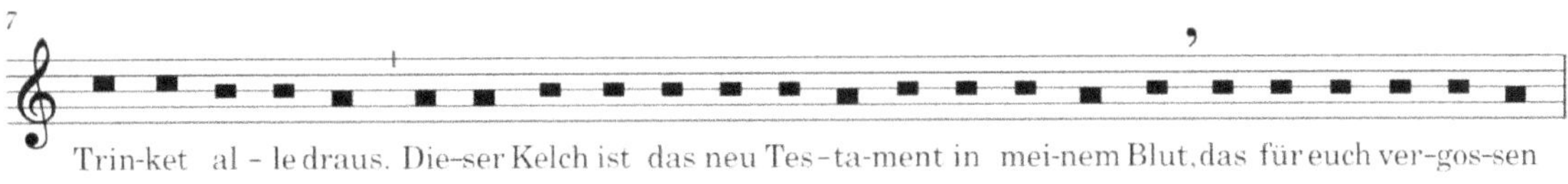

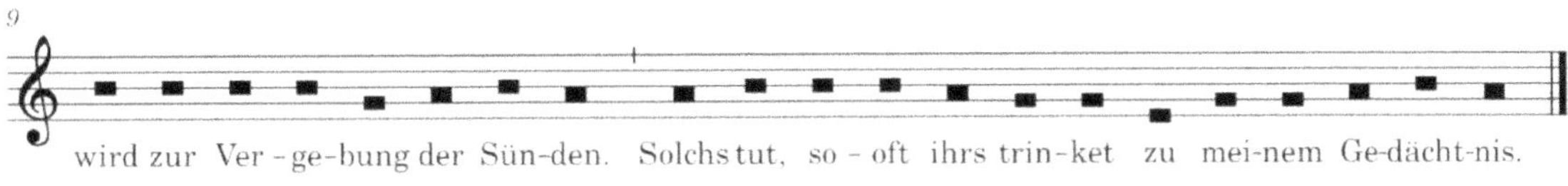

Präfation

1552 allgemein

Kirchenordnung Mecklenburg

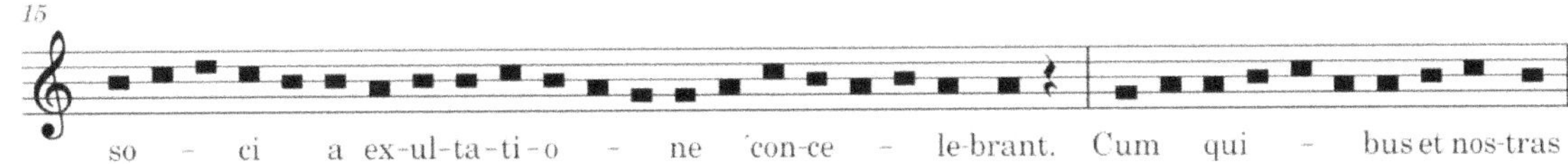
15
so - ci a ex-ul-ta-ti-o - ne con-ce - le-brant. Cum qui - bus et nos-tras

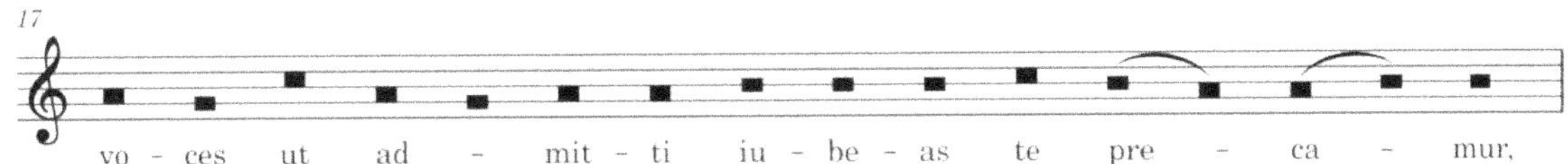
17
vo - ces ut ad - mit - ti iu - be - as te pre - ca - mur,

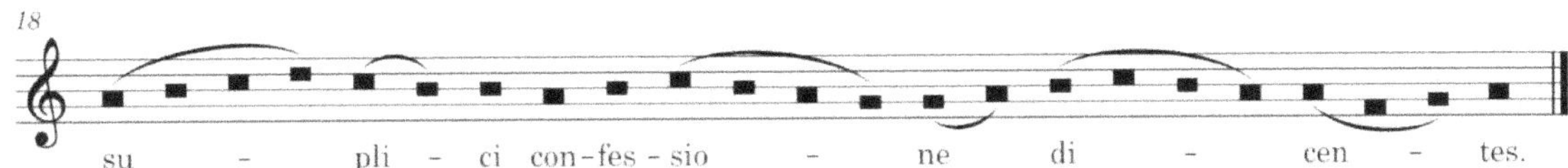
18
su - pli - ci con-fes-sio - ne di - cen - tes.

Praefatio Nativitatis

Mecklenburgische Kirchenordnung 1552

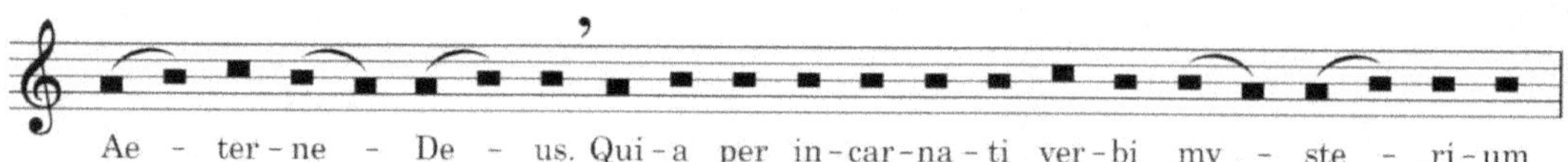

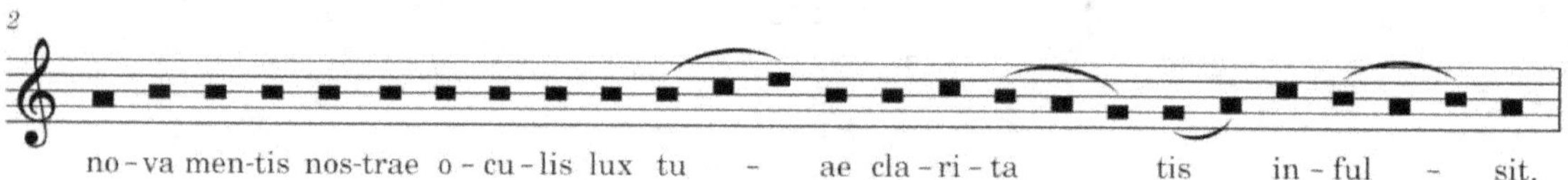

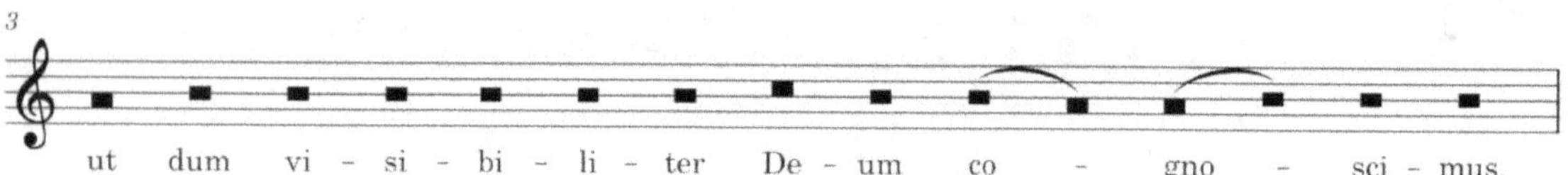

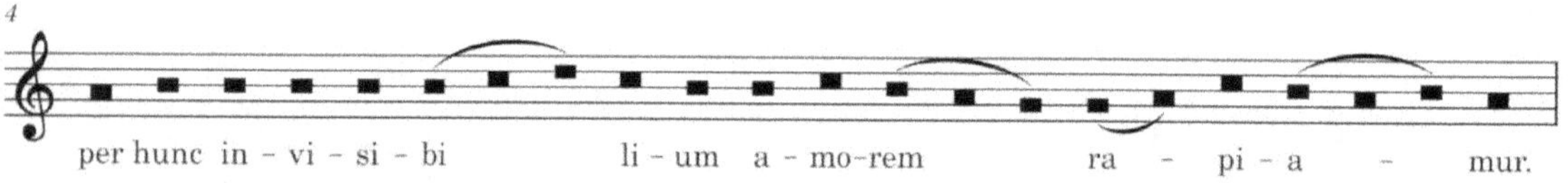

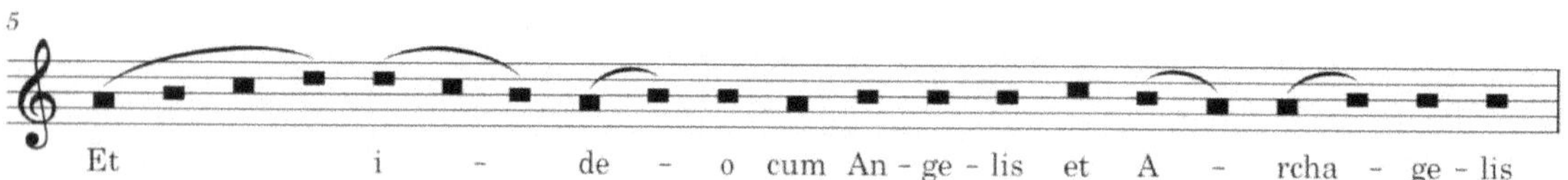

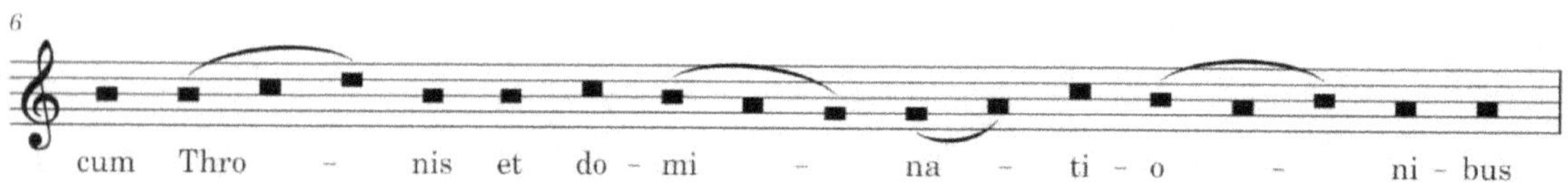

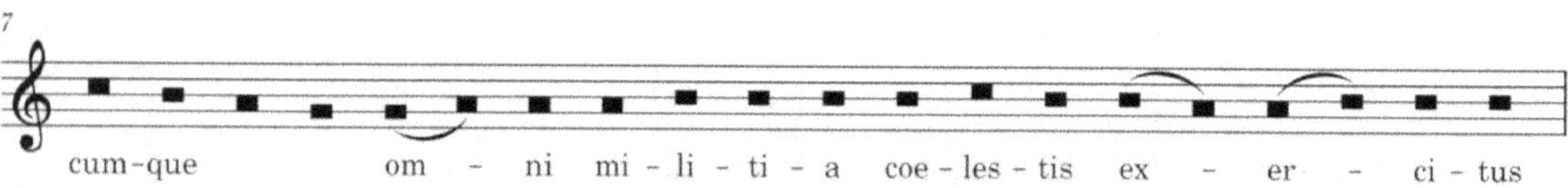

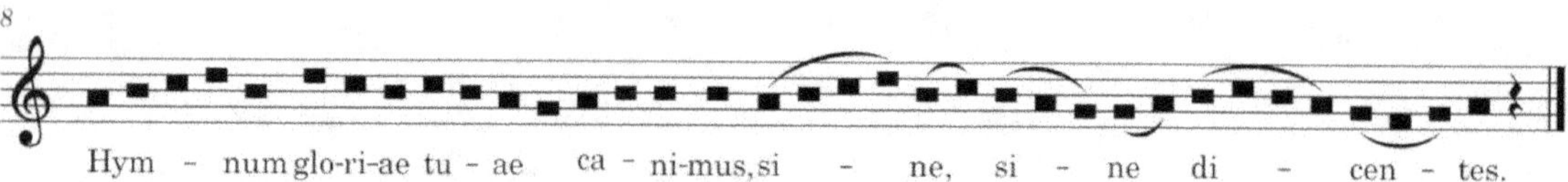

Praefatio Epiphaniae

Kirchenordnung Mecklenburg 1552

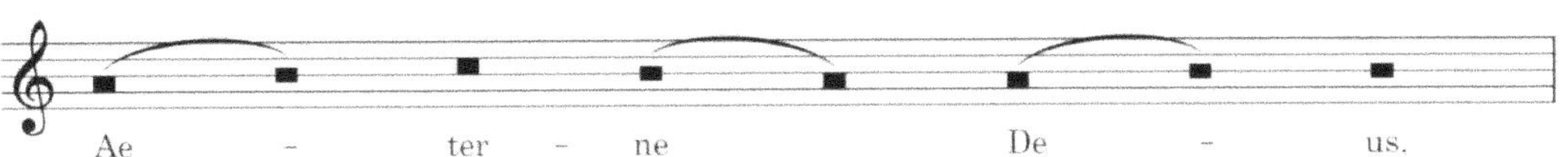

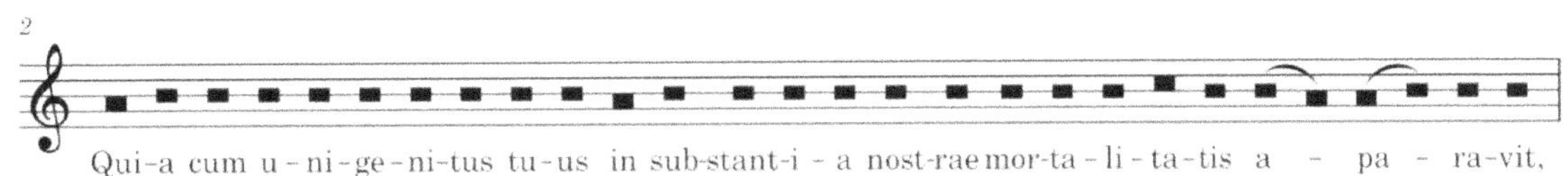

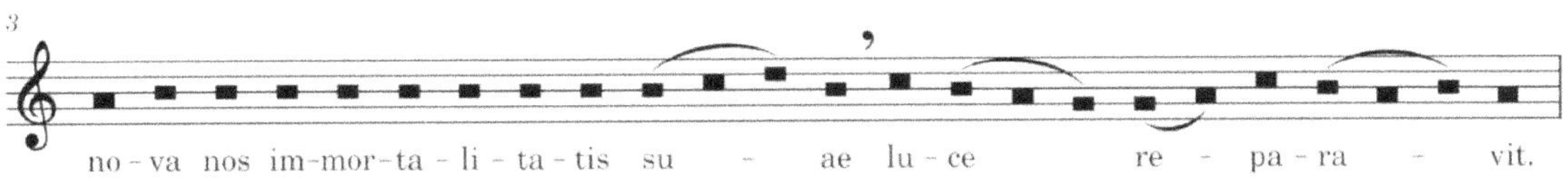

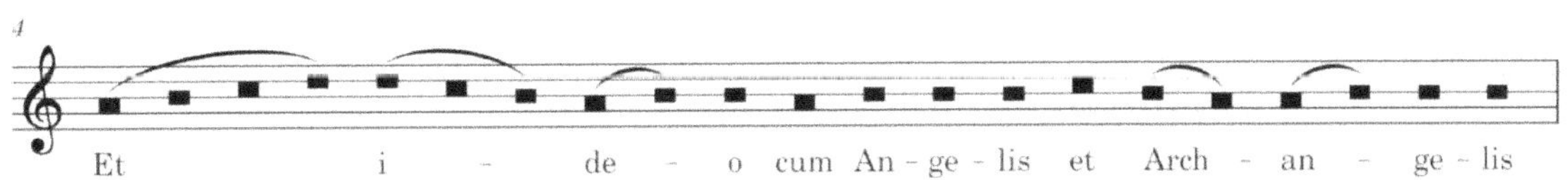

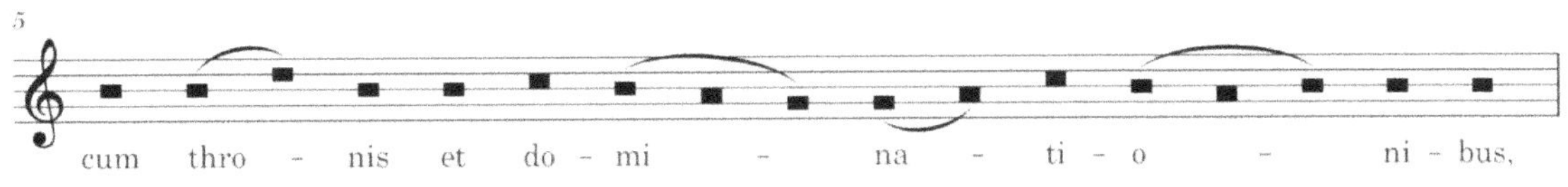

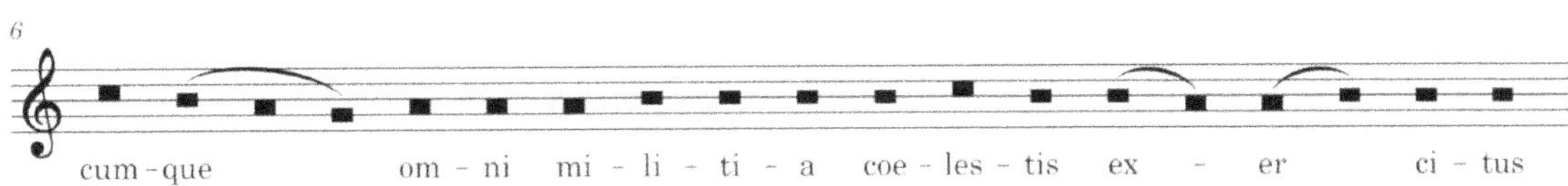

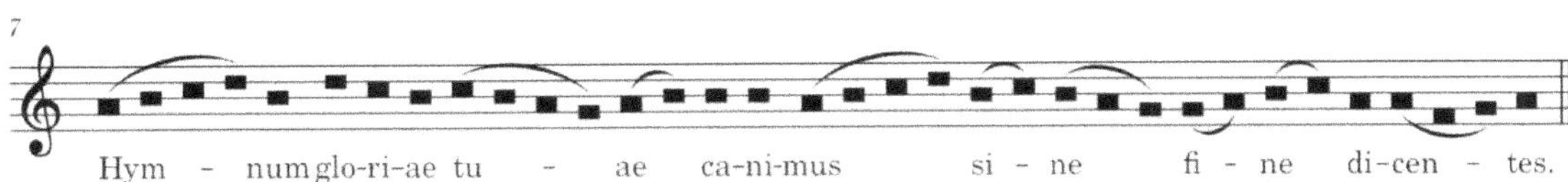

Praefatio Paschae

Kirchenordnung Mecklenburg 1552

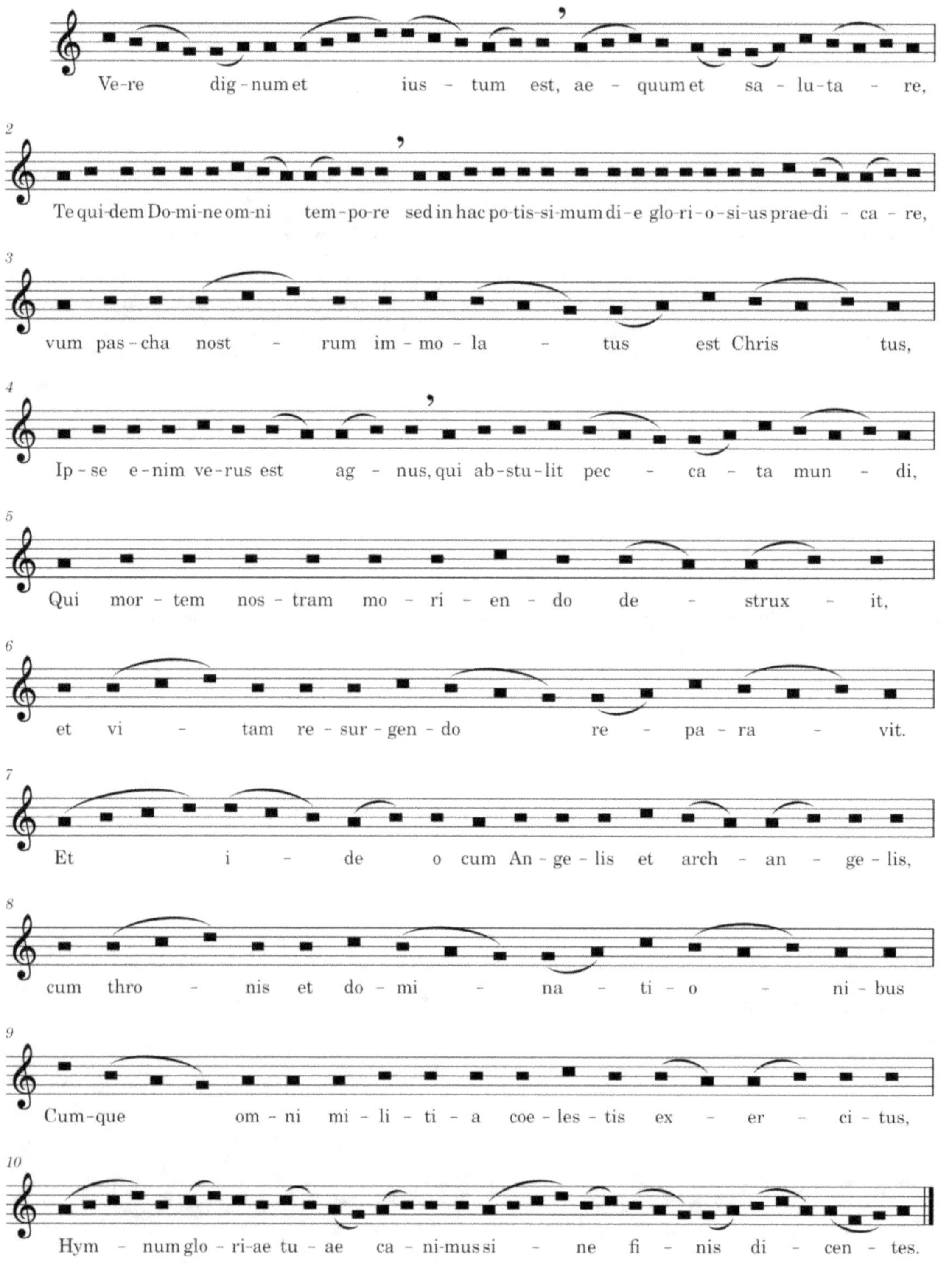

Praefatio Ascensionis - Himmelfahrt

Kirchenordnung Mecklenburg 1552

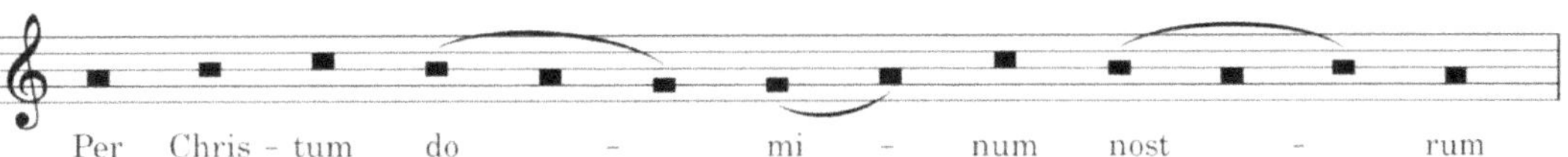

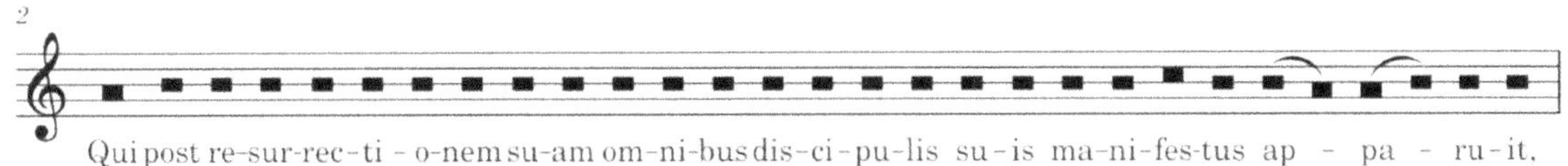

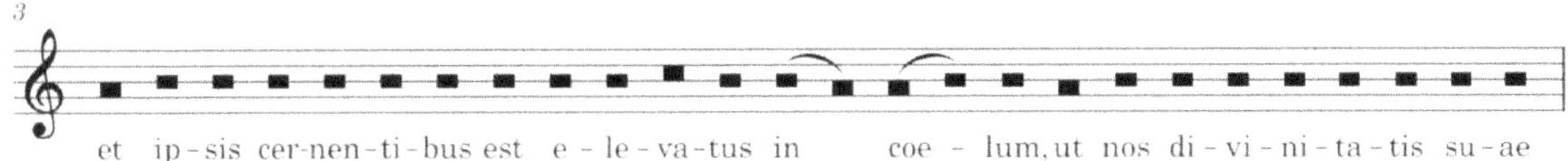

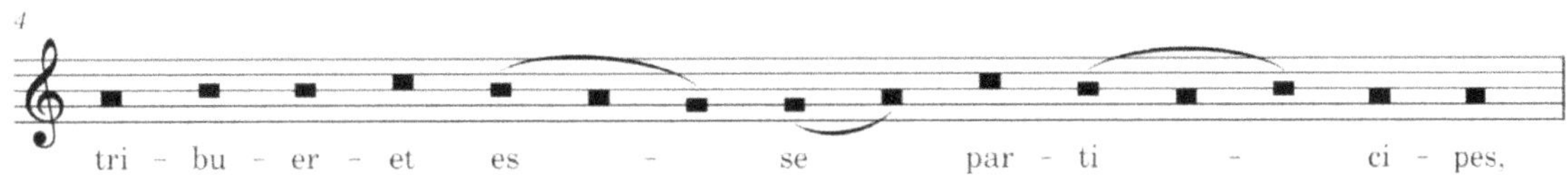

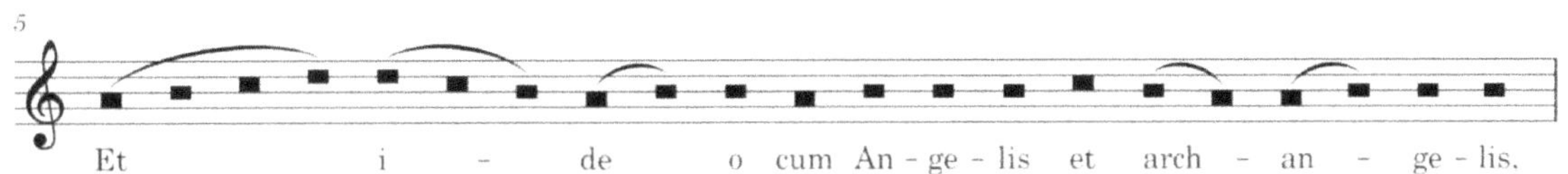

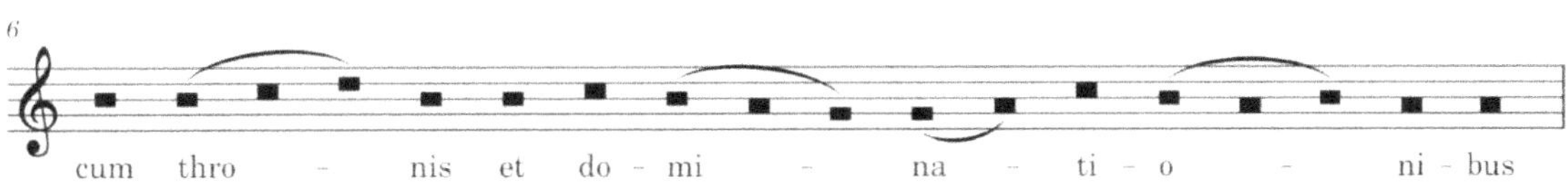

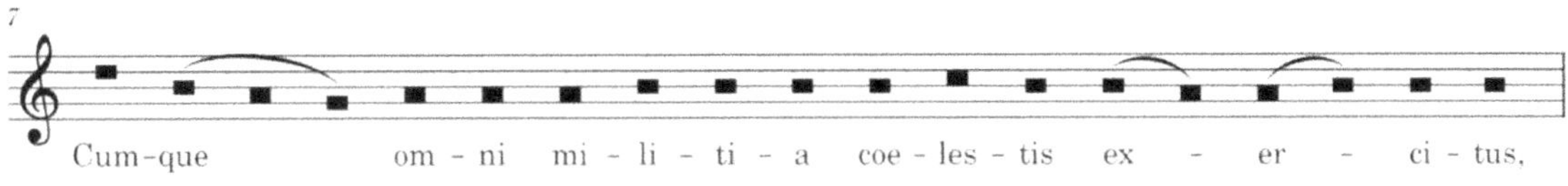

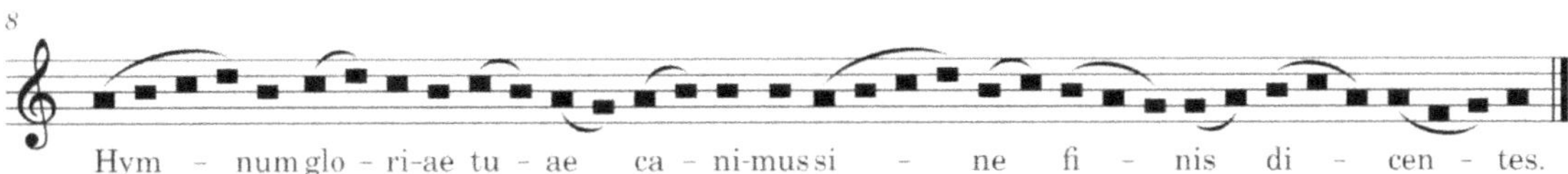

Praefatio Pentecostes

Kirchenordnung Mecklenburg 1552

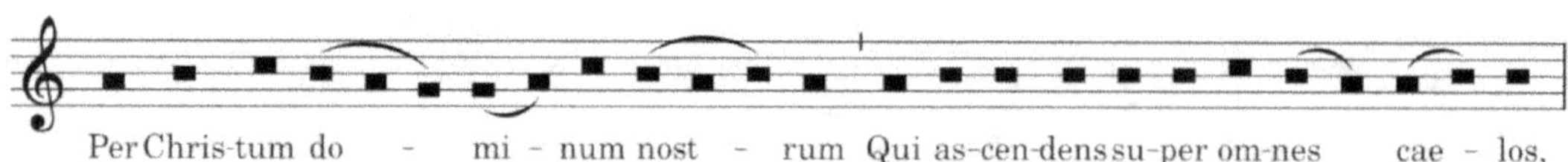

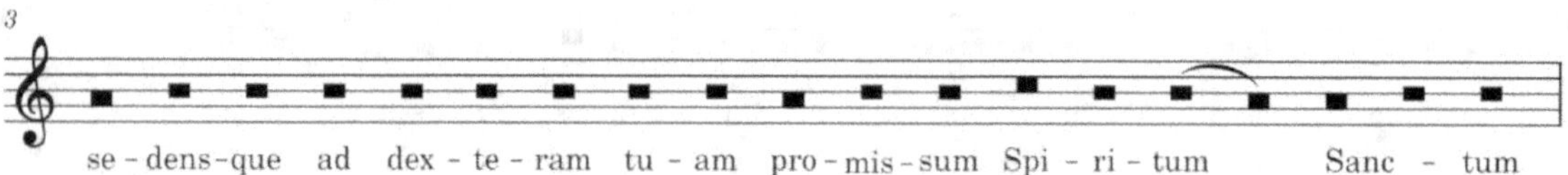

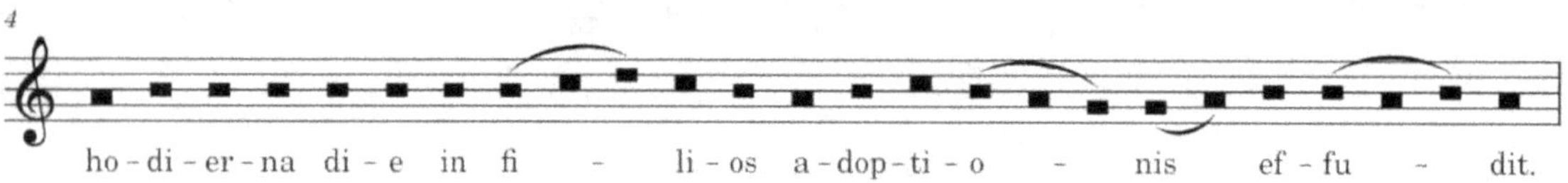

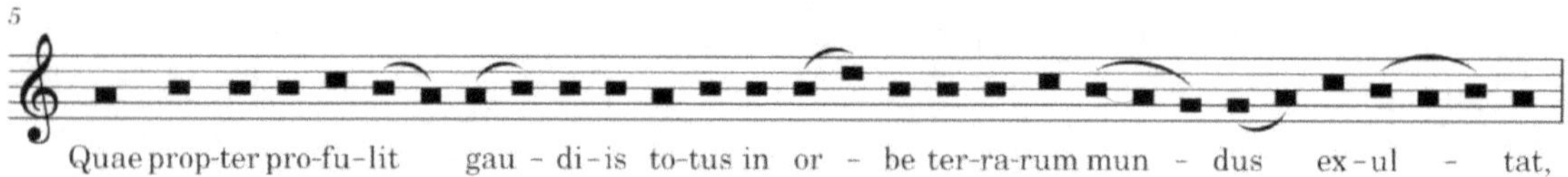

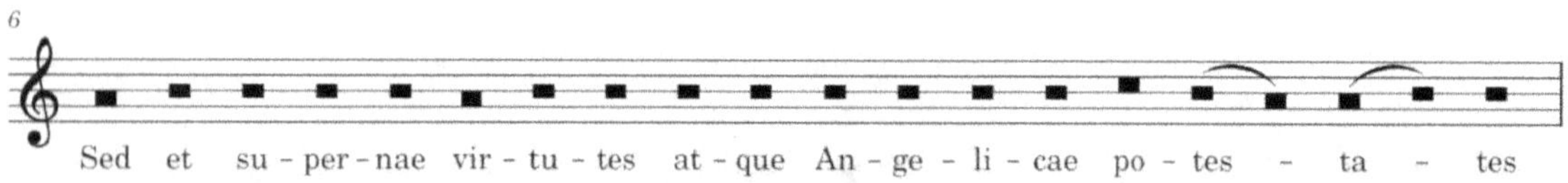

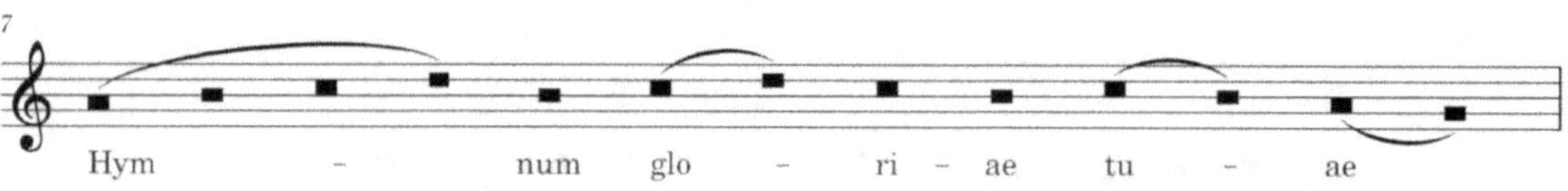

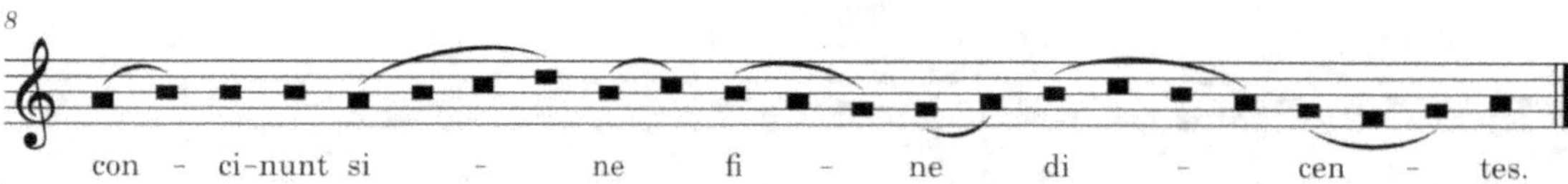

Praefatio Trinitatis

Meckenburgische Kirchenordnung 1552

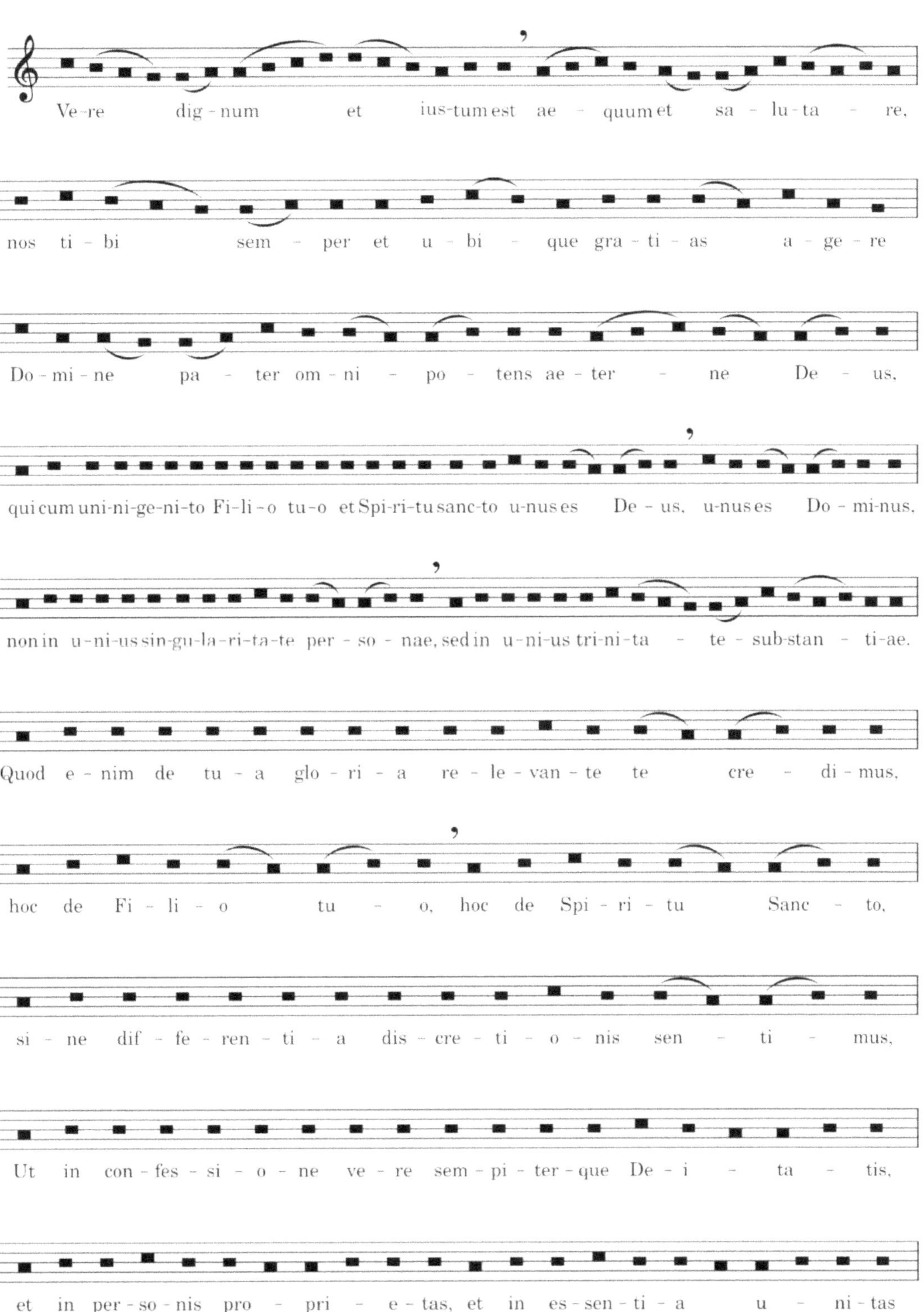

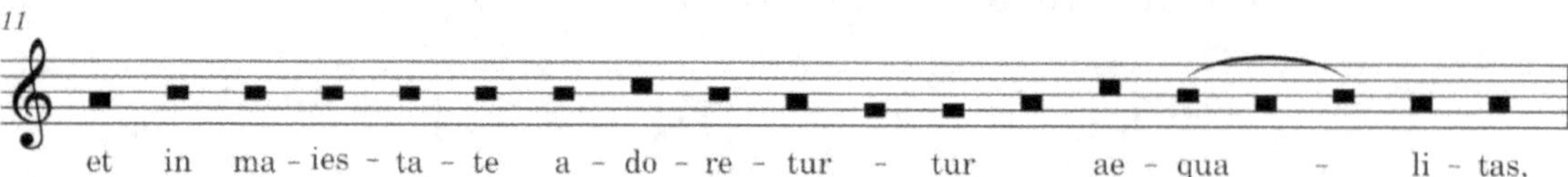
11
et in ma - ies - ta - te a - do - re - tur - tur ae - qua - li - tas,

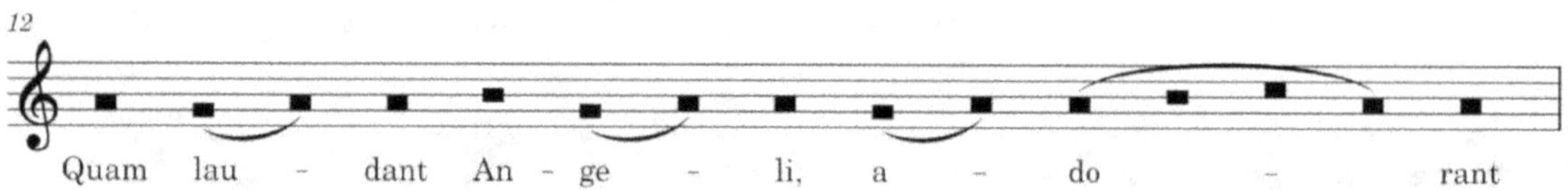
12
Quam lau - dant An - ge - li, a - do - rant

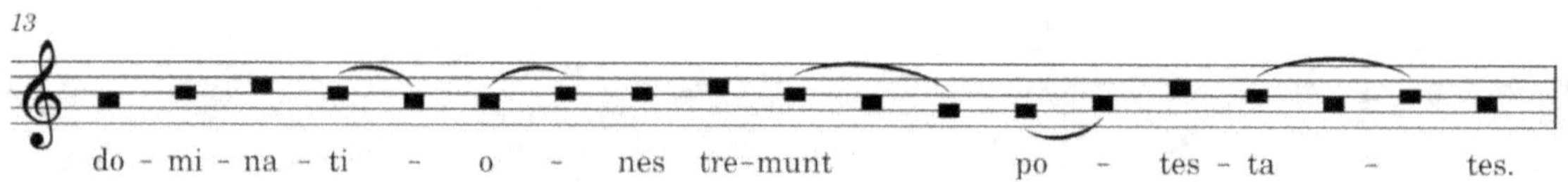
13
do - mi - na - ti - o - nes tre-munt po - tes - ta - tes.

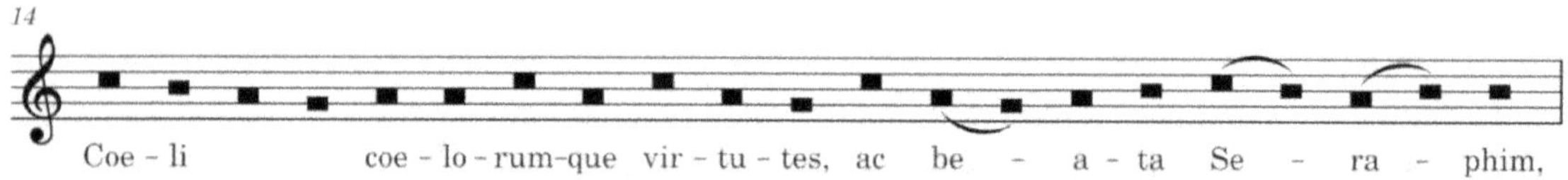
14
Coe - li coe - lo - rum-que vir - tu - tes, ac be - a - ta Se - ra - phim,

15
So - ci - a ex - ul - ta - ti - o - ne con - ce - le-brant.

16
Cum qui - bus et nost-ras vo-ces ut ad - mit-ti iu-be-as te pre - ca - mur sup - pli - ci

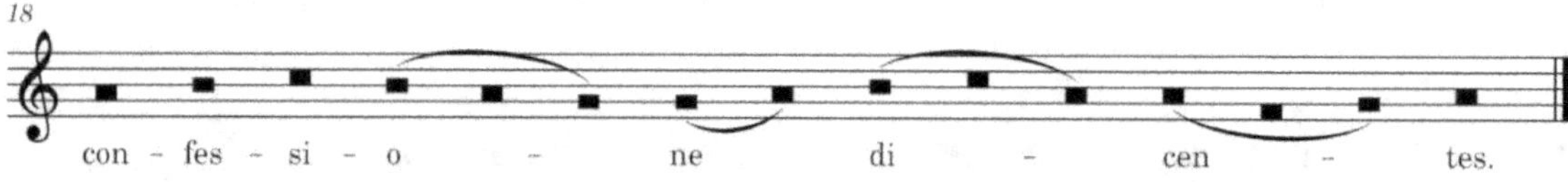
18
con - fes - si - o - ne di - cen - tes.

Inhaltsverzeichnis

Teil I - Kommentar zur Kirchenordnung

Teil II Übertragung der Kirchenordnung Mecklenburg 1552

Anhang

Ich habe für die Übertragung vor allem das Grimmsche Wörterbuch, Adelung und die im Internet veröffentlichten Wörterbücher von Gerhard Köbler genutzt.
Dies Buch ist zugleich mit dem Buch „Gott und das Recht" über Johann Oldendorp entstanden, das ebenfalls in diesem Jahr erscheint. Beide Bücher stehen in tiefem Zusammenhang. Darum habe ich es unterlassen, im Einzelnen direkte Verweise anzugeben.

www.ingramcontent.com/pod-product-compliance
Lightning Source LLC
LaVergne TN
LVHW061708230826
846092LV00005BA/1028

* 9 7 8 3 3 8 4 2 7 0 4 1 2 *